책의 도시 리옹

HON NO TOSHI RIYON
by Shiro Miyashita

Original Japanese edition published by Shobun-Sha
Korean translation rights arranged with Shobun-Sha
through Japan Foreign-Rights Centre/Shin Won Agency

잃어버린 책의 거리를 찾아서

책의 도시 리옹

미야시타 시로 지음 오정환 옮김

한길 | HISTORIA

책의 도시 리옹

지은이 ▪ 미야시타 시로
옮긴이 ▪ 오정환
펴낸이 ▪ 김언호
펴낸곳 ▪ (주)도서출판 한길사

등록 ▪ 1976년 12월 24일 제 74호
주소 ▪ 413-832 경기도 파주시 교하읍 문발리 520-11
홈페이지 ▪ www. hangilsa.co.kr E-mail : hangilsa@hangilsa.co.kr
전화 ▪ 031-955-2000~3
팩스 ▪ 031-955-2005

상무이사 · 박관순 | 영업이사 · 곽명호 | 편집주간 · 강옥순
편집 · 이현화 주상아 김영선 | 전산 · 한향림
제작 및 마케팅 · 이경호 | 관리 · 이중환 문주상 양미숙 장비연

출력 · DiCS | 인쇄 · 현문인쇄 | 제본 · 경일제책

제1판 제1쇄 2004년 9월 5일

값 22,000원
ISBN 89-356-5622-4 03900

¶ Mors resecat/mors omne necat quod carne creatur
Magnificos premit ꝛ modicos/cunctis dominatur.

¶ Nobiliũ tenet imperiũ nulli reueretur
Tam ducibus q̃ȝ principibꝰ cõmunis habetur.

¶ Nunc vbi ius/vbi lex/vbi vox/vbi flos iuuenilis/hic nisi pus/nisi fex/nisi terre precio vilis.

¶ Le mort
¶ Venez danser vng tourdion
Imprimeurs sus legierement
Venez tost/pour conclusion
Mourir vous fault certainement
Faictes vng sault habillement
Presses/ꝛ capses vous fault laisser
Reculer ny fault nullement
A louurage on congnoist louurier.

¶ Les imprimeurs
¶ Helas ou aurons nous recours
Puis que la mort nous espie
Imprime auons tous les cours
De la saincte theologie
Loix/decret/ꝛ poeterie/
Par nrẽ art plusieurs sont grans clers
Releuee en est clergie
Les vouloirs des gens sont diuers

¶ Le mort
¶ Sus auant vous ires apres
Maistre libraire marchez auant
Vous me regardez de bien pres
Laissez voz liures maintenant
Danser vous fault/a quel galant
Mettez icy vostre pensee
Comment vous reculez marchant
Cõmencement nest pas fusee

¶ Le libraire
¶ Me fault il maulgre moy danser
Je croy que ouy/mort me presse
Et me contrainct de me auancer
Nesse pas dure destresse
Mes liures il fault que ie laisse
Et ma boutique desormais
Dont ie pers toute lyesse
Tel est blece qui nen peult mais.

b

리옹판 『죽음의 춤』(1500)에 보이는 인쇄공방.

르네상스시대의 지식인은 스스로 책을 쓰기도 했지만 출판인을 겸하기도 했다.
왕권 직속인 수도 파리의 출판업이 대학가를 중심으로 발전한 것과는 대조적으로,
자유상업도시 리옹의 '책의 거리'는 상업지구 한가운데에서 탄생했다.

도판을 많이 사용한 인쇄본 삼종기도서는 필사본과 비교할 수야 없지만, 꽤 여유 있는 계층의 신분 상징이었다. 261명의 아미앵 상인들이 남긴 유산 목록들을 살펴보면, 그 가운데 113명의 유산 목록에 책이 유산으로 기재되어 있으며 그것도 겨우 한 권밖에 가지고 있지 않다. 또 그 가운데서 가지고 있는 유일한 책이 삼종기도서인 경우가 91명이나 되었다.

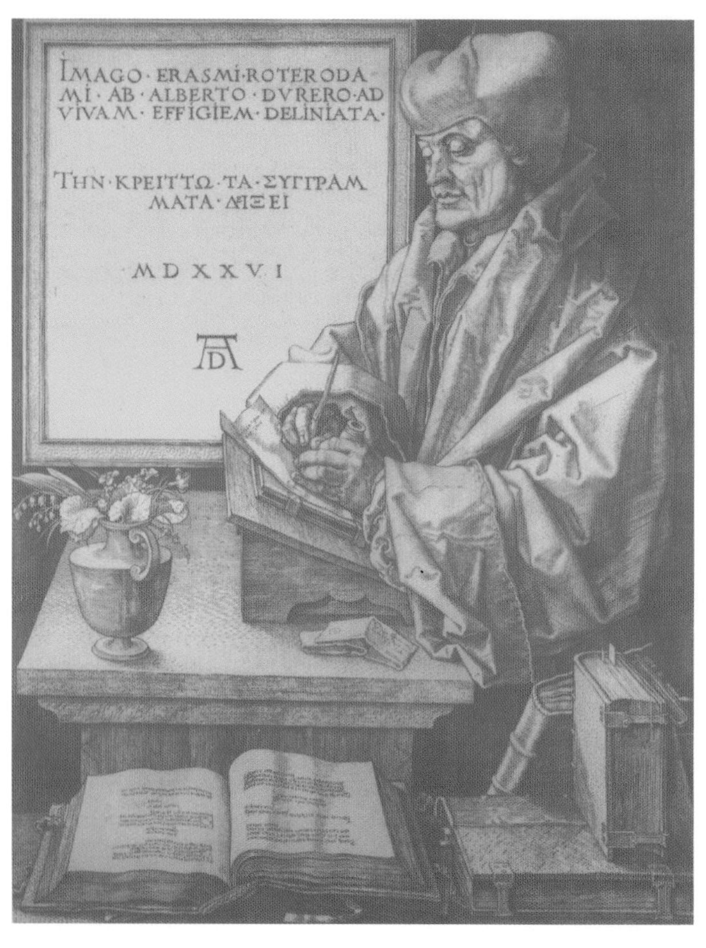

뛰어난 편집자이기도 했던 에라스무스는 자신의 저서 『자유의지론』을 반박한 루터의 『노예의지론』을 다음해 2월에 입수해서 읽은 후, 프랑크푸르트의 봄 도서 전시회에 맞춰 즉각 집필을 시작한다. 르네상스시대에 새로운 저작의 빛나는 무대는 오늘날처럼 서점의 책꽂이도 아니고 서평란도 아니고, 서적시라는 '유통의 장' 이었다.

16세기에 다른 여러 도시들과 마찬가지로 리옹에서도 대자선회가 설립된다.
미셸 푸코 식으로 말하면, 일을 하는 것과 게으름을 피우는 것 사이에 선이 그어져서,
생산에 종사하지 않는 자를 배제하는 구조가 성립되고, 중세의 문둥이 대신
걸식자나 방랑자같이 '무용' 한 인간이 배제되고 감금되는 시대가 도래한 것이다.

15세기 리옹의 유력한 상인들의 자제는 각지의 대학을 편력하며 수학한다. 라블레의 『팡타그뤼엘』은 그러한 젊은이들의 대학 편력을 염두에 두고 씌어진 것이었다. 본바닥의 인문주의를 책과 함께 리옹으로 들여온 것은 바로 이들이었다.

중세에 독서는 그리스도의 말씀에 귀기울이는 것이기도 했다. 중세 후기에 정밀한 필사본 공방의 작업과 결부되어서 독서의 양상은 음독에서 묵독으로 바뀐다. 16세기 화가 로히르 반 데르 웨이덴이 그린 막달라 마리아도 입을 꼭 다물고 조용히 독서에 잠겨 있다.

초기의 활자본은 출판지, 공방명, 간행연도 같은 데이터가 판권에 기재되고, 속표지에는 표제밖에 적혀 있지 않은 몰풍스러운 것이었다. 고딕체 활자의 울창한 숲이 이어지는 답답한 페이지 아래쪽에는 다음 페이지의 머리말이나 접장 번호 같은 것이 붙어 있어서 곧 쪽 번호가 출현한다. 그리고 새로운 서체들이 출현하면서 중세의 정신을 담는 대표적인 서체였던 고딕체는 곧 시대에 뒤떨어진다는 말을 듣게 된다.

리옹의 한 상인은 "그대 아들을 학교에 보내어 유식한 교사에게 배우게 하라. 먼저 익혀야 할 것은 셈하는 방법"이라는 교훈을 남기고 있다. 리옹에 최초의 활자본이 등장한 것은 파리 소르본대학의 한모퉁이에서 프랑스 최초의 인쇄공방이 문을 연 지 3년 뒤였다.

행상인이라는 말은 '해독' 이라는 의미를 갖는 말에서 나왔다. 책을 팔러 다니는 사람이란, 원래는 '해독제 장수' 였던 모양이다. 이 같은 서적 행상인이 종교개혁파 사상을 보급하는 데 큰 역할을 했다. 사상 통제가 점점 더 엄격해짐에 따라, 큰장이나 점두에서 팔지 못하는 라틴어 아닌 구어 번역 성서라든가 종교 소책자는, 이런 행상인에 의해 비밀리에 판매되고 배포되었다.

기상천외한 이야기 『팡타그뤼엘』과 『가르강튀아』를 쓴 프랑수아 라블레는 의사이기도 했다. 몽블리에가 의사를 배출했다면 리옹은 의학서를 만들어냈다. 리옹이 실용의학서 분야에서 파리를 능가하는 중요한 정보 발신지가 되자 뛰어난 의사와 의학자들이 이 도시로 모여들었다.

잃어버린 책의 거리를 찾아서

책의 도시 리옹

미야시타 시로 지음 오정환 옮김

한길 | HISTORIA

책의 도시 리옹

언제나 소란스러운 축제 분위기로 가득 찬 도시 리옹.
대학의 거리가 아닌, 상업의 거리에서 꽃 피운
출판도시 리옹을 통해 보는 새로운 책의 세계!

잃어버린 '책의 거리'를 찾아서

• 들어가는 글

프랑수아 라블레가 그 기상천외한 이야기 『팡타그뤼엘』과 『가르강튀아』를 출판한 도시, 그것이 리옹이다.

나가이 가후(永井荷風, 19세기 말의 문명비판적인 소설가－옮긴이)의 『프랑스 이야기』에, "프랑스에 와서 비로소 나는 프랑스의 풍토 기후가 얼마나 감각적인지를 알았다"라는 유명한 표현으로 시작되는 단편이 있다(「가을 뒤에 다시」). 가후는 거기서 가을날의 구슬픔, 이슬비에 젖은 도시의 우울함을 묘사한다. 그러고는 "이런 밤이다――발코니에 떨어지는 빗방울 소리가 까닭 없이 사람을 울리는 것은"이라고 시작한 뒤 "거리에 비가 쏟아지듯이, 내 마음에도 비가 내린다. ……미워하는 것도 아니고, 사랑하는 것도 아니고, 내 마음에는 한없는 슬픔이 깃든다……"며 베를렌의 시를 인용한다.

시인은 이 걸작을 천재 랭보와 저주받은 방랑을 하던 중 런던에서 읊었다고 한다. 그리고 가후는 1907년 늦가을, 고도 리옹의 거리에서 장마로 울적해진 마음을 베를렌의 시에 의탁한 것이었다.

이야기는 16세기로 거슬러 올라간다. 프랑수아 라블레가 그 기상천외한 이야기 『팡타그뤼엘』과 『가르강튀아』를 출판한 도시, 그것이 리옹이다. 수도 파리가 아닌 것이 뜻밖일지 모르지만, 당시의 리옹은 '프랑스 제2의 눈'이라 일컬어지는 대도시였으며, 상업도시로서 번영했다.

큰장의 축제 기분이 일 년 내내 감도는 소란한 도시

어느 해 가을, 나는 가후가 살았던 도시를 한 번 보자, 『팡타그뤼엘』 초판이 상재된 거리를 산책해보자는 생각이 들어서 리옹을 찾았다. 아니나 다를까, 거리에는 비가 쉴새없이 내려 흠뻑 젖은 몸이 되어 소원을 이루었다.

그런 어느 날, 르네상스기의 희귀본과 인쇄 도구를 구경하기 위해 이 도시의 인쇄박물관으로 발길을 돌렸다. 유럽 유수의 보행자 천국을 자랑하는 '공화국 거리'를 서쪽으로 꺾어 박물관 안으로 들어가자, 하나의 발견이 나를 기다리고 있었다.

마인츠의 구텐베르크 박물관, 안트베르펜의 프랑탱 모레투스 박물관과 어깨를 나란히하는 이 박물관의 정식 명칭이, 실은 '인쇄·은행박물관'이었던 것이다. 미슐랭 가이드(타이어 및 기타 고무제품을 생산하는 프랑스 굴지의 회사인 미슐랭 사가 발간하는 국제적인 여행안내서 시리즈—옮긴이)에도 분명히 그렇게 적혀 있었으니 내가 멍청했다면 그뿐이지만, 은행과 인쇄술이라는 기묘한 조합은 나에게는 충분히 충격적이었다. 입구에서 준 소책자에는 이렇게 씌어 있었다.

이곳은 동시에 은행박물관이기도 한데, 그것은 이 지역 금융계 유일의 은행이 본 박물관의 용지를 제공했고, 아울러 건설자금 조달을 맡았기 때문입니다. 그리고 16세기에 리옹의 인쇄업이 번영한 것과, 당시부터 이 도시의 경제적 활력을 지탱해온 은행업은 매우 긴밀한 관계에 있었기 때문입니다.

지금부터 약 80년 전 가후, 곧 나가이 소키치(永井壯吉, 가후의 본명－옮긴이)도 요코하마 정금은행(正金銀行)의 사원으로서 이 도시에 거주했다. 리옹은 일찍이 굴지의 금융도시였던 것이다. 그도 쓰고 있지 않은가. "은행 장부의 그늘에서, 공원 길가의 나무 아래……서 기록한" 여러 편을 모아서 『프랑스 이야기』를 만들었노라고.

그런데 앞서 박물관 소책자에 언급된 지역 은행이 크레디 리오네를 가리킴을, 프랑스통이라면 금방 짐작할 것이다. 파리 국립은행, 소시에테 제네랄 등과 어깨를 나란히하는 프랑스 유수의 이 은행이, 15세기에 세워졌다는 '쿠롱관(館)'을 시에 기증하여 박물관을 만들게 했던 것이다. 하기야 내부 전시물은 거의 인쇄출판과 관련된 것이며, 은행박물관은 덤에 지나지 않는다. "리옹 사람들은 신앙심이 깊은 사람이라면 누구나 그렇지만, 흔쾌히 베푼다"고 말한 것은 스탕달인데, 소책자에도 있듯이 이 박물관도 크레디 리오네의 그러한 흔쾌함 덕이었다.

이런 후함이 상인들의 일상생활에서의 근검절약을 전제로 한 것임은 두말할 것도 없다. 미슐랭 가이드를 펼쳐보아도 "간소한 것이 리옹 사람들의 라이프스타일"이니 어쩌니 씌어 있어서 저절로 쓴웃음이 나오는데, 요컨대 '만사가 타산적'이라는 말이다.

'만사가 타산적'인 이 도시가, 16세기 후반 파리에 이어서 활자본을 출현시킨다. 그리고 16세기에는 수도 파리와 출판 분야에서 자웅을 겨루게 된다. 라블레의 작품뿐만 아니라, 마로의 『클레망의 청춘 시집』, 도레의 『라틴어고(考)』, 모리스 세브의 『델리』, 게다가 노스트라다무스의 『대예언』 등도, 론 강과 손 강이 합류하는 이 도시에서 인쇄되었다.

더욱이 이 도시의 '책의 거리'는 파리와 달리 대학가가 아니라 상업지구 한가운데에서 탄생해서, 16세기의 인쇄 · 출판업은 은행업과 밀접하게 결부되어 발전한다. 그렇다면, 거기에는 아마도 파리와는 상당히 다른 책의 세계가 성립되었음에 틀림없다.

또 이것이야말로 리옹 르네상스라 부르는 것의 특질이 아니겠는가.

프랑스 하면 으레 파리를 생각하는 상황에서, 또 하나의 도시에 초점을 맞추어본다면 종래와는 다른 프랑스 르네상스기의 모습이 떠오르지 않겠는가……. 인쇄 · 은행박물관 안을 돌아보면서 문득, 그때까지 막연하던 나의 호기심이 비로소 명확한 형태를 갖게 됨을 느낀 것이다.

더욱이 금융 · 출판도시라는 리옹의 면모는 16세기 말이 되자 적어도 역사의 정면에서는 모습을 감추어버리고 만다. 이상한 일이다. 리옹이 문화의 중심지로 각광을 받는 일은 그 후 두 번 다시 없었다.

그렇다고 물론 중앙아시아 사막의 대상(隊商)도시처럼 모래에 파묻혀 폐허가 되어버린 것은 아니다. 20세기 초에 나가이 가후가 요코하마 정금은행의 사원으로서 리옹에 머물렀던 것은, 그 후에도 여전했던 금융도시 리옹의 비중을 보여주며, 리옹은 현재도 프랑스 제3의 도시라는 지위를 유지하고 있다. 그러나 오늘날의 프랑스는 뭐니뭐니 해도 파리라는 거대도시를 중심으로 하는 나라이다.

이에 비해 르네상스시대의 프랑스 사회는, 파리와 리옹 두 도시를 중심으로 돌아가고 있었다. 다시 말해 프랑스의 르네상스란, 이 같은 두 개의 초점을 가진 '타원형의 초상(肖像)'으로 묘사되어야 할 것임에 틀림없다. 이 두 초점이 어떻게 하나의 중심을 이루게 되었는지 이제부터 살펴보자.

이 책은 15, 16세기의 리옹을 주무대로 한, 책을 둘러싼 세계의 갖가지 양상을 이러한 생각을 바탕으로 써보고자 하는 작은 시도이다. 내용의 날실은 말할 것도 없이 출판의 역사이다. 활자본이 출현한 15세기 후반부터 리옹 출판계가 쇠퇴해가는 16세기 말까지 백수십 년간의 이야기이다. 그리고 씨실은 리옹 출판업과 긴밀하게 관련되어 있던 당시의 사회적 경제적 전후관계이다. 사회사에 관해서는 내털리 데이비스, 사회경제사에 관해서는 라샬 가스콩 같은, 더 이상 바랄 수 없는 석학들이 그들의 저작을 통해 훌륭한 안내역을 맡아줄 것이다. 또 손 강 오른쪽 강변의 '환어음 광장' 가까이에 살았던 모직물 상인으로 가톨릭교도인 장 게로가 귀중한 일기를 남겨놓아 이를 많이 참조했다.

나아가서 일반적으로 '리옹 조감도'라 불리는 16세기 중반의 이 도시를 그린 그림에 관한 설명을 곳곳에 삽입함으로써, 당시 거리 모습을 시각적으로 이해할 수 있도록 했다. 내가 가진 자료가 적은 탓도 있고 하여 그 설명의 해독이 일부에 그쳤지만, 그래도 이것은 아마 첫 시도가 아닌가 싶어 내 나름으로 조금은 자부심을 느끼고 있는 터이다.

그러면 여기서 대강 당시의 시대적 사회적 배경을 설명함으로써 아울러 이 책의 겨냥도를 그려보고자 한다.

르네상스시대의 리옹은, 무엇보다도 이탈리아인을 중심으로 한 외국인 은행가들이 활약한 금융도시였다. 그 경제활동은 1463년에 시작되어 1년에 네 번씩 서던 '큰장'에 집약되어 있었다(이 큰장은 몇 백 년이나 중단되었다가 오늘날 '국제견본시'[또는 국제무역박람회－옮긴이]로 부활되었다). 이리하여 15세기 후반에는 종래 지배계급이던 공증인 · 법무사 · 변호사와 같은 법조계급 대신 상인계급이 대두하게 된다.

물론 본바닥 피렌체와는 비교할 수도 없지만, 이 도시에서도 상인의 심성(心性)이 우세해진다. 장사꾼으로서 현세에서의 마음가짐을 논하고 내세의 구원을 기원하는 책을 쓴 프랑수아 가랭 같은 인물, 곧 '글 쓰는 상인'까지 출현하는 것이다.

한편 공업 면에서 보더라도, 오베르뉴 지방에서 제지업이 발전하여, 양피지를 대신하는 책의 새로운 지지체(支持體)인 종이를 쉽게 구할 수 있게 되었다. 또 근교에서 금속공업이 일어나, 활자로 정밀하게 인쇄할 수 있는 바탕이 마련되었다. 게다가 리옹은 길드제도에 구속되지 않는 자유로운 도시임을 자랑하고 있었으므로, 새로운 산업이 들어서는 데도 여러 가지로 편리했다. 저 호상(豪商) 자크 쾨르도 리오네 지방을 경제활동의 거점으로 삼아, 교외에서 제지용 수차(水車)를 경영하기도 한다.

환어음이 서로 다른 통화의 교환수단인 것처럼, 큰장은 여러 가치가 교환되고 혹은 역전되는 '열린 세계'였다. 여기에서 각국의 지식인들이 서로 교류하고, 온갖 정보가 오갔다. 그야말로 출판업이 등장할 수 있는 분위기가 무르익었던 것이다.

이리하여 1473년, 손 강과 론 강 사이에 낀 고을, 상업적이고 세속적인 곳에서 리옹의 출판업은 탄생했다. 유학 중이던 파리에서 활자본이라는 새로운 상품에 매료된 뷔에라는 인물이, 플랑드르 출신 떠돌이 기술자를 발탁하여 공방을 개설한 것이다. 이윽고 시장과 강변에서 일하는 인부들이 끊임없이 드나드는 선술집이 늘어선 곳 주변에 잇달아 인쇄공방이 생겨났다.

메르시에 가('장사꾼의 거리'라고 옮기면 될까)라는 이 지구(地區) 주요 거리의 이름은, 리옹 출판업의 모습을 매우 적절하게 표현하고 있다. 파리 최초의 활자본이 학문의 전당인 소르본대학 구내에서 탄생한 것과는 대조적이다. 출판이라는 지식집약형 산업도 이 도시에서는 은행업이나 견직물업과 다를 바 없었던 것이다. 리옹의 초기 필사본(앵퀴나블라)의 개성은, 바로 이러한 상인다운 감각을 반영한 것이었다.

지역 자본가와 이탈리아 상인들도 금융과 무역에서 벌어들인 자금을 출판이라는 유망한 장사에 속속 투자했다. 그들은 '컴퍼니'라는 회사제도를 출판계에도 도입하여 큰 기획을 추진해나간다. 지(知)의 도구인 라틴어도 여기서는 두툼한 법령집 등과 같은 라틴어 서적이라는 국제적인 '상품'으로 변신했다.

이 상업도시에는 대학도 고등법원도 없었다. 또 왕권 직속 도시인 파리에서 멀리 떨어진 것도 보다 자유로운 출판활동을 가능케 했다. 그 때문에 16세기에 이르러 종교개혁 · 종교전쟁의 시대가 되자, 칼뱅의 본거지인 제네바와 거리도 가깝고 관계도 깊은 리옹은 이단서의 최대 생산거점이 되기도 한다. 피에르 드 뱅글, 앙투안 뱅상 같은 인물이 두 도시를 드나들며 개혁파 출판물을 세상에 내보낸다.

르네상스시대의 리옹은 큰장의 축제기분이 일 년 내내 감도는 소란한 거리였던 모양이다. '무궤도의 수도원'이라든가 '도련님들', 혹은 인쇄공들의 '오식(誤植)의 대감과 가신들'과 같은 온갖 단체들이, 라블레의 소설에나 등장함직한 '뒤바뀐 세계'를 다투어 연출했다.

시 참사회의 한 회원은 "민중은 너무 엄격하게 억누르면 자포자기하게 되니까, 더러는 야단법석을 떨게 하고 기분풀이를 시키는 것이 상책"이라고 쓰고 있다. 방종은 일종의 사회적 안전판이라는 말이다. 그러나 축제는 반란과 종이 한 장 차이이기도 했다.

실제로 이 자유도시에서 일어난 폭동과 노동쟁의는 파리의 그것을 능가했으며, 계속 수도 파리를 도발했다. 1529년에는 리옹판 '쌀소동'이라 할 수 있을 법한 '대폭동'이 발생했다. 기근 때는 빈민과 거지가 자비를 구해 여기저기서 도시로 몰려들었다.

그래서 리옹에서는 폭동을 계기로 자선제도를 일신하게 된다. 다른 여러 도시에 앞서 '리옹 대자선회'라는 세속적인 조직을 만들고, 병자와 임신부는 시립자선병원에 수용했다(프랑수아 라블레는 바로 그곳에서 일하던 의사였다).

잃어버린 '책의 거리'의 시간

그러나 당시에 벌써 '무위'(無爲)는 악덕으로 간주되어 도시는 거지와 부랑자를 배제하려 한다. 수로공사 같은 일에 의욕적인 사람들만 받아들인 것이다. '일하지 않는 자는 먹지 말라'는 말이다. 그리고 리옹 대자선회는 정기적으로 빈민 행진을 개최하여, 그 효율적인 자선의 장점을 과시한다.

또 1539년에는 인쇄공의 비밀결사 '대식단'(大食團)이 '트리크'라는 암호로 파업에 돌입했으며, 왕권은 빌레르코트레 칙령을 공포하여 결사와 태업 등을 금지한다.

이러한 시기에 인문주의자 에티엔 돌레가 출판계에 뛰어들어, 아웃사이더로 활동을 전개하다가 고립무원이 되어 결국 이단자로 처형당한다. 그러나 수도 파리와는 달리 리옹의 출판인으로서 이단이라는 죄과로 처형된 이는 돌레 정도였으니, 리옹의 출판계가 참으로 만만찮은 존재였음을 엿볼 수 있다.

그런데 뭐니뭐니 해도 리옹 르네상스의 하이라이트는, 1548년 새 국왕 앙리 2세와 왕비 카트린 드 메디시스가 프랑스 각 지역을 순방하면서 리옹에 들어올 때 거행된 이른바 '입시식'(入市式, 로열 엔트리)이다. 총감독 모리스 세브와 미술감독 베르나르 살로몽의 지휘 아래 시민이 총동원된 행렬이 거리를 누볐으며 강에서는 모의 전투까지 벌어졌다. 리옹시파(詩派)를 이끌던 세브가 제작한 시나리오가 이 화려한 입시식의 광경을 전해준다.

16세기 중반에 리옹은 출판 분야에서도 절정에 이르렀다. 이 도시가 낳은 많은 출판인들 가운데 몇 사람을 꼽아보자. 먼저 정통파 학술 출판의 원조라 해도 될 법한 세바스티앙 그리피우스와, 그의 공방에서 수학하고 갖가지 가능성에 도전한 위대한 장 드 투른, 이 두 사람을 들 수 있다.

이어 개혁파 신앙의 상징이기도 했던 클레망 마로와 테오도르 드 베즈가 번역한 『시편』을 제네바에서 대량으로 인쇄하여 대담한 수법으로 프랑스 국내에 반입한 호상 앙투안 뱅상이 있다. 그리고 개혁파에 동조하는 이들 세 사람과는 반대로, 베네치아에서 돌아와 평생 열렬히 가톨릭교를 옹호했으며, 마침내 토박이 출판업자로서는 처음으로 시 참사회에 들어간 사나이 기욤 루예의 생애도 흥미진진하다.

그러나 이 세기 후반에 접어들자 리옹의 번영에도 그림자가 드리워지기 시작한다. 거시적인 관점에서 본다면, 유럽 경제의 중심은 이제 지중해가 아니었다. 이탈리아 르네상스는 난숙기를 맞이하고, 사람들은 신대륙의 부에 눈을 돌린다. 플랑드르의 안트베르펜이 금융 중심지로서 번창하고, 리옹의 그림자는 옅어진다. 프랑스는 대항해시대에 완전히 뒤지고 만 것이다. 국왕은 금융도시 리옹을 마치 자기 개인의 큰 금고나 되는 듯이 생각하고 여전히 돈을 빌려대지만, 굳게 믿었던 리옹 금융조합이 파탄나고 자본이 빠져나가기 시작한다.

이윽고 기즈 가(家)는 가톨릭교 세력과 손을 잡고 부르봉과 콩데 두 집안은 개신교 세력과 연결되는 구도로, 프랑스 국내는 내란상태에 빠진다. 이른바 프랑스 종교전쟁인 것이다. 서민들이 재테크 열풍에 들뜨고 복권이 붐을 일으킨 것도, 이 같은 정치 불안을 말해주는 것인지도 모른다. 칼뱅파가 리옹의 실권을 쥔 것은 이러한 시기였다(1562~63년). 리옹을 점령한 개혁파는 도시라는 몸뚱이를 어떻게 바꿀 것인가?

종교전쟁이 한창 벌어지던 1564년에 페스트가 크게 유행하여, 한 증언에 따르면, 리옹은 놀랍게도 인구의 3분의 1을 잃었다고 한다. 큰장도 일시적이기는 하나 다른 도시로 옮겨지고, 리옹 경제는 회복불능이라고까지 할 정도의 타격을 받는다.

리옹에 복귀한 가톨릭 세력은 반격과 복수에 나선다. 개혁파로서는 망명시대가 열린 것이었다. 그리하여 1572년에는 생바르텔레미의 학살이 각지에 파급되었으며, 리옹에서도 1천 명에 가까운 사람들이 희생되었다고 한다. 며칠 사이에 벌어진 이 살육은 '리옹의 밤의 학살'이라 일컬어진다. 이를 계기로 신구 양파는 완전히 결렬되고, 경제위기도 나날이 깊어진다.

이런 상황에서 전에는 개혁파의 동조자였던 '대식단원'도 결국 가톨릭으로 복귀한다. 그 후 그들은 축제를 통해서 머쓱해진 기분을 달래는 수밖에 없었다. '오식의 대감과 가신들'이 세상을 풍자하는 만담과 함께 벌인 시가행렬도, 그런 잠시동안의 축제 소동에 지나지 않았다.

한때는 그 이름을 드날리면서 많은 인문주의자들을 끌어들인 리옹의 출판업도 차츰 피폐해져간다. 메르시에 가 주변의 공방들도 활기를 잃고 서적상들은 제네바 등으로 본거지를 옮긴다. 그들은 망명 인쇄공 등을 고용해 책을 만들어서는, 표지나 인쇄소 마크 같은 것을 위조하여 리옹의 책이라며 팔아먹었다. 프랑스 혁명 전 구체제하의 출판은, 이 같은 만만찮은 수법의 위조판을 빼고는 이야기할 수 없을 것이다.

백수십 년 전 리옹은 제네바로부터 큰장 개최권을 탈취했다. 그런데 이번에는 거꾸로 제네바에 출판업을 빼앗긴 것이다. 참으로 묘한 결말이다. 그 후 리옹의 출판업은 간신히 소강상태를 유지하는 데 그쳤을 뿐, 두 번 다시 번영을 누리지는 못한다. 그리고 오늘날 프랑스의 출판사는 수도 파리에 집중되어 있다.

파리의 카르티에 라탱(프랑스 학문의 중심지인 학생가)을 거닐다 보면, 우리가 잘 아는 출판사들이 즐비하게 늘어서서 패스트푸드 가게들과 세를 겨루고 있다. 도쿄의 진보초(神保町) 주변도 최근의 땅값 급등 등으로 큰길가는 스키용품점 등에 자리를 물려주기는 했으나, 한걸음 옆 골목으로 들어서면 많은 출판사들의 이름을 볼 수 있다. 더욱이 두 지구가 다 대학을 중심으로 하는 출판의 거리라는 면모를 여전히 간직하고 있다.

이에 비해서 리옹의 메르시에 가 주변에는, 앞에서 언급한 인쇄 · 은행박물관을 제외하고는, 이곳이 16세기에 프랑스 유수의 출판가였음을 엿보게 해주는 것은 아무것도 없다. 손 강의 맞은

편과는 달리 르네상스기의 건물도 거의 남아 있지 않다. 다만 책과 박물관의 유품, 혹은 '장 드 투른 거리' 등 몇몇 남아 있는 거리의 이름을 실마리로 당시의 번영을 그려보는 수밖에 없다.

그러나 이 상업도시에서 출판산업은, 이른바 공식 문화와는 맛이 좀 다른 세계를 반영했다. 반문화(反文化)라고까지는 할 수 없더라도, 자유롭고 활달한 세속적 정신이 표출되었던 것이다. 이러한 리옹의 출판은 파리의 그것을 보완했으며, 또 때로는 거역하기도 했다. 카르티에 라탱과 메르시에 가가 바로 그 중심지인데, 그러나 실은 출판의 본질이란 이러한 보완성 내지는 비판정신에 있는 것이다. 이는 현대의 상황과도 깊이 통한다고 할 수 있을 것 같다.

그런 의미에서, 이 책은 메르시에 가의 잃어버린 시간과 오늘날 그것이 갖는 의의에 대한 찬사(讚辭)이다.

1 상인의 시간이 지배하는 공간

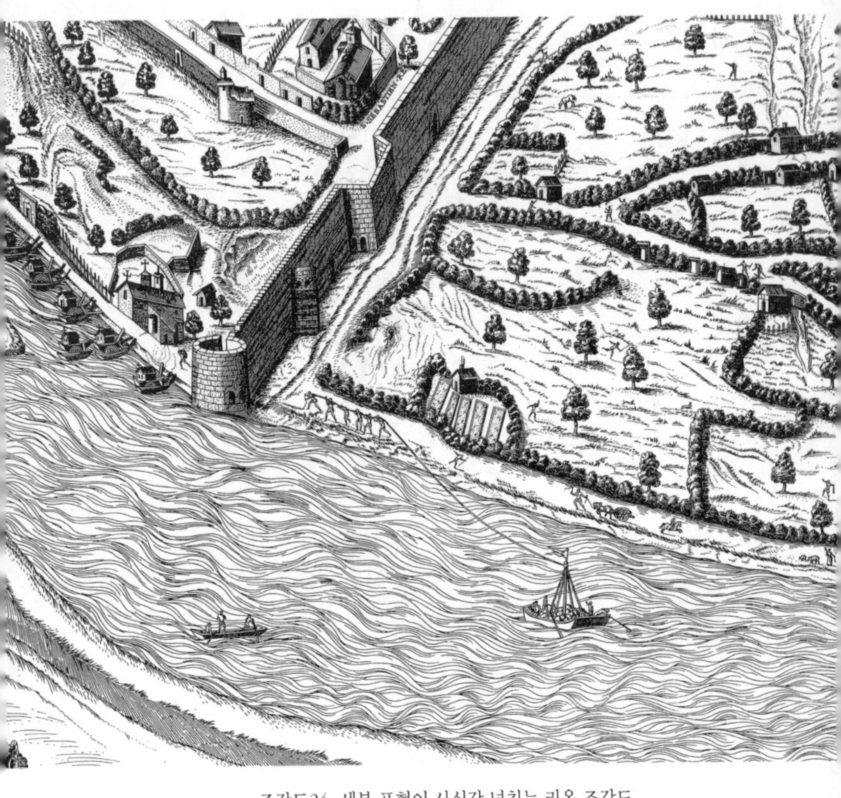

조감도24. 세부 표현이 사실감 넘치는 리옹 조감도

유럽 상업의 네거리

말을 타고 큰장을 찾아 좋은 여관에 숙박할 수 있을 만한
돈을 가진 상인이 한 사람 정도라면 걸어와서 웬만한 선술집이라도
얻어걸리면 다행이라는 인간이 열 명이나 된다.
• 1578년 리옹의 한 여관 주인의 기록

10년쯤 전에 나는 이탈리아 중부 토스카나의 아름다운 도시 시에나에서 여름 한철을 보낸 적이 있다. 이 도시는 지금부터 이야기하려는 리옹과도 비슷하게 중세에 은행업으로 번창하여 피렌체와 패권을 다툰 역사를 갖고 있다.

그 면모는 지금도 주요 거리에 즐비하게 늘어선 은행들에서 엿볼 수 있다. 양치기들의 친목계 조직에 그 기원이 있다는 명문 몬테 데 파스키 은행의 본점은, 시에나 번화가에서도 두드러지게 눈에 띄는 고딕 양식의 살림베니 궁(14세기의 건물)이다. 시에나 대학의 은행학과도 국내외에서 높이 평가되고 있다.

그런데 이 언덕 위에 자리잡은 중세 도시의 생활에서, 수요일은 특별한 의미를 가졌다. 이날은 왠지 온 시내가 들떠 보인다. 교외의 옛 요새 자리 광장에서 매주 장이 서기 때문이다.

우리 어학교 학생들도 한여름의 햇살을 받으면서 신나게 말안

장 모양의 언덕을 올랐다. 평소의 시내는 저 유명한 '시에나의 적토(赤土)'를 바탕으로 차분한 모습을 보이지만, 이날 시의 광장은 원색의 행렬로 가득 찬다. 의료품, 일용품에서 젊은이들을 노린 레코드판과 카세트에 이르기까지, 백여 곳이 넘는 노점들이 서로 겨룬다. 채소를 잘게 써는 커터(cuter)의 실연 판매 같은 것들은 일본의 백화점에서도 볼 수 있지만, 그 떠들어대는 말의 독특한 억양은 지금도 내 귓가에 쟁쟁하다.

어느 목요일의 일이다. 볼테라로 가는(이 도시의 조그만 미술관에 있는 마니에리스트[극도로 기교적이고 작위적인 경향을 가진 미술가－옮긴이] 일 로소의 걸작 『그리스도를 십자가에서 내림』을 보기 위함이었다) 도중에 콜레라는 거리에서 버스를 내렸다. 마침 콜레의 광장에서 장이 서고 있었다. 분명히 전날 시에나에 있던 대상(隊商)들 가운데 일부가 가게를 내고 있는 것 같았다. 그렇구나, 콜레에서는 목요일에 장이 서는구나. 사람들의 생활이 그러한 리듬에 맞추어져 있음을, 짧은 기간밖에 머물지 않은 나도 잘 알 수 있었다. 아마도 나머지 노점상들은 가까운 다른 도시에 트럭과 밴을 세워놓고 장사를 하고 있겠지.

그들 순회 상인들 또한 아마도 수요일에 서는 시에나 장을 하이라이트로 하는 한 주간의 리듬을 규칙적으로 새겨나가는 것이리라.

물론 오늘날 파리에서도 여기저기 광장에 장이 서고 있으며, 이 책의 무대인 리옹 역시 마찬가지이다. 그러나 오늘날 대도시에서는 도시 전체의 활력에 찬 혼돈과 소란 속에서, 장이 일으키는 고동은 거의 느껴지지 않게 되었다. 시에나 같은 적당한 크기의 도시이기에 그 율동감이 생생하게 전해져온 것이다.

조세 천국 리옹

15, 16세기의 시대에는 이러한 장의 리듬이 어느 크고 작은 도시에서나 지금은 상상도 할 수 없을 만큼 강하게 맥박치고 있었던 것이 틀림없다.

그리고 페르낭 브로델(Fernand Braudel, 1902~85, 역사를 장·중·단 세 가지 파동으로 파악한 프랑스의 역사학자—옮긴이) 식으로 말하면, 당시 이러한 장이나 상점 같은 "교환의 하부기구"의 상층에 "화려한 연출자에 의한 상부구조"로서 자리잡고 있었던 것이 다름 아닌 큰장(foire/faie)이다. 큰장의 리듬은 크게 몇 달 단위였고, 그 네트워크는 그 지역 전체, 나아가서는 유럽 전역까지 이어져 있었다.

장이 지방의 시간을 새긴다면, 큰장은 말하자면 유럽 경제 공간의 표준시를 새기는 큰 시계였다.

이런 교환 시스템이라는 피라미드의 정점에, 대차(貸借) 청산과 어음 결제가 이루어지는 '신용의 큰장'이라 불리는 것이 있었다. 중세에 이 교환의 자리는 샹파뉴 지방에 있었다. 13세기가 그 전성기였으며, 프로뱅, 트루아, 라니, 바르 등 계절에 따라 장소는 바뀌었어도 큰장은 1년 내내 어딘가에서 반드시 서고 있었다(연 6회). 천막과 바라크에 의해 하룻밤 사이에 출현하는 거대도시, 그곳은 그리스도교에서는 금지하던 이자 징수도 당당하게 허용되는 특권적인 장소였다. 시간을 이자라는 형태로 버젓이 팔

수 있는 이상한 자리, '상인의 시간'(J. 르 고프)이 지배하는 공간이었다.[1]

큰장 기간 전반에는 상품이 거래되었고, 후반에는 이름난 이탈리아인 환전상이 등장한다. 후세에 '13세기의 로트실트 가'(유럽의 가장 유명한 은행가 가문—옮긴이)라는 별명으로 불리게 되는 시에나의 부온시뇨리 상회, 혹은 피렌체의 환전 길드에 속하는 은행가들이 큰장을 무대로 상품거래와 금융으로 마구 돈을 긁어모은 것이다.

그러나 이윽고 프랑스는 기근과 페스트와 전쟁에 의한 비참한 시대를 맞게 된다. 샹파뉴의 큰장도 쇠퇴한다. 그 대신 파리, 런던, 그리고 브뤼주(오늘날 브뤼헤)가 거래시장으로서 대두된다. 그러나 영국과 프랑스간의 백년전쟁으로 북프랑스는 한때 영국의 지배 아래 놓이고, 파리는 잔 다르크가 출현하는 시기까지 전화(戰禍)를 면하지 못했다.

이런 틈을 타 부상한 도시가 제네바이다. 이렇게 보면, 제네바가 국제금융도시로서 성장하기 시작한 시기는 예상 이상으로 이르다. 15세기 초의 인구가 약 5천으로 추정되는 이 호반의 도시에서는, 지금도 은행과 백화점이 늘어선 번화가가 경제활동의 중심이 되고 있다.

이 근처에 큰장도 섰다. 거리 양쪽의 상점에는 돔이라는 독특한 형태의 높은 지붕이 붙어 있었으며, 그 처마 밑이 말하자면 아케이드를 이루는 동시에 거기에 '높은 대'라는 이름의 진열대를 놓을 수 있도록 설계되어 있어서, 큰장이 설 때는 외국 상인에게

임대되었다. 모랄광장에 면한 중앙시장의 지붕 밑에서 장사에 열을 올리는 외국 상인도 많았다. 그러나 여기도 차츰 너무 좁아진데다가, 특히 프랑스 상인들의 강한 요청이 있어서 이층짜리 새 '프랑스 시장'이 세워진다. 14세기에는 일 년에 일곱 번 서던 큰장이 네 번으로 정리되었으며, 그 대신 기간이 길어졌다. 세금이 면제되던 이 시기에 온 유럽에서 이곳으로 상품과 자본이 왕창 쏟아져 들어왔다.

메디치 가 등 이탈리아인 은행가들도 당연히 제네바에 주목했다. 메디치 은행 로마 지점은 1420년대부터 제네바 지점의 개설을 준비하기 시작했으며, 이윽고 조반니 벤치를 지배인으로 파견한다.

레만 호(제네바 호-옮긴이)에서 론 강의 급류를 타고 다 내려간 지점에 위치하는 도시가 리옹이다. 1420년, 이 도시에도 일 년에 두 번 큰장을 개최할 수 있는 권리가 부여된다. 지도를 보면 한눈에 알 수 있듯이, 론 강을 건너 조금만 더 가면 사부아공국이다. 지금은 레만 호가 스위스와 프랑스의 국경이지만, 그때는 리옹의 바로 동쪽이 국경이었으니, 이 도시가 이탈리아에서 바로 프랑스로 들어오는 문호라는 느낌이 들지 않는가(지도 참조). 그래서 국왕은 상업의 네거리에 해당하는 이 국경도시야말로 장래의 금융 센터로 적합하다고 판단한 것이다.

곧 성녀 잔 다르크가 나타나 영국과 프랑스 사이의 백년전쟁은 종결된다. 휴전이 이루어진 1444년, 샤를 7세는 리옹에 20일씩 일 년에 세 번 큰장을 열 수 있도록 인가한다. 과거의 실적을 가진 트루아 등 다른 도시는 발을 동동 굴렀지만, 시대의 흐름은 바꿀 수가 없었다. 이 특권은 몇 번이나 갱신되었으며, 이윽고 1463년 국왕 루이 11세가 일 년에 네 번의 큰장 개최권을 부여함으로써 리옹의 발전이 약속된다.

막대한 부를 순식간에 거머쥐었으나 정치에 관여해 마지막에는 체포되어 덧없이 형장의 이슬로 사라진 상인 자크 쾨르(Jacques Coeur, 1395년경~1456, 샤를 7세의 고문관 역할을 한 상인-옮긴이)는 리옹 교외 팡파이의 광산을 운영한다. 또한 동방무역용으로 설립한 상사의 지점도 이 도시에 개설했다. 그는 교외 로슈타이에에서 제지용 수차까지 가동시키고 있었다. 마치 다가올 '복제기술시대'를 예감이라도 한 것처럼.

리옹 경제발전의 추진력이 된 이 인물은, 곧 메르시에 가 주변에 토지와 셋집을 몇 군데나 소유하게 되는데, 그 가운데 하나는 약 1세기 후에 예상치 않은 곳에서 화제가 된다는 것을 미리 말해둔다.[2)]

큰장이 서는 기간에는 경제활동을 활성화하기 위해 갖가지 개방정책이 취해졌다. 그 하나인 1468년에 발표된 특허장의 내용을 보면 다음과 같다.

큰장은 일 년에 네 번 개최되며, 거기서는 모든 화폐와 어음이 유통된다. 원수인 영국인을 제외하고는 어느 나라 상인이나 큰장에서 큰장 사이의 기간 동안 리옹에 머물 수 있다. 큰장 기간에는 세금이 면제되고 환어음·은행업무를 할 수 있다.

또 외국 상인은 리옹에 주거하며 재산을 모을 수 있고, 유언장을 작성하여 이를 상속시킬 수 있다. 보통 외국인이 형성한 자산에는 유산몰수권이라는 봉건적 권리가 적용되었으나, 그렇게 하지 않고 외국 상인을 보호한 것이다.

그리고 위의 여러 특권을 보장하기 위해 '큰장 관리 재판관' 직이 설치되었다.

세부적인 것을 따로 치면, 이는 모두 지난날 이름을 떨친 샹파뉴 큰장의 제도를 답습한 것이다. 왕년에 샹파뉴의 네 도시(프로뱅, 트루아, 라니, 바르)가 그랬듯이, 말하자면 리옹은 프랑스의 '조세 천국'으로 상품과 자본과 신용이 흘러들어오는 성역이 된 것이다.

또 특기할 것은, 리옹은 자유 수공업 도시로서 외과의사, 열쇠장이, 금은세공사 같은 직종을 제외하고는 자유로이 개업할 수 있는 열린 도시였다는 점이다.[3)] 파리 같은 '선서(宣誓) 수공업 도시'와는 달리, 인쇄공방이라든가 직물공장 같은 것을 차리고 싶으면 누구라도 그렇게 할 수 있었다.

루이 16세는 라이벌인 제네바에서 열리는 큰장에 왕래하는 것을 금하고, 위반자는 자산을 몰수하겠다고 협박하는 등 적극적으로 리옹을 지원했다.

나아가서는 스위스의 10개 주와 뉘른베르크, 아우크스부르크, 슈트라스부르크(오늘날 스트라스부르)와 같은 독일 여러 도시의 상인들에게 큰장 기간 외의 상업활동에도 특권을 주어 그들이 제네바를 떠나 리옹으로 오도록 유도했다.

국왕의 장인 사부아 공에 대한 반란에 제네바가 한몫 거든 것

15세기의 유럽

도 그로서는 바라지도 않은 행운이었다. 제네바는 사부아 공의 반감을 사고 만 것이다. 이리하여 각국의 상인들과 은행가들이 리옹을 주목하게 되었다.

1466년, 마침내 메디치 은행은 제네바 지점을 리옹으로 옮긴다. 피렌체에 앉아 각국 경제를 주무른 메디치 가의 당주 피에로 데 메디치의 지시에 의해서였다(그는 '통풍[痛風]의 피에로'라 불렸으며, 병약하여 곧 아들 호화왕[豪華王] 로렌초가 일족의 리더가 된다). 그리하여 메디치 가의 지배인 우두머리로 알려진 프란체스코 사세티가 경영하는 사세티 상회는, 환전광장 가까운 유대인 거리에 사무소를 차리고 영업을 개시했다. 중세에는 샤일록 같은 대금업자들이 살았던 구역인데, '돼지우리 골목'이라는 별명이 유대인에 대한 모멸감을 말해준다. 14세기 말, 샤를 6세가 왕국에서 유대 민족을 추방하여, 유대 교회가 서 있는 이 환전광장 주변에서 그들의 모습이 사라졌다.[4] 그 후 이 지구는 이탈리아인 거리로 형성된다(조감도8 · 13).

현현제(1월), 부활절, 성모승천축일(8월), 만성절(11월) 등, 리옹의 큰장은 일 년에 네 차례 섰다. 전반 15일간은 상품만 거래되었다. 이탈리아에서, 이베리아 반도에서, 혹은 플랑드르에서 많은 물품이 반입되었다. 한 해의 부활절 큰장이 손 강 우안에 서면, 다음 해에는 좌안에서 서는 식으로 윤번제가 실시되었다. 상품이 거래되는 큰장과 관련해서는 좌안과 우안이 대등한 취급을 받은 것이다.

여기저기 여관에 진을 치고 거기서 계약을 맺는 상인들도 있었다. 좌안의 곡물시장처럼 지붕이 달린 상설시장에서 거래를 하는 풍경도 보였다. 그러나 대부분 상인들은 노상에 상품을 벌여놓고 거래했다. 리옹 시립고문서관의 사료를 펼쳐보면, 1463년 부활절 큰장(반도[半島]에서 개최)의 상인들 배치가 구체적으로 밝혀진다.

손 강 다리를 갓 건너 도살장에서 랑테른 거리까지는(조감도13) 견직물, 금은세공, 피혁제품, 독일제 고급품 따위가 진열되었다. 상니제 교회 주변(조감도12)에서는 향신료와 올리브유가, 그리고 '곡물시장 거리'의 '쇠장수여관'에서 '백마여관'(조감도12) 사이에서는 곡물 이외에 모직물 제품도 거래되었다. 백마여관에서 프란체스코회 수도원 근처에 이르는 곳에서는, 모직물, 성근 면포, 나아가서는 새끼양, 여우, 산토끼 등의 가죽도 널려 있었다고 한다.

한편 유피, 양가죽 같은 피혁제품은 메르시에 가와 손 강변 사이의 골목에서 매매되었다. 또 생탕투안 거리, 탕브르 거리에서 론 강 다리에 걸쳐서는 말시장이 섰다. 그리고 프란체스코 수도회에서 북쪽 수문에 이르는 큰길가(조감도18)에서는 소, 양, 돼지가 거래되었다고 한다.

동방에서 온 진귀한 물품에서 인근지방의 산물, 사치품에서 간단한 신변잡화에 이르기까지 온갖 상품이 매매되고, 또 선반에 진열되어 사람들을 끌었다. 북적대는 군중을 노리고 거리의 연예인과 흥행사, 고약장수와 순회 치과의사, 거기에 소매치기와 사기꾼들까지 몰려들었다. 야단법석이 벌어지는 대소동이었던 것이다.[5)]

'축제와 큰장과 곰을 못살게 구는 구경거리가 있을 때마다 출몰하는 악당 오트리카스'(셰익스피어, 『겨울 이야기』) 같은 인간들이 일 년에 몇 번씩 한 밑천 장만하는 기회이기도 했다. 은쟁반, 유리세공품 같은 귀중품을 늘어놓고 제비를 뽑게 하는 인간들도 등장한다. 거리의 이런 도박에는 반드시 야바위꾼이 있기 마련이어서, 아무것도 모르는 손님들은 주머니를 다 털리고 만다. 고골은 1830년, 잠시동안의 비일상적 공간인 정기적인 장을 무대로 동화를 썼는데, 거기에 그려진 세계도 르네상스시대의 큰장과 크게 다르지 않을 것이다.[6)]

여관은 정보 네트워크의 연결점

큰장 기간에는 평소의 세 배에서 네 배에 이르는 상품이 육로와 수로로 반입되었다. 알프스를 넘는다든가 오베르뉴 같은 산골 지방을 오가는 수송에는 억센 노새가 필수적이었다. 프랑스 말에 '노새의 길', 곧 '노새 정도밖에 통과하지 못하는 좁고 험한 길'이라는 표현이 있는데, 이 억센 동물은 무거운 짐을 지고 고개를 넘어 리옹을 찾았다.

몽테뉴의 『여행 일기』는 르네상스시대의 가도변 풍경을 알려주는 귀중한 사료이다. 오베르뉴 지방을 지났을 때 이 『수상록』의 작자는 이렇게 쓰고 있다.

> [1581년 11월 21일] 여기서 리모주까지는 길가에 싸구려 여인숙이 흩어져 있을 뿐이지만, 그런 대로 보통 술을 마실 수 있다. 이곳을 지나는 것은 노새몰이꾼과 파발꾼뿐이다.

이렇게 하여 노새몰이꾼이 리옹에 도착했다고 하자. 큰장이 서는 동안에는 면세니까 거의 무임 통과이다. 그러나 그 이외의 계절에는 상품 내용과 중량에 따라 도시에 들어가는 진입세를 물어야 한다. 조감도13의 왼쪽 아래, 상인들이 주로 묵는 여관이 늘어선 플라티에 거리의 동쪽(그러니까 아래쪽)으로 눈을 돌려보자. 건물 안마당에 '저울'(Le poys)이라고 씌어 있다. 여기서 상품의 중량을 단 것이다. 그러나 보통 상품일 때는 그렇게 까다롭게 확인하지 않았다. 노새의 등과 짐수레에 쌓은 포장의 수량과 종류로 과세했다. '한 짐'에 얼마로 계산한 것이다.

리옹 근방에서 육상수송에 주로 이용된 수단은 사륜 짐수레,

이륜 짐수레, 노새, 이 세 가지로 크게 구분할 수 있다.[7] '노새처럼 엄청나게 큰 짐을 지고'라는 프랑스 말도 있듯이, 그 중에서도 노새가 가장 경제적인 수송수단이었다. 배[腹]가 큰 스승이 당나귀와 암말을 짝지워서 이 동물을 만든 것도 그만한 까닭이 있었던 것이다(라블레, 『제4의 서』 제61장). 과세 단위가 '한 짐'이라 최고한도까지 실었고, 그래서 노새들은 억세게 무거운 짐을 져야 했다. 중량 초과로 이윤을 남기자는 속셈이었다. 그래서 몽스니 고개의 관문에 해당하는 수자(여기는 사부아 공의 영지였다)의 세관에서는, 노새의 최대 적재량을 400리브르(약 170킬로그램)로 제한했을 정도이다. 또 양쪽으로 갈라 얹는 짐의 경우는, 그 하나를 '한 꾸러미'로 쳐 과세 단위로 삼았다.

원거리 수송의 경우는 노새의 '대상'이 조직되었다. 이런 종류의 대상을 조직하여 직접 이끈 사람들은 '수송책임자'라 불렸으며, 말하자면 알선업자와 길잡이를 겸한 존재였다. 귀로에 빈 짐으로 돌아와서는 노새의 사료값도 안 나올 테니, 조직력과 실행력이 없으면 실격이다. 게다가 길에는 노상강도며 산적이 출몰하는 무서운 시대였다.

1534년 부활절의 큰장에 이탈리아 마르케 지방의 항구도시 앙코나에서 베르나르도 델라 피에타라는 사나이가 약 40마리의 노새를 이끌고 론 강 다리 앞 라교티에르에 도착했다는 기록이 있다. 향신료 57꾸러미, '캄로'라는 모직물 14상자(한 상자는 약 20필)와 11꾸러미를 운반해온 것이다.

이탈리아 여러 도시는 운수 및 통신에서 선구자였으므로, 자체

「억센 노새」, 『프랑스의 역사 · 경제 · 사회』, I-1

의 대상을 보유한 호상도 있었다. 피사 출신의 살비아티 같은 사람이 그 예인데, 수송책임자를 세 사람 고용하여, 두 사람은 리옹-피렌체 사이를, 한 사람은 리옹-에스파냐 사이를 오가게 했다고 한다. 조감도17을 보면, 프란체스코 수도회 북쪽에 '노새의 거리'니 '은안장의 거리'니 하는 것이 있다. 그 근방에는 마구간과 마구 제조공장이 늘어서 있었다.

강으로 시선을 옮겨보자. 손 강을 이용하여 부르고뉴 지방으로부터는 밀과 포도주, 석재 같은 것이 운반되어왔다. 그것들은 좌안의 오귀스탱 강변과 생뱅상 강변에서 하역되었으며, 밀은 론 강에 매여 있는 수차선에서 제분되었다(조감도23 · 24). 또 론 강의 급류를 따라 목재도 반입되었다.

프로방스 지방으로부터는 예인선 길을 이용하여 보케르의 소금, 지중해의 과일, 혹은 마르세유를 거쳐 향신료, 모직물 같은 것이 운반되어왔다(도중에 있는 생상포리앙 항의 통행세 기록으로 미루어 소금이 태반을 차지했던 것 같다). 조감도10에는 말이 리옹을 지나 다시 상류로 배를 끌고 가는 모습이 그려져 있다. 소금을 운반하고 있는 것일까? 아니면 곡물일까? 당시 프랑스에서 하천운송은 상상 이상으로 중요했다.[8)]

책만 하더라도, 이를테면 유명한 프랑크푸르트의 서적시(書籍市)에 보낼 때는, 리옹에서 손 강 상류의 그레까지는 배가 이용되었다. 그레에는 그 일을 전문으로 하는 뱃사공까지 있었던 모양이다.

리옹을 찾는 상인들에게 여관은 매우 중요했다. 큰장이 설 때마다 찾아오는 단골손님에 대해서, 여관은 상품 보관과 수령의 편이를 봐주고, 편지 같은 것을 받아서 전해주었다. 나그네가 타고 온 말을 돌볼 뿐 아니라 맡아주거나 빌려주기도 했다. 이를테면 '민달팽이 관'이라는 묘한 이름을 가진 여관의 주인은 아를의 관리에게 하루 5수에 말을 빌려주었고, 어느 피렌체 상인은 자기 말을 55리브르를 주고 다른 여관에 일 년 동안 예탁하는 식이었다.

다시 말해서 당시의 여관은 물건과 정보의 네트워크를 연결하는 구실을 했던 것이다.

리옹의 경우 여인숙은 '반도'의 생장 교회 주변과 손 강 다리를 건너면 나오는 환전광장에서 생폴 강변에 걸쳐 있는 지역의 주변에 많았다. 앞에 든 여관은 모두 잘 알려진 곳이어서 단골 숙소로 삼은 상인들도 많았다. 또 환전광장 주변의 은행과 호상의 상관(商館)으로 둘러싸인 '금사자', '삼왕'(三王), '검은 얼굴' 같은 여관은 아마도 시설이 훌륭해서, 부유한 금융 관계자를 유숙시켰던 모양이다.

그 중에서도 금사자여관은 국왕의 우편물이 발착하는 역마의 소재지로서 더없이 중요했으며, 국왕의 사절과 대사들이 투숙했다. 또 당시의 면모를 지금도 그대로 간직하고 있는, 이 구시가의 뒷골목 '세 사람의 마리 거리'에 발을 들여놓으면 같은 이름의 식당이 있는데, 그 옆 건물에 파인 벽감에는 세 사람의 마리를 새긴 조각상의 일부가 간신히 남아 있다. 실은 이곳은 16세기에는 그 이름도 '세 사람의 마리'인 여관이었다. 그런 이름난 여관에 묵을 여유가 있는 사람은 극히 일부에 지나지 않았다. 한 여관 주인은 1578년에 다음과 같이 적고 있다.

> 말을 타고 큰장을 찾아 좋은 여관에 숙박할 수 있을 만한 돈을 가진 상인이 한 사람 정도라면 걸어와서 웬만한 선술집(싸구려 여인숙을 겸한 집이 많았다)이라도 얻어걸리면 다행이라는 인간이 열 명이나 된다.

과세대장에 여관주인은 'hostellier'와 'hoste', 두 가지로 분류되었다(1545년에는 전자가 10명, 후자가 47명). 'hoste'라 불리는 이들을 조사해보니 겸업이 드물지 않아, 외과의사, 빵장수, 뱃사공, 통장수 등이 본업이었다. 이런 종류의 싸구려 여인숙은 안주인이 경영했으며, 행상인과 노새몰이꾼, 혹은 다른 지방에서 벌이 나온 노동자(사부아 지방 출신자가 유명하다) 등을 유숙시킨 것으로 짐작된다.

자신이 지칠 줄 모르는 나그네이기도 했던 인문주의자 에라스무스는, 상인 및 여행자 상대의 이런 여관에 대해서 독일과 프랑스를 비교하면서 리옹을 칭찬한다.

> 베르틸퓌스　도대체 어째서 대부분 사람들은 리옹에서 이틀, 사흘씩이나 묵는지 알 수가 없단 말이야. 나 같으면 일단 여행을 시작하면 목적지에 도착할 때까지 도중에서 쉬진 않아.
>
> 길리에르무스　나는 오히려 그곳을 떠날 수 있다는 게 놀라운 걸.

베 아니, 왜?

길 그럴 수밖에. 거긴 오디세우스의 부하들조차 세이렌한테서 몸을 떼지 못한 곳이라구. 어느 집에 가나 리옹의 여관처럼 잘 대접해주지는 않거든.

베 대체 어떻게 해주길래?

길 식탁에서는 언제나 여자가 시중을 들어주면서 농담과 유머로 식사를 즐겁게 해주지. 더욱이 리옹의 여자들은 자태가 근사하단 말씀이야. 처음에 안주인이 나와서 '많이 즐겨주세요. 아마도 마음에 드실 것이 나올 테니까요' 하고 인사를 하더군. 그러고는 젊은 여자가 나왔는데, 품위가 있고 명랑하고, 수다를 떨어도 애교가 있어서, 저 (엄하기로 이름난) 카토조차 기분이 흐뭇했을 걸. 게다가 낯선 손님이 아니라, 마치 옛 친구나 가족과 얘기를 나누는 느낌으로 대접을 해주더란 말이야.

베 프랑스인의 붙임성이라는 게로군.

……

베 그런데 대체 어떤 음식이 나오던가? 수다만 가지고는 배가 부르지는 않을 거 아닌가.

길 그게 정말 얼마나 근사하던지. 그런 값으로 손님을 접대할 수 있다는 데 놀라지 않을 수 없더라구. 그리고 식사를 마치고 나면, 또 따분한 기분을 풀기에 좋은 재치 있는 얘기가 기다리고 있더군. 마치 내 집에 있는 느낌이었어. 타향에 와 있는 기분이 아니더라구.

베 침실에서는 어땠는데?

길 그렇게 명랑하고 장난기가 넘치고 잘 떠드는 젊은 여자들은 아무데도 없을 걸. 더욱이 여기저기서 '옷이 더러워지진 않았어요' 하고 물어보고는 깨끗이 빨아서 갖다주는 거야. 두말할 게 없어요. 마부를 제외하고 이곳엔 젊은 여자들과 나이든 여자들밖에 없다구. 하기야 마구간에도 젊은 여자들이 줄곧 드나들긴 했지만. 그리고 떠날 때는 마치 형제나 친척들에게라도 하듯이, 아주 정답게 꽉 껴안아주고 보내더란 말이야.

베 글쎄, 그런 습관은 프랑스인에겐 어울리는 일이지. 나는 오히려 독일 방식이 마음이 드는 걸. 사내답지 않은가.

• 『대화집』 「여관에 대하여」[9)]

자유롭고 개방적인 도시, 미식(美食)의 도시라는 리옹의 성격을 잘 보여주는 다시없는 대목이 아닌가. 그런데 '세이렌'에는 '요염한 여자'라는 뜻도 있으므로, 이 대목은 리옹 여기저기에 있던 유곽과 목욕탕을 암시하는 것이기도 하다.

손 강에서 왼쪽 강변을 따라 상류로 걸어 올라가면 '젊은 여자들의 집'이 있다. 조감도14에서는 그 안쪽에 어딘지 좋은 분위기가 감도는 안마당이 보이고 '청루'(青樓, Chastel Gaillard)라고 씌어 있다. 이 주변이야말로 리옹의 유곽, 곧 시가 공인한 공창지구이다.

그러고 보면 마당을 둘러싸고 ㄷ자형으로 조그만 방들이 늘어서 있는 것 같이도 보인다. 강변 길에 있는 군인처럼 보이는 사나이는, 보아하니 창부를 끌어내고 있는 모양이다. 논다니를 감독하는 할멈이 두 사람에게 무슨 말을 하고 있는 것일까?

이 시대의 공인 유곽은 '좋은 집' '좋은 숙소' '청루' 혹은 단순히 '시의 시설' 등으로 불렸으며, 도시에는 일반적으로 갖춰져 있었다. 이 밖에 사설 유곽도 있었으며, 15세기 말 리옹에는 일곱 군데나 있었던 것으로 알려져 있다. 그 중에서도 손 강 오른쪽 강변의 로안 감옥 가까이에 있던 '트레모네 목욕탕'은 방이 20개를 헤아렸다고 한다. 또 왼쪽 강변에서 플랑드르인 부부가 경영하던 '어항 목욕탕'은 15세기 말에 이를 폐지하라는 소송이 일어나고 있다.[10)]

당시 '목욕을 하고 온다'고 하면, 이런 여자들의 방에 놀러가는 것을 의미했다. 그러나 '무궤도의 수도원' 등과 어깨를 나란히 하는 이 사회적 안전장치도, 세기 후반에 앙부아즈의 칙령(1563)으로 금지되었다. 그 후 매춘은 오히려 더 위험하고 돈이 많이 들고 음습한 것으로 변질되어 범죄와 결부된다.[11)]

큰장과 자유의 도시

루이 11세는 칸(1470), 루앙(1477) 등 북프랑스에도 큰장이 서는 도시를 만들었다. 그러나 브뤼주와 안트베르펜으로부터 금융시장을 탈취하겠다는 비원을 이루지 못하고, 그는 세상을 떠났다. 그러자 제네바는 반격을 시작한다. 사부아 공과 손을 잡고, 사부아공국 내의 물자유통을 금하여 리옹과 이탈리아, 독일과의 교역로를 막는 한편, 피렌체와 제노바의 상인들에게 제네바로 복귀하도록 설득한다.

한편 프랑스 국내 통화 부족의 원흉이 국경에 있는 리옹의 큰장이라고 본 보호무역파와 국수파는, 1484년 투르의 삼부회에서 결속하여 리옹 큰장의 폐지를 결정했다. '왕국의 금과 은이 깡그리 긁어모아져, 외국 상인들의 손에 의해 국외로 반출되어버린다'(샤를 8세의 칙령)는 것이 그 이유였다.[12)]

리옹은 또 에그모르트, 몽플리에 등 랑도크 지방의 항만도시와 상업도시의 원한도 사고 있었다. 오리엔트, 이탈리아 등과 알프스 너머로 바로 연결되면, 향신료 등도 이들 도시를 그냥 지나쳐버린다. 동방의 진귀한 물산을 가득 싣고 베네치아에서 도착하는 갤리선의 모습을 이제 볼 수 없게 되지 않겠느냐는 얘기였다.

그리하여 한때 큰장은 트루아와 브뤼주로 옮겨진다. 그러나 시대에 역행하는 이런 비현실적인 조치가 성공을 거둘 리 없다. 이탈리아 상인들도 브뤼주는 너무 멀어서 리옹 큰장의 부활을 갈망했으며, 국왕 쪽에서도 이탈리아 원정을 앞두고 자금원이 절실히 필요했다. 마침내 1494년, 샤를 8세는 자금 원조를 교환조건으로 해서 일 년에 네 차례 열리는 리옹 큰장을 부활시키기로 이탈리아인 자본가들에게 약속했다. 말하자면, 리옹 큰장은 처음부터 프랑스 국왕과 이탈리아 상인 사이의 약간 기묘한 결탁으로 지탱되었던 셈이다. 이렇게 하여 자유무역파가 승리를 거둔다.

앞에서 설명했듯이 리옹에서는 선서 수공업 제도가 채택되어 있지 않았다. 다시 말해서 장인조합이나 동업조합의 심사를 거쳐 조합비를 지불하고 가입하는 번거로운 절차 없이 일을 하고, 가게나 공방을 차릴 수도 있었던 것이다. 여기서도 자유라는 대원칙이 표방되었던 셈이다. 그러나 외부에서 보는 자유는 내부에서는 외적 장애로밖에 비치지 않는다. 외부인이 마음대로 장사를 시작하면 당연히 리옹 시내의 업자에게는 불만이 쌓인다. 그래서 공방주인들과 장인들은 '동업자 신심회(信心會)'라는 것을 결성하여, 본래는 관혼상제나 자선을 위한 상호조직인 신심회(형제회라고도 번역된다)를 자기들의 직업상 권익단체로 만들려고 했다. 그래서 이른바 '주인 승격 작품' 같은 것을 요구하곤 했다.

이윽고 공방주인들이 자격 없는 초보자와 견습공만 고용하면 인건비가 싸게 먹힌다는 것을 알고 그렇게 하는 바람에 장인들의 불만이 높아졌다. 16세기에 자주 발생하는 장인들의 파업 원인은 (인쇄장인의 경우를 포함하여) 여기에 있었던 것이다.

리옹의 장인은 어떤 의미에서는 도시의 자유로 말미암은 희생자라고 할 수도 있을 것이다. 왕권은 리옹에 관해서는 항상 직업의 자유라는 대의명분을 강조했으며, 결국 1512년의 브루아 칙령으로 다음과 같이 확인된다.

> 어떠한 직업과 일에 종사하든 누구나 이 시에서는 자유로이 체재 · 거주할 수 있고, 돈을 지불하거나 주인 승격 작품 같은 것을 만들지 않고도 개업할 수 있다. 다만 금은세공, 이발사 외과의, 자물쇠장인은 종래대로 예외 취급을 한다.

이에 대해 재봉사, 마구제작공, 신발제작공 등은 집요하게 저항하여 재판 소동까지 일어난다. 인쇄장인들은 자신들의 이익을 지키기 위해 대식단이라는 비밀결사를 결성하여 상부상조 조직으로 만들었다. 그러고는 자기들의 조직에 들어오지 않고 저임금으로 일하는 노동자를 '배신파'라고 욕했으며, 이윽고는 파업을 일으킨다. 그렇기는 하나 '큰장의 자유와 직업의 자유'가 리옹의 트레이드마크이고 보면, 그들의 호소도 결국은 당랑거철(螳螂拒轍)에 지나지 않았다.

책이라는 신상품

제기랄 이런 낭패가 있나. 피렌체에서 발행한
환어음을 갖고 있어, 여기서 건네주어야 하는데.
• 셰익스피어, 『말광량이 길들이기』의 등장인물인 현학자의 대사

생장 대성당에서 생폴 교회에 이르는 지역 주변은 '옛 리옹'이라고 불리며, 산호빛도 선명하게 르네상스시대의 건물이 복원, 보존되어 있다.

그 중간쯤에 있는 것이 환어음광장으로, 18세기에 세워진 거래소 건물이 지금도 남아 있다.[13)]

옛 시가를 산책하고 이 광장이 바라보이는 카페 테라스에서 한숨 돌리고 나면, 르네상스시대에 이 근방이 얼마나 성황을 이루었는지 한 번 상상해볼 만하다.

실은 그리 넓지도 않은 이 공간이, 16세기에는 유럽 경제 시스템을 조절하는 밸브로서 중요한 기능을 다했던 것이다. 지역 부호나 유력한 이탈리아인들이 거의 이 부근에 저택을 가지고 있었고, 리옹의 부는 이 주변에 집중되어 있었다.

중세시대에 이곳은 환전대광장이라 불렸다. 유대인과 롬바르디아인이 하늘 아래 테이블을 내다놓고 저울을 사용하여 환전을 해주었다. 금은이나 화폐 대신 어음이 주역으로 등장한 세기가 되어서도 결제는 여전히 옥외에서 이루어졌다.

결제기간이 되면 광장에는 목책이 세워졌으며, 매일 오전과 오후 두 차례 그 문이 닫혔다고 한다.[14] 어음의 인수, 지불일 · 환율의 결정, 환어음의 결제 · 지불 같은 절차를 목책 틈으로 들여다보자.

피렌체 '국민단'(國民團)의 영사가 소리를 지르면, 모여든 각국 상인들이 장부를 펼친다. 어음을 인수할 생각이면 해당란에 X표를, 인수 보류면 V('확인요')표를, 거부할 때는 SP('거절')를 기입한다. 상인들은 묵묵히 서로 자기 어음을 보여주며 신속히 일을 처리한다.

어음 인수가 끝나고 2, 3일이 지나면, 피렌체, 루카, 밀라노, 제노바의 이탈리아 상인, 독일 상인, 그리고 프랑스 상인들은 다시 광장에 모여 피렌체 국민단의 영사를 둥그렇게 둘러싼다. 다음 날짜를 정하기 위해서이다. 리옹 법조계의 한 거물은 영사의 말을 이렇게 인용하고 있다(이 대목의 이탈리아어는 이탤릭체로 인쇄되어 있다).

여러분, 우리가 이렇게 모인 것은, 우리 시 및 왕국 외의 다른 시장의 다음 큰장의 지불일을 결정하기 위해서입니다. 여러분의 제안에 따라, 어음 인수는 오는 6월 1일, 어음 환율의 결정은 6월 3일에 할까 합니다. 그리고 결제일은, 밀라노 · 베네치아 · 제노바는 6월 28일, 볼로냐 · 피렌체 · 루카는 7월 3일, 나폴리 · 시칠리아는 7월 8일로 정할 생각입니다. 의견이 더 있으면 들려주시기 바랍니다.

• 클로드 드 뤼비, 『진실의 리옹 역사』, 1604

이어 프랑스, 독일, 밀라노, 제노바, 루카의 순으로 의견이 발표되고, 다음 날짜가 최종 결정된다. 먼 곳일수록 결제일이 늦추어지는 것은 당연한 배려였다. 그것이 끝나면 이번에는 피렌체, 루카, 제노바의 각 국민단이 저마다 협의하여 어음 환율을 정한다. 1572년까지는 이 세 도시의 환율이 서로 경합했다고 한다. 그런 경우에도 리옹은 항상 어음 시세의 기준을 제공했다. 말하자면 '에퀴 드 마르크'라는 가공의 공통 단위에 입각하여 환율이 계산된 것이다(그리고 이것은 완전히 우연이지만, 현재 유럽 통화 단위도 '에퀴'이다[15]).

이번 프랑크푸르트 큰장에서는 당신 편지를 읽게 되겠군요

다음 큰장까지의 금리도 이 자리에서 결정되었는데, 이것도 미묘한 차이를 보였다. 이를테면, 1556년의 부활절 큰장에서 피렌체는 4반기의 금리를 2.25퍼센트(연리 9퍼센트)로 한 반면, 루카는 2.33퍼센트로 정하고 있다. 그런데 루카 출신의 거물 브로커[16] 바울로 데 메디치는 이를 크게 웃도는 3퍼센트(연리 12퍼센트)로 자금을 유치하려고 했다. 또 하나 1565년 여름의 예를 들면, 루카 2.66퍼센트, 피렌체 2.75퍼센트에 대해, 제노바는 3.125

퍼센트의 높은 이자로 자금을 끌어모으려 했다. 이탈리아의 상인과 은행가들은 고위 성직자나 대귀족의 자금을 맡아 운용하고 있었을 뿐 아니라, 말하자면 중산계급으로부터도 자금을 조달하고 있었던 것 같다(제21장 참조).

어음의 인수가 끝나고, 어음 환율, 다음 지불일 등이 정해지면, 큰장은 최종 단계로 접어든다. 3일 후의 지불일이 그것이다.

상인들은 장부를 들고 모여들어 서로 대차를 상쇄한다. 각지에서 발행된 어음, 갖가지 금액이 적힌 어음이 순식간에 상쇄되어 '햇볕 아래 눈처럼'(브로델) 녹아 없어진다. 현금을 주고받을 필요가 거의 없었다.

그러나 아무리 해도 상쇄가 되지 않는 경우에는, 이날까지 어떻게든 자금을 긁어모으지 않으면 안 된다. 은행가에게 빌리거나, 그것도 안 되면 고리대금업자를 찾아가거나, 혹은 어음을 할인해달라고 부탁하거나 했을 것이다. 이 주변의 이런 양상은 오늘날과 거의 변함이 없다.

그렇기는 하나 일 년에 불과 네 번 모이는 것만으로 청산이 깨끗이 끝난다는 것은, 이 얼마나 목가적인 시대인가 하는 생각을 하지 않을 수 없게 한다.

하기야 20세기 말에도 그런 광경이 남아 있기는 하다. 얼마전 신문에 케냐 나이로비의 주식거래 모습이 소개되었는데, 마치 걸리버의 동화 같았다. 매일 아침 10시, 시내에 하나밖에 없는 호텔 로비에 증권 관계자 6명이 집합, 의장의 사회로 매매가 이루어진다. 거래는 불과 10분에 종료. 거래량이 2천 주를 넘는 일은 좀처럼 없으며, 엘리트 증권맨들은 잡담으로 꽃을 피운다고 한다. 재테크에 날을 지새는 현대의 선진제국에서는 생각할 수도 없는 일인데, 르네상스시대의 어음 결제도 어쩌면 이 아프리카의 경우와 고작해야 한 자리수 정도의 차이였는지도 모른다.

어음환율이 정해지면, 이번에는 '파발꾼'이 등장할 차례이다. "각지를 향해 즉각 파발이 가고 모든 거래시장에 결정사항이 전달된다"(니콜라이, 『리옹 전지(全誌)』, 1573). 전신, 전화는 고사하고 우편제도도 아직 발달하지 않은 이 시대에, 그들이 맡은 역할은 오늘날에는 상상도 못할 만큼 중요했음이 틀림없다. 그리고 이 분야에서도 역시 이탈리아인, 특히 피렌체의 은행가와 상사가 일찍부터 주도권을 쥐었다.

우편과 파발 시스템의 문화사에는 흥미진진한 일이 많은데, 훌륭한 개설서도 있으므로 여기서는 간단히 언급하는 데 그치기로 한다.[17)]

16세기 중반, 칙령으로 이 도시에 네 사람의 '우편관'이 임명된다. 편지도 소포도 그들이 취급했는데, 5퍼센트의 수수료를 징수했다. 이 일을 감독한 인물은 피렌체 출신의 장 바티스트 베라차노[18)]였다. 1561년에는 피렌체의 이권 독점에 불만을 품은 리옹의 은행가가 고의로 법을 어겨 법정 투쟁으로 호소하는 소동까지 벌어진다.

리옹은 로마 교황청에서 프랑스로 보내오는 칙서, 각서, 성직록 수여서 등의 집배 센터이기도 했다. 이탈리아 은행가 등에 의해 '교황청 수송편'이 조직되어 로마와 리옹 사이는 놀랍게도 일

주일 만에 연결되었다.

그 조직력, 신속함, 빈도, 정보수집 능력 덕분에 은행 자본가와 상사의 파발편은 참으로 편리했다. 물론 국왕도 자체의 우편대를 가지고 있었다. 리옹–파리, 리옹–궁정(당시의 궁정은 국내 각지를 떠도는 일종의 대상[隊商]이었다) 사이에는, 빠른 파발마를 타고 달리는 두 사람의 명수가 대기하고 있었다.

그럼에도 리옹 금융계와 왕실 사이를 매개하는 역할을 맡은 투르농 추기경은, 편지에서 "공문서는 일단 리옹으로 보내라, 매일 은행 파발이 나가고 있으니까"라든가, "국왕 우편대의 유무를 확인할 때까지 파발을 내보내지 않도록 행정대리에게 명해야 한다"고 말하고 있다. 요컨대 빠르고 확실한 은행우편을 권하고 있는 것이다.

그런데 그런 은행가들의 우편 따위를 어떻게 믿을 수 있겠느냐고 불신감을 나타낸 인물이 있다. 바로 프랑수아 라블레(François Rabelais, 1494년경~1553)이다. 그는 외교사절 장 뒤 벨레(Jean du Bellay, 1492/98~1560)의 시의(侍醫)로서 몇 번인가 로마에 머문 적이 있었다. 그는 후원자인 데스티사크 주교의 '사설 정보관 내지 밀정'으로서 기록한 『로마 소식』에서 이렇게 말하고 있다.

> 대감, 앞으로 보내드리는 서신 꾸러미가 이곳(로마)에서 리옹까지 안전하게 운송된다는 것을 제가 장담하겠습니다. 그 이유는 그것들을 납으로 봉해진 국왕의 큰 어용 행낭에 제 손

으로 넣기 때문입니다. 그리고 이 우편물이 리옹에 도착하면 (리오네 지방) 총독이 개봉을 하게 됩니다. 그때 총독 비서로 있는 제 친구가, 포장지 겉에 수취인이 미셸 파르망티에(서적상)라고 적혀 있는 것을 꺼내도록 되어 있습니다. ……대감께서는, 봉함이 찢기거나 뜯기면 안 되므로 은행가들의 손에는 절대로 맡기지 말라고 서신에 쓰셨습니다만, 저도 같은 의견입니다.

(1536년 1월 28)

이렇게 말하고 그는 파르망티에의 수고를 치하하기 위해 위로의 편지와 금일봉을 "자기 앞으로" 보내달라고 하고 끝을 맺는다(편지는 몰라도, 돈은 자기 용돈으로 쓰기 위한 교묘한 수법이다!).

그들 인문주의자들은 자기들 사상의 매개체인 서적을 다루는 상인들의 네트워크를 활용하여 편지를 주고받았는데, 큰장은 어음 교환의 장소인 동시에 편지 교환의 장소이기도 했던 것이다. 에라스무스의 방대한 서간집을 읽다보면 "이번 프랑크푸르트의 큰장에서는 당신 편지를 몇 통인가 읽게 되겠군요" 같은 대목을 자주 만나게 되는데, 아마도 그럴 때마다 온 유럽에 뻗어 있는 광대한 통신망에 눈이 둥그레질 것이다.

이듬해에 라블레의 불안이 적중하고 만다. 귀국 후 로마의 지인에게 보낸 편지(현존하지 않는다)가 검열을 받아, 이 『가르강튀아』와 『팡타그뤼엘』의 작자는 기밀을 누설한 혐의로 하마터면 체포당할 뻔했다. 그 문제의 편지를 대법관 앙투안 뒤 부르에게 증거로 보낸 것은, 라블레의 후원자인 장 뒤 벨레의 정적 투르농 추기경이었다.[19] 라블레가 무심코 은행 파발꾼에게 편지를 맡겼다면, 그것은 얼빠진 짓이었다. 게다가 그는 1540년에 또다시 기밀 누설 혐의로 편지를 검열 받아 한때 몸을 숨겨야 하는 궁지에 빠진다.

그런데 『로마 소식』에 대해서 말이 나온 김에 라블레의 경제활동 가운데 또 하나 흥미로운 것에 대해 그 자신의 말로 들어보기로 하자.

> 다음번에 제게 서한을 주실 때는 파르망티에에게 한 말씀 치하를 해주시기 바라오며, 또 그 서한에 에퀴 사르, 혹은 루아얄, 앙쥐로, 사뤼 같은 옛 금화를 동봉해주시면 다행이겠습니다. ……그러나 또다시 대감의 온정에 매달리지 않으면 안 되겠습니다. 저에게 보내주신 30에퀴가, 이제 거의 바닥나고 말았습니다. ……혹시 얼마간의 환어음이라도 보내주신다면, 그것은 대감의 용무에만 충당하고, 결코 허술히 사용하지는 않겠습니다. 이 도시에는 키프로스, 칸디아(키프로스 섬의 도시로 베네치아령인데 지중해 무역으로 번창), 콘스탄티노플 등에서 온 훌륭한 물건들이 수없이 많고, 게다가 사두면 손해를 보지 않는 물건들입니다.
> (1536년 2월 15일)

순도 높은 옛 금화를 바라고 환어음을 보내달라고 간청한 데는 로마에서 유리하게 환전하고 싶다거나 어음 같으면 가장 확실하다는, 편지 쓴 이의 소망이 담겨 있다. 라블레나 에라스무스나 항시 여러 나라를 두루 돌아다닌 지식인이었으므로, 서재에 틀어박힌 사람이라기보다 오히려 영원한 나그네라는 것이 실상에 더 가깝다. 인문주의란 세계주의의 별명인 것이다.

따라서 그들 '세계시민'은 어쩔 수 없이 경제적인 인간이기도 했다. 과연 그들의 요구가 받아들여졌는지는 신만이 아는 일이지만, 후원자인 조프루아 데스티사크는 아마도 쓴웃음을 지었을 것이 틀림없다.

프랑스의 피렌체

이리하여 16세기의 리옹은 어음시장의 중심지로서, 유럽이라는 경제공간의 큰 시계의 태엽을 일 년에 네 번씩 감았다. 이 공간에서는 시장이 서는 소수의 도시가 각 부분을 맡아 '교환'이라는 이름의 그칠 줄 모르는 협주곡을 계속 연주했다. 이 악곡의 박자를 새기는 것이 큰장이었으며, 상품과 돈과 신용이, 다음과 같은 리듬을 타고 순환운동을 계속한다.

안트베르펜—성탄절 · 부활절 · 6월 · 9월

리옹—현현제(1월) · 부활절 · 8월 · 만성절(11월)

카스티야[20)]—1월 · 5월 · 8월 · 10월

제노바[21)]—2월 · 5월 · 8월 · 11월

현현제의 큰장 때 리옹에서 발행된 어음이 부활절 안트베르펜에서 지불된다는 식으로, 이 결제의 시계는 큰장이라는 문자판

위에서 쉬지 않고 움직였다.

이리하여 리옹은 국제금융도시로서 지위를 높여, 자본과 상품과 정보가 교류되는 유럽 상업의 최대 교차지점이 되어간다. 물론 리옹을 무대로 하는 부를 둘러싼 동화에서 "힘이 되어주는 요정들은 외국인"(브로델)[22]이었다(표1).

계산에 의하면, 16세기 중반 프랑스에는 은행이 209개 있었고, 그 중에서 놀랍게도 169개가 리옹에 있었다고 한다(리옹에 이만한 숫자의 은행이 점포를 차리고 있었던 것이 아니라, 중개인, 대리인 등을 포함한 숫자일 것이다). 그리고 그들 상인 · 은행가 가운데 9할은 이탈리아인으로, 앞서 말한 환어음광장 주변을 거점으로 삼았다.

메디치 은행은 기세가 기울고 있었으나, 스트로치 · 살비아티 같은 피렌체인, 본비시 아르놀피니 등 루카 세력, 그리말디 · 로메리노를 거느린 제노바공화국, 시에나의 키지, 크레모나의 아파이타디, 이렇듯 이탈리아 각지의 은행 자본가들이 리옹을 발판으로 삼고 있었다. 더욱이 그들은 단순한 금융업자가 아니라 눈치 빠른 호상들이기도 해서, 동방 무역과 상품 생산과 판매에도 손

표1 리옹 거주 외국인 수

	1516년	1529년	1571년
손 강 우안	31	45	140
좌안	9	11	43
합 계	40	56	183

가스콩, 『16세기 상업과 도시: 리옹의 상인들』, 358쪽 참조.

을 대었다.

가스콩이 1569년의 입시(入市)관세 기록을 소개하고 있는데, 그것을 보면 상위 10명이 총세액의 37퍼센트를 차지하고 있다.[23] 더욱이 본비시 은행 이하 상위 10개 가운데 놀랍게도 9위까지가 이탈리아 자본이었으니, 리옹이라는 도시는 이탈리아의 원격 영토가 아니었나 싶을 정도이다.

당연한 일이겠지만 이탈리아인은 금융 브로커의 피라미드에서도 정점을 차지했다. 그들은 웬만한 은행가라고 할 만했다. 대금업자이기도 한 파올로 데 메디치 같은 인물은 그 전형이었다. 그는 환어음광장 가까이에 저택을 가지고 있었을 뿐 아니라 시내에 셋집을 소유했으며, 나아가서는 교외에 신분의 상징으로서, 아울러 페스트나 소란한 때의 도피처로서 농원까지 마련해놓고 있었다.

한편 독일의 은행자본으로는 아우크스부르크의 베르처가 지점을 내고 있었다. 또 뉘른베르크의 임호프는, 이 책에 등장하는 인물 가운데 하나인 요한 클레베르거를 대리인으로 앉혀놓았다. 그러나 이들 독일계 은행가는 모두 해서 십수 명이라 미미한 존재에 지나지 않았다.

하지만 손 강 좌안 생니지에 교회 주변에 거주했던 이들은, 종교적 입장으로 인해 좌안 '반도'의 소란에서 한몫을 하게 된다. 뉘른베르크의 투펠의 대리인으로 슈트라스부르크에서 이주해온 게오르크 오브레히트가 그 좋은 예이다.

자유도시 리옹에서 외국 상인과 은행가들은 온갖 특권을 누리며 보호를 받았으므로, 굳이 귀화할 필요가 없었을 것으로 여겨진다. 그래도 결혼 같은 것을 계기로 리옹 시민이 된 인물이 의외로 많다. 클레베르거도 그랬고, 오브레히트도 그랬으며, 덴하그 출신의 초상화가인 코르네유는 인쇄업자의 딸과 결혼해 귀화하여 코르네유 드 리옹이 된다. 그러나 설령 귀화를 하더라도 본국과의 유대를 끊는 사람은 없었다. 은행가나 상인이 경제적으로 의지하는 곳이자 그 정체성의 본거는, 뭐니뭐니 해도 동향 사람들로 구성된 국민단이었기 때문이다.

오늘날 세계 각국의 경제에 파고들면서도 이른바 차이나타운을 형성하여 그 강력한 기반을 바탕으로 서로 연결되어 있는 중국인 화교들을 떠올리는 것이 이해가 빠를지도 모른다. 르네상스시대의 국민단은 이러한 나라 속의 나라, 도시 속의 나라였다.

게다가 그들은 국경을 넘어선 네트워크를 형성해 시장을 조종했다. 극단적으로 말한다면, 리옹도 그 전략적 거점의 하나에 지나지 않았다. 그들은 환어음광장을 중심으로 하는 좁은 무대 위에서, 전 유럽을 노리며 금융 조작이라는 장부상의 연극을 연출한 것이다.

이탈리아인의 경우, 피렌체 · 루카 · 제노바 · 밀라노가 저마다 국민단을 결성하고 있었다. 그들은 어떤 특권을 침해받게 되면 '이탈리아인'으로서 단결을 했지만, 평소에는 서로 맹렬히 싸우는 라이벌이었다. 이러한 그들의 향토애는 아주 강해서 '캄파닐리즈모'(캄파닐레, 즉 고향의 종루에 대한 애착에서 유래한 말)라는 표현으로 지금까지 전해진다.

그 가운데서도 피렌체 국민단은 영사까지 선출하고, 도미니쿠스 수도회 수도원 노트르담 드 콩포르를 보리사(菩提寺)처럼 근거로 삼아 축제나 빈민구제에 활발한 움직임을 보였다. 또 루카의 상인들은 비록 예배의 장소가 손 강 상류 성 밖 지구에 있는 프란체스코 수도회의 계율준수파 수도원이기는 했으나(조감도 10), 일요일이면 화려하게 자선행사를 벌이고 가장무도회를 여는 등 부를 과시했다.

한편 독일인들도 뉘른베르크, 아우크스부르크, 슈트라스부르크 출신들이 뭉쳐서 하나의 국민단을 결성하고 있었다.

1528년, 제노바공화국은 신성로마제국 황제 카를 5세 쪽으로 돌아선다. 프랑수아 1세는 격노하여, 제네바 상인들은 그 후 오랫동안 각종 권익에서 배제된다. 다시 라블레에게서, 제노바 상인들의 인기 없는 행동에 관한 이야기를 들어보기로 하자.

> 제노바 인간들은 그렇게는 하지 않고, 아침이 되면 책상과 책장 사이에 도사리고 앉아 어느 누구한테서, 무엇으로, 언제 돈을 받아낼 수 있을까, 또 속임수를 써서 누구 뒤통수를 치고, 누구 것을 후무리고, 누구에게 사기를 치고, 누구를 골탕 먹일 것인가 하는 구상을 한 끝에 이것들을 저울질하여 결정을 내리고는, 광장에 나가 인사를 나누면서 '건강이나 보물을, 손님' 하고 뇌까리는 것이다. 놈들은 건강만으로는 부족하여 다시 보물을, 말하자면 가다뉴 님처럼 몇 에퀴의 돈까지 얻고 싶은 것이다. 그러기에 놈들은 흔히 그 어느 것도 얻지 못하는 궁지에

빠지고 만다.

• 라블레, 『제4의 서』

망명 피렌체인의 자손인 토마 가다뉴는 '가다뉴 같은 부자'라는 형용구가 생길 만큼 대단한 영화를 누렸다(리옹의 옛 시가에 있는 역사 · 마리오네트박물관은 그의 저택이었다). 그에 비해서 제노바 상인들은 몹시 멸시를 당했다. 그래서 그들은 브장송 또는 샹베리 등지에서 독자적인 큰장을 열곤 하여 리옹과 겨룬다. 시간이 흘러 리옹 르네상스의 황혼기인 1571년쯤에 이르자 제노바인들도 더는 백안시당하지 않게 된다. 이때쯤에는 200명 가까운 외국인들이 세를 과시하게 되는데, 여기서도 이탈리아인이 압도적 다수를 차지한다(표2).

표2 리옹의 외국 상인 내역(1571년)

피렌체	42
밀라노	36
루카	27
제노바	27
다른 이탈리아인	22
독일	22
포르투갈	4
플랑드르	1
에스파냐	1
영국	1

가스콩, 앞의 책, 359쪽 참조.

표3 앙리 3세의 차입금 배분

단위: 리브르

피렌체	10만
루카	8만
제노바	6만
포르투갈	6만
독일	5만
밀라노	4만

가스콩, 앞의 책, 361쪽 참조.

이 시기가 되자 외국인에게도 세금이 부과되게 되는데, 인원수로는 피과세자의 5퍼센트에 지나지 않는 그들이 3할에 가까운 세금을 물었다. 리옹의 외국 의존성이 분명하게 드러난다. 이어 1575년에는 앙리 3세가 각 국민단에 차입금을 요구했는데, 그 배분액에는 여러 가지 정치적인 고려가 숨겨져 있었음이 틀림없다(표3).

이들 수치를 바라보고 있으면, 리옹이 '프랑스의 피렌체'라는 별명을 얻고 있었던 일이 새삼 떠오른다.

책은 획기적인 뉴미디어

글을 쓰는 사람 또한 큰장의 리듬이라는 문자판의 움직임과 무관할 수 없었다. 그들은 프랑크푸르트나 리옹 같은 도시에서 열리는 서적의 큰장(도서 전시회)을 염두에 두고 집필을 했다.

이를테면, 에라스무스는 자신의 저서 『자유의지론』(1524)을 반박한 루터의 『노예의지론』(1525년 말)을 다음해 2월에 입수하여 일독한 후, 프랑크푸르트의 봄 도서 전시회에 맞추어 즉각 집필을 시작한다. 그 서문은 이렇다.

> 마르틴 루터의 이름으로 『노예의지론』이 간행되었다. …… 나는 그 책을 뒤늦게 손에 넣었으며 그것도 아주 우연한 기회에 의해서였다. 그것은 루터 신봉자들이 오로지 내가 승리하지 못하게 하기 위한 마음으로 적어도 몇 달 동안 그 책을 계속 감추어왔고, 우리 공통의 적에 대해서까지 그렇게 한 것이다.

……내가 나의 『자유의지론』을 다시 읽어본 다음, 루터의 풍요롭다기보다 요설(饒舌)이라고 하는 편이 적합한 저서를 급히 훑어본 뒤, 반론을 완성하는 데 열흘도 걸리지 않았다.

……그러나 오만하기 이를 데 없는 몇몇 인간들이 이 책의 냄새만 맡고도 미친 듯이 기뻐하는 것을 보고, 나로서는 급조한 것이기는 하나 반론의 일부를 프랑크푸르트의 큰장에서 상재하는 것이 적당한 일이라는 생각이 든 것이다.

(1526년 2월 20일, 바젤에서)

새로운 저작의 빛나는 무대가 지금처럼 서점의 책꽂이도 아니고 서평란도 아니고, 서적시라는 '유통의 장'이었던 것이다.

그렇다면 서로 다른 가치와 온갖 정보가 교환되는 큰장이 서는 도시야말로 출판업을 하기에는 다시없이 적합한 곳이었음이 틀림없다. 책이라는 신제품은 큰장의 네트워크를 통해 유통되는 전형적인 물품이었던 것이다.

오늘날에는 출판업의 문화적인 측면이 강조되는 일이 많지만, 그 시스템은 오히려 구태의연한 것이라는 이미지도 적잖이 있다. 그래서 수완 있는 경영자가 출판업에 진출하여 두각을 나타내기라도 하면 그것만으로도 화제를 모은다.

또 이를테면 카세트로 된 책 같은 새로운 분야나 뉴미디어 같은 데 너무 빨리 뛰어들면, 너무 성급하다고 생각하기도 한다.

그러나 앞서 본대로 활자본 자체가 애초에 획기적인 뉴미디어였고, 출판업은 탄생 때부터 일면 극히 자본주의적 요소가 강했다.

인문주의자가 출판인을 겸하는 경우에도, 책이란 무엇보다도 먼저 상품이었다. 시장이란, 화폐라는 일종의 '제로 기호(記號)'로 지탱되는 수요 · 공급 메커니즘의 시스템이며, 정신의 산물인 책 역시 이 시스템과의 타협이 요구되었다. 그러한 사정에 입각하여 브로델은 이렇게 설명한다.

> 서적은 사치품이기는 했으나, 애초부터 엄격하게 이윤, 공급, 수요의 법칙을 따라야 했다. 인쇄업자의 도구는 자주 교체되어야 했고, 노임은 비쌌으며, 종이값은 다른 여러 비용의 배 이상이 들었고, 자금의 회수에는 시간이 걸렸다. 모든 사정으로 인해 인쇄업은 대금업자에게 묶여 있었는데, 이윽고 대금업자가 배급망을 지배하게 된 것이다. 출판의 세계에는 15세기부터 벌써 작은 '푸거'(15, 16세기에 엄청난 부를 자랑한 아우크스부르크의 상인 가문으로 교황과 황제를 움직이는 정도로 권세를 누렸다–옮긴이)들이 존재했다.
>
> • 브로델, 『물질문명 · 경제 · 자본주의–15~18세기』「일상성의 구조 2」

이 역사가는 이렇게 말하고 제일 먼저 리옹의 바르텔레미 뷔에의 이름을 들고 있는데, 이 인물에 대해서는 뒤에서 상세히 다룬다.

유럽 유수의 큰장의 도시 리옹은, 자본 면에서 아쉬운 것이 없고 판매망을 장악하고 있었을 뿐 아니라, 새로운 정보와 별의별 사람들이 오가는 활기 넘치는 도시였다. 두 가닥의 강물이 Y자형으로 교차하는 한모퉁이에, 이 새로운 산업이 출현하여 발전하게 된 것도 당연하다고 할 것이다. 그리고 특히 이 도시의 출판업은 타산성을 앞세워 성장해나간다.

견직물업과 출판업은, 아마도 리옹 큰장이 낳은 두 효자라고 할 수 있을 것이다.

라블레가 돌아다니던 거리

내 고향 처녀들아, 그대들 가운데 한 아름다운 아가씨가
어느 여름날 오후, 무심코 어둑어둑한 서고에서 1556년에
장 드 투른이 간행한 그 작은 책을 발견했다고 하자.
• 릴케, 『말테의 수기』

조감도24의 오른쪽 아래 강변을 들여다보자. 한 여성이 먹이를 먹는 어미와 새끼 돼지를 지켜보면서, 실타래를 쥐고 실을 잣고 있다. 참으로 미소를 짓게 하는 광경인데, 그렇기는 하나 너무 매력적인 포즈가 아닌가. 그 옆의 들판에는 토끼 사냥을 하는 사람들, 새를 쏘는 사람, 혹은 배를 끄는 일꾼 등의 모습이 생생하게 그려져 있다. 삼거리에는 나그네에게 구걸하는 사나이가 있다. 또 가까이에는 즉흥 춤을 즐기는 세 인물도 보인다. 왼쪽으로 눈을 돌리면 시의 성벽 안쪽에 제분공장으로 곡물을 나르는 인부가 있고, 강 가운데 모래톱에서는 한 사나이가 그 인부에게 무언가 신호를 보내고 있다.

이것이 일반적으로 '리옹 조감도'라 불리는 그림의 사실감 넘치는 세부이다. 론 현(縣) 고문서관에 소장되어 있는 이 옛 지도는, 리옹 르네상스의 표정을, 말하자면 클로즈업해서 그린 귀중한 자료이다. 덕분에 우리는 이 책의 무대가 되는 시대의 리옹을 집에 앉아서 살펴볼 수 있다. 그 중에서도 '책의 거리'인 메르시에가 일대는, 현재 그 양상이 너무 변해버려 전성기의 모습이 거의 남아 있지 않으므로, 이 그림이야말로 르네상스기의 론 강 좌안, 프랑수아 라블레와 에티엔 돌레(Étienne Dolet, 1509~46)가 분주하게 돌아다니던 곳의 면모를 그려볼 수 있는 유일한 실마리이다.

그러나 연하게 채색된 이 리옹 조감도에 관한 본격적인 연구는 거의 없다. 가옥의 사실적 표현으로 미루어 과세를 위한 참고자료로 삼았다는 말도 있지만, 제작의 경위를 전하는 사료도 전혀 알려져 있지 않다. 1550년 전후에 제작하기 시작하여 완성하는 데 몇 해가 걸렸을 것이라는 추측을 할 수 있을 뿐, 정확한 연대도 밝혀지지 않았다.

수수께끼를 간직한 이 도시 그림은, 백 년쯤 전에 한 번 모각(模刻)된 이후 잊혀졌다. 그러나 다행히도 최근 그 복각판이 나왔다. 세로 30센티미터, 가로 40센티미터쯤 되는 부분도 25매로 구성되어 있다. 그러면 이제 이 리옹 조감도를 더듬으며, 메르시에 가 주변을 한 바퀴 돌아 거리의 모습을 미리 머리에 넣어두기로 하자.

리옹 르네상스

산책을 나서기 전에 방향이 틀리지 않도록 해야 한다. 이상하게도 이 조감도에서는 오른쪽이 북이다. 하기야 이 시대에는, 특히 이런 종류의 도시 그림의 경우, 꼭 위가 북쪽으로 정해져 있었던 것은 아니다.

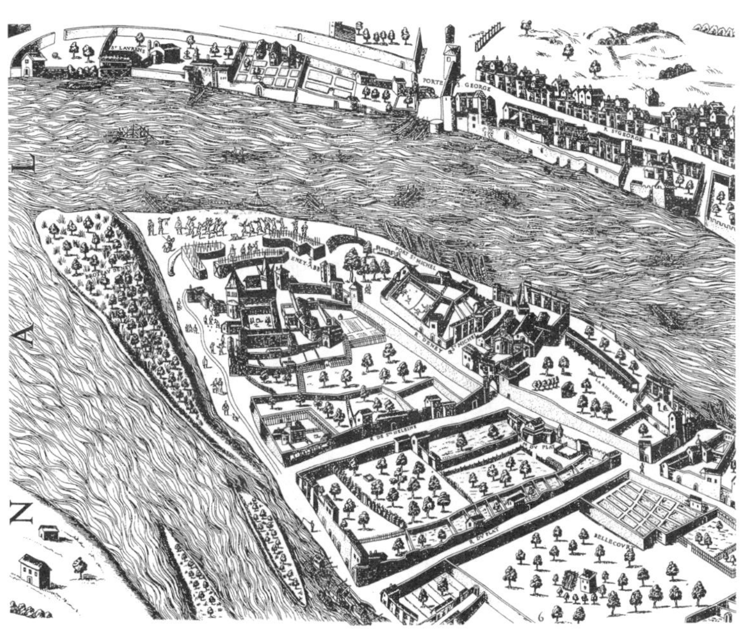

조감도24. 생세바스티앙 시문과 수로가 보이는 리옹 시내

이를테면, 같은 시대의 파리 지도 가운데서 가장 유명한 '앙리 2세 치하의 파리 전도'(O. 투르셰와 G. 오와요, 1550년 무렵)에서는 왼쪽이 북을 가리키고 있다.[24] 이 경우는 이렇게 해야 도시의 거룩한 중심지인 노트르담 대성당의 정면을 바라볼 수 있기 때문이라는 설명을 들으면, 그런대로 이해는 간다.

그런데 리옹 조감도에서는 이른바 '수좌주교(首座主教) 교회'인 생장 대성당이, 지도를 보는 사람에게 엉덩이를 돌린 모양으로 되어 있다(조감도7). 손 강 좌안의 생니지에 교회도 마찬가지이다. 그렇게 된 까닭은 아마도 리옹의 지형에 있는 것 같다. 리옹은 언덕이 많은 도시이다. 이전 세기에는 베를 짜는 직기 소리가 온 거리에 울려퍼졌다.

나가이 가후가 배회한 거리 크루아루스에 가려면, 시청 앞에서 지하철을 갈아타고, 케이블카 같은 지하철로 언덕을 올라가야 한다. 또 손 강 우안에서는 푸르비에 교회가 시가 전체를 내려다보고 있다. 이쪽에도 지하철이 두 노선 개통되어 리옹 사람들을 기쁘게 했는데, 이것 역시 원래는 케이블카였다. 말하자면 이 언덕에서 바라보는 시점으로 그림을 만들면 손 강 우안의 모습을 잘 전할 수가 없는 것이다. 그래서 아마도 동쪽 시점을 택한 것으로 여겨진다.

이제 '론 강 다리' 옆에서 출발해보자(조감도11). 12세기 말에 완성되었다는 이 다리는, 도시 외부와 접속하는 지점으로서 매우 중요한 역할을 맡고 있다. 이 시의 입구에서 시작되는 길은 곧바로 사부아 공작령으로 들어간다. 그리고 알프스를 넘어 토리노로

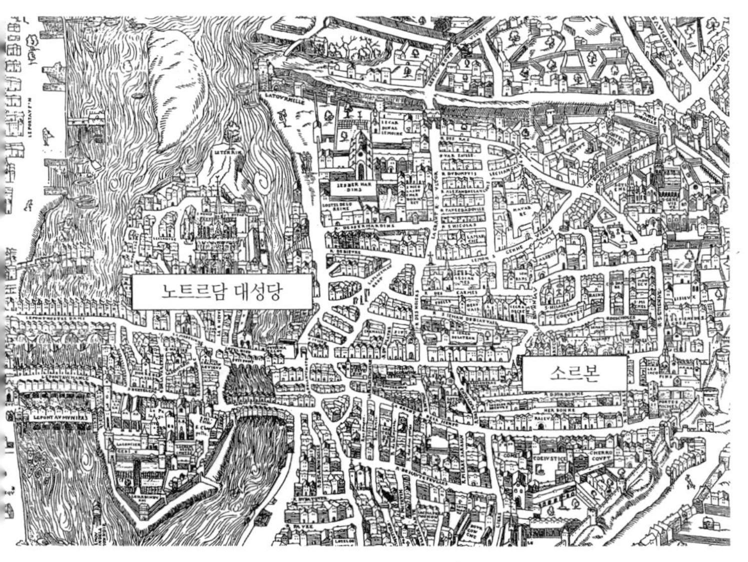

앙리 2세 치하의 파리 전도(바젤대학 도서관)

향한다. 토리노에서 길은 두 갈래로 갈라져, 향신료의 길은 베네치아로, 우단과 비단의 길은 제노바로 통한다.

남쪽 나라로부터는 체구가 작은 노새가 과중한 짐을 지고 속속 도착한다.

다리 옆의 라교티에르는 이런 노새몰이꾼이나 마부들이 몰리는 변두리 동네로, 여인숙과 술집이 몰려 있다. 이 그림에서는 제일 끝 건물의 굴뚝에서 연기가 솟아날 뿐 사람의 그림자 하나 그려져 있지 않아서 마치 서부극에 나오는 유령도시 같다.

그런데 16세기 리옹에는 이 같은 내부와 외부의 접속지점인 시의 입구가 다섯 군데 있었으며, 그 밖에 손과 론, 두 강의 항구도 중요한 출입구였다. 그 중에서도 론 강 다리가 으뜸이었다. 상품의(정확하게는 과세평가액의) 3분의 1 이상이 이 론 교를 통과한 것이다.[25)]

리옹 르네상스의 특징인 신플라톤주의라든가 페트라르키즘 같은 이탈리아 취미도, 그리고 이탈리아 원정의 얄궂은 선물인 매독도 이 길로 들어왔다. 프랑스 요리의 원조인 이탈리아 요리도 이리로 들어와 리옹을 미식의 도시로 만들었다. 라블레는 이 다리를 몇 번이나 건넜을 것이 틀림없고, 후년에 저 몽테뉴도 이탈리아 여행에서 돌아오는 길에 이 다리를 건너 말을 바꾸어 타고 고향으로 향했다.

다리를 건너면 론 쪽이다. 거친 론 강과 온화한 손 강 사이에 낀 이 부분은 전에는 섬이었으며, '반도(半島)'라고도 불리고 '(신성로마)제국 쪽'이라고도 불렸다. 한편 손 강 우안은 '푸르비에

(교회) 쪽' 또는 '(프랑스)왕국 쪽'이라 불렸다. '제국 쪽'이니 '왕국 쪽'이니 하는 통칭 자체가, 경계선상에 있는 이 도시의 '무인지경'적 성격을 나타낸다.

그 앞이 부르샤낭 가. 리옹 사투리로 '샤낭'은 개를 가리키므로, '개가 얼쩡거리는 불결한 동네'라는 뜻인 모양이다. 론 강 다리 유지에 충당할 통행세를 받기 위해 다리에 가로로 걸쳐놓은 가로대 때문에 '바르 가'라고도 불렸다.

길을 더 나아가면 막다른 곳에 동네 우물이 있고, 여기서 오른쪽으로 꺾어진다. 이윽고 사거리에 나서면 '시립자선병원'의 모습이 다가선다. 라블레가 의사로 근무한 이 병원에 대한 이야기는 뒤로 미루고, 모퉁이를 왼쪽으로 돌아 콩포르 거리로 들어가자.

그러면 곧 왼쪽 막다른 골목에 '삭구가게 미녀 길'이라는 이름이 붙어 있는 데 놀란다. '삭구가게 미녀'라는 별명이 붙여진 여류시인 루이즈 라베(Louise Labé, 1524년경~66, 삭구가게의 딸로, 모리스 세브가 이끌었던 인문주의 시인들의 모임인 리옹파의 일원이었다—옮긴이)는 이 도시 그림이 만들어질 무렵에는 작품집을 내는 등 아직도 건재했다. 그런데도 그녀는 우스갯거리 노래로까지 불려졌고(제21장 참조), 제네바의 칼뱅에게까지 그 평판이 알려진 유명인이었던 탓인지, 세상 사람들은 그녀가 삭구장수 남편과 살았던 골목을 이렇게 불렀다.

다시 큰길로 나가보자. '노트르담 드 콩포르'는 도미니쿠스 수도회가 있는 곳이다. 이곳은 당시 리옹에서 가장 크고 활발한 국민단을 형성하고 있던 피렌체 상인과 은행가들의 예배 장소였다.

은행가 토마 가다뉴가 기증한 마니에리스트 화가 살비아티가 그린 「성 토마의 의심」(루브르 박물관 소장)이 예배당을 장식하고 있었다.[26] 매주 일요일에는 이곳 안마당, 곧 그림에서 십자가가 세워져 있는 근처에서 자선행사가 벌어졌다. 또 1559년 4월에는 이탈리아 전쟁의 종결을 축하하여, 큰장의 항례 행사인 빈민행진에 참가한 사람들에게 특별히 2.5리브르(리옹의 1리브르는 약 420그램)의 빵과 현금 1수가 주어졌다고, 『리옹 시민의 일기』는 전하고 있다. 그날 이 피렌체인들의 교회에는 3천 명이나 되는 빈민이 몰려들었다고 한다.

오월동주(吳越同舟)라는 느낌이 들어 좀 묘하지만, 독일인도(가톨릭교도로서 죽으면) 이곳에 매장되었다. 그것은 1491년 인쇄업자 장 트렉셀, 상인 필리프 프레셰르, 여관업자 장 드 지당 등 독일에서 귀화한 사람들이, 독일 국민단의 예배당을 이 수도원이나 성당 안에 설치하겠다는 계약을 수도회와 맺었기 때문이다.

그러나 이 예배 장소는 개혁파가 리옹을 지배한 시기에 도시 정비와 군사상의 이유로 도로를 확장하여 직선으로 만드는 바람에 철거되는 운명에 놓인다. 가톨릭교도 상인 장 게로는 약간 원망스러운 투로 일기(1562년 6월 5일)에 이렇게 적고 있다.

새로 선출된 시 참사회에 의해 다음과 같은 명령도 내려졌다. 곧, 이륜 화물수레가 두 대 나란히 통과할 수 있도록, 또 보병이 대열을 짜고 지나갈 수 있도록 하기 위해, 프란체스코 수도회에서 론 강 다리 및 자선병원에 이르는 모든 가옥을, 창

(槍) 하나 길이만큼 철거하라는 것이었다. 이것은 그 당사자에게는 큰 손해이자 파멸이요, 파괴였다.

반도의 주요 도로는 두 가닥이 다 짐수레도 제대로 지나갈 수 없을 만큼 좁았던 것이다.

그런데 콩포르 교회 동쪽에 '천국의 거리'가 있는 것에 주목하자. "위그노는 천국의 거리라 불리는 거리에 있는 셋집을 구입하여 교회당을 세웠다. 그리고 그 거리의 이름을 따서 '천국 교회당'이라고 이름 붙였다"고 『진실의 리옹 역사』(1604)가 전하는 것처럼, 리옹 개혁파 신자들이 모이던 천국 교회당은 이 근처에 있었다. 더욱이 약 1세기 전에, 호상 자크 쾨르가 이 일대에 '천국이라는 이름의 저택과 정원'을 갖고 있었다니 이상한 인연이라고밖에는 할 말이 없다. 그러나 개혁파 화가 장 페리생이 그렸다는 액자 그림으로 유명한 이 교회의 운명은 참으로 덧없어서, 1568년 완성된 지 불과 몇 해 만에 군중의 손에 파괴되고 만다.

콩포르 거리에서 메르시에 거리로 걸음을 옮겨보자. '상점가'나 '상인의 거리' 등으로 번역되는데, 여기가 손 강 좌안의 중심이다. 이 근처에는 상점과 도매상 사이에 섞여서 인쇄공방과 서적상이 늘어서 있다. 리옹의 출판업은 이 상업지구 한가운데서 탄생하여 발전했다.

라블레와 인연이 깊은 클로드 누리와 프랑수아 쥐스트 두 사람은, 콩포르 거리의 중요한 지점에 아틀리에를 차려놓고 있었던 모양이다. 또 '포도 거리'에는 장 드 투른이 공방을 운영하면서 화제작들을 세상에 내보냈다. 악보가 딸린 가곡집 등 음악출판사로 이름을 날린 자크 모데른도 이 골목 북쪽에 가게를 가지고 있었다. 그리고 한 골목을 사이에 두고 이웃한 토마생 거리에는, 고전의 수진본(袖珍本, 옷소매에 넣을 수 있는 정도로 작은 책－옮긴이)으로 유명해진 세바스티앙 그리피우스의 점포가 있는 식이었다.

큰장이 서는 동안 이 주변의 노상에는 온갖 상품이 널려서 거래가 활발하게 이루어졌다. 서적상 대리인으로서 큰장을 순회하고 다니는 상인들도 단골 여관을 근거로 장사에 열을 올렸다. 메르시에 가에서 동쪽으로 들어간 '모직물 거리'가 지난날 '여인숙 거리'라고도 불린 사실은, 부근에 상인을 상대로 하는 여관이 많았던 사정을 말해준다.

릴케의 몽상

모직물 거리에서 동쪽으로 통하는 넓은 길이 '곡물시장 거리'이다. 이곳이 "이 도시에서 가장 넓은 거리"라고 생장 성당 사제장 사코네는 쓰고 있는데, 도시 그림을 보면 일목요연하게 드러난다. 그런데 프랑스어로 식료품의 시장가격 · 시세를 '메르퀴리알'(mercuriale)이라고 하는데, 이것은 물론 장사의 신(神) 메르쿠리우스에서 유래한 것이다. 이 어원에 걸맞게 메르크르디, 즉 수요일(그리고 토요일)에 곡물거래가 이루어졌다.

또 생니지에 교회 주변을 훑어보면, '빵광장'이라든가 '치즈광장', 그리고 프란체스코 수도회가 있는 생보나방튀르 교회 앞쪽에는 '와인광장'이 보인다. 이 주변은 도시 리옹의 위장인 것이다.

생니지에 교회 주위에는 독일 상인들이 몰려 살았다. 알브레히트 뒤러(Albrecht Dürer, 1471~1528, 독일 르네상스시대의 화가, 판화가-옮긴이)가 그린 초상화(빈 미술사 박물관 소장)에 그 모습이 남아 있는 클레베르거, 개혁파의 배후인물이 되는 오브레히트는 물론 푸거 가와 혼인관계를 맺은 뉘른베르크의 은행가 임호프도 이곳 주민이었다.

다시 손 강 다리까지 앞질러가보면, 정육시장 자리가 있다. 강변을 따라 있는 길이 '쇠가죽 벗기기 거리'라는 이름을 가졌다시피, 이 언저리에는 정육과 관련된 가게가 늘어서 있었다. 1540년 이후, 이 시장의 기능은 '대정육시장'으로 옮겨졌지만, 그림을 보면 소 한 마리가 세 사나이에 의해 끌려가고 있는 것을 볼 수 있다(조감도12). 그 동쪽에는 옥외에 '돼지시장'이 있고(조감도18), 돼지를 달아매는 기둥 같은 것이 그려져 있다.

'곡물시장 거리'는 별명이 '큰 짐수레 길'로 도시의 중심이 되는 광장이 없는 리옹에서는 중요한 공간이었다. 이곳은 돼지시장과 함께 공개 처형이 이루어지는 장소이기도 했고, 동시에 축제 공간으로 기능하기도 했다. 이를테면, 1555년 1월에는 루시 백작, 카포니, 다디아체토, 기욤 가다뉴(토마의 아들) 등 유력한 피렌체인들이 참가한 가운데, 쏟아지는 장대비 속에서 고리 맞추기 경기가 거행되었다. 그리고 밤에는 루카의 상인들에 의해 그리스 신화에 나오는 미소년 가니메데스의 이야기를 주제로 한 가면극이 상연되었다고 한다. 이탈리아인들은 프랑스에 연극을 도입하는 데도 참으로 큰 역할을 했다.

손 강 좌안은 중세 이래 거듭된 폭동의 진원지였으며, 질서를 유지하려는 우안을 위협해왔다. 질서에 반하는 좌안의 이러한 성격을 상징하는 거리가 생니지에 교회 바로 남쪽에 있다. 조감도에 '저주받은 거리'라고 씌어 있는 곳인데, 그 별명은 '발도 거리'이다. 리옹의 반도는 중세의 양대 이단의 하나인 발도파(12세기에 프랑스에서 생겨난 그리스도교 운동으로 가난하고 소박하게 삶으로써 그리스도를 본받고자 했다-옮긴이)와 인연이 깊은 땅인 것이다.

이 거리에 저택을 가지고 있던 호상 페트루스 발데시우스(1150년경~1210년경)는, 거리에서 한 악사를 만남으로써 회개하여 고리대금업으로 벌어들인 재산을 깡그리 내던지고 절대적인 청빈을 주창했다. 그리고 그의 신봉자들은 '리옹의 가난한 자'라는 청빈단체를 만들어 각국을 돌아다녔다고 한다.

그 후로 청빈, 빈곤, 이단이 손 강 좌안의 속성이 되었다. 프란체스코 수도회(1220년경)와 도미니쿠스 수도회(1218년)가 이 주변에 수도원을 차려 직공들의 정신적 의지가 되었다. 탁발수도회는 모두 이 반도에 정착한다.

그러나 16세기 리옹에는 이미 이단 발도파는 존재하지 않는다. 남프랑스의 발도파는 아비뇽 남동쪽의 뤼베롱 산지로 도피해 있었다. 그러나 국왕 프랑수아 1세는 '메랭돌(말하자면 발도파의 수도이다) 체포령'을 공포하여 이단 박멸을 명령했다. 이것은 투르농 추기경이 시킨 일이라고 한다. 이 '메랭돌의 학살'(1545년) 이후 발도파 신자들은 북이탈리아, 나아가서는 신대륙으로 도망쳤다고 한다.[27)]

시 참사회 의원을 지낸 거물 벨리에브르가 『회상기』에서 쓰고 있듯이 "(저주받은 거리에는) 지금도 많은 빈민들이 살고 있지만, 그들은 결코 청빈을 지향하는 이들은 아니다."[28)] 지난날의 이 저주받은 거리에 현재 인쇄 · 은행박물관이 들어서 있는 것도 무슨 인연인 듯한 느낌이 든다.

이 주변에는 인쇄공은 말할 것도 없고, 밀이나 와인 같은 것이 하역되는 생뱅상 항구에서 일하는 인부들도 많이 살았다. 조감도에도, 한 사람밖에 없지만 그런 항만 인부의 모습 비슷한 것이 그려져 있다. 주위에는 선술집이 많아서, 일 틈틈이 한 잔 들이키러 온 인쇄공들과 일거리를 얻지 못한 일용 노동자들로 북적거렸다. 부업으로 선술집을 차린 인쇄공도 제법 있었다. 말하자면 선술집의 분포가 인쇄공방의 그것과 정확히 일치하고 있는 것이다. "미움은 선술집 안쪽의 주정뱅이"(보들레르, 「미움의 술통」)라, 그들은 힘드는 일을 술로 달랬다. 그리고 술잔을 나누면서 저항을 맹서하고 전략을 모의했을 것이다. 곡물가격의 폭등이 방아쇠가 된 1529년의 대폭동도 이 일대에서 발생한다.

한편 파리는 어땠나 하면, 중세 말기에 카르티에 라탱(학생가)에는 학생을 상대하는 술집이 벌써 백여 군데나 있었으며, 이곳에서 출판업이 탄생한다. 도쿄의 진보초 주변과 비슷한 것 같다. 아무튼 파리와 리옹의 분위기는 대단히 달랐음이 틀림없다.

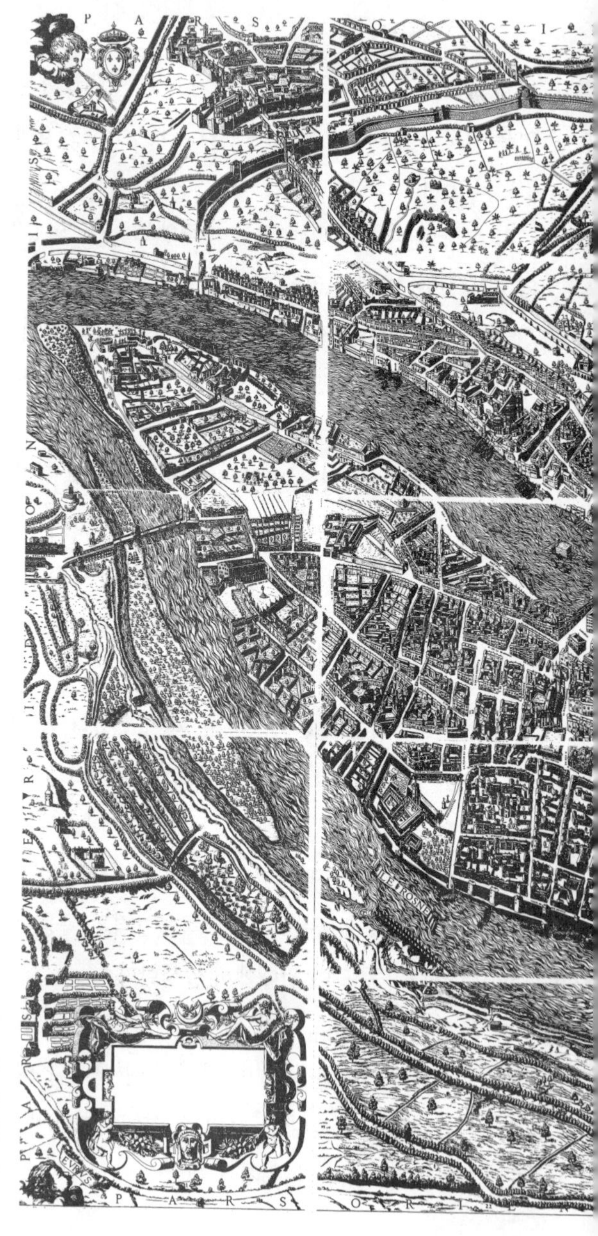

본문에서 언급되고
있는 조감도번호는
왼쪽 위에서
오른쪽으로 가는
순서에 따른 것이다.

메르시에 가로 되돌아가보자. 짐작컨대 인쇄공방은 거리의 동쪽에 많고, 서적상은 서쪽, 다시 말해서 손 강 쪽에 몰려 있었을 것이다. 센통 상회, 가비아노, 쥔타, 앙투안 뱅상 같은 업계의 리더들이 바로 그들이다. 손 강 좌안을 마치 어깨띠 모양으로 뻗어나간 이 거리가 끝나면, 손 강 다리가 눈앞에 나타난다. 날쌘 말이 달리는 듯한 론 강과는 달리, 손 강의 강물은 마치 멎은 듯이 고요하다.

중세에는 6월에 리옹 최초의 사제 성 포탱을 기리기 위해 시민이 총출동하여 선상 축제가 벌어졌다. 성직자와 시의 명사들이 탄 배가 손 강 상류에서부터 론 강과 합류하는 지점까지 행진했다고 한다. 비슷한 행사가 르네상스시대에도 있었을까? 조감도에 보이는, 깃발을 내건 배(어딘지 성직자 비슷한 인물이 세 사람 타고 있다), 네 사람이 젓는 두 척의 배, 이들은 그러한 축제 장면의 한 토막일지도 모른다.

또 한여름에는 손 강 우안 생조르주 지구의 뱃사공과 좌안 생뱅상 지구의 뱃사공들 사이에 수상 창시합이 벌어져서 명물이 되어 있었다. 조감도13에 보이는 것은 창시합 연습일까. 네 사람의 사공이 배를 젓고 긴 막대로 겨루며 서로 대치하고 있는 두 척의 배가 정확하게 그려져 있다.

한편 손 강 다리는, 파리의 시테 섬에 걸려 있는 다리와는 달리 그 위에 집이 늘어서 있지 않다. 그러나 실제로는 온갖 노점상들이 장사를 하고 있었으며, 철거 명령이 내려지기도 했다. 말을 끌고 가는 사나이의 모습이 보이는데, 시 조례에 '시내에서는 말에서 내려 조용히 끌고 갈 것'이라는 규정이 있는 것이다.

다리에서 하류 쪽을 바라보면, 무언가 못생긴 상자배 같은 것이 거슬러 올라오고 있다. 손 강의 명물인 평저선(平底船)의 일종인 모양이다. 와인이나 밀 같은 것을 하역한 이들 배가 부르고뉴 지방으로 돌아갈 때는, 조감도9 · 10에 그려져 있듯이 말이나 인부가 예선길을 끌고 갔다.

왼쪽 강변을 작별하고 '왕국 쪽'으로 건너가자. 손 강 오른쪽은 외국의 호상 및 은행가의 거리, 왕권과 주교좌(主教座)의 지구이다. 다리에서 가까운 거리에 있는 환어음광장에서 일 년에 네 번 결제가 이루어졌다는 이야기는 이미 했다.

루카의 봉비시 은행이나 피렌체의 미카엘리 아르놀피니 상회, 그리고 가다뉴는 이 근처에 상관을 차리고 있었다. 또 플랑드르와 모직물을 거래하는 제라르댕 팡스는 '플랑드르 거리'에 살았다. '모직물 거리'[29]에서는 모직물상 장 게로가 가게를 차리고 앉아, 시내에 무슨 색다른 사건이라도 일어나면 그것을 일기에 기록하고 있었다.

말하자면 지역의 부호들과 유력한 이탈리아인들은 거의가 이 주변에 저택을 소유했고, 리옹의 부는 이 '시티'에 집중해 있었던 것이다. 1545년의 과세대장을 살펴보면, 환어음광장 주변의 과세평가액(제5장 참조)이, 평균 229리브르로 36개 지구 중에서 제일 높다. 이 우안에서 가장 가난한 '새 동네', 가죽 다루는 직공들과 베 짜는 직공들이 셋집을 얻어 사는 변두리 동네(평균 18.6리브르)와는 하늘과 땅 차이이다. 물론 이 금융가에는 인쇄공방 같은 것은 한 집도 없다.

환어음광장에서 생장 대성당에 이르는 거리에는 재판관, 변호사, 행정관리, 세무관리 같이 사법에 종사하는 사람들이 거주했다. 강변의 로안에는 재판관구가 설치되고 감옥이 있었다. '그랑 팔레' '프티 팔레'라고 씌어 있는 건물은 재판소일까? 오늘날 생장 거리 60번지에 있는 건물은 깨끗이 복구되어, 연분홍색 벽이 찾는 사람들의 눈을 끈다. 이곳은 16세기에는 '변호사들의 집'이라 불렸다. 그러나 결국 고등법원도 설치되지 않고 전성기가 끝난 이 '상인의 공화국'에서는, 이전 세기에 권력을 과시하던 '법조계급'의 그림자도 약간 희미해져 있다.

그런데 이 근처에 꼭 찾아가보고 싶은 집이 하나 남아 있다. 산책을 마무리하면서 그리로 가보자. 환어음광장에서 생장 거리를 내려가 '고래광장'을 지나서 왼쪽의 290번지가 그 자리이다. 그 조상이 삭구상이라고도 하는 르 비스트 가의 저택이다. 르 비스트 가는 15세기쯤부터 교육을 무기로 사회계층의 최고층까지 오른다. 일족이 파리와 오를레앙의 대학에서 법률을 공부하여 파리 고등법원, 어용금 재판소 등에서 활약했으며, 고향에 돌아와서는 법조계의 중진이 된다. 그리하여 마침내 파리내기 앙투안 르 비스트(1470년경~1534)가 최고법원장의 자리를 차지함으로써 일족의 영광은 절정에 이른다.

『말테의 수기』의 주인공이 파리의 카르티에 라탱에 있는 클뤼니 박물관을 찾아가, 넋을 잃고 쳐다보며 몽상에 잠긴 「일각수를 거느린 귀부인」이라는 여섯 장으로 된 태피스트리가 있다. 붉은

「일각수를 거느린 귀부인」(태피스트리), 클뤼니 박물관

바탕의 푸른 어깨걸이와 상현의 초승달 세 개가 그려진 문장(紋章)이 나타내듯, 이것은 실은 르 비스트 가를 위해 제작된 벽걸이이다. 주문한 사람은 어용금 재판소 장관이 된 장 4세(1433년경~1500)이거나, 아니면 앞서 말한 앙투안으로 추정된다. 이는 리옹의 이 화려한 일족에 어울리게 훌륭한 보물이다.[30)]

파리에서, 카르티에 라탱의 훤소를 피하여 클뤼니의 석조건물 안으로 들어서면, 정밀과 서늘한 공기가 감돈다. 이 벽걸이 앞에 걸음을 멈추고 서서 『말테의 수기』를 떠올리는 사람도 있을 것이다. 릴케는 이렇게 쓰고 있다.

> 내 고향 처녀들아, 그대들 가운데 아름다운 아가씨 한 사람이 어느 여름날 오후, 무심코 어둑어둑한 서고에서 1556년(이것은 재판, 초판은 1555년)에 장 드 투른이 간행한 (루이즈 라베의) 그 작은 책을 발견했다고 하자. 그녀는 서늘한 감촉의 매끈한 책을 들고, 느른한 곤충의 날갯짓 소리로 찬 과수원으로 나아갈 것이다.
>
> • 릴케, 『말테의 수기』

'삭구가게 미녀'의 시집을 독일어로 번역하기도 한 라이너 마리아 릴케는 남프랑스의 입구인 리옹을 자주 떠올렸을까?

론 강 다리를 건너 콩포르 거리, 메르시에 거리 주변으로, 그리고 손 강 맞은편의 환어음광장까지 걸어왔다. 이 길이야말로 르네상스기 리옹의 활기 넘치는 메인스트리트였던 것이다.

2 활자본의 탄생

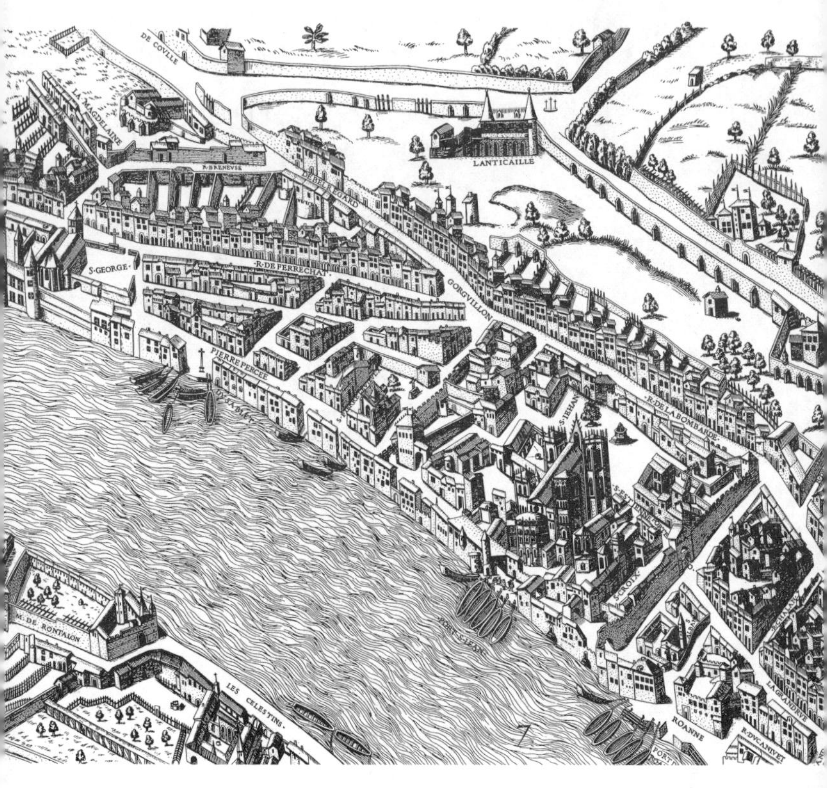

조감도7. 로안의 감옥이 보이는 거리

글 쓰는 상인

그러나 독서에 빠지지 말라
빠져서 불행을 초래하는 자 적지 않으니
책에 탐닉함은 바람직스럽지 않으니라.
•『리옹 상인 프랑수아 가랭의 애가와 가정론』

리옹 최초의 인쇄장인 기욤 르 루아가 세상에 내보낸 책 가운데 흥미있는 것이 전해진다.

제목이 『리옹 상인 프랑수아 가랭의 애가와 가정론』이다. 이 가랭이라는 사나이는 손 강 다리 앞에서 환전상을 했으며, 시 참사회 의원에 두 번이나 선출된 명사이다.

그런데 "어느 사나이 때문에 골탕을 먹고 파산당한"(177행) 뒤 노후의 신세가 참으로 쓸쓸했다. 그래서 그는 상인으로서의 자기 반생을 되돌아보고, 장사에 대한 정열과 좌절을, 아들에게 주는 훈계를, 시대의 풍조에 대한 불만을 한 자 한 자 적어나갔다. 그리고 영혼 구제를 기원하며 붓을 놓는다. 이것이 3부를 합해 2317행에 이르는 장한(長恨)의 시이다.

자기 이름을 아크로스틱(각 시행의 첫번째 글자를 계속 맞춰보면 단어나 어구가 되도록 짜여진 짧은 시—옮긴이)로 첫머리에 끼워넣고, 자신의 신세를 망친 사나이의 인과응보를 바라기도 하며, "하여 적은 것은 1460년"(1281행)이라고 명기하는 등, 적어도 그 틀만은 프랑수아 비용(François Villon, 1431~1463년 이후, 서정시인)의 걸작 『유언』을 떠올리게 한다.

책에 탐닉함은 바람직하지 않으니라

그렇기는 하나 리옹의 프랑수아에게 파리의 프랑수아의 가열찬 자기인식을 요구한다는 것은, 안 가진 것을 달라고 조르는 거나 다름없는 일이다. 우리로서는 이 운문 작품(첫 2부는 8행시이며 마지막 것은 평운[平韻][1]으로 되어 있다)에서, 상인의 심성을 읽는 것으로 만족해야 할지 모른다.

그대 아들은 학교에 보내어
유식한 교사에게 배우게 하라……
그대의 딸은 품위를 잃지 않도록
예의범절을 단단히 가르쳐야 한다……
먼저 익혀야 할 것은 셈하는 방법
이것이야말로 금은(金銀)의 계산에 통하는
지름길이기 때문이니라……
그러나 새로운 학문을 터득하려는
호기심은 결코 품지 말지니……
사람의 일생은 짧은 것이라
한 가지만으로도 충분하니라

또 강한 집착도 위험한 것
많은 재주 바라는 건 금물인 줄 알라
(929~1096행)

이 '글 쓰는 상인'은 읽기와 쓰기와 셈하는 것의 중요성을 강조하면서도, 지나친 행동을 삼가라고 훈계한다. 그의 붓이 『장미 이야기』(중세 말기에 프랑스어로 씌어진 운문들 가운데 가장 널리 읽힌 작품 가운데 하나—옮긴이), 알랭 샤르티에(Alain Chartier, 1385년경~1433년경, 시인이자 정치작가)의 「희망의 서」, 보이티우스(Boethius, 470/475~524, 로마의 철학자이자 정치가)의 「철학의 위안」 등도 언급하고 있는 것으로 보아, 어쩌면 가랭 자신이 독서가였는지도 모른다. 그러나 그는 어디까지나 상인으로서의 본분을 강조하여 문약(文弱)으로 흐르는 것을 싫어했다.

이야기나 아름다운 책을 읽으면
우아한 심심풀이가 된다
그러나 독서에 빠지지 말라
빠져서 불행을 초래하는 자 적지 않으니
책에 탐닉함은 바람직스럽지 않으니라
장사를 생업으로 하는 자는
수시로 반성함이 중요한즉
타산(打算)을 좌우명으로 삼을지니라
(1185~1192행)

여기서는 마지막 한 줄을 해석하는 것으로 족할 것이다. 가랭 자신이 다른 데서도 사용하고 있지만, 프랑스어 'raison'에는 '계산, 출납'이라는 뜻이 있어서, 이를테면 'livre de raison'이라고 하면 '출납부'나 '매매 원장'을 말했다. 그리고 그런 장부류의 한쪽 귀퉁이에 적어놓은 메모가 나중에 시정 사람들의 '가사(家事) 일기'라는 장르로 독립한 것이다.

리옹의 별명은 '프랑스의 피렌체'였는데 '계산, 출납'이라는 말뜻도 어쩌면 피렌체 같은 데서 왔는지도 모른다. 이탈리아어 'ragione'에는 '장부, 세상을 살아가는 지혜, 척도' 같은 뜻이 있고, '계산이 능하다'는 뜻의 'Sapere di ragione'라는 표현까지 있다. 더욱이 15세기 이탈리아에서도, 언뜻 보아 무미건조한 매매 원장의 여백에 기입된 감상이나 도덕률, 진문기담 따위가 문학 장르의 하나였다. '도덕적 시민적 성격을 가진 한 장르'(크리스티앙 베크[2])인 리코르디('추억의 문집'이라는 뜻—옮긴이)가 그것이다.

최근에도 보카치오 연구의 제1인자 비토레 브란카가 이 장르의 대표작을 모아 『글을 쓴 상인들』이라는 제목으로 책을 냈다.[3] 이 선집의 부제가 '중세에서 르네상스에 걸친 피렌체의 리코르디'이듯이, '상인의 글'은 피렌체에서 생겨나 성장한 장르이다. 그리고 그 밑바닥을 관통하는 것은, '장사의 도리'(라지오네 디 메르카툴라)와 그리스도교 신앙을 어떻게 연결짓느냐이다. 말하자면, 르 고프의 말처럼 이 장르에 '상인의 시간'과 '교회의 시간'의 다툼이 응축되어 있는 셈이다.

가랭은 이러한 심리상태를 기록하여 남겨주었다. 그는 프랑스에서는 아마도 보기 드문 '글 쓰는 상인'이었던 것이다. 따라서 앞에서 말한 '타산'(par la raison)이라는 표현은 '상인의 지혜에 의하여' '장사의 도리로' 혹은 한 걸음 더 나아가 '타산적으로'라고 해석할 수 있다.

이 환전상이 리옹판 리코르디에서 이렇게 타이르는 것도 당연한 일이다.

> 그대가 현명하다면
> 가계(家計)를 단단히 감시해야 한다
> 결혼이란 대단한 책임을 지는 일이니
> 조심해서 손해볼 것 없느니라
> 날마다 먹고살아야 하는 것이니
> 대범하게 놀지 말고 악착스레 굴어라
> 항상 앞을 생각하고 생활하여라
> 그러면 1할은 벌게 된다
> 지출한 금액은 가까운 곳에
> 장부를 마련하여 적어놓아라[4)]
> 일 년에 한 번은 정확히 정리하여
> 앞으로의 변통 방법 세우기 위해
> 지출을 파악하는 것이 현명하니라
> (913~928행)

프랑수아 가랭의 작품은, 분명히 그 내용이 독특한데도 문학사에서 다루어지지 않았고, 몇몇 호사가 내지는 혜안을 가진 역사가에게밖에 알려지지 않았다.

방금 문학사라고 했지만, 15세기 후반의 리옹은 아직도 문학적으로는 불모의 땅이었음을 인정하지 않을 수 없다. 파리, 베네치아에 이은 제3의 출판도시로서 이름을 떨치지 않았더라면, 다음 세기에 모리스 세브, 루이즈 라베, 그리고 어쩌면 작가 라블레도 탄생하지 않았을지 모른다.

리옹 중세사의 대가 르네 페두가 "상인층의 문화는 거의 없고 교회 성직자의 그것도 한정된 것에 지나지 않는다"고 엄하게 평가하고 있는 것도 무리는 아니었다.

피렌체를 떠올리면 알 수 있듯이, 도시의 상인층도 인문주의가 탄생한 근원 가운데 하나이다. 그러나 이 상업도시에는 원래 지(知)의 핵이 되어야 할 두 가지 시스템이 결여되어 있었다. 바로 대학과 고등법원이다. 활자본의 가장 중요하면서도 안정된 고객인 이 둘이, 출판의 본고장에는 없었던 것이다.

고등법원은 이 시대에 툴루즈(1420), 그르노블(1455), 보르도(1462) 등 남프랑스에 설치되어 있었다. 대학을 설립하려는 움직임이 없었던 것은 아니나, 이 도시를 상업의 십자로로 만들고 싶어한 샤를 7세에게 학문을 위한 대학 따위는 오히려 공연한 것에 지나지 않았다(리옹대학은 19세기 말에 창설된다).

그런데 고등법원과 대학(의 법학부)이라는 두 시스템은 매우 밀접하게 결부되어 있다. 대학 출신자에게 지방 고등법원이란 새로 등장한 중요한 취직자리였기 때문이다. 특히 남프랑스의 여러 대학은 15세기 전반에 위기를 맞이하고 있었기 때문에, 고등법원의 신설은 캠퍼 주사 같은 활력소나 다름없었다. 그때까지 중앙의 관직은 북프랑스인, 그것도 파리대학, 오를레앙대학 같은 명문 출신의 엘리트들이 차지해왔기 때문이다.

중세 말까지 리옹에서는 법조계급이 판을 치고 있었다. 하지만 법률 관계자라고는 하나, 대부분 주변 사람들을 상대로 하는 하찮은 대서방이든가, 고작해야 공증인, 소송대리인에 지나지 않았다. 그리고 소송대리인의 사무소와 재판소에는 서기 노릇을 하는 젊은이들이 대기하고 있었다.

그들은 왕국을 본뜬 조직 '사법서기단'을 결성하여 국왕, 왕자, 수도원장 등을 선출하고는 모의재판이라든가 소극(笑劇) 같은 혼란을 연출했다.

이들의 꼭대기에 군림한 것이, 법학교수 면허나 박사학위를 가진 몇 안 되는 엘리트들이었다. 클뤼니 박물관의 태피스트리 「일각수를 거느린 귀부인」을 주문한 르 비스트 가라든가, 다음에 언급하는 바르텔레미 뷔에의 부친 같은 사람이 이에 해당한다. 도시 법조계의 정점에 서는 것, 이것이야말로 의사와 함께 대학 출신자의 최종 목표였다. 그러나 "교양 있는 법률가라 하더라도 솔직히 말해서 그 지적 범용함에 기대가 어긋나고 만다"고, 페두는 지적하고 있다. 유감스럽게도 리옹은 피렌체가 될 수는 없었던 것이다.

물론 몇 개의 정평 있는 교육기관이 있기는 했다. 파리의 시테 섬에 해당하는 손 강 우안에는 주교좌 성당 부속의 성가대 학교와 생폴 교회 부속학교가 있었다. 생폴 교회 부속학교에서는 이곳에 숨어살던 전 파리대학 총장 제르송(Jean de Gerson, 1363~1429, 프랑스의 신학자, 그리스도교의 신비주의자)이 교단에 선 시기도 있었다.

또 '부르'에 해당하는 손 강 좌안에도 교회세력에 대항하여 13세기 말에 세속적인 학원이 세워졌다. 이 학원은 교회법, 세속법 및 여러 인문학을 가르치는 교육기관으로, 당시의 필리프 4세로부터 정식인가를 받았는데, 도미니쿠스 수도회와 가까운 '포도 거리', 곧 16세기에 장 드 투른 등이 공방을 차린 골목에 있었다.

여기서 파리를 떠올려보자. 파리에서는 대학의 지배권이 시테섬, 다시 말해 주교좌에서 센 강 건너 생트주느비에브의 언덕(현재 팡테옹이 있는 자리)으로 옮겨졌다. 대학이 교회와의 싸움에서 승리를 거두어 카르티에 라탱이 탄생한 것이다. 덕분에 이 주변은 필사본 생산의 중심지가 되어간다. 몇 세기 후, 프랑스 최초의 인쇄시설이 소르본대학 구내에 설치되어, 학생의 거리이자 책의 거리는 점점 더 발전한다. 한편 리옹의 '반도'는 출판의 거리가 되기는 했으나 끝내 학생가로 형성되지는 못한다.

아무튼 15세기에는 리옹 시내의 고등교육이 침체 기미를 보여, 결국 진실로 영달을 바라는 상인이나 공증인의 자제들은 각지의 대학을 편력하게 된다. 『팡타그뤼엘』 제5장은 그러한 젊은이들의 대학 편력을 염두에 두고 씌어진 것이다. 어쨌거나 일족의 누군가가 학위를 손에 넣으면 장땡이었다. 다음 세대에는 시 참사원이 나올지도 몰랐고 귀족이 되는 것도 꿈이 아니었다. 그리하여 친척들로부터 장학금을 울궈낸 전도유망한 젊은이들은 고향을 떠나 대학도시로 간 것이다.

그렇다면, 그들이 지향한 대학은 어디에 있었을까. 신학이나 자유 7과(문법, 수사학, 변증법, 음악, 산술, 기하, 천문)는 파리대학으로, 의학을 공부하려면 유대와 이슬람 의술의 전통을 가진데다 파리를 능가하는 세력을 가진 몽블리에대학에, 법률을 배우려면 오를레앙, 아비뇽, 발랑스의 대학으로 떠나갔다. 그러다가 경제, 문화를 매개하는 도시로서 리옹의 역할이 중요해지자, 토리노, 페라라, 파비아, 볼로냐 등 이탈리아의 대학에 유학하는 젊은이들도 늘어난다.

그리하여 늦었지만 그들이 본바닥의 인문주의를 책과 함께 들고 돌아오게 되는 것이다. '지혜를 늦게 깨친 어린아이', 책의 사회사에 관한 한 대가인 앙리 마르탱(Henri Martin, 1810~83, 역사가)은 리옹의 인문주의를 이렇게 표현했다.

인쇄술이라는 기술의 전문가

프랑수아 가랭이 실의 속에서 자식들에게 주는 교훈을 장한의 노래에 담고 있을 무렵, 리옹 출신의 바르텔레미 뷔에라는 청년이 파리대학에서 공부하고 있었다. 그의 부친 피에르는 아비뇽에서 공부하여 법학박사가 되어 이른바 공을 이루고 이름이 난 인물이었으나, 1436년의 대폭동 때 과중한 세금에 반대하여 민중

쪽에 선 반골 인사이기도 했다.

파리에서 '산'이라고 하면 우선 생트주느비에브 언덕을 가리켰는데, 바르텔레미는 인문학부 학생으로서 이 주변을 오가는 동안에 기욤 피세, 요한 하인린이라는 두 대학생 친구를 얻는다. 이들은 장차 소르본대학의 한모퉁이에 프랑스 최초의 인쇄공방을 열게 되는 인물들이다.

당시 파리에는 요한 피스트와 페터 쇠퍼가 만든 활자본이 들어와서 카르티에 라탱에서는 화젯거리였다. 구텐베르크에게 출자했던 피스트와, 지난날 인쇄술 발명자의 조수였던 "유연하고 아울러 기업적인 센스가 넘치는"(페브르 마르망) 쇠퍼 두 사람은, 젊을 때 파리대학에 적을 두었다. 파리대학은 이탈리아의 여러 대학과 더불어 독일 청년들의 동경의 대상이었으며, 라인 강을 넘어 수많은 젊은 학도들이 이 대학을 찾아왔다. 파리대학은 독일에서 탄생한 것으로 되어 있는 최초의 활자본과 간접적으로 관련이 없지 않은 것이다.

바르텔레미의 모친은 부유한 '방물상'인 뷔아티에 가 출신으로, 시 참사회 의원까지 나온 집안이었다. 프랑스 속담에 '방물상은 무엇이나 팔고 아무것도 만들지 않는다'는 말이 있듯이 흔히 경시되는 이 장사는, 19세기 식으로 말하면 '유행품상'으로, 우선 새로운 것을 좋아하고 앞을 내다보는 눈이 없으면 성공 따위는 바랄 수도 없는 것이었다. 결국 바르텔레미는 아버지에게서는 성실함을, 어머니로부터는 상인의 재능과 현실주의를 물려받은 것일까. 때마침 이 도시는 막 '법률가의 공화국'에서 '상인의 공화국'으로 넘어온 판이었다.

바르텔레미 뷔에가 인쇄술을 시작해보려는 마음을 먹게 되는 데는 그리 시간이 걸리지 않았다. 그는 플랑드르의 도시 리에주 출신으로 각지를 방랑하며 남하해온 인쇄공 기욤 르 루아를 고용한다. 이 시대의 인쇄장인은 주문에 따라 여기저기 도시를 찾아다니는, 말하자면 유랑하는 일꾼이었다. 어쩌다가 어느 공방에서 주인 외동딸의 눈에라도 든다든가 후한 후원자라도 만나면 운수가 대통하는 셈이었으나, 그런 멋진 일은 그리 흔치 않았다. 르 루아에게도 행운이었던 것이다.

그러나 여기서 주목해야 할 것은, 바르텔레미 뷔에는 어디까지나 출자자에 지나지 않았다는 것이다. 리옹 초기 필사본을 제작한 것은 독일이나 스위스 혹은 베네치아나 밀라노 같은 이탈리아 도시에서 온 사람들이었지, 이 지역 출신은 아무도 없었다. 물론 인쇄시설도 뉘른베르크나 바젤 같은 데서 들여왔다. 이 같이 빌려쓰는 시대가 가고, 리옹에서 태어나서 자란 젊은이가 책의 세계에서 입신하게 되는 것은 다음 세대, 곧 16세기를 기다리지 않으면 안 되었다.

이렇게 앞을 내다보는 자본가와 유능한 편력 장인이 만난 결과, 파리보다 3년 늦게 리옹 최초의 활자본이 출현하게 된다. 로타리오 추기경(1161~1216, 뒤에 교황 인노켄티우스 3세가 된다)이 쓴 『교리의 지름길』이 그것이다. 4절판 200쪽 남짓한, 이 기념할 만한 라틴어 책을 펼치면, 판권에 대략 다음과 같은 말이 적혀 있다.

극악무도한 악마와 인류와의 논쟁. 리옹에서, 이 도시의 존경할 만한 시민 바르텔레미 뷔에의 주문 및 출자에 의하여, 인쇄술의 전문가이자 공방주인인 기욤 르 루아의 손으로 인쇄된 것이다. 사람의 아들(그리스도)로 태어나신 말씀의 해 1473년 10월 1일에서 2주일 전[9월 17일].

발도파와 알비파(12~13세기 프랑스 남부에서 발생한 카타르파 이단 분파—옮긴이)를 배척하고, 이단에 대한 대책으로서 프란체스코 수도회와 도미니쿠스 수도회를 공인한 교황의 선문집(選文集)이 제일 먼저 상재된 배후에는, 탁발수도회의 적극적인 협력이 있었던 것으로 짐작된다.

그런 리옹 초기 필사본을 기획한 세 사람은 수사였다. 먼저 프란체스코 수도회 수사 장 바탈리에는 뷔에의 부탁으로 『황금 전설』(1476)을 프랑스어로 번역한 파리대학의 신학박사이다. 또 손 강변의 아우구스티누스 수도회 수도원에는 쥘리앵 마코와 피에르 파르주 두 신학박사가 기거하면서 『이솝 우화집』(1480) 『베리아르 재판』 『신(新) 성인전』 등 일반인을 대상으로 하는 선교 서적을 번안해 소개했다. 그 후 리옹 출판계는 이런 종류의 선교 서적과 설교서를 전문으로 만들어나간다.

뷔에는 매년 네 차례의 큰장에서 책을 파는 데만 만족하지 않고 수요가 많은 파리, 아비뇽, 툴루즈 같은 도시에 지점을 차렸다. 인쇄장인 기욤 르 루아는 생니지에 교회에 가까운 생콤 거리의 뷔에 집에서 같이 살다가, 곧 도미니쿠스 수도회 곁에 공방을 차려

odeur en cõuersaciõ· ⁊ luyle de deuoci
on en sa pẽsee· ⁊ la benedictiõ de gra·
ce· car elle desseruit par ses merites la
gloire pardurable·

Legende de sainte christine

C Hristine fut nee de tresno
bles parens en tyre ytal·
lie· et la mist son pere en
vne tour auecques douze
châberieres· ⁊ auoit auecques elle les
dieux, dor et dargẽt· Et pource q̃ elle
estoyt tresbelle/ elle estoyt requise de
plusieurs a femme et ses parens ne la
vouloyẽt ottroyer/ mais vouloyent
q̃ elle demourast a honorer les dieux
mais elle qui estoit introduite du sait
esperit doubtoit les sacrifices des y·
doles et mussoit lẽcẽs de quoy lon sa
crifioit en vne fenestre· et quãt son pe
re vit vne foiz la/ ses châberieres lui
dirent La fille qui est nostre dame
ne veult sacrifier aux dieux et dit que
elle est crestienne· Et le pere la blãdis

soit et prouoquoyt pour attraire aux
sacrifices· Au q̃l elle dist· Ne me ap·
pelle point ta fille/ mais fille de celui
a qui sacrifice de louẽge appartient·
car ie offre sacrifice au dieu du ciel· et
non pas aux dieux mortelz· Et le pe·
re lui dist· ma fille ne offre pas sacrifice
a vng dieu tãt seullemẽt/ q̃ les autres
ne se courrocẽt a toy· et elle dist· Tu
as sainemẽt parle qui es non sauant
ce verite· car ie offre sacrifice au pere
au filz et au saint esperit Et le pere
luy dist· Se tu adores trois dieux/
pourquoy ne adores tu les autres!
Au quel elle dist· Les trois sont vne
seulle deite· Et lors le pere sen partit·
et christine froissa tous les dieux et
donna lor et largent aux pouures· et
lors le pere retourna pour adorer les
ydoles/ mais il ne les trouua pas· et
luy dirẽt les chamberieres que sa fil
le en auoyt fait· Et lors la comman·
da a despouiller et batre de douze hõ
mes tant quilz fussent lassez· Lors
dist christine a son pere· Cest abho·
minable chose a toy et sans honneur
et sans bien deuant dieu/ que ceulx q̃
me batent deffaillent· requiers a tes
dieux que ilz leur donnent vertu· Et
lors cõmãda/ que elle fust enchainee
et mise en prison· Et quant la mere de
la vierge entẽdit ceste chose/ elle des·
rõpit ses vestemẽs ⁊ courrut a la char
tre et se laissa cheoir a ses piez et luy
dist· Fille christine la lumiere de mes
yeulx ayes pitie d̃ moy· et elle luy dist
Pourquoy me appelles tu ta fille ne
sces tu bien que iay le nom d̃ mon di
eu· Et quant elle ny peut riens faire/
elle sen retourna a son mari et luy dist
ce quelle auoit respõdu· Et lors le pe·
re commanda que elle fust menee de·
uant lui en iugemẽt· ⁊ luy dist· Sacri
fie aux dieux/ ou se ce nõ/ tu seras tour
mentee de moult de tourmens· et ne

리옹판 『황금 전설』(N. 필리프/M. 라인하르트 인쇄)

서 독립한다. 장 바탈리에를 고용했던 뷔에도 르 루아보다 몇 해 늦게 이 도시에 나타난 두 사람의 인쇄공에게 일을 주문하기 시작한다. 바로 다름슈타트에 가까운 벤스하임 출신의 니콜라 필리프와 슈트라스부르크 출신의 마르크 라인하르트 두 사람이었다.

1477년에 개업한 두 사람은, 제1탄인 『법률 신례해(新例解)』의 판권에서 열심히 선전한 덕분이었던지, 곧 기 드 숄리아크(Guy de Chauliac, 1300년경~68, 중세의 가장 뛰어난 외과의사)의 『외과학 총론』(1363)을 주문받는다. 앞에서 언급한 『황금 전설』과 『이솝 우화집』 같이, 초기 그림책 역사에 빛나는 한 페이지를 기록한 책은 그들의 손으로 인쇄되었다.

그러다가 라인하르트는 고향으로 돌아가고 니콜라 필리프는 리옹에 남아 공방을 운영하는데, 이 무렵에 고용한 장인이 장 트렉셀이다. 바젤 출신의 장은 나중에 공방주인 니콜라의 미망인과 결혼하여 그 후계자가 되는데, 이 결혼이 16세기 인문주의 출판인 일가를 형성한다. 이를테면, 트렉셀의 딸(미망인의 전남편 소생)은 조스 마드와 결혼하고, 그 딸 베레트는 저 위대한 에티엔가의 시조 로베르 1세에게 시집가는 식이다.

바르텔레미 뷔에가 손을 댄 책은 10년 동안에 16점이라 결코 많은 편은 아니나, 리옹 출판업의 장래를 점치는 데는 훌륭한 자료를 제공해준다. 그것들은 모두 고딕체 활자를 사용했고, 내용도 고식시대의 틀을 넘은 것이라고는 할 수 없었다. 파리 최초의 활자본이 '옛 로마의 문자'로 인쇄된 인문주의자의 저작이었던 것과는 좋은 대조를 이룬다. 더욱이 16점 가운데 라틴어 책은 불과 3점에 지나지 않는다. 『교리의 지름길』 『인류 구제의 거울』(이것은 프랑스어판도 출판), 그리고 『로마법 대전 및 주해』가 그것이다.

법률서 출판 중심지 리옹

마지막의 『로마법 대전 및 주해』는 14세기 이탈리아의 법학자 바르톨로(Bartolo da Sassoferrato, 1313/14~57)가 저술한 전 8권으로 된 전지 2절판의 대작이다. 뷔에는 많은 학자를 동원하여 편집을 맡기는 한편, 르 루아를 베네치아에 보내어 활자를 조달시킨 것으로 전해진다.

아크르시오의 주석서와 함께 에라스무스 등 인문주의자들의 비판 대상이 되고, 라블레에게 '바르툴스 참조'니 하는 비꼬임을 당하는 운명이 기다리고 있기는 했으나, 이 대규모 기획은 대학 아카데미즘의 환영을 받았으며, 툴루즈 지점을 경유하여 에스파냐에도 팔려나갔다. 그리고 세기가 바뀐 후에도 법조 관계자들의 기본 문헌 혹은 서가를 장식하여 중후한 지를 연출하는 도구로서 잘 팔렸다.

'리옹 서적상 컴퍼니'의 특매 상품도 『로마법 대전』과 『교회법 대전』이었으며, 이것들을 재편집해서는 각국 각지에서 신나게 팔아먹었다. 원래 이탈리아와 독일의 것이던 이 시장을 리옹이 빼앗았다고 할 수 있다. 법률서 출판 중심지로서 리옹의 명성에 이끌려 여기저기서 저명한 학자들이 모여들었다. 뷔에의 『로마법 대전』은 법률서 분야에서 리옹의 지위를 단번에 확립시켜준 것이

었다.[5)]

16세기 중엽, 북프랑스 도시 아미앵의 법조계 중진이었던 장 포레스티에의 장서를 들여다보자. 그는 240점(309권)의 장서를 가진, 이 도시에서도 다섯 손가락 안에 드는 장서가였다. 그는 『로마법 대전』을 두 질 가지고 있었다. 하나는 유산 목록 작성 때 7리브르로 평가된 1544년판의 6권본이고, 다른 하나에는 "오래전에 8권으로 인쇄, 제본된 베르톨레, 100수(=5리브르)"라고 적혀 있다. 서적사가 라바르가 16세기 초 리옹판이라고 추정한 이 고간본이, 혹 뷔에가 상재한 판이었어도 이상할 것이 없다.

뷔에는 기 드 숄리아크의 『외과학 총론』의 프랑어판도 출판했다. 숄리아크는 아비뇽에서 세 사람의 대립교황(로마 가톨릭 교회에서 합법적으로 선출된 로마 교황을 반대하고 교황권을 얻으려고 노력하여 어느 정도 물리적으로 성공한 사람—옮긴이)을 섬긴 위대한 외과의사로 머리 수술과 탈장 치료의 명수로 알려졌으며, 실은 리옹과의 인연도 얕지 않았다. 손 강 우안의 생쥐스트 교회 부속 자선병원의 장으로서, 정기적으로 론 강을 거슬러 올라와서는 이 도시를 찾아 치료에 임했던 것이다.

『외과학 총론』은 백수십 종이 넘는 고금의 저작에서 인용한 내용으로 짜여진, 말하자면 중세에 유행했던 '대전'(大全) 체제를 취하고 있기는 하나, 숄리아크가 리옹 등지에서 실제로 행한 의료행위로 증명이 된 것들이다. 라틴어 원전도 아직 활자화되지 않은 시기에 프랑스어 번역을 떠맡은 것은, 노르망디 지방 출신의 의학박사 니콜라 파니스였다.

메스 같은 외과기구의 삽화를 곁들여 프랑스어판으로 출판한다는 것은 곧 시중에 개업하고 있는 이발소 외과의라든가 수업 중인 외과 기술자 등, 라틴어에 소양이 없는 사람들의 수요에 응하는 일이었다. 남부에서는 어디까지나 실학(實學)이 존중되었던 것이다.

『외과 치료 안내』라는 제목이 붙은 이 전지 2절판의 두툼한 책은 1478년 3월 28일에 인쇄가 끝났으며, 발매되자마자 대성공을 거두었다. 그리하여 다이제스트판도 수없이 만들어지는 등, 그 후 수세기에 걸쳐 의료 관계자의 상비도서로서 군림하게 된다. 외과의사가 『안내』라고 하면 바로 이 책을 가리켰던 것이다.

방대한 프랑스어 역사를 쓴 브뤼노는 의학이라는 학문의 중심에 있는 분야에서, 세속어인 프랑스어를 인지시키는 일의 유효성과 그 힘든 과정에 대해 지면을 할애하고 있다. 거기서 그도 말하고 있듯이, 프랑스어라는 풍혈(風穴)은, 먼저 외과 그리고 약학 하는 식으로 아래로부터 뚫린 것이었다.[6)]

몽블리에가 의사를 배출했다면 리옹은 의학서를 만들었다. 리옹의 의학 관계 초기 활자본은 76점이라고 하며, 그 3분의 1은 프랑스어로 인쇄되었다.

당시 의학은 신성한 기술로 간주되었다. 이런 이야기가 있다. 15세기 말, 한 임상의학서의 프랑스어 번역판이 나왔을 때 파리대학 의학부는 루앙의 한 의사의 호소를 받아들여 이 책의 판매를 금지시켰다. 이유는, 프랑스어로 씌었기 때문이었다. 말하자면, 의학이라는 신기(神技)를 세속의 말로 옮겨 이것을 생무지들에게 뿌린다는 것은 언어도단이라는 것이다. 라틴어의 권위를 빌려 그리스도의 가르침을 독점하려고 한 성직자들과 비슷한 발상을 읽을 수 있다.

이리하여 우선은 대학이 없는 것이 거꾸로 이익이 된 듯하며, 리옹이 실용의학서 분야에서 파리를 능가하는 중요한 정보 발신지가 되자, 마찬가지로 뛰어난 의사와 의학자들을 이 도시로 끌어들였다.

그런데 『안내』에 그려진 메스며 란세트의 도판을 들여다볼 때마다, 그 그림자 그림 같은 삽화의 훌륭함에 저절로 눈이 둥그레진다. 『외과 치료 안내』는 그림책 분야에서도 선구적이라고 할 수 있다.

뷔에가 상재한 서적 목록 마지막에, 출판연도가 분명치 않은 프랑스어 성서가 있다. 아우구스티누스 수도회 수사 마코 등이 번역한 이 『구약성서』는 물론 초역이지만, 활자의 마모 정도로 미루어 『교리의 지름길』을 앞서는, 리옹 최초의 활자본일 것으로 추정된다. 이들 아우구스티누스 수도회 수사들은 『신약성서』도 프랑스어로 옮겼으며, 뷔에가 출판했다.

이 간행본에서 특히 지적해야 할 것은, 인쇄된 '장식문자'가 벌써 사용되고 있다는 점이다. 수도 파리에서는 세밀화 제작에 종사하는 장인도 여전히 많았고 이런 종류의 장식은 채색화 화가의 솜씨에 의존했기 때문에, 현존하는 간행본에는 공백으로 남아 있다.

그런데 리옹의 역사를 뒤돌아보면, 3세기 전 '리옹의 가난한 자'를 이끈 페트루스 발데시우스가 두 사람의 성직자에게 도움을

comme cy est·

Mais les parties pour escheuer la multitude des fourmes qui doyuent estre selō la spissitude de los au milieu de celle eminance sont trepana p tuises sur la pointe et auec vne cheuille en la mectāt par les pertuis les adoubēt a lespesseur de los pme cy é·

Ceulx de boulongne les font a maniere de lāce· car la part ague peut entrer et la large deffent q ne entre dedans oultre la voulente comme cy est.

Secondement sont separatoires a separer dung pertuys a aultre· z sont de deux fourmes troi ete francoise comme cy·

Courbe d boulōgne cōme cy

Et de sa couelon peut faire le leuer· Tiercement sont eleuatoria a esleuer los trepane et a separer comme cy·

Quartement sont rugina a eslargir les fixures z sōt a maniere de rugine de charpentier comme cy appert·

Quintement sont lenticularia et est instrumēt moult approuue de galien· Car il applane z separe les asperitez ou espesses q sōt a separer auec sutre pour leminance dicte lenticullaris· laqlle est au boult et est a maniere dung trāchepulme z a percq̄s lenticulla en son acuite pme cy

Septement est le mail a ferir derriere lenticullari et doibt estre de plōb· car poise pl9 en petite quātite et sōne pl9 casse comme est cy mis·

Le second chapitre des playes de la face et de ses parties·

Oultre les intencions cōmunes ycelles playes nōt rien propre quant a leur totalite si non que cest membre de beaulte et de honneur· Et pource telles playes doyuēt estre tellemēt traictees que les visions et siccatrisses ne soiēt faictes laydez· z pource il soit proufitable chose les coulder auec piece d drap· et soit faicte cōme est dit se cest possible· ou se ce nest possible et est en partie cartillagineuse ferme non mouable soit souffisament cousue auecques fil de cousture de poins separez et se la partie est mobille soit cousue auec agulles enuelloppees demou-

숄리아크,『외과 치료 안내』

청하여 성서를 구어로 옮겨 이를 기초로 청빈을 설교했으며, 그 일로 마침내 로마 교황청의 탄압을 초래한 일이 있었다. 그러고 보면 리옹은 원래 구어 번역 성서에 선구적인 역할을 했다고도 할 수 있다.

항상 시대의 흐름을 읽고 있던 기업가 뷔에는, 이야기 장르에도 진출하여 기사도 이야기나 도덕적인 이야기 같은 것들을 발매했다. 세기의 전환점에 이르러 파리의 제2세대 출판업자는 이런 유의 '속어 문학'에 관심을 기울인다. 장 트레페렐 1세, 미셸 르 누아르 등이 그들인데, 이들 일족이 대대로 대중문학을 만들어가는 과정은 흥미롭다. 즉 트레페렐과 사위 장 자노, 그 아들 드니 자노 등이 시테 섬과 노트르담 다리 위에 가게를 차리고 기사도물과 희곡을 세상에 내보낸 것이다. 당연히 리옹에도 이 같은 출판을 처음으로 시작한 이들이 나타난다. 이를테면, 프랑수아 라블레의 『팡타그뤼엘』 초판(1532)의 발행인 클로드 누리, 혹은 올리비에 아르눌레(미셸 세르베 사건에 연루된 발타자르 아르눌레는 그의 아들) 등이 그들인데, 이들은 중세 기사의 세계에 집착하여 로만체 활자를 도입하지 않고 계속 '야만스러운' 서체를 사용한다.

바르텔레미 뷔에는 1484년에 세상을 떠났다. 유언에 따라 2천 리브르나 되는 거금이 교구인 생니지에 교회에 기부되었다. 유지에 따라 소예배실이 설치되었는데, 그곳에서는 지금도 그의 이름을 읽을 수 있다고 한다.

세속적인 책의 수도

16세기 초두의 그 아취 넘치는 삼종기도서. 안표지의 가두리장식이며
각 장 머리의 띠모양 장식, 그리고 그 많은 목판 삽화들.
• 뤼시앵 페브르, 『프랑스 르네상스의 문명』

정신의 소산인 책은, 수도 파리에서는 그에 걸맞게 대학 구내에서 탄생했다. 한편 리옹에서는 프랑스 각지 또는 국외에서 찾아온 상인들이 오가고, 상품을 가득 실은 짐마차와 노새가 지나다니는 메르시에 가 주변에서 활자본이 탄생했다.

이러한 출발의 차이는 두 도시에서 초기에 생산해내던 책의 성격에도 반영되었을 것이다. 리옹 최초의 서적상 뷔에가 간행한 책들은 어렴풋하나마 그 윤곽을 투영하고 있다. 파리와 리옹의 이러한 차이에 초점을 맞추면서, 프랑스의 초기 활자본의 세계를 살펴보자.

그에 앞서 초기 활자본, 곧 앵퀴나블라(원래는 아기의 기저귀라는 뜻) 전반에 관한 몇 가지 자료를 보자. 먼저 생산량인데, 한때는 유럽 전체에서 4만 내지 5만 점이나 생산되었다는 주장이 있었으나, 근년에 이르러 각국에서 초기 활자본 목록이 작성되어 그것을 기초로 컴퓨터로 계산해보니, 암만해도 2만 7천 점 정도가 타당했다.

국가별(또는 지역별) 생산량으로는 당연히 이탈리아가 가장 많다. 이에 관한 학자 세 사람의 자료를 첨부해둔다(표4).

또 이들을 사용 언어별로 분류해보면(렌하르트의 자료에 따른 것이다), 라틴어가 77.42퍼센트로 압도적이고, 이하 이탈리아어 7.39퍼센트, 독일어 5.82퍼센트, 프랑스어 4.56퍼센트, 플라망어(벨기에의 공용어 가운데 하나로 네덜란드어에서 파생된 언어-옮긴이)가 2.05퍼센트이다. 초기 필사본이란, 적어도 통계상으로는 라틴어 문화를 위한 미디어였다.

동시대의 시인 장 르메르 드 벨주(Jean Lemaire de Belges, 1473년경~1525년경)가 '프랑스 제2의 눈'이라고 표현한 도시 리옹에서, 초기 활자본을 세상에 내보낸 인쇄업자는 약 40명이었고 이들에 의해 모두 750점 정도가 출판되었다.[7] 15세기 중에 인쇄공방이 등장한 프랑스의 도시는 47개나 되지만, 파리, 리옹 두

표4

	렌하르트	뷜가	고프
이탈리아	41.94%	44%	44%
독일	29.52	31	31.6
프랑스	15.52	16	14
플랑드르	8.45	3.4	3.7
에스파냐	?	2	3.8
영국	?	1.2	1.1

R. 히르시, 『인쇄, 판매, 독서(1450~1550)』, 134쪽 및 『프랑스 출판 역사』, T. I, 174쪽 참조.

도시에서 초기 필사본의 80퍼센트 이상을 생산했다.

이러한 독점상태는 16세기에도 여전했다. 금세기 전반의 저명한 서지학자 필리프 르누아르는, 1530년 프랑스에서 상재된 서적을 모두 열거하여 여러 각도에서 검토하고 있다. 그에 의하면, 각지에서 인쇄시설이 가동되었는데도 출판량의 9할쯤을 두 도시가 차지했다고 한다.[8)]

다른 나라의 서적 생산 집중도와 비교해보자. 초기 활자본의 반수 가까이를 생산한 이탈리아의 경우, 로마, 베네치아 두 도시의 간행물은 전체의 42퍼센트에 머물러 있다(인쇄공방을 가진 도시는 76개). 또 제2위를 자랑하는 게르만 제국에 이르러서는, 모두 54개 도시 가운데 쾰른, 슈트라스부르크, 아우크스부르크 세 도시를 합쳐도 전체 출판물의 44퍼센트를 차지하는 데 불과하다. 프랑스의 서적 생산 집중도는 아주 높은 것이다. 프랑스 르네상스란 바로 파리와 리옹 두 도시를 중심으로 하는 '타원형의 초상'에 다름 아니다.

리옹 최초의 활자본

앙리 장 마르탱의 조사에 따르면, 현존하는 리옹 초기 필사본의 45퍼센트가, 국어 곧 프랑스어 책이라고 한다. 1500년 이전에 간행된 서적 전체의 4분의 3이 라틴어 작품이었음을 상기하면, 프랑스어 책이 절반에 가까운 리옹 출판업의 세속성은 두드러진다.

아울러 렌하르트와 페인터(프루스트의 전기 작가로서 유명하다), 이 두 서지학자에 의하면, 각국어에 따른 출판물 비율은 표5

와 같을 것이라고 한다.

여기서 분명히 보이듯이, 리옹에서 일하고 있던 많은 공방주인들의 고향인 독일만 하더라도, 독일어 초기 필사본은 뜻밖에도 불과 2할에 지나지 않는다. 또 『신곡』 『데카메론』과 같은 국민문학이 판을 거듭하던 이탈리아도 세속어로 씌어진 책의 비율은 더 낮다. 이것은 이탈리아가 인문주의의 본가라는 것을 아울러 생각한다면, 당연한 수치일 것이다. 에스파냐나 영국 같이 활자본이 뒤늦게 생산되기 시작한 국가들만이, 수량은 적지만 자국어 책이 과반수를 차지한다.

하기야 리옹에서 프랑스어 서적이 많이 출판되기는 했지만, 그 대부분은 오리지널이 아니었다. 그것들은 번역, 번안물에서 크게 벗어나지 못한 것이다. 프랑스어 간행본의 효시로 여겨지는 『세계의 경이로운 이야기』(1475)도, 그 알맹이는 마르코 폴로의 『동방견문록』이다. 다만 이 작품에 관해서는, 대여행가가 구술하여

표5 각국어 출판물의 비율

	렌하르트	페인터
이탈리아	17.6%	21%
독일	19.7	24
프랑스	29.2	35
플랑드르	24.2	27
에스파냐	51.9	54
영국	55.0	58

R. 히르시, 앞의 책, 134쪽 참조.

씌어진 프랑스어 사본이 유포되고 있었으므로 무조건 번안물이라고 단정할 수는 없을지 모른다. 그러나 그에 이은 『신구 성자전』(1476)과 『인류 구제의 거울』(1477)은 모두 교훈을 가르치는 종교서로서, 리옹의 탁발수사가 프랑스어로 옮긴 것이다. 실은 탁발수도회가 리옹의 출판에 힘을 빌려주었던 점과, 프랑스어 간행본이 많은 점 사이에는 서로 통하는 바가 있다. 세속의 말로 씌어져 인쇄된 책자는 그들에게 무엇보다도 강력한 선교용 무기였기 때문이다.

앞에서 성서를 프랑스어로 옮기는 데 관여한 아우구스티누스 수도회 수사들에 관해서 소개했다. 그러나 인쇄술의 효용을 알아차린 수도회로서 먼저 들어야 할 것은 '설교자 형제단'이라는 별명을 가진 도미니쿠스 수도회일 것이다. 극단적인 청빈주의를 주장하는 이단 발도파가 온 유럽에 퍼지던 1218년에, 도미니쿠스 수도회는 발도파와 연고가 있는 '저주받은 거리' 바로 옆에 자리잡았다.

여기서 잠시 움베르토 에코 원작의 영화 『장미의 이름』을 상기해보자. 『아마데우스』의 살리에리 역을 맡아 히트를 친 F. M. 에이브러햄이 분장한 이단 심문관 베르나르 기가 이단 중의 이단 구에르치노파의 잔당인 험상궂은 사나이 살바토레 등을 준엄하게 추궁한다. 기는 14세기 초에 카타리파, 발도파 등 이단 탄핵으로 이름을 떨친 실제 인물인 도미니쿠스 수도회의 수사를 모델로 삼았다. 이단 심문은 도미니쿠스 수도회의 장기였던 것이다.

이렇게 생각해보면, 반복해서 하는 말이지만 리옹 최초의 활자본이 이단 탄핵의 교두보로서 도미니쿠스 수도회를 공인한 교황 인노켄티우스 3세의 작품이었다는 것 역시 의미심장하다. 더욱이 '저주받은 거리'에는 현재 인쇄 · 은행박물관의 건물이 있는 것이다.

이리하여 도미니쿠스 수도회는 4대 탁발교단(프란체스코, 도미니쿠스, 카르멜, 아우구스티누스) 가운데 선두를 달려 '반도'에 정착했다. 중세 리옹 시민의 유언장을 읽어보면, 이들은 수도회에 자주 기증을 하고 있다. 가장 많은 것이 도미니쿠스 수도회, 다음이 프란체스코 수도회, 좀 차이가 나게 카르멜 수도회, 아우구스티누스 수도회의 순이다. 이것은 그대로 각 탁발수도회가 반도에서 활동을 시작한 시간적인 순서와 일치한다. 그 후 도미니쿠스 수도회 수도원을 본거지로 하는 피렌체 국민단이 리옹에서 무게를 갖는 것도 단순한 우연은 아니다.

리옹 초기 필사본에서 읽을 수 있는 세속성 내지는 통속성은, 속세에 뒤섞여 사는 '야시장 약장수가 두손 들 설교승'(에라스무스, 『우신예찬』)을 빼놓고는 이야기할 수 없다. 그럴 수밖에 없는 것이 『황금 전설』이 세기말까지 십여 판을 거듭했고, 프랑스 최초의 그림책이라는 선교서 『인류 속죄의 거울』의 프랑스어 번역본이 몇 번이나 상재되었으니 말이다.

동시대의 문학작품으로 초판이 이 도시에서 발매된 것도 의외로 많다. 리옹 최초의 인쇄인인 르 루아가 출간한 것으로 추정되는 『결혼의 15가지 기쁨』과 『피에르 파틀랭 선생』은 둘다 유명한 작품이다. 이외에도 고딕체를 절충한 활자와 삽화의 결합이 절묘한 도피 문학 『궁정에 속아서』, 알랭 샤르티에가 세기 전반에 쓴, 버림받은 사나이의 장한가 『매정한 미녀』 등이 메르시에 가 주변 공방에서 인쇄되었다.

리옹의 '글 쓰는 상인' 가랭은 독서에 빠지지 말라고 훈계했지만, 당시의 독서행위가 실제로 어떠했나 하는 것까지는 잘 알려져 있지 않다. 그러나 '독서 상인(上人)'이라는 별명까지 얻은 한 도미니쿠스 수도회 수사가 세기말에 다음과 같은 귀중한 증언을 남기고 있다.

> 상인의 가게라든가 공방에서, 이들 소용도 없는 동화나 이야기를 탐독하는 것이 일과가 되었으며, 이 헛된 쾌락에 끌려 몇 사람이나 모여서 이야기에 귀를 기울이는 것이었다.
>
> • 『상인으로서의 분별』, 프로방, 1496[9)]

이러한 광경은 과연 얼마나 흔한 것이었을까. 물론 이런 종류의 세속적인 문학을 좋아한 것은 일반시민들만은 아니었을 것이다. 석학 조제프 베디에(Joseph Bédier, 1864~1938)가 '상인 문학'으로 규정지은 파블리오(운문로 된 단편 설화—옮긴이)만 하더라도, 귀족들이 민중 사이에 끼여 야비한 파블리오에 귀를 기울이고 있었다는 사실이 밝혀지고 있다. 또 근엄하게 거드름피우던 재판관의 장서에도 이야기책이 섞여 있었을 것이다. 그런데 이상한 것은 동시대의 새로운 문학서에는 모두 한결같이 판권이 빠져 있다는 점이다. 출처를 적지 않은 데는 무슨 이유가 있었던 것일까?

오늘날 사진 주간지의 원조

삽화를 한 번 보자. 필사본시대에서 활자본시대로 이행했어도 삽화가 당장 변한 것은 아니다. 삼종기도서, 신앙서, 기사도 이야기 등에 채색화공들이 그린 필사본 같은 취향의 삽화가 수록되었다. 그러나 몇 백 부나 되는 많은 책의 삽화를 다 그리는 것은 쉬운 일이 아니었다. 그래서 오늘날 말하는 한정판에만 오리지널 그림을 그리고, 나머지는 목판화로 복제하는 방법이 채용되었다.

물론 동판기술도 꽤 일찍부터 알려져 있었으며, 이를테면 마르틴 숀가우어 같은 명수도 나타났다. 그러나 활자본 삽화에서는 이야기가 달라진다. 동판은 요판(凹版)이므로 철판(凸版) 활자와 함께 인쇄할 수가 없었다. 그런 상황에서도 리옹은 걸작을 낳는다. 베르나르트 폰 브라이덴바흐의 『성지 순례』(1488, 미셸 토피에/자크 헬렌베르크)가 그것인데, 이것은 2년 전 마인츠의 페터 셰퍼가 펴낸 책(라틴어판 및 독일어판)의 프랑스어 번역판이다. 본문 도판에는 목판을 사용하고 있으나, 유명한 베네치아 경관이 그려진 그림을 포함한 일곱 장의 삽화는 동판으로 따로 인쇄하여 접어 넣었다.

유감스럽게도 아직 실물을 보지는 못했으나, 후일 이 지역의 대화가 칼바치오도 본보기로 삼았다는 베네치아 그림은, 접힌 것을 펼치면 길이가 6피트나 된다고 한다. 이런 종류의 두툼한 여행

Quīta etas mūdi Foliū LXXXVIII

Lugdunum transalpine gallie vrbs. Vienne finitima. Octauiani augusti tempibus: Eusebio teste a munatio planco ciceronis discipulo oratore clarissimo: in colle quodam vbi Arar vna rodanus q̄ miscentur condita fuit. Quāq̄ franciscꝰ petrarcha de ea scribat. Lugdunū nobilis et romanorꝫ colonia e͡e: paulūq̄ vetustior agrippa: duo hic noti amnes in mare mediterraneū currētes Arar rodanusq̄ conuenirūt. Sonam incole appellāt. Que sup̄ reliquas gallie ciuitates Narbone excepta virorꝫ clarissimorꝫ ordine diu claruit vt Strabo habet. Nā et vsui magno fuit illis Emporiū ac in presentiarū est. Monetā argenteā atq̄ aureā eo in loco iussu augusti romam signabāt duces. Templū etiā ab vniuersis gallis cōmuni designatū impēsa. Et augusto cesari dicatū: ante hāc vrbē edificatū est vbi fluuiorū est coitio. Adest et ara dignitatis eximie gentiū. lx. numero inscriptū habēs titulum. Earūq̄ singularū statua vna: hanc vrbē genti olim Segosianorū presidere cōstabat. Que in rhodani et dabudis fluuiorꝫ medio iacet. Relique d. hinc gentes vergētes ad rhenū partim a dabude partim ab arare discernūtur. Hi nāq̄ amnes ab alpibus delati deinde in vnū alueū cōfluētes delabunt̄ in rhodanū. Rursus aūt superās rhodanꝰ viennā defert̄ allobrogum metropolim. Tribꝰ his fluuijs euenit vt initio in aquilonē: dehinc in occidentē deferant̄. Itāq̄ in vnū tandē amne cōfluens in austrū iterū cursus excurrit. Quoad erūpat: alijs acceptis fluminibus. Et hinc reliquum in mare cursus pficit. Templū vero vna cū tota regione sicut Seneca ad Lucilliū refert facili igne suo tempe quo ad Agrippina: videlicet tempe Senece exustū est. Quā vrbē inter celtas ascribere quibusdā placet. hinc plotinus (Qui primꝰ rome latinā rhetoricā docuit) duxit originē. a quo Cicero se rome pueru tē M. fratre latine primū doctū retulit. hinc sanctꝰ Augendus vita et miraculis clarꝰ. hinc sanctꝰ Desiderius episcopus. Et S. Baldomerꝰ cuiꝰ miracula crebra ciuitatē reddūt illustrē. hinc romanꝰ abbas: qui primꝰ ibidē vitā heremiticā duxit. et multorū extitit pater monachorꝫ. Ornat̄ etiā hec ciuitas sancto Nicetio episcopo: ⁊ Hyreno ep̄o policarpi discipulo: qui ibi martyrio coronatꝰ. In ea domicianꝰ abbas: Lupus episcopus et anachorita. Antiochusq̄ ep̄us qui in dn̄o quiescit. Iustꝰ preterea angelus primꝰ ibi vitā finiuit. Hec inclita vrbs francorꝫ regibꝰ diu paruit. Qui ibi solēnes nundinas instituerūt. Ubi et pilatus ⁊ Herodes (vt fertur) a romanis principibꝰ relegati vitā infamē finiere. Lugdunū aūt (vt aliquibꝰ placet) a lugda Cesaris legione sic appellata illis locis frequētꝰ hibernāte dictū est. Lugda eñ gallica lingua idem quod fulgur designat. Sic etiā vt refert Tacitꝰ legio quedā romana apud hispanos locata est: cui nomē fuit Rapax ad terrendos his appellationibus populos: Nam nomina sunt ista pene timenda sono

Lion

『성지 순례』에 수록된 비현실적인 리옹의 거리

기나 지리서를 장식한 도판의 전파력은 놀라운 것이었으며, 보는 사람의 눈에 강렬한 인상을 남겼다. 이들 귀중한 목판은 주인을 바꾸어가며 물려져서 아주 소중하게 사용되었다.

여기에 '카나르'(canard)라고 부르는 싸구려 출판물이 존재한다. 호외라든가 와판(瓦版, 찰흙에 그림이나 글씨를 새겨 기와처럼 구운 판으로 인쇄한 것－옮긴이) 같이 종이 한 장으로 된 것도 있으나 대개는 10쪽이 넘는 것으로, 그때그때의 사건이나 화젯거리를 실어서 행상인 등이 돌아다니며 팔았다. 16세기 후반에는 꽤 많이 나돌았으나, 이런 종류의 민중적 소책자는 남아 있는 것이 적어, 어쩌다가 고서 목록에 오르는 일이 있기는 하지만 엄청난 값이 매겨지곤 한다.

16세기 후반의 리옹에서는 브누아 리고라는 업자가 이런 장르의 인쇄물을 독점하여 다루었다. 범죄, 기적, 천재지변, 기형 같은 화제를 제1면에 삽화를 곁들여서 전했다. 그것도 제법 흥미위주로 꾸며져 있었다고 하니, 오늘날 사진 주간지의 원조 같은 것이었는지도 모른다. 더욱이 기사와 그림이 서로 엉뚱한 것도 많았다.

이를테면, 1579년 4월 파리 시가가 홍수에 잠겼다는 소식을 전하는 와판이 이 리고 서점에서 발매되었다(파리 국립도서관 소장).

이 도판을 보면 엉뚱하게도 강에 곤돌라가 떠 있다. 임시방편으로 베네치아의 그림을 끼워넣은 것이다. 대운하를 물이 불어난 센 강으로 보아달라는 뜻이었을까. 이 목판은 실은 1세기 전에

DELVGE ET
INNVNDATION D'EAVX
FORT EFFROYABLE, ADVE-
nu és faulxbourgs S.Marcel, à
Paris, la nuict precedente
Ieudy dernier, neufiéme
Apuril, an present
1579.

*Auec vne particuliere declaration des submerge-
mens & ravages faits par lesdites eaux.*

A LYON,
Par Benoist Rigaud.
M. D. LXXIX.

AVEC PERMISSION.

센 강의 홍수 소식을 전하는 리옹의 와판

나온 『세계 빨리 알기』에 사용된 것이라고 한다.

마인 강변의 도시 밤베르크에서 태어난 그림 활자본은, 라인 강 유역의 각 도시에 퍼졌으며, 이윽고 바젤을 거쳐 리옹에 전해진다. 바젤에서 차용한 목판 삽화 256매를 곁들인 『인간 속죄의 거울』이 프랑스 그림책의 선구인 셈이다.

그런데 통속적인 교리서 『베리아르 재판』(1481), 14세기의 아우구스티누스 수도회 수사가 엮은 『제사백반』(諸事百般, 1482~91년 6판), 그리고 독일의 카르투지오 수도회 수사 롤레빙크가 지은 베스트셀러 『세계 빨리 알기』 축소판(1483, 마티외 위스) 등 초기에 일반인을 대상으로 나온 그림책을 열거해보면, 분명히 공통점이 드러난다. 모두가 편력 장인이 아우크스부르크, 바젤, 울름 같은 도시에서 만든 서적, 혹은 라인 강변 여러 도시에서 호평을 얻은 책의 재판이다. 다시 말해서, 리옹의 개성이 나타나는 데는 좀더 시간이 필요했던 것이다.

부르고뉴공국의 호담왕(豪膽王) 샤를(1433~77)에 의해 파괴된 고향 도시 리에주를 떠나 쾰른, 바젤, 베로뮌스텔 등 여러 도시를 편력한 끝에, 뷔에의 초청으로 리옹에 온 기욤 르 루아도 많은 그림책을 인쇄했다. 오리지널 안표지 그림을 처음으로 곁들인 것도, 장식 대문자를 파리에 앞서 채용한 것도 르 루아였다.

그러나 잘 생각해보면, 르 루아가 편력하며 지나온 라인 강 유역이야말로 수호성인의 부적이나 달력 등 민중적 성격의 초기 목판화, 나아가서는 『빈자의 성서』 『아르스 모리엔디』 같은 목판본 생산의 중심지가 아니었던가. 르 루아로 대표되는 떠돌이 인쇄장

Cy commence le mirouer de la redemp tion de lumain lignage trãſlate de latin en francoys ſelon lintenciõ de la ſainte eſcrip ture. Et pꝛemierement comment lucifer par ſon oꝛgueil fut iette de la hauteſſe du ciel au parfond denfer ·au xiiij·c·de yſaye et au xij·c· de lapocalipſe

V non de dieu et de la saint te trinite commence le mi rouer de la redemption hu maine au quel eſt pꝛemiere ment demonſtre commẽt lu cifer par ſõ oꝛgueil fut iet te de la hauteſſe du ciel au parfond denfer car il diſt en ſon cueur· Je mõteray au ciel deſſus les eſtoylles de dieu et exauceray mon ſiege· Je me aſſerray en la mõtaigne du teſtament es cotes de acquillon· Je mõ teray deſſus la hauteſſe des nuees et ſe ray egal et ſamblable au treſhault dieu· Pour quoy dieu noſtre createur le deietta de la hauteſſe de paradis au parfond den fer auec les anges qui a luy eſtoyent adhe rens et accordans· Pour la reparacion de la qlle ruine dieu noſtre createur par ſon ineffable pꝛouidence crea nature humaine cõme cy apreſ eſt demonſtre

Comment adam et eue furent crees au ij·et au·iiij·c·de geneſis

Dieu foꝛma adam en vng chã
a ppelle damaſcenus hoꝛs d
paradis du quel il fut poꝛte e
paradiſ et inſpira dieu en ſa f
ce eſperit de vie et eut lomme ame viuan
Et apꝛes ce il diſt· Il neſt mie bon que lo
me ſoit ſeul faiſons luy aide ſamblable a l
Et adoncques dieu noſtre ſeigneur donn
a adam volunte de doꝛmir·Et quant ada
fut endoꝛmi noſtre createur pꝛit vne de l
coſtes et ẽpliſt la place de la coſte de cha
et de la coſte quil pꝛint il foꝛma eue· E
dieu ne la foꝛma pas de la teſte de lomm
pour ce que elle ne doibt pas dominer n
maiſtrier lomme·Et auſſi il ne la foꝛma pas
des piedz de lomme car lomme ne la doib
pas auoir vile ne deſpriſer maiſ il la foꝛm
de la coſte de lomme car elle fut miſe en ſo
ayde et en ſa compaignie·

프랑스 최초의 그림책 『인류 속죄의 거울』, 1478

인들이 '목판본의 후계자이자 유산 상속인인 그림 활자본'(페브르 마르탱)에 손을 댄 것은 극히 자연스러운 결과였다. 이는 당초 목판 소책자에 곁들여져 있던 목판 삽화를 활자본에 다시 이용한 데 지나지 않았다.

파리의 프랑수아는 다음과 같이 노래 불렀다.

저는 가난한 노파입니다.
아무것도 모릅니다, 글자 한 자 읽지 못합니다
제가 속하는 교구 성당에
수금과 비파를 그린 천국의 그림과
죄인들이 삶기는 지옥의 그림이 있습니다
하나를 보면 무서워지고, 또 하나는 즐겁고 기쁘게 해줍니다
기쁨을 주소서, 천국의 성모님

• 비용, 「성모에게 기도하기 위한 발라드」

초기의 그림책은 이러한 선남선녀의 교화에 안성맞춤이었다. 그리고 세기가 바뀌어도 그림책의 4분의 3은 삼종기도서, 미사 전례서, 성서 이야기 등 신앙과 관련된 책이었다.

16세기에 들어서자 산술, 부기, 이자 계산 등 상인용 실용서 출판 분야는 리옹의 독무대가 된다. 그런데 이런 장래를 점치기에 족한 책이 일찍이 초기 필사본으로 나와 있었다.

세기말에 어느 공방에서 나온 4절판의 소책자 『셈 딱지의 책』이 그것이다. 이는 "읽지도 쓰지도 못하는 상인들이 거리에 넘치

는데, 정확한 돈의 계산이야말로 장사의 기본. 그래서 아라비아 식 기수법에 대한 소론을, 신의 가호를 얻어 써보겠다는 것이 저자의 의도이다. 그러면 셈 딱지나 필산으로 정확한 계산을 할 수 있게 될 것이 틀림없다"로 시작되는 48매짜리 소품이다. '셈 딱지'에 관해서는 시노다 고이치로(篠田浩一郎) 씨가 몰리에르의 『병은 기분에서』 서두에 나오는 아르강의 대사를 기초로 결정적인 평론을 쓰고 있으니, 참조하기 바란다.[10)]

그런데 여기서 꼭 눈여겨볼 것은, 셈하는 딱지가 아니라 뺄셈의 설명이 있는 페이지이다. 문제는 아라비아 숫자인데, 잘 관찰해보면 알 수 있듯이 1, 2, 3, 4, 5는 각기 알파벳 o, i, r, z, h를 차용하고 있지 않은가.

어떤 책에 의하면, 더하기(+)와 빼기(−)의 기호가 고안된 것은 1489년이고 등호(=)가 발명된 것은 1557년이라고 한다. 텍스트의 시각적 효과를 강하게 의식한 라블레가 '987654321인'이라든가 '123454321매' 등의 표현을 사용하는 것은 『제3의 서』(1546, 파리)부터이다. 아라비아 숫자가 처음으로 인쇄된 연대는 유감스럽게도 밝혀지지 않았지만, 비록 임시방편의 활자를 사용했다고는 하나 이 리옹판 산술서가 아주 초기의 것임은 확실하다.

그리고 초기 필사본 연구의 선구자 아나톨 클로댕에 의하면, 이 실용서에 사용된 활자는 파리의 앙투안 카요, 기 마르샹, 리옹의 기욤 발사랭과 같은 이들의 공방에서 쓰던 낡은 활자를 긁어모은 것이었던 모양이다. 이 정체불명의 인쇄장인은 싸게 물려받은 활자를 들고 론 강을 따라 내려가 아비뇽으로, 다시 큰장이 서

Soubstrayes florīs de·11 gros Et de·16· deniers pour gros monnoye de prouuence

h o 1 o o 1 1 o flo·o gros 7 deniers
1 9 1 4 h o 7 o flo· 8 gros 9 deniers
1 1 o h 4 4 3 1 flo·3 gros 14 deniers

la proue de adiouster et de soubstrayre

A proue de adiouster ce fait p soubstrayre Et la proue de soubstrayre ce fait p adiouster Car si vous aues fait vng adioustement et voules prouer si aues biē fait vous deues soubstrayre toutes les sōmes de laioustement fait fors vne de ce q̄ sera venu du adioustement Et ce que restera doit sembler a la somme qui sera demouree a soubstrayre :sans plus ne moins Et si aues soubstrayt vne sōme de vne aultre et voules prouuer si aues biē fait vous deues adiouster ce q̄ reste et ce que aues soubstrait Et ce

b ii

위쪽은 『셈 딱지의 책』의 한 페이지
아래 왼쪽은 A. 베라르의, 아래 오른쪽은 N. 필리프-M. 앙투안의 인쇄 마크

는 도시로 떠돌아다녔다. '리옹의 아홉번째 무명 공방'이나 '무명의 판화사'로 불리는 이 사나이가 남긴 인쇄물은, 클로댕의 말을 믿는다면, 불과 4점에 지나지 않는다.

그러나 그가 내놓은 마지막 책인 보카치오 원작의 『그리젤리디스 이야기』(페트라르카는 『데카메론』 10권을 라틴어로 옮겼다. 이 책은 그것을 프랑스어로 번역한 것)는 활자도 새것이고, 특히 삽화는 얼마나 생생하고 매력적인지 모른다.

이상 리옹 초기 필사본의 특징을 대강 훑어보았다. 이 도시에서는 프랑스어 간행본의 비율이 높고, 또 그림이 들어 있는 책도 많다. '민중적'이라는 말이 적확한지 어떤지는 알 수 없으나, 적어도 보다 넓은 고객층이 고려되었던 것은 분명하다. 그리고 고전어로 된 서적도, 이를테면 로마법 관계의 두터운 기본서 같은 것이었으며, 이런 시리즈물은 큰장이 형성하는 네트워크를 통해 각국에서 발매되었다. 또 인쇄 마크도 선전매체로서, 프랑스어권에서는 1483년 니콜라 필리프가 제네바에 이어 솔선하여 채용하고 있다. 유명한 베라르의 상표보다 2년 앞선 것이다. 상업도시 리옹은 출판 분야에서도 단단히 채산을 맞추어나갔다.

헨트의 공동생활 형제회[11] 학교에서 공부하고, 이탈리아에서 존경하는 인문주의자들을 가까이서 접한 뒤 이 도시로 와서 고전을 강의한 조스 바드를 상기해보자. 그 역시 인쇄술이 갖는 가능성에 매료된 사람의 하나이며, 장인인 대출판업자 장 트렉셀 밑에서 편집과 교정의 수완을 발휘하여 세상에 고전을 내놓는다. 그러나 트렉셀이 세상을 떠난 뒤, 출자자와 충돌하여 파리로 나가지 않을 수 없게 된다. "지적인 것을 상속하지 못한 도시"라는 H. J. 마르탱의 엄한 평가가 떠오른다.

리옹 출판계에 인문주의의 입김을 불어넣어준 바드도, 파리의 카르티에 라탱에 공방을 차렸기 때문에 700여 점이나 되는 서적을 간행할 수 있었고, 사위 로베르 에티엔 1세에게 뒤를 잇게 할 수 있었던 것이다.

초기 인쇄인의 경력을 살펴보면 금방 알 수 있듯이, 파리에 근거를 둔 사람의 대부분은 대학 등에서 아카데믹한 교육을 거쳤다. 반면 리옹에서 활동한 이들은 거의 전원이 떠돌이 장인들이었다.

마지막으로, 두 도시의 초기 필사본 성격을 판형으로 비교해보자(두 가지 자료를 첨부한다(표6).

물론 전지에도 대판과 중판이 있었고, 그 사이즈 자체도 조금씩 변했으니 판형 자체가 서적의 절대적 크기를 나타내는 것은 아니다. 그러나 그 도시의 출판물 전체의 이미지를 파악하는 데는 유효하다. 숫자가 말해주듯 파리에서는 4절판(소르본 공방에서 태어난 프랑스 활자본 제1호인 바르치차의 『서간집』이 4절판이다)과 8절판(1485년 이후 급속히 보급[12])의 비율이 높고, 전지 2절판의 큰 책은 적다.

이에 비해 리옹에서는 법률서, 의학서 같은 전지 2절판의 값비싼 책을 각지로 내보냈다. 4절판이 표준 사이즈로서 대두되는 것은 세기말의 이야기이다. 그렇다고 하더라도 8절판이 적은 것은 충격적이기까지 하다. 그것은 이를테면 신앙서나 삼종기도서, 기

표6

	전지 2절판	4절판	8절판	합계
파리	59(14%)	219(51%)	153(35%)	431
리옹	81(47%)	84(49%)	7(4%)	172

	전지 2절판	4절판	8절판	합계
파리	133(20%)	387(57%)	155(23%)	675
리옹	116(43%)	146(54%)	6(2%)	268

『프랑스 출판 역사』, T. I, 199쪽 참조.

사도 이야기 같은 것을 요약한 이른바 '고딕체 소책자'였다. 또 16세기를 눈앞에 두었을 때, 베네치아가 선수를 친 고전문고 '알디노판'의 재탕이었다. 그러한 장르에 주목한 업자는 아직도 극히 일부에 지나지 않았다.

파리의 출판 사정

이 책의 무대는 어디까지나 리옹이며, 수도 파리는 비교를 위해서 끌려나오는 조역에 지나지 않는다. 그렇기는 하나 활자본이 출현한 지 얼마 되지 않은 시기의 파리 출판 사정에 대해서만은 언급해둘 필요가 있다.[13)]

그럼, 먼저 자주 언급한 소르본의 인쇄공방부터 시작하자. 이를 추진한 사람은 소르본대학에서 고전과 수사학을 강의한 인문주의자 기욤 피세와, 라이프치히대학과 파리대학에서 공부한 독일인 애서가 요한 하인린(프랑스 이름은 장 드 피에르), 이 두 사람이다. 둘다 소르본의 단과대학장과 총장을 지낸 거물 중의 거물이다. 또 단과대학 내에서 인쇄일을 한 세 사람의 독일인 가운데 미하엘 프라이부르거는 바젤대학의 학사님이고, 울리히 게링도 같은 대학에서 수학했다는 설이 있다. 일개 장인에 지나지 않은 것은 하인린의 동향인 마르틴 크란츠 한 사람뿐이었던 모양이다.

이리하여 파리에서는 인쇄술이 '여덟번째의 학예'(에티엔 파키에, 『프랑스고(考)』)로서 탄생했으니, '인문주의자의 서체'인 로만체 활자를 채용한 것은 당연한 결과였다. 그들은 이탈리아 최초의 인쇄공방을 연 두 사람의 독일인이 찍어낸 책을 본받아, 그대로 흉내내어 로만체 활자를 주조했다.

이 옛 서체(나중에 조프루아 토리[Geoffroy Tory, 1480년경~1533년경, 프랑스 르네상스 양식의 책 장정과, 당시 프랑스에서 널리 사용되던 고딕체 활자를 대신해 로만체 활자가 널리 쓰이도록 하는 데 크게 기여했다—옮긴이]는 그 유명한 『만화원』[滿華園]에서 이것을 '아티카 서체'라고 부른다)는 오로지 고전과 인문주의자들의 저작을 인쇄하는 데 사용되었다. 키케로, 플라톤, 테렌티우스, 유베날리스, 베르길리우스 같은 고전에서, 동시대의 바르치차, 교황 피우스 2세(에네아 실비아), 혹은 피세 자신의 소르본대학 강의록인 『수사학』에 이르기까지, 소르본 공방에서 1470~72년 사이에 상재된 서적 20여 점을 훑어보면, 그 고전주의가 분명하다.

그러나 여기서 주의해야 할 것은, 중세의 유산이라고도 할 수 있는 초기 필사본의 세계에서는 그런 간행본이 들어설 자리가 아직 확보되어 있지 않아, 현대적인 로만체 활자를 갖춘 공방의 수가 극히 적었다는 사실이다. 인문주의라는 새로운 파도에 민감한, 이른바 지적 속물은 빛나는 소수파였던 것이다.

그들은 거의가 돈이 남아도는 귀족 등이었으며, 인문주의 서체를 사용한 참으로 전아한 필사본을 수집하는 데 열을 올렸다. 그러나 페브르 마르탱도 지적했듯이, 그런 필사본의 수는 한정되어 있었다. 그래서 말하자면 학예의 후원자인 인쇄공방에 돈을 쏟아부은 것이다.

복고풍이 현대적으로 보이는 이 옛 서체를 가진 공방은, 독일에서는 25개소(슈트라스부르크, 바젤, 뉘른베르크, 아우크스부르크 등이었고 마인츠, 쾰른에는 전무했다) 정도였다. 원조인 이탈리아의 콜로냐, 파도바, 파비아 같은 유서 있는 대학도시에서조차 거리의 공방들은 고딕체밖에 갖추고 있지 않았다. 한편 프랑스 국내에서 로만체 초기 필사본을 간행한 공방은 24개소, 그 내역을 보면 파리 14개소, 리옹 7개소, 알비, 앙제, 툴루즈가 각각 1개소로, 당연히 파리가 제일 많다. 그러나 리옹도 1487년 인문주의 활자를 도입하고부터는 급속히 그 시장으로 파고든다.

소르본 단과대학의 공방은 인문주의의 발진지로서 보기 좋은 출발을 하였으나, 또 다른 독자층도 있었다. 게링 등도 이윽고 대학구내를 떠나 가까운 생자크 거리에 '황금의 태양'이라는 간판을 내걸고 가게를 차려(1473~83), 철학, 신학, 교회법 관계의 기본도서를 고딕체로 발매했다. 이를테면, 보라지네의 『황금 전설』

(1475) 같은 것을 보면, 이것은 그저 필사본과 비슷하게 만든 것으로밖에 여겨지지 않으며, 이런 종류의 책에 맥을 못 추는 고객이 인문주의 독자층과 그대로 겹쳐질 턱이 없었다.

결국 파리의 경우, 인쇄술이 후견인인 인문주의라는 소우주를 탈출하는 데 약 10년이 걸렸다. 이제 도미니크 코크 여사(파리 국립도서관)의 상세한 조사자료 등을 실마리로, 세기말 전후의 파리 활자본의 세계를 살펴보자.

파리에서 초기에 나온 책 가운데 12퍼센트 정도가 미사전례, 성무일도서, 시편가집 등 교회의 예배와 의식용 기본서적이었다. 이 분야에서 파리는 압도적인 점유율을 자랑했다.

특히 삼종기도서가 그렇다. 이 시대에는 3시간마다 기도 시간를 알리는 교회의 종소리와 더불어 하루가 지나갔다. 신도들은 날이 새기 전 아침 기도에서 시작하여 마지막 기도까지 기도 정시 때 기도를 하거나 혹은 노래를 불렀다.

이 기도의 길잡이로서, 성직자용으로는 성무일도서가 있었고, 일반 신자를 위해서는 삼종기도서가 만들어져서 독자적으로 발전했다. 그리하여 교회의 시간이 시청사의 커다란 시계가 알려주는 세속의 시간에 자리를 물려주고 있던 시대에, 이 세속적인 기도서는 필사본시대 말기의 붐을 이어 대량으로 생산된다.

이런 삼종기도서의 경우, 첫머리에 달력이나 황도 십이궁(조디아크)이 첨부되는 것이 보통이다. 필사본이기는 하지만, 『베리공의 참으로 호화로운 삼종기도서』(샹티이, 콩데 미술관)나 고딕 화공 장 푸케의 작품 같은 것이 그 가장 좋은 실례이다. 성무일도서의 요약판인 삼종기도서가 방방곡곡에 얼마나 퍼져나갔는지, 뤼시앵 페브르는 다음과 같이 묘사한다.

> 이것과 나란히 일반 신자를 위한 신앙서로서 특히 다른 것을 압도하여 대량으로 쉴새없이 인쇄된 것이 삼종기도서였다. 16세기 초두의 그 아취 넘치는 삼종기도서. 안표지의 가두리장식이며 각 장 머리의 띠모양 장식, 그리고 그 많은 목판 삽화들. 이것이야말로 에누리 없는 가정 상비서이자 머리말의 책이며, 흔히 유일한 서적, 독서와 무관한 자리에서도 눈에 들어오는 유일한 책이었다. 기도와 성무의 내용 이외에 거기에는 달력과 점괘, 그리고 흔히 아이들에게 읽기를 가르치기 위한 '읽기 독본'까지 인쇄되어 있었다. 그리고 아무것도 찍혀 있지 않은 면지에는, 가장이 집안의 혼사라든가 생일, 기일 같은 행사에 관한 메모를 적어두는 것이 관습이었다.
>
> • 뤼시앵 페브르, 『프랑스 르네상스의 문명』

위대한 16세기 학자의 붓은, 삼종기도서가 어떤 것인지 그 모습을 낱낱이 그리고 있다. 여기에 한 마디만 덧붙인다면, 도판을 많이 이용한 그 장정으로 미루어 이 삼종기도서가 적당한 값으로 발매되었다고는 여겨지지 않으며, 물론 필사본과 비교할 수야 없겠지만, 아마도 꽤 여유 있는 계층의 신분 상징이었을 것이라는 점이다.

알베르 라바르(파리 국립도서관)가 피카르디 지방의 주요도시 아미앵의 유산 목록(1503~76)을 조사한 성과를 좀 빌려보자. 그에 의하면, 유산 목록에 책이 기재된 261명의 상인들 가운데 113명(43퍼센트)은 겨우 한 권밖에 책을 갖고 있지 않다. 그 중 91명에게 가보라고도 할 유일무이한 책이 삼종기도서인 것이다(이외에는 프랑스어 번역 성서, 성무일도서, 또는 『황금 전설』 『인류 속죄의 거울』 같은 신앙서, 또는 『트로이 이야기』 『프랑스 연대기』 등의 역사물이다).

하기야 이것은 상인층에 한한 이야기는 아니다. 책을 재산으로서 유증한 아미앵 시민 887명의 6할에 가까운 502명이 삼종기도서를 가지고 있었다. 상당한 보급률이었다.

신분의 상징으로서 삼종기도서를 말할 때, 언제나 루브르 박물관에 있는 한 장의 판화가 머리에 떠오른다. 쿠엔틴 마시(Quentin Massys, 1465/66~1530)가 그린 「환전상과 그 아내」(1514)이다. 에라스무스의 초상과 테르미누스(로마 종교에서 제사나 기름 붓는 의식이 진행되는 동안 땅에 박아두었던 경계석이나 푯말-옮긴이)의 문장(紋章)을 그리기도 한 이 플랑드르 화가의 작품은, 상인 문화를 그린 선구적인 회화로서 자주 논의된다.

삽화가 실린 삼종기도서를 넘기던 손을 잠시 멈추고 신중하게 금화의 무게를 달고 있는 남편의 손을 바라보는 아내의 시선은 어딘지 공허하다. 금화 옆에 놓인 진주에 넋을 잃은 듯도 보이는 환전상의 아내는 과연 무엇을 생각하고 있는 것일까? 은행가, 환전상의 도덕을 풍자한 것이라고 풀이되는 이 유채화에서, 호화로운 삼종기도서는 책상 위의 철면경(凸面鏡)과 더불어 허영심

쿠엔틴 마시, 「환전상과 그 아내」, 루브르 박물관

을 암시하는 데 지나지 않는 것일까?

활자본 삼종기도서로 이야기를 돌려보자. 세기말에서 1530년까지 전성기에 프랑스에서 출판된 약 1천 600점 가운데 놀랍게도 9할에 가까운 1천 400점이 파리에서 제작되었다. 아미앵을 대상으로 한 삼종기도서도, 이를테면 1501년에서 이듬해에 걸쳐 그쪽 전문가인 필리프 피그세에 의해 인쇄되어, 삼종기도서 출판의 큰손인 시몽 보스트르 서점에서 발매되었다.

앞에서 말했듯이, 삼종기도서는 필사본 공방에서 분업 형식으로 대량생산되었다. 활자본 삼종기도서라고 해도, 지난날의 필사본업자가 활자본업자로 탈바꿈하여 출판한 것이 대부분인 것이다. 『부르주의 성무일도서』(1479)를 상재한 것은, 선대 때부터 사본상이었으며 '파리대학 선서 서적상'[14]이라는 칭호를 가진 파키에 보놈이었다. 그는 일찍이 활자본의 장래를 내다보고 변신을 꾀하여, 프랑스어 작품은 물론 삽화본 분야에서도 선구적인 역할을 했다. 그러나 거기서 엿보이는 것은 인문주의의 문헌 비판과는 무관한 고딕 정신이며, 보놈은 모범으로 받든 필사본을 필생들이 오기(誤記)한 것까지 충실히 복제했다고 한다.

또 기사도 이야기, 압운파(押韻派, 중세 말기의 기교에 편중한 마니에리스트 시인들)의 시집에서 『프랑스 대연대기』 등의 역사물, 나아가서는 카이사르, 테렌티우스 등의 프랑스어 번역물, 그리고 『아르스 모리엔디』 『황금 전설』에 이르기까지(그것도 리옹이나 파리에서 이미 발매된 것을) 귀족 취미의 새로운 서문을 곁들여서 '귀족 출신이 아닌 독자'(D. 코크)에게 신나게 팔아먹은

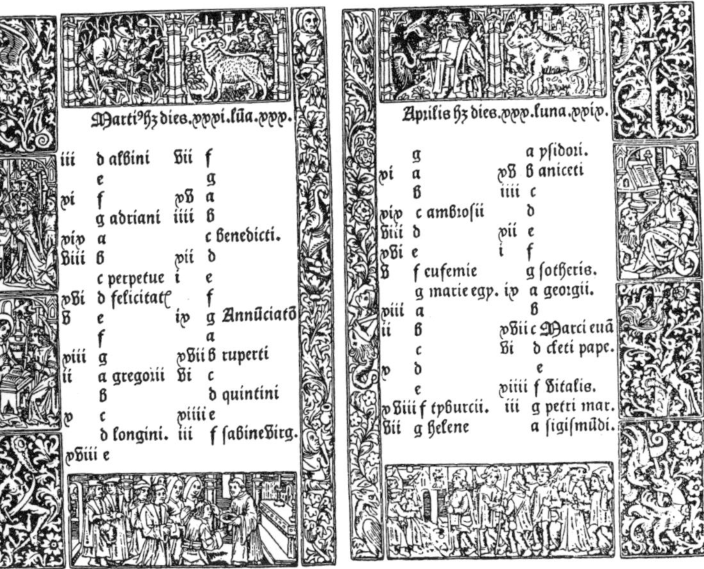
Martiꝰ hʒ dies.xxxi.lūa.xxx.

iii	d	albini	vii	f	
	e			g	
xi	f		xv	a	
	g	adriani	iiii	b	
xix	a			c	benedicti.
viii	b		xii	d	
	c	perpetue	i	e	
xvi	d	felicitatꝭ		f	
v	e		ix	g	Annūciatõ
	f			a	
xiii	g		xvii	b	ruperti
ii	a	gregorii	vi	c	
	b			d	quintini
x	c		xiiii	e	
	d	longini.	iii	f	sabine virg.
xviii	e				

Aprilis hʒ dies.xxx.luna.xxix.

	g			a	ysidori.
xi	a		xv	b	aniceti
	b		iiii	c	
xix	c	ambrosii		d	
viii	d		xii	e	
xvi	e		i	f	
v	f	eufemie		g	sotheris.
	g	marie egy.	ix	a	georgii.
xiii	a			b	
ii	b		xvii	c	Marci euā
	c		vi	d	cleti pape.
x	d			e	
	e		xiiii	f	vitalis.
xviii	f	tyburcii.	iii	g	petri mar.
vii	g	helene		a	sigismūdi.

아미앵의 삼종기도서

앙투안 베라르도, 당연히 이 장르에 진출했다. 파리 최초의 삼종기도서 활자본은 1486년 베라르가 장 뒤프레에게 인쇄시킨 것이다. 베라르도 원래는 호화본 중심의 필사본 공방을 경영한 대학선서 서적상이었다.

이와 같이 세기의 전환점에 파리에서 삼종기도서를 상재하지 않은 인쇄업자는 드물었다. 삽화는 서서히 고딕 양식을 벗어나 고졸(古拙)한 스타일로 바뀌었다. 르네상스의 정신을 이런 세부에서도 발견할 수 있는 것이다. 삼종기도서에는 많은 삽화가 사용되었으며, 그런 그림과 가두리장식, 장식 무늬 등은 다른 작품에도 다시 이용된다.

죽음의 상념

"15세기만큼, 죽음의 사상이 사람들의 마음을 무겁게 뒤덮어 계속 강렬한 인상을 준 시대도 없다."(호이징거)

이것은 『중세의 가을』 제11장 '죽음의 이미지'의 첫머리에 나오는 유명한 문구이다. 이어 네덜란드의 이 유명한 문화사가는, 죽음의 이미지를 셋으로 나눈다. 곧, 지난날의 영광을 애석해하는 한탄조, 썩어 없어지는 아름다움을 눈앞에 둔 무서움과 떨림, 그리고 어느 누구도 벗어날 수 없다는 '죽음의 춤'의 선율이 그것이다.

세기말의 출판물 가운데는 이 같은 죽음의 모티프가 도처에 나타난다. 죽음 그 자체를 주제로 내걸어 일세를 풍미한 서적도 있다. 『아르스 모리엔디』(*Ars Moriendi*)와 『죽음의 춤』이 그것들이다.

먼저 『아르스 모리엔디』는 훌륭한 그리스도교도로서의 죽음에 대한 마음가짐을 설한 책이다.[15)] 죽음의 자리에 그리스도와 성모와 악마가 나타나 심판이 행해진다. 선악을 대조하여 내세에서의 장부가 작성되는 것이다. 그리고 이 드라마에서는 "하느님의 대리인인 교회와 맺은 일종의 보험계약"(필리프 아리에스)으로서 유언서가 큰 역할을 한다. 악마가 죽음을 앞둔 자를 기만하려 하고 있는 도판은 눈에 익은 것이다. 이러한 도상은 13세기에 생겨났다는 연옥 개념과 결부되어 있으며, 자크 르 고프가 말했듯이 "중세 말은 시체에 발이 걸려 넘어진 것"이다. 리옹의 '글 쓰는 상인' 가랭도 이렇게 쓰고 있다.

적빈(赤貧)에 허덕이는 이를 보거든
그들 가난한 백성들을 가엾게 여겨라
그것은 하느님께 우애의 마음을 보이는 일
네 능력에 맞게 주어야 한다
그러면 하느님의 섭리는
반드시 너에게 보답해주시리라
이것이야말로 지고지상의 볍씨요
죽은 뒤의 양식이 되는 것이니라

하루에 한 번은
죽은 자의 영혼을 위해 기도해야 한다……

지금은 돌아가신 우리 조상님을
항상 잊어서는 안 되느니라
우리의 영혼이 연옥에 있을지라도
그 연후엔 보답을 받을 것이다
(1193~1208행)

『아르스 모리엔디』는 15세기 중반, 라인 강변의 도시 쾰른 근처에서 출현한 것 같다. 도미니쿠스 수도회 수사가 작성한 것이라는 추측도 있다. 놀랍게도 230점이 넘는 필사본이 지금도 남아 있으며, 저 『그리스도를 본받아서』의 600점에 다음간다. 『아르스 모리엔디』의 필사본은 이윽고 목판본이 되고 이어 활자본이 되어 온 유럽을 뒤덮는다. 이렇게 해서 『아르스 모리엔디』는 죽음의 상념을, 그 도상을 실어날랐다.

필사본이 라틴어로 씌었던 것과는 달리, 인쇄본은 여러 나라말이 많으며, 파리에서만도 그 22퍼센트를 생산했다(그 이외는 북이탈리아 18퍼센트, 남독일과 라인 강변이 18퍼센트, 라이프치히 12퍼센트, 네덜란드 8퍼센트 등이다). 붐은 1530년대까지 계속되었으며 "『아르스 모리엔디』는 90년간에 걸쳐 죽음의 문학의 장르에 군림"(미셸 보베르)[16]했던 것이다.

리옹의 '글 쓰는 상인'과 이름이 같은 파리의 천재시인의 작품에도 이 같은 시대 분위기가 잘 드러난다. 시인은 노쇠한 몸을 한탄하고 죽음을 무서워하며, 뼈가 된 '내'가 노래를 부른다. 이 저주받은 시인의 작품은 1489년, 수도에 있는 피에르 르베 서점에서 사후에 출판되었다. 절충식 고딕체로 인쇄된 이 『비용 대유언서 및 소유언서. 유언 부속서. 은어시와 발라드』에서 '비용 묘비명'에 붙어 있는 목판 삽화는 한 번 보면 강렬한 인상을 받지 않을 수 없다.

죽음으로 몸은 떨리고 창백해지며
코는 패이고 혈관은 부풀고
목은 부어올라 후줄근해지고 흐늘거리며
뼈마디도 힘줄도 축 늘어진다
부드럽고도 연한 그대 여성의 육체여
매끄러운 그 고운 살결 귀하기만 한데
그런 그대마저 이런 고통을 겪는가
그래, 살아서 천국에 갈 수는 없는 일이니

• 비용, 『유언』 41

이 다음에 오는 것이 유명한 "그렇더라도 지난해의 눈은 어디로 갔나"라는 후렴구를 가진 발라드이다. '죽음을 잊지 말라'는 경고와 에로티즘이 보기 좋게 결부된 이 시편은 실은 파리의 이노상 묘지 납골당에 그려져 있던 프레스코화 「죽음의 춤」의 잔상인 것이다.

같은 프레스코화와 거기에 곁들여진 명문(銘文)에 힌트를 얻어, 산 자와 죽은 자의 대화 형식으로 삽화를 붙여서 '죽음은 예외 없이 강탈해간다'(비용)는 관념을 넓힌 것이 활자본 『죽음의 춤』이었다. 초판은 1485년 기 마르샹이 만들었고, 그 후 다른 서점도 이를 따라 판을 거듭해서 죽음의 이미지 연출을 거들었다. 이를테면, 로마네스크로 이름난 베즐레의 북서쪽 50킬로미터쯤에 있는 한촌 라 페르테 루피에르 교회에도 '죽음의 춤'이 그려져 있다. 이 벽화는 금세기 초에 회칠을 다시 하다가 우연히 발견된 것인데, 마르샹판 『죽음의 춤』을 본떠서 16세기 초에 처음 제작된 것이었다. '이리에 대비하는 성채'라는 이름의 이 마을이 아니면 볼 수 없는 도상이다.

아울러 마르샹은 두번째 봉을 노리고 다음해에 『죽음의 춤 여성판』이라는 계절물을 만들어서 팔아먹은 뛰어난 장사꾼이었다. 또한 축제일, 별의 움직임, 농사 달력 같은 내용을 그림과 더불어 담아낸 『양지기의 달력』(초판, 1491)을 출판한 것으로도 알려졌으며, 이 또한 많은 사람들이 모방했다(마르샹은 기묘하게도 이런 장르에서도 여성판을 발매했다).

그런데 '죽음의 춤'이라는 주제는, 파리뿐 아니라 오늘날에는 카니발로 알려진 스위스의 도시 바젤과도 깊이 관련되어 있다. 15세기 중엽 페스트(흑사병)가 크게 유행한 것을 계기로 바젤에는 '죽음의 춤'을 주제로 한 대벽화가 그려졌으며, 이 도상이 한스 홀바인의 같은 제목의 작품(리옹에서 출판)에 영향을 주었다.[17] 홀바인은 물론 바젤 사람이다.

원래 파리 최초의 인쇄본도 교통의 요충지인 이 도시의 대학과 연고가 있었다. 르네상스기의 바젤은 짐작컨대, 저 에라스무스가 체현하려고 한, 죽음과 광기가 깃든 인문주의의 발상지, 그리고

Epitaphe dudit Villon

Freres humains qui apres noꝰ viues
Nayez les cueurs contre noꝰ endurcis
Car se pitie de noꝰ pouurez auez
Dieu en aura plustost de vous mercis
Vous nous voiez cy ataches cinq six
Quãt de la char q̃ trop auõs nourrie
Elle est pieca deuouree et pourrie
et noꝰ les os deuenõs cẽdres ⁊ pouldre
De nostre mal personne ne sen rie
Mais pries dieu que tous nous vueil
le absouldre g iii.

『비용 시집』의 한 페이지

이단 사상의 일대 거점이었던 모양이다. 『우신예찬』과 어깨를 나란히하는 『바보배』도 1494년 '바보들의 큰장이 선 날' 이 도시에서 간행되었다(저자 브란트는 바젤대학 교수인 인문주의자이다).

이윽고 16세기 중반이 가까워지자, 파리에는 '바젤의 문장(紋章, 에퀴 드 바르)'을 간판으로 내건 서점이 몇 집 나타났다. 이들은 모두 개혁파를 편들어 무언가 의심쩍은 책과 풍자물을 만들어서 뿌렸다. 특히 개혁파 운동과 그 사상을 담는 그릇인 책을 생각할 때, 파리, 리옹, 제네바, 바젤, 슈트라스부르크 등 5개 도시가 형성한 네트워크를 항상 염두에 둘 필요가 있다.

15세기도 저물어가던 1499년 2월 18일(오늘날 달력으로는 1500년), 리옹의 마티외 위스(마티아스 후스) 공방이 『죽음의 춤』을 간행했다. 위스는 이 책을 장식하는 목판화를 '죽음의 춤'의 본고장인 바젤에서 가져왔다.

이 '당스 마카브르'(죽음의 춤)라는 도상에는, 화면 왼편에 교황, 추기경에서 사제 및 학자 사제에 이르는 성직자들이, 그리고 오른편에는 황제, 국왕을 필두로 시민, 상인, 농민 등 세속의 계층이 배치되어, 저마다 죽은 자와 말을 나누는 것으로 되어 있다. 독일인 인쇄업자 위스는 리옹판 『죽음의 춤』을 상재하면서, 특히 인쇄공과 서적상을 죽음의 상대로 골라서, 아마도 자기 공방을 배경으로 한 장의 삽화 판화를 조각하도록 한 것 같다. 이것이야말로 초기 인쇄공방의 모습을 전하는 유일한 도상이다.

여기서도 '죽음의 춤'의 도식은 지켜지고 있다. 중앙의 약간 오른쪽에서 둥근 기둥이 아틀리에와 서점 사이를 나누고 있다(보통

¶ Moꝛs reſecat/moꝛs omne necat quod carne creatur
Magnificos pꝛemit ⁊ modicos/cunctis dominatur.

¶ Nobiliũ tenet imperiũ nulli reueretur
Tam ducibus qꝫ pꝛincipib⁹ cõmunis habetur.

¶ Nunc ubi ius/ubi lex/ubi vox/ubi flos iuuenilis/hic niſi pus/niſi fex/niſi terre pꝛecio vilis.

¶ Le moꝛt
¶ Venez danſer vng tourdion
Impꝛimeurs ſus legierement
Venez toſt/pour concluſion
Mourir vous fault certainement
Faictes vng ſault habillement
Pꝛeſſes/⁊ capſes vous fault laiſſer
Reculer ny fault nullement
A louurage on congnoiſt louurier.

¶ Les impꝛimeurs
¶ Helas ou aurons nous recours
Puis que la moꝛt nous eſpie
Impꝛime auons tous les cours
De la ſaincte theologie
Loix/decret/⁊ poeterie/
Par nrẽ art pluſieurs ſont grans clers
Releuee en eſt clergie
Les vouloirs des gens ſont diuers

¶ Le moꝛt
¶ Sus auant vous ires apꝛes
Maiſtre libꝛaire marchez auant
Vous me regardez de bien pꝛes
Laiſſez voz liures maintenant
Danſer vous fault/a quel galant
Mettez icy voſtre penſee
Comment vous reculez marchant
Cõmencement neſt pas fuſee

¶ Le libꝛaire
¶ Me fault il maulgre moy danſer
Je croy que ouy/moꝛt me pꝛeſſe
Et me contrainct de me auancer
Neſſe pas dure deſtreſſe
Mes liures il fault que ie laiſſe
Et ma boutique deſoꝛmais
Dont ie pers toute lyeſſe
Tel eſt blece qui nen peult mais.

b

리옹판 『죽음의 춤』(1500)에 보이는 인쇄공방

은 좌우 양쪽에 두 개의 원주를 세운다). 자기들이 '참으로 고귀한 기술직'에 종사하고 있다는 긍지를 상징하기 위한 것은 아닐 테지만, 인쇄공들은 다른 장인들 모습과는 달리 성직자 쪽 자리를 차지하고 있다. 식자공은 완만하게 경사진 활자 케이스 앞에 앉아 활자를 주워서 식자 상자에 담고 있다. 활자 케이스는 의자에 붙어 있으며, 긴 의자 위에는 교정쇄가 보인다. 또 활자 케이스 위쪽에는 원고를 고정시키는 집게가 그려져 있어, 초기의 식자작업 모습을 잘 보여준다.

자, 다시 한 번 눈을 크게 뜨고 식자공의 발 언저리를 살펴보자. 바닥에 무언가가 떨어져 있다. 그렇다, 활자 두 개이다.[18)] 문제는 그 윤곽인데, 활자의 다리 부분이 비뚤게 잘린 것처럼 보이지 않은가. 1868년 손 강의 강바닥을 준설했을 때, 크고 작은 활자 두 벌, 모두 해서 243개의 활자가 우연히 발견되었는데, 초기 필사본에 사용된 활자로 판명되었다(그 일부가 리옹의 인쇄·은행 박물관에 전시되어 있다). 그것을 보면 알지만, 이상하게도 당시의 활자는 발이 비뚤게 혹은 산 모양으로 잘려 있고, 때로는 옆에 구멍이 뚫려 있다. 리옹판 『죽음의 춤』의 도판은 이런 세부에서 기묘한 리얼리티를 느끼게 해준다.

그러나 인쇄문화사의 대가인 모리스 오댕마저도 이 수수께끼를 풀지는 못했다. 활자에 뚫린 구멍은 2색 인쇄 등 '그 방면의 비전(秘傳)'과 관계가 있는 것이 아닐까, 또 초기의 떠돌이 인쇄장인들은 지금과는 반대로 종이 위에다 조판을 대고 인쇄를 했으므로, 그래서 발을 자른 것이 아닐까 하는 식의 대담한 가설이 제시되기도 했다. 그러나 수수께끼는 지금도 풀리지 않고 있다.

다음으로 두 사람의 인쇄공을 보자. 화면 안쪽에서는 두 손에 잉크칠 도구를 든 직공이 죽음으로부터 도망치려 하고 있다. 앞쪽의 직공은 '투르디옹(당시 춤의 일종)을 추러 가자'는 죽음에게 손이 잡혀 이끌리고 있다. 인쇄기를 조작하자면 팔심이 세야 하므로, 판화공은 이 사나이의 알통까지 재현하고 있다. 인쇄공들은 몸이 늠름해서 정력이 좋다는 소문까지 나 있었다.

이 삽화에 입각하여 복원한 인쇄시설이 인쇄 · 은행박물관에 전시되어 있는데, 초기의 인쇄기는 핸들에서 나사에 이르기까지 모두 목제로 된, 상당히 단순한 물건이었던 것 같다. 여기서 주목해야 할 것은, 인쇄기가 천장에 고정되어 있다는 사실인데, 16세기의 인쇄 마크를 보면 같은 고정법이 사용되고 있다는 것을 확인할 수 있다. 이렇게 인쇄시설은 금속으로 만든 '1회쇄 인쇄기'가 발명되는 18세기 말까지 대개 조잡했다.

마지막으로 오른쪽 서점 부분으로 시선을 옮겨보자. 책이 그냥 쌓여 있는 것만 빼면, 파리의 고서점은 오늘날에도 여전한 모습이다. 그 문지방의 높이는 어떤 의미에서는 좋은 옛 전통인 셈일까.

리옹의 초기 인쇄본의 종말을 고하는 이 『죽음의 춤』과 더불어 무대는 16세기로 옮겨간다.

3 배제와 감금의 시대

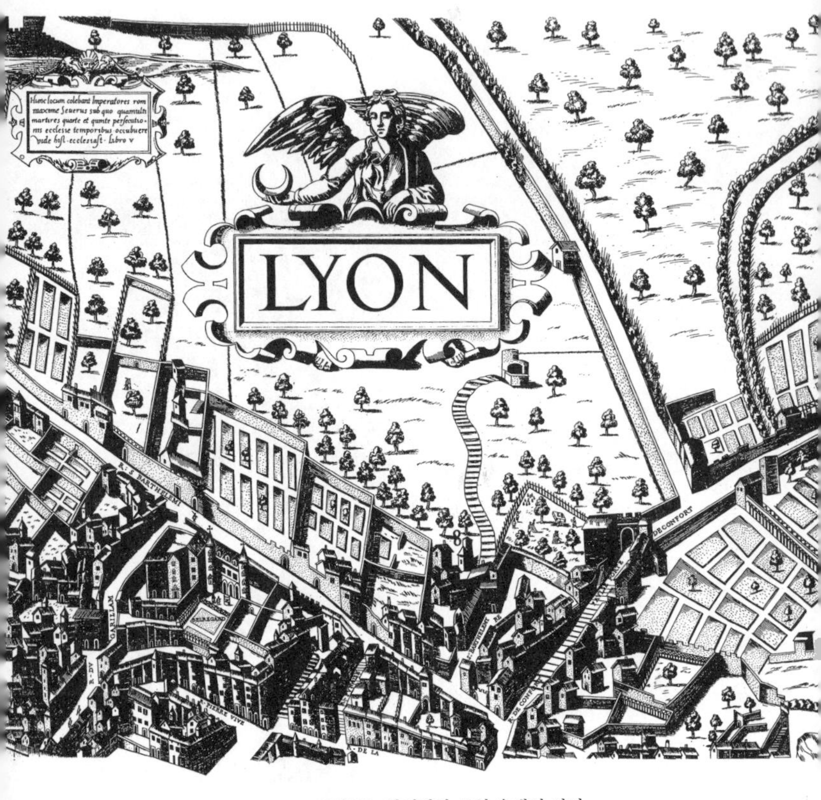

조감도8. 환전광장 근처 유대인 거리

소란한 도시

하지만 자가네들의 그 행복이라는 것도,
아마 머지않아 대부분 사라질지도 몰라.
• 에라스무스의 「거지들의 대화」에서 미소포누스가 일리데스에게 하는 말

일찌감치 거지 노릇을 집어치운 미소포누스(일을 싫어하는 자라는 뜻)는 엉터리 연금술사로서 제법 번창했다. 그런 어느 날, 지난날의 짝 일리데스(『오디세이아』에 나오는 거지 일로스의 아들이라는 뜻)와 딱 마주친 미소포누스는, 자기가 떵떵거리며 잘 살고 있음을 과시하면서, 엉터리 수법을 가르쳐주며 직업을 바꾸라고 권한다. 그러나 일리데스는 한 번 거지 노릇을 해보면 쉬이 그만둘 수가 없다, 안전하고 자유로운 이 신분을 설령 임금님 신분과 바꾸라 하더라도 내줄 수 없다며, 도무지 그의 권유에 응할 기미를 보이지 않는다.

일리데스 임금이 행복하다면, 그 첫째 이유가 뭐지?

미소포누스 아, 그네들이야 무슨 일이고 하고 싶은 대로 다 할 수 있잖아.

일리데스 자유라는 최고의 기분을 임금이 우리보다 더 맛보고 있다니, 천만에 말씀이지. 대개의 임금들은 우리를 부러워할 게 틀림없다구. 우린 전쟁이 나거나 평화로운 시대가 되거나 안전하게 살 수 있잖아. 군대에 갈 의무가 있나, 공적인 의무도 없지, 세금을 착취당하는 사람들은 많아도 우리야 그 대상 밖이잖아. 아무도 시시콜콜 내 생활을 캐묻지도 않아요. 만일 무슨 범죄가, 그것도 아주 흉악한 범죄가 발생하더라도, 누가 거지를 끌고 갈 생각이나 하겠어. 그리구 내가 한 놈쯤 두들겨패더라도, 거적을 덮어쓴 놈하고 격투를 벌였다면 지가 되레 부끄러운 일이거든. 그에 비하면, 임금님은 전시건 평화시건 마음이 편할 턱이 없잖아. 강대해지면 강대해질수록 남을 시기하는 마음은 더해지는 거라구. 그런데 세상 사람들은 우릴 마치 하느님께 바치는 선물이라도 되는 줄 알고, 헌데라도 만지듯이 무서워한단 말씀이야.

미소포누스 누더기를 걸치고 판잣집에서 너절하게 사는 주제에.

일리데스 그게 진짜 행복과 무슨 관계가 있지? 자네 말을 들으면 하나에서 열까지 인간의 외양에 관한 것뿐이야. 내가 행복한 것도 이 누더기가 있기 때문이라구.

에라스무스의 예감

중세시대 이래 거지는, 일리데스가 인식하고 있는 것처럼 '그리스도의 가난한 자'이며, 자선의 대상이 되는 것이 당연한 일로 여겨졌다. 자선행위란 저승에서 구제받기 위한 방편, 자크 르 고프의 유명한 표현을 빌린다면 '천국에 들어가는 여권'이었다. 따라서 일리데스처럼 구걸하는 삶 속에서, 말하자면 자유를 본 자도 많았음이 틀림없으며, 이 대목에는 프랑수아 1세의 거듭된 초빙에도 응하지 않고 감히 정신계의 왕자로서 자유를 택한 작자 에라스무스의 모습이 투영되어 있는지도 모른다.

그러나 가난한 자의 선악을 판별하여, 쓸모 있는 자는 생산 시스템 속에 편입시키고, 쓸모없는 자는 배제하여 감금하는, 자선의 근대화가 이미 시작되고 있었다. 그 선구가 토머스 모어의 『유토피아』(1516)일까?[1] 이 유토피아에서는 남자나 여자나 모든 사람이 하루 여섯 시간 노동을 하는데, 다만 학자는 예외이다.

그러나 물론 이것은 허구이며, 실제로는 1522년 뉘른베르크에서 빈민대장(貧民臺帳)이 만들어진 것이 효시이다. 시의 책임으로 정기적인 자선이 이루어지고 걸식행위는 사라져간다. 이듬해에는 이 자선 개혁의 불똥이 당시 루터파의 교두보였던 슈트라스부르크로 튄다. 에라스무스의 「거지들의 대화」는 이 같이 자선이 세속화되는 시대의 흐름을 파악하고 있다. 미소포누스는 다음과 같이 경고한다.

미소포누스 하지만 자네들의 그 행복이라는 것도, 아마 머지않아 대부분 사라질지도 몰라.

일리데스 그건 또 왜?

미소포누스 시민들은 이제 거지들을 마음대로 돌아다니지 못하게 하고, 그 대신 각 도시가 거지를 먹여살려서 건강한 놈은 강제로라도 일을 시키라고 투덜거리기 시작하고 있거든.

일리데스 도대체 어째서 그런 계획이 나왔지?

미소포누스 구걸의 그늘에 숨어서 아주 나쁜 짓을 하고 있다는 걸 알았기 때문이지. 게다가 너희들 거지떼[2]는 적잖은 해악의 온상이기도 하잖아.

일리데스 뭐 그런 계획, 어차피 그 흔한 조작된 얘기가 틀림없어. 언제 실시될지 누가 아느냐구.

미소포누스 아냐, 의외로 빨리 그렇게 될 것 같은 걸.

사실, 몬스(1525), 이플(1525) 등 플랑드르의 가톨릭 도시에서는 곧 가난 구제 조직이 탄생한다. 또 에스파냐 태생의 실천적 인문주의자 비베스(Juan Luis Vives, 1492~1540)가 브뤼헤(브뤼주)에서의 경험을 토대로 저술한 『빈민 구제에 대해서』도 곧 출간된다(오늘날 달력으로 1526년 3월).

1524년 가을, 바젤의 프로뱅 서점에서 상재된 『대화집』 증보판에 처음 수록된 「거지들의 대화」에서 작자 에라스무스는 '자선의 근대화'라는 매우 현실적인 문제를 다룬 셈이다.

그리하여 이윽고 교환과 매개의 상업도시 리옹에서도 다음과 같은 경위를 거쳐 빈민구제 제도가 세속화되어간다.

궁핍이 사람들에게 잘못을 저지르게 하고

굶주림이 이리를 숲에서 나오게 한다

• 비용, 『유언』 21

1528년은 흉작의 해여서 곡물가격이 폭등했다. 그때까지 몇 해 동안 1비세(약 20리터)에 10수쯤 하던 밀값도 가을 문턱에는 15수 가까이까지 올랐으며, 동시에 매점에 대한 풍문도 떠돌았다.

리옹은 파리와 달리 풍요한 곡창지대가 없었다. 큰장의 도시로 발전하면서 인구가 급팽창했으므로 식량 조달이 아킬레스건이 된 것이다.

성탄절 시기가 되자 빵가게에서 대형 빵(라이보리와 밀기울을 섞은, 저소득층이 주로 먹는 빵)이 모습을 감추었다. 시 당국은 사람들의 불만을 누르기 위해 되도록 빵의 무게를 줄이지 못하게 했으므로, 빵가게는 이익이 적은 대형 빵을 굽고 싶어하지 않게 된 것이다.[3] 이듬해 봄, 밀값은 다시 1비세에 24수로 올랐으나 집정관은 빵을 1비세에 20수 꼴로, 다시 말해서 적자를 보는 가격에 판매하도록 명령했다. 밀값이 폭등한 부분을 빵장수에게 부담지웠던 것이다.

1529년 4월 20일 무렵 "시내의 여기저기 네거리에 비방 문서가 나붙었다"(시 서기의 기록). 빈민과 모든 시민에게 다음 일요일에 궐기하자고 호소한 이 격문은, 밀값 폭등을 투기꾼들의 소행으로 돌렸다. 필경사가 베낀 그 격문의 내용은 다음과 같았다.

보리값의 폭등은 겉만 번드레한 투기꾼들의 소행이다. 창고는 보리로 넘치는데, 놈들은 그것을 최고가로 팔아먹겠다는 불합리한 속셈인 것이다. ……그런데도 재판의 저울은 공평을 가장하여 팔짱만 끼고 있을 뿐, 폭리를 탐식하는 도적인 총독과 참사회 의원들의 편을 들고 있다. ……모든 시민들이여, 사태의 해결을 위해 결의하라. ……보리 이삭에 해주듯이 실컷 두들겨주고 패주어야 한다. 그 악덕 투기꾼들, 창고를 가지고 보리값을 끌어올리는 놈들은 그렇게 해주어야 마땅하다.

이 격문을 기초한 이는 다음과 같은 도발적인 언사로 격문을 매듭을 짓는다.

우리는 400에서 500명에 이르는 사람들로 결속해 있음을 명심하라. 그리고 일요일 오후 프란체스코 수도회 앞에 집결해 결판을 내자. 우리 도시 리옹의 가난한 시민을 위하여, 반드시 그렇게 해야 한다. 가난한 자.

지금도 그 의미는 해명되지 않고 있지만, '가난한 자' 뒤에는 구(球) 위에 두 개의 가로막대가 있는 십자가가 그려져 있었다고 한다.[4)]

그런데 이 대폭동에는 또 다른 원인이 있었던 것 같다.

국왕 프랑수아 1세는 황제 카를 5세와의 세력다툼으로 지출이 늘어나, 이 무렵 여러 도시에게 자금조달을 강요하기 일쑤였다. 특히 리옹은 '국왕의 금고'로서 무거운 세금에 허덕였다. 이를테면, 시 당국은 자금을 염출하기 위해 1522년에는 모든 상품에 임시 '입시세'(入市稅)를 부과했는데, 이것은 큰장의 자유 원칙에 어긋나는 일이었다. 또 시벽(市壁)을 보강하는 데 드는 비용을 조달하기 위해 특히 소금, 포도주, 밀가루, 모직천, 향신료 등 다섯 가지에 입시관세를 물리기도 했다.

그러다가 1529년, 이 해에는 주세가 부과되었다. 의사이자 시참사회 의원인 생포리앙 샹피에는 "요즈음에는 고용인 주제에 혼합주가 아닌 진짜 와인을 마시고 싶어한다. 참으로 괘씸한 노릇이다. 밀에 과세하면 정치 불안을 초래할 테니, 차라리 술에 과세하라"고 웅변을 토했다고 적고 있다. 이리하여 그 후 6년 동안 와인세(큰 술통 하나에 3프랑[1프랑은 5드니에])가 부과되어 "많은 포도주 재배업자와 술집주인의 역정을 샀다"고 한다. 샹피에는 한창 대폭동이 일어나는 동안 폭도들에게 자택을 약탈당한다.

와인은 어느 시대에나 "무산계급으로 하여금 미래의 복수와 영광을 꿈꾸게 하는"(발터 벤야민) 액체임이 틀림없다. 그렇다면 바흐친(Mikhail Mikhailovich Bakhtin, 1895~1975, 옛 소련의 인문학자이자 철학자)을 떠올리게 하는 미슐레의 다음과 같은 말도 설득력을 갖게 된다.

> 라블레의 『가르강튀아』는 프랑수아 1세가 와인에 세금을 부과함으로써 리옹에서 폭동이 일어난 무렵에 씌어진 것이다. 이 작품은 나는 '목 마르노라'라는 명랑한 말로 시작된다. 이 갈망은 그대로 학문과 사상에 대한 갈망인 셈인데, 저자는 이를 최

하층의 물질성 속에 두고 있다.

짐작컨대 술이 증오를 부채질하여 폭동의 방아쇠를 당긴 것 같다.

한편, 1529년 4월 25일 낮, 프란체스코 수도회 앞 광장은 군중으로 메워졌다. 기록에 의하면, 그 수는 1천 명이었다고도 하고 1천 200명에 이르렀다고도 한다. 공방주인이라든가 빵장수도 있었으나, 대부분은 직공과 포도 재배인 같은 영세민과 점원 같은 고용인들이었으며, 여자와 어린애들도 많이 눈에 띄었다. 사람들이 '캡틴'이라고 부른 장 뮈지라는 칼잡이가 빵장수 장 로티에와 함께 그들을 지휘했다.

사람들은 먼저 프란체스코 수도회로 몰려갔다. 누군가가 종루에 올라가 종을 난타하여 군중을 선동했다. 리옹 역사에 남는 대폭동의 시작이었다. 광장에 면한 샹피에의 저택이 습격당한 것은 바로 이 직후였다고 한다. 그는 술창고가 약탈당했을 뿐 아니라 성인상(聖人像)이 파괴되었다고 증언한다. 세관 관리의 집을 습격한 폭도는 랑테른 문(조감도13) 가까이에 있는 시 곡물창고에 쳐들어가 약탈을 자행한다.

이튿날, 소동은 일단 가라앉고, 민정관 장 뒤 페이라는 여기저기 파발마를 급파하는 등 대응에 정신이 없었다. 그 다음날 군중은 손 강을 따라 북상하여, 오늘날도 여전히 그 조용한 모습을 간직하고 있는 작은 섬 일 바르브로 건너가 밀을 실어냈다. 이곳 수도원은 부르고뉴 지방에서 반입된 곡물의 비축기지였던 것이다. 이러한 상황을 본 시 참사회는 다음날 각 직업 대표자를 소집했다. 리옹에서는 1269년, 1393년, 1436년에 대규모 폭동이 정기적으로 발생하여, 이 시의 역사상 위기로 일컬어졌다. 상인들과 일반 시민은 이를 어떻게든 저지하지 않으면 큰일나겠다는 위기감을 느꼈다. 그래서 그 해결책으로 개인 곡물창고에서 밀을 공출시키기로 했다. 그렇게 해서 사태는 그럭저럭 수습이 되었다.

주모자는 엄벌에 처해져서, 일단 브레스 지방으로 도망쳤던 뮈지를 포함한 11명이 콩포르광장과 손 강 다리 위에서 교수형을 당했다. '동업자 신심회'도 반란의 온상이라 하여 폐지되었다.

소란을 틈타서 밀과 식료품을 들고 나온 자들은 사제에게 그것들을 반환하고 죄를 고해했다. 공티에 여사에 의하면, 그런 빈민층은 미성년자와 마찬가지로 책임능력이 없다는 판단 아래 방면되었다고 한다.[5] 여사는 또 공술서를 자료로 폭동 참가자의 분포를 조사했는데, 그에 의하면 참가자 대부분이 생니지에 교회 북쪽의 바깥 수로 주변, 그리고 생마르셀 문과 그리퐁 문 밖의 변두리 일대에 사는 주민들인 것으로 밝혀졌다. 이 지역은 하찮은 직공들과 일용 노동자들이 많이 살았으며, 이윽고 견직물공장이 세워져 하청업자와 방적공들이 몰려들게 되는 지구이다.

약탈의 피해자인 샹피에에게 이 폭동의 주된 원인은 "모든 죄악의 소굴인 북방에서 건너온, 저 옷을 갈아입은 발도파라는 종파"에 있었다.[6] 격문의 '가난한 자'라는 서명에서 '리옹의 가난한 자'라고 자칭한 발도파를 연상한 것이겠지만, 루터파를 가리키는 것이다. 샹피에는 어지간히도 술꾼을 싫어한 모양으로, 폭동 가담자를 "교회가 아니라 술집에 들어박히는 주정뱅이들이며, 술 냄새 풍기는 무장집단"이라고 묘사했다. 그러나 그 몇 해 후, 리옹 시립병원 의사라는 영광스러운 자리에 라블레를 추거한 것은 그였다. 그 라블레가 "세상에도 이름 높은 술꾼 여러분"에게 이야기를 바치게 되었으니, 얄궂다면 얄궂은 인연이다.

이와 같이 온갖 요소가 뒤섞여 있지만, 1529년의 대폭동은 근본적으로 곡물 폭동이었다. 파리의 한 시민의 일기는 그 사실을 객관적으로 전하고 있다. 밀값이 파리의 세 배 이상이나 뛰어올랐던 것이다.

> 1529년 부활절 후인 4월 25일, 소맥값 폭등으로 리옹에서 대폭동이 발생했다. 약 3개월 전부터 보리값이 비정상적으로 올라, 리옹의 됫박으로 밀 한 비세에 38수나 했다. 8비세가 대략 파리의 1스티에와 같으니까, 파리 기준으로 하면 1스티에가 리옹에서는 15리브르 4수라는 계산이 된다. 값이 오른 것은 밀 부족 때문이며, 리옹의 손 강변에는 밀이 전혀 나지 않는다고 한다. 그러나 소문으로는, 곡물상인의 과욕이 원인인 듯싶다. 그 때문에 빈민들이 반란을 일으킨 것이다. ……파리와 왕국 내의 모든 지역에서 소맥값 상승세는 대단했다. 특히 파리에서는 1스티에에 4에서 5리브르나 했다.[7)]
>
> •『프랑수아 1세 치하 한 파리 시민의 일기』

이듬해에, 이번에는 페스트가 도시를 엄습했다. 또다시 식량이 부족해졌으며, 가을에 접어들자 "몽둥이를 든 많은 인쇄공과 각종 도제들이 도당을 짜고 밤낮 없이 시내를 배회했다"(시립 고문서관 자료). 인쇄장인의 세속적인 비밀결사 '대식단' 단원들이 빈민구제를 요구하며 시위를 벌인 것이다. 10월 하순, 시 당국을 규탄하는 전단이 거리에 나붙었다. 높은 사람들의 뇌리에는 그 전해의 악몽의 나날들이 되살아났다.

1531년, 곡물가격이 다시 급등한다. 5월 2일에는 밀이 한 비세에 34수, 7일에는 40수, 그리고 마침내 60수로 올랐다. 게다가 각지의 난민들이 리옹의 시문으로 쇄도해왔다. 곡물지대인 부르고뉴, 브레스 등지로부터도 빈민들이 몰려왔다니, 이 해의 기근은 매우 심각했던 모양이다. 시문과 항구에서는 엄중한 검문이 실시되고, 뱃사공들에게는 '이들 방랑자'들을 실어나르지 말라는 포고가 내려진다. 유랑자들과 빈민들이 페스트를 옮겨왔으므로, 시로서도 조치를 취하지 않을 수 없었던 것이다.

거리 여기저기서 사람들이 길을 가다가 쓰러지고, 온 시내가 마치 "굶주린 자의 수용소"(수도원장 장 드 보젤의 표현) 같은 느낌을 주던 5월, 참사회 의원들은 생니지에 교회가 건너다보이는 시청사에 모여 대책을 협의했다. "참사회 의원님들은 거의가 상인입니다. 더욱이 그 지위에 손이 닿기를 기대할 수 있는 사람의 수는 30명도 안 되는 형편"이라고 세기 중반에 성직자들이 지적했지만, 르네상스기의 리옹은 내외 상인의 공화국 그 자체였다. 참사회 의원은 손 강 좌우안에서 각각 6명씩 모두 12명이 선출되었으며(임기는 2년, 매년 반수가 새로 선출되었다), 그 태반은 문벌 출신이 차지했다. 5월 7일의 참사회에서도 앙투안 센통, 위그 드 라 포르트 같은, 출판계에서도 낯익은 상인들의 모습이 보인다.

"확실히 모든 사람을 먹여살리는 것이 자애로운 일인지는 모른다. 그러나 소맥값이 올라 있어 조달하기도 무리이다. 차제에 리오네 지방 바깥에서 찾아와 구걸을 하는 사람들에게는 빵 한 조각이나 푼돈을 주어 시 밖으로 나가달래자"는 의견이 나왔다. 그러나 그보다는 생세바스티앙(조감도19 · 24)의 시벽과 수로 공사에서 일을 한다는 조건으로 먹여살리는 것이 좋지 않겠느냐는 대안이 더 많은 찬성을 얻었다.

인심 좋은 독일인

교회와 국민단 등의 협력 아래 모금이 시작되었다. 임시로 리옹 자선회가 설치된 것은 이때였다. 손 강 양쪽에서 네 사람씩 이사가 선출되어 모금을 진두지휘했다. 네 사람이 경리를 맡았는데, 그 중 한 사람인 모직물 나사상인 장 브로캥은 이 일을 계기로 두각을 나타내어 이윽고 참사회에 들어가게 된다.

시내 네거리와 이웃 여러 마을에는 '밀을 가지고 오면 1아네(6비세)에 시장가격보다 20수를 더 얹어서 매입한다'는 공고가 나붙었다. 밀을 운반해온 운송업자에게도 보상금이 지불되었다.

임시 자선회에는 성직자와 상인, 그리고 모든 사람들이 협력했다. 스탕달은 "리옹 사람들은 자선에 후하다. 그들 땅에서는 이

미덕이 필요한 것이다"(『어느 여행자의 수기』)라고 정확히 지적했는데, 핵심을 찌른 말이라 할 수 있다. 은행가, 호상이 모여 있는 환전(환어음)광장 주변이 중심 지구였다. 이 주변에서만도 '반도' 전체에 버금가는 헌금이 모였다고 한다. 물론 의류라든가 식료품 등 현물을 내놓는 상인들도 많았다. 이탈리아, 독일 등 각 국민단도 크게 공헌했다. 홀연히 나타나 거간꾼으로서 부를 쌓은 요한 클레베르거는 자기가 버리고 온 고향 뉘른베르크에 생겼다는 구빈시설이 생각났던지, 500리브르나 되는 거금을 희사했다. 1522년 뉘른베르크에서 있었던 빈민구제 제도의 개혁이야말로, 이 장의 첫머리에서 설명한 것처럼 다른 도시들에 앞선 것이었다.

이 밖에도 모금명단을 들여다보면, 이를테면 피에몽테 출신의 대상인으로 후일 리옹에 견직물업을 도입하는 에티엔 튀르케, 삭구상인 피에르 샤를리(여류 시인 루이즈 라베의 아버지), 글로리에 가(이 가문의 한 사람인 장은 애서가로 유명하다) 등도 실려 있다.

자금이 모이고 소맥을 사들이고 나자, 드디어 굶주린 자들에 대한 자선이 시작되었다. 혼란을 피하기 위해 시내 다섯 군데에서 배급을 하도록 했다. 그 장소를 적은 '두쟁 은화 모양의, 납으로 만든 마크 8천에서 1만 개'가 준비되었다. 5월 19일, 몇 해 후에 자선회 본부가 설치되는 프란체스코 수도회에서 아침 여섯 시 종소리를 신호로 보시가 시작되었다. 기욤 파라댕은 『리옹사(史) 각서』에서 그 광경을 묘사하고 있다.

수도원에서는 리옹의 유력자와 명사 50명이 마크와 빵을 들고 대기하고 있었다. 그리고 수도원 회랑 문으로 해서 안으로 들어와 이름과 출생지를 기록한 가난한 사람들에게, 이번에 한해서 (2리브르의) 빵과 마크만 주었다. 그리고 그 마크에 적힌 건물을 찾아가도록 일러주었으며, 그 후에는 날마다 그곳에서 빵과 걸쭉한 수프와 고기를 받아가도록 했다.

이 리옹 역사에 남은 획기적인 자선행사는 8시간 동안 계속되었으며, 7, 8천 명이 은혜를 입었다고 한다. 이틀 분으로 준비한 빵만으로는 모자라 부랴부랴 시내 빵가게에서 조달해오는 일이 벌어지기도 했다.

다음날부터는 아침 8시에 시내 다섯 군데에서 '한 사람 앞에 1.5리브르의 빵과 걸쭉한 수프와 고기 토막'이 주어졌다. 여기서 주목할 것은, 외지 빈민이 '반도' 끝에 있는 에네의 베네딕투스 수도원 한 군데에 모이게 되었다는 사실이다. 주변에는 급조한 판잣집이 쭉 세워지고 짚으로 잠자리가 마련되었다고 한다. 머지않아 이 도시에서 내보내지게 되어 있는 그들 외지인들은 포도주까지 대접받았다고 한다. 몸이 건장한 이들은 수로 공사에서 열심히 일을 해서 임금을 받기까지 했다.

이리하여 빈민구제는 7월 9일까지, 놀랍게도 52일간 계속되었다. 수확의 계절도 눈앞에 다가와 무언가 분주했고 임금도 바닥을 쳤다. 게다가 아무리 후하다고는 하나 리옹 시민은 처음부터 이 조치를 긴급피난으로 알고 있었다. 이렇게 자선은 끝났다. 베네딕투스 수도원에서는 외지 빈민들에게 마지막 음식물이 주어지고 고향까지 거리에 따라 노자도 지급되었다. 그들은 이에 순순히 응하여 이 도시를 떠났다고 한다.

리옹 사람들에게 계산은 손에 익은 일이라 이에 대한 정확한 수지 보고가 남아 있다. 그에 의하면 도합 1만 리브르에 가까운 돈이 나갔고, 하루 평균 5천 명 남짓한 빈민들이 시혜를 입었다고 한다. 결국 한 사람 앞에 하루에 약 9드니에가 필요했다는 수치가 산출되어, 리옹 대자선회가 정식으로 발족할 때 귀중한 자료를 제공하게 된다.

빈 미술사 박물관의 한 방에, 만년의 뒤러가 그린 초상화가 하나 걸려 있다. 앞쪽을 쳐다보는 날카롭게 부릅뜬 눈초리와 약간 엷은 윗입술이 어울려서 사나이의 얼굴에는 어딘지 으슥함이 느껴진다.[8)] 이것이 리옹에서는 '좋은 독일인'이라는 별명을 들었고, 손 강 우안(피에르 시즈 강변)에 동상까지 세워진 요한 클레베르거(1485/86~1546)의 초상이다.

뉘른베르크 태생인 이 사나이는 본명이 쇼이엔프후르크로, 파산하여 야반도주한 은행가의 자식이라는 말도 있으나, 그의 출생은 수수께끼에 싸여 있다. 어쨌거나 젊었을 때부터 이 지방의 대은행가 임호프 밑에서 일하며 두각을 나타낸다. 그리하여 이 독일인 은행가의 대리인으로서, 리옹을 비롯해 큰장이 서는 도시들을 왕래한다. 그러다가 곧 은행가와 왕후 귀족들의 거간꾼 노릇을 하면서 재산을 모은다. 특히 프랑수아 1세와의 관계는 평생 지속되었다.

1526년 '거만의 부와 더불어 귀향한'(파노프스키[9]) 클레베르거는 동향의 대화가 알브레히트 뒤러에게 수수께끼 같은 초상화를 그리게 하여 후세에 그 이름과 모습을 남겼다. 1528년 그는 남편이 죽고 미망인이 된 임호프 부인 페리티타스와 억지로 결혼한다. 페리티타스의 아버지는 뒤러의 후원자로 알려지고 고전 번역에도 손을 댄 인문주의자 빌리발트 피르크하이머였다. 피르크하이머는 이 결혼에 맹렬히 반대했으나, 클레베르거는 이를 강제로 밀고 나갔다고 한다.

그런데 그렇게 해서 부부가 되었는데도, 그는 곧 아내를 버리고 고향을 떠나 리옹으로 간다. 피르크하이머와 그의 딸은 너무나 큰 충격을 받은 탓인지 곧 세상을 떠난다(피르크하이머는 사위 클레베르거가 자기의 사랑하는 딸에게 독을 조금씩 먹였다고 증언했다는 일화까지 남아 있다).

1536년 클레베르거는 페론 봉종과 결혼하여 프랑스에 귀화한다. 페론의 망부 에티엔 드 라 포르주는 파리의 상인이었는데, 일찍부터 개혁파를 지지한 인물이었다. 그러다가 격문 사건(제14장 참조) 후의 이단 탄압으로, 1535년 2월 "하느님과 여러 성인들을 모독하고 온갖 그릇된 주장을 토로한 죄로"(『피에르 드리알의 파리 연대기』) 처형당한다. 더욱이 아내 페론도 4월에 "노트르담 및 생마르탱 데 샹 교회 앞에서, 맨발로 자기 죄를 인정하고 사죄하여" 재산을 몰수당한 끝에 고향 투르네 시(북프랑스)로 추방되었다. 두 사람이 만난 경위는 밝혀지지 않았으나, 페론은 남편이 죽은 이듬해에 클레베르거와 재혼했다. 과거 있는 남자와 여자가

뒤러, 「요한 클레베르거의 초상」, 빈 미술사 박물관

결합한 셈이다.

리옹에서 클레베르거는 국왕의 은행가로서 활약하는 한편, 자선회에 자주 큰 액수의 성금을 내놓아 인심 좋은 독일인이라는 평을 얻는다. 그가 라블레와도 사귀었을 가능성이 있다. 『제5의 서』(이는 위작이라는 설이 강하다)의 공단의 나라에 그의 이름이 나온다.

> 나는 이 나라에서, 전에 앙리 클레르베르(이른바 고본[稿本] C에서는 '한스 클레베르')가 보여준 것과 똑같은 한 마리의 코뿔소를 보았는데, 이것은 옛날 리모주(고본C에서는 '리규쥬')에서 본 씨돼지과 별로 다르지 않았다.[10)]

그는 아내 페론의 영향이 있었던지 제네바(여기에도 가옥을 소유하고 있었다)와도 접촉을 가졌으며, 한편으로는 프랑수아 1세의 채권자가 되어 1543년에는 '국왕 시종'이라는 칭호까지 얻는다. 참으로 거간꾼답게 양다리를 걸치고 있었음이 틀림없다. 리옹의 으뜸가는 고액 납세자이자 자선가였던 그는 1546년 페스트로 세상을 떠나, 가톨릭교도로서 노트르담 드 콩포르에 묻혔다. 독일 국민단은 국왕에게 융자해준 돈을 받을 수 없게 될까 두려워 그의 죽음을 숨기려한 것으로 전해진다.

리옹 시립병원 복도에는 자선을 많이 한 역대 인물들의 이름이 새겨진 대리석판이 장식되어 있는데, 거기에는 이 불가해한 인물 요한 클레베르거의 이름도 보인다.

징벌도 훌륭한 자선

구걸하여 생활하는 건강한 무뢰한, 거지, 여자거지, 그리고 부랑자는 전원 오늘 당장 이 도시에서 떠나야 한다. 시내에서 두 번 다시 구걸을 하지 말아야 한다.
• 1534년 3월 3일 리옹 시에서 나온 고시문의 일부

'무위(無爲)는 모든 악덕의 어머니'라는 프랑스 속담이 있다. 16세기는 거지 일리데스처럼 '무위하는 것, 빈둥거리는 것'이 사회적으로 허용되지 않는 시기였다. 무위가 악덕으로 간주되기 시작한 것이다.

미셸 푸코(Michel Foucault, 1926~84) 식으로 말한다면, '일을 하는 것'과 '게으름을 피우는 것' 사이에 선이 그어져서, 생산에 종사하지 않는 자를 배제하는 구조가 성립되고, 중세의 문둥이 대신 걸식자나 방랑자 같이 '무용(無用)한 인간'이 배제되고 감금되는 시대가 도래한 것이다. 자선이란 이제 개인 대 개인의 일이 아니라 '복지'라는 제도로 바뀌었다. 그리하여 걸식 금지로 '거지 수사'라는 별명을 얻은 탁발수도자, 나아가서는 순례자에 대한 태도가 거칠어진다. 그들 무용한 인간을 가리킬 때, 당시에는 '무시근하다'[11]는 표현이 자주 사용되었다. 『유토피아』의 나라에서도 마찬가지였다. 작자는 '울타리 둘러치기'를 다음과 같이 비판하며 개선책을 제안한다.

귀족, 신사, 그리고 나태와 사치 이외의 점에서는 성인이신 몇몇 수도원장까지도, 그들 선대 때의 토지 수익이나 세수(稅收)만으로는 만족하지 못하며, 또 무위하며 우아하게 살면서 공공에 도움이 될 일은 아무것도 하지 않을 뿐더러, 오히려 해가 되는 일을 하지 않고는 직성이 풀리지 않습니다. 말하자면, 경작지는 한 평도 남기지 않고 모두 목초지로 만들기 위해 울타리를 둘러치고는 가옥을 부수고 시가를 파괴하여, 양우리로 만들 교회밖에는 남겨놓지 않습니다…….

게을리 사는 사람들을 줄이십시오. 농경을 부활시키고 직물업을 재건하여 정업(正業)을 창출하십시오. 그리고 지금까지 가난 때문에 도적질을 해온 사람들이나, 지금도 떠돌이 생활을 하거나, 머지않아 도둑이 될 것이 분명한 나태한 종복들, 이런 게으른 인간들로 하여금 유익하게 일을 하게 하십시오.

• 토머스 모어, 『유토피아』

전반부는 목초지라는 말을 포도밭으로 바꾸면, 그대로 샹피에의 주장과 겹쳐질 것 같다. 그는 농민이 보리밭을 수익률이 높은 포도밭으로 바꾼 것을 대폭동의 원인이라고도 생각했다. 다만 토마스 모어나 생포리앙 샹피에나 두 사람이 다 이른바 과장된 수사에 의존하고 있으니, 액면 그대로 받아들이는 것은 경솔한 일인지도 모른다.

더 많이 베풀고 싶어서

이 시대에는 농촌지대에 빈곤이 단단히 뿌리를 내리고 있어서, 기근 때 빈민은 환상을 찾아서 리옹 시로 몰려들었다. 일이 얻어걸릴지도 모른다, 시의 곡물창고에는 밀이 가득 차 있을지도 모른다고 덧없이 기대를 했던 것이다. 리옹은 자유도시니까 어떻게 되겠지 하는 생각으로 많은 사람들이 몰려든 것도 하등 이상하지 않다. 더욱이 반대로 도시 쪽에서 본다면, 그러한 외지 빈민이나 유랑민들은 새로 탄생하고 있는 산업의 값싼 노동력으로 비쳤을 것이다.

1531년 기근 때, 인문주의 성직자 장 드 보젤은 시 간부들 앞에서 설교를 했는데, 그것을 손질하여 책으로 펴냈다. 책의 끝에서 그는 이렇게 말하고 있다.

> 교수대를 세워봐야 굶주린 자는 무서워하지 않으니까, 다시는 과거와 같은 궁핍에 빠지지 않도록 해줍시다. ……빈자에 대해 지갑과 곡물창고를 닫아버렸기 때문에, 다시 말해서 우리가 비정했기 때문에, 하느님의 수금(竪琴, 마력)에 의해 전쟁, 소란, 질병이 발생한 것입니다. 그러나 하느님이 우리의 자애를 보시게 되면, 대지에도 열매가 풍성하게 맺혀 백 배나 되어 되돌아올 것입니다.

장 드 보젤은 국왕의 누이인 마르그리트 드 나바르의 비호를 받는 복음주의자였다(설교에서 루터를 비판하기도 한다). 그리고 이보다 약간 늦게 같은 클로드 누리 서점에서 나온 『팡타그뤼엘』의 가장 중요한 대목에서 "자애로 형성되는 신앙"이라는 표현이 발견되는데, 당시 리옹에는 에라스무스의 흐름을 따른 복음사상이 상당히 침투해 있었다고 생각지 않을 수 없다.12)

이어 루카 태생의 도미니쿠스 수도회 수사로 일찍이 지롤라모 사보나롤라(Girolamo Savonarola, 1452~98)의 제자였던 성서학자 샹티 파니니 수사가 새로운 구빈제도의 필요성을 역설하고 다녔다. "빈민과 자선병원을 위해 날마다 설교를 해준 것과, 또 수사의 주선으로 유덕한 피렌체인(토마 가다뉴)이 페스트 환자용 건물을 생롤랑에 세우기 시작한 일에 감사를 표하기 위해, 부르고뉴 와인 두 통을 콩포르 수도원의 도미니쿠스 수도회 샹티 수사에게 증정한다"는 고문서가 남아 있다. 어딘지 라블레가 묘사하는 장 수사와 그대로 겹쳐지는 듯한 이 도미니쿠스 수도회 수사는 자선회의 실현을 위해 꽤나 분투한 것이 틀림없다.

이리하여 사상과 신조를 달리하는 온갖 사람들의 연립에 의한 대자선회가 창설되게 되는데, 이에 관해서는 데이비스의 논문13)이 빠짐없이 묘사하고 있으므로, 여기서는 그 틈을 메우는 데 그치기로 한다.

1534년 1월, 장 블로캥의 제창으로 각계각층 사람들이 도미니쿠스 수도회에 모여, 자선회를 "최근 파리에서 제정된 형식에 따라" 영속적인 조직으로 만든다는 결정이 내려졌다. 이 시기에 파리에서는 아직도 빈민구제청이 생겨나 있지는 않았으나, 그 모색은 시작되고 있었다. 해서 파리에서 조례안(條例案)의 사본을 가져다가 검토하여 더욱 완벽한 것으로 만들었다고 한다.

먼저, 이사의 선출이다. '왕국'(손 강 우안)에서는 호상 피에르르뇨 등 4명, '반도'(손 강 좌안)에서는 서적상으로서도 거물인 센통 형제 상회의 맏형 자크, 대폭동 때 약탈을 당하는 상인 윙베르 장브르 등 4명, 모두 8명이 선출된다. 임기는 2년이며, 매년 반수가 개선되는 시 참사회와 같은 시스템이 채용되었다. 그 가운데 두 사람은 재무 담당 이사가 되었다. 이사회는 국왕 대리로부터 빈민, 거지, 부랑자 등을 적절히 처리하는 권한을 인정받았다. 같은 해 3월에는 자선회 직원에게도 같은 권한이 부여되어, '자선과 노동과 치안유지'를 삼원칙으로 하는 세속조직으로서 리옹 대자선회가 발족한다.

시립자선병원 의사 라블레는 가르강튀아의 적장(敵將) 피크로콜의 영락한 몰골을 리옹의 일용 노동자로 그리고 있는데(『가르강튀아』 49장), 다른 지방에서 온 사람들에게는 더 가혹한 세월이 도래했다. 그 후 시내에서 구걸하는 행위는 태형이나 추방형을 받았다. 1534년 3월 3일에 나온 고시의 일부를 인용해보자.

> 구걸하여 생활하는 건강한 무뢰한, 거지, 여자거지, 그리고 부랑자는 전원 오늘 당장 이 도시에서 떠나야 한다. 그렇지 않으면, 내일 아침 생세바스티앙의 수로 공사장에 집합하여 일하고 흙을 날라야 하며, 시내에서 두 번 다시 구걸을 하지 말아야

한다. 그러면 먹여살려주겠으나, 위반할 때는 태형에 처하거나 추방할 것이다.

시민도 자기 집에서나 길가에서 개별적으로 적선을 하지 못하도록 금지되었다. 대신 시내의 각 교회와 병원에 헌금함이 설치되었으며, 예배 때는 더러 고아들이 나와서 동냥을 호소했다. 여관과 상점에도 '가난한 사람들을 위하여'라고 적힌 모금함이 설치되었다. 또 시내 각 지구(16세기 중반쯤에는 우안에 14개, 좌안에 22개, 도합 36개 지구)의 자선회 임원 두 사람이 집집마다 돌아다니면서 협력을 구했다. 국민단도 저마다 돈을 거두어 자선회 본부에 갖다주었다. 요컨대 명목상으로는 개인의 자유의사에 의한 것이라지만, 실제로는 플랑드르 여러 도시의 빈민구제세나 다름 없었다.

"서민이나 부자나 모든 사람이 다 구빈의 의무를 다하여, 자선회의 증수(增收)를 위해 온갖 수단을 다 썼다"는 것을 자선회도 자랑하고 있다. 몽테뉴가 "더 많이 베풀고 싶어서" 남편의 돈을 훔친 아내에 관한 이야기를 한 것 같은데(『수상록』 2권 8장), 실제로 그런 광경도 볼 수 있었을지 모른다. 또 부랑아를 집에 데려다가 기르는 가정도 있었다.

그리고 유언으로 자선회에 기증하도록 하라는 권유도 철저히 이루어졌으며, 그런 사례도 널리 알려졌다. 이를테면, '착한 독일인' 클레베르거는 4천 리브르를(1546), 루이즈 라베는 1천 리브르의 채권을 유증했다(1565). 자선회는 말하자면 리옹의 세속적

결합을 위한 상징으로서도 기능하여, 여러 세속 단체의 벌금이 모두 자선회에 불입되었다. 리옹 서적상 컴퍼니의 벌금 200리브르도 대자선회의 금고로 들어가게 된다.

대자선회 설립 당시 시내에 거주하고 있던 외지 빈민은 기득권이 인정되어, 노동을 한다는 조건으로 리옹에 머물 수 있었다. 그러나 곧 6년간의 거주 실적이 부양의 필요조건으로 규정되자, 외지에서 온 이들은 '일시 수당'을 받고 돌아가야 했다. 시벽 위의 탑은 '징벌탑'으로 개조되어 "반항적이고 복종하지 않는 빈민은 징벌로" 이곳에 갇혀 빵과 물밖에 지급되지 않았다. 프랑수아 비용도 말했듯이 "징벌도 훌륭한 자선"(『유언』 152)이었던 것이다.

자선회 규약

16세기의 리옹 사회를 논한 대개의 연구서에 수록되어 있는 뒤쪽의 그림을 봐주기 바란다. 작은 크기의 고전 총서 등 딱딱한 책의 출판으로 리옹 르네상스를 장식한 세바스티앙 그리피우스(그리프)가 간행한 『리옹 자선회 규약』(1539)의 속표지이다. 자선회의 문장(紋章) 두 장과 함께 모두 3장의 목판화를 제작한 판화가는 16리브르 10수라는 꽤 많은 보수를 받았다(참고로 의사 라블레의 연봉이 40리브르였다). 문장은 이때 만들어진 것 같으니, 디자인료가 포함된 것인지도 모른다. 그리고 이 책을 출판을 한 그리피우스는 판매대금을 자선회에 기부했다.

이 도판에 그려진 것은, 매주 일요일에 있었던 베풂의 광경이다. 베풂의 행사는 시내 다섯 군데, 즉 손 강 우안의 생조르주 교

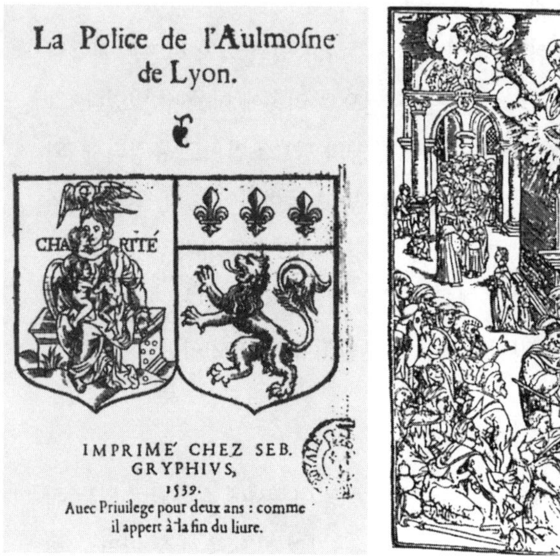

La Police de l'Aulmosne
de Lyon.

IMPRIME' CHEZ SEB.
GRYPHIVS,
1539.
Auec Priuilege pour deux ans : comme
il appert à la fin du liure.

『리옹 자선회 규약』(1539)의 속표지와 베풂의 그림

회 부설묘지, 남자 고아를 수용한 라샤나 보육원, 좌안에서는 카르멜 수도회, 도미니쿠스 수도회, 프란체스코 수도회에서 일제히 실시되었다. 속표지에 그려진 것은 자선회 본부가 있던 프란체스코 수도회인 듯싶다. "굶주린 자에게는 빵을 주라"로 시작되는 「이사야」의 한 구절이, 자선회 이사들의 머리 위에 표어로 걸려 있다. 빈민들은 정연하게 줄을 지어 조용히 차례를 기다리고 있다.

여기서 암스테르담의 왕립미술관에 들어가면 첫번째 방에 장식되어 있는 「자비의 일곱 가지 덕행」(알크마르의 화가 작품, 1504)이라는 제목의 그림을 떠올려보자. 일곱 폭으로 된 이 그림의 왼쪽 끝의 것은 부잣집 문간에서 보시를 하고 있는 광경이다. 앞쪽에는 하녀가 빵 바구니를 들고 있고, 뒤쪽에서는 방랑하는 악사들이 걸립을 하고 있다. 말하자면 중세적인 자비를 이야기하고 있는 것이다.

또 브뢰헬(Pieter Bruegel de Oudere, 1525년경~69)의 목판화 「자비」는 어떤가. 텁수룩한 머리의 사나이가 빵을 잡아채기가 무섭게 물어뜯고 있다. 이 또한 전체적인 우의(寓意)는 별도로 치고라도, 거지들의 게걸스러운 모습이 두드러진 작품이다.

그런데 리옹판 자비의 도상은 "인문주의자 보젤이 착상한 질서와 조화의 이상적인 모습, 혹은 그것이 어느 정도 빈민구제에서 실현되고 있는 모습"(N. 데이비스), 즉 관리된 자선인 것이다.

자선회는 이 무렵 매주 12리브르(약 5킬로그램)의 빵과 현금 1수를 지급했다고 한다. 현재 프랑스인 1인당 빵 섭취량이 하루에 약 200그램이니 굉장히 차이가 난다. 앞쪽에서 한 여자가 막 명절의 장식 떡 같은 커다란 빵을 받고 있고, 그 뒤에서는 몽둥이를 쥔 사나이(순찰원일까?)가 이사한테서 받은 푼돈을 빈민에게 건네주고 있다. 자선회 이사인지 사무장인지, 빈민대장으로 사람을 확인한다.

이사들 뒤쪽에 여자 둘이 걸어가고 있다. 나는 이들이 시립병원에서 간호를 하는 수녀, 이른바 시스터들이 아닌가 생각한다. 왼쪽 여자는 관록으로 보아 간호부장에 해당하는 '자모(慈母)'가 아닌지? 아니, 어느 이사의 부인이 호기심으로 보시를 구경하러 나와서 뽐내고 있을 뿐인지도 모른다. 뒤편 아치에 리옹의 문장이 걸려 있는 곳에 주목하자. 거기서는 현금만 주고 있는 것처럼 보이는데, 다른 지방 빈민에게 일시 수당이라도 지급하고 있는 것일까?

이제 자선회의 마크를 살펴보자. 지금도 리옹 시립병원 입구에는 거의 비슷한 마크가 장식되어 있다. 자애의 상징으로서 성모가 대좌에 앉아 있고, 어린아이 셋이 매달려 있다. 이는 앉아 있는 성모자상을 상기시킨다. 그녀의 왼손에 쥔 지갑에서 화폐가 흘러내린다. 후하게 베풀라는 뜻인가보다. 그리고 자기 가슴을 부리로 찍어 그 피를 새끼에게 먹이는 펭귄이 또한 자애와 헌신의 상징이다.

이렇게 성모자상과 새를 조합한 것을 자선회의 상징 마크로 제안한 것은 샹티 파니니였는지도 모른다. 그는 이탈리아에서는 거물 신학자였으며, 율리우스 2세의 고문 격으로 미켈란젤로가 제

알크마르의 화가, 「자비의 일곱 가지 덕행」, 암스테르담 왕립미술관

SPERES TIBI ACCIDERE QVOD ALTERI ACCIDIT, ITA DEMVM EXCITABERIS AD OPEM FERENDAM
SI SVMPSERIS EIVS ANIMVM QVI OPEM TVNC IN MALIS CONSTITVTVS IMPLORAT

브뢰헬, 「자비」, 1559

작한 시스티나 성당 천장화(1508~12)의 도상 표현에도 영향을 주었다는 설이 있다. 더욱이 미술사가 에드거 윈트에 의하면, 앉아 있는 자애의 성모 도상은 미켈란젤로에게서 시작되었다고 한다. 그렇다면, 파니니가 한몫 거들었을 가능성은 충분히 생각할 수 있다.[14)]

앞에서 언급한 것처럼, 보시를 받을 권리가 인정된 빈민에게는 처음에는 납으로 된 동전이 주어졌다. 그 후 이 빈민 인식표는 자선회의 마크가 인쇄된 종이 조각으로 바뀌었다. 그런데 리옹의 빈민은 금방 알아볼 수 있는 신체적인 마크는 달고 있지 않았을까? 이를테면, 파리에서는 빨간색과 노란색으로 된 십자형 딱지를 어깨에 달게 되어 있었다. 또 아미앵에서는 노란 바탕에 빨간색과 파란색으로 된 A와, 도시 이름의 첫 글자를 새긴 배지를 달게 했다(유대 민족과 마찬가지로 차별과 배제의 상징으로서 노란색이 사용된 데 주목하라). 리옹에서도 창녀들의 경우지만, 16세기 초에 그녀들은 빨간 허리띠를 둘러야 했다.

여기서 『규약』의 도판을 다시 한 번 들여다보자. 왼쪽 앞에서 네번째 인물, 손으로 턱을 괴고 따분해하며 차례를 기다리고 있는 사나이의 왼쪽 어깨에 삼각 마크 같은 것이 그려져 있다. 나는 이것이 리옹의 빈민이 달아야 했던 딱지였는지도 모른다고 생각한다. 그러나 증거는 없다.

자선회를 이끈 사람들

그러면, 이 자선회 규약을 실마리로, 그곳에서 봉사하던 스태

프를 다시 소개하기로 한다.

이사 손 강의 우안과 좌안에서 각각 4명씩 선출된다(시 참사회 의원과 마찬가지로 임기는 2년이며, 1년마다 반수가 개선된다). 그들의 모토는 “너희 중에서 제일 높은 사람은 제일 낮은 사람처럼 처신해야 하고, 지배하는 사람은 섬기는 사람처럼 처신해야 한다. 식탁에 앉은 사람과 심부름하는 사람 중에 어느 편이 더 높은 사람이냐? 높은 사람은 식탁에 앉은 사람이 아니냐? 그러나 나는 심부름하는 사람으로 여기에 와 있다”(「루가의 복음서」 22장 26~27절)는 한 구절로 상징된다.

물론 보수 같은 것이 있을 리 없고, 오히려 취임 때 자선회에 미리 큰돈을 빌려주어야 했다. 그리고 후임자에게 자리를 물려줄 때 이 돈을 대신 갚아달라고 했던 것이다. 이 같은 부담 때문이었던지, 이사 가운데 순수 리옹 시민은 약 절반을 차지한 데 지나지 않는다. 결국 리옹 자선회는 바로 이탈리아, 독일의 호상 및 은행가와 리옹 시민의 연대 플레이의 선물이었던 것이다.

이사는 일요일 오전 중에는 시내 각처에서 보시를 한 뒤, 점심을 먹고는 프란체스코 수도회에 집합하여 새로 신청해온 빈민과 끌려온 부랑자를 면접하고 조처한다. 앓는 자가 있으면 자선병원으로 넘긴다. 또 1년에 네 번 서는 큰장 뒤에는, 각지를 돌아다니며 상점과 여관에 설치한 헌금함을 열어 내용물을 회수한다. 그리고 시내에 있는 빈민들의 집을 찾아다니며 일자리는 구했는지, 보조 없이도 해나갈 수 있는지 등을 조사하는 것도 이사들의 일이었다. 고아들 가운데는 고용살이 하러 내보내지는 아이들도 있었으므로, 공방을 찾아가 잘 근무하고 있는지 주인에게 물어보기도 하고, 혹은 학대받고 있지나 않은지, 주인이 일은 잘 가르치고 있는지도 조사할 필요가 있었다. 성탄절에는 "자선회, 고아원 두 군데의 사무국, 제분공장"의 자산을 조사하고 감사하기도 했다.

"하느님의 뜻 이외에 그 어떤 급여나 보수도 받지 않는다"고 『규약』에도 명시되어 있지만, 자선회 이사라는 칭호는 말하자면 귀족의 칭호와도 같았으며, 시민 중 유지들은 모두 이것이 되고 싶어했다고 한다.

재무담당 이사 이사 중에서 2명이 선출된다. 『규약』이 간행된 시점에서는, 피렌체 출신의 상인 피에르 오르란디니와 바르텔레미 뷔에가 맡고 있었다.

자선회 본부에는 철제금고가 설치되어(리옹 시립병원 내의 시립자선병원 박물관에는 현물이 보존되어 있다) 이중으로 자물쇠가 채워져 있었다. 재무담당 이사가 각각 한 개씩 열쇠를 가지고 있었으나, 이사가 서명한 서류가 없으면 금고를 열 수 없었다. 그리고 매주 토요일에는 두 개의 열쇠로 금고가 열려, 이튿날의 자선행사를 위해 현금이 수송되었다.

신년에는, 정확히 성탄절 후 두번째 일요일에는 결산이 이루어졌다. 국왕 직속 관리, 교회 성직자, 시 참사회 의원, 그리고 피렌체, 루카, 독일 등 각 국민단이 참석했으며, 그 밖에 희망자는 누구나 참석할 수 있었다고 한다.

상인 식량과 연료(장작을 사용했다)의 조달을 맡았다. 상인 역시 명예직으로 무료 봉사였다. 그의 주선으로 시장가격을 밑도는 밀을 입수할 수 있었으며, 본부 옆에 있는 빵가마에서 둥근 빵이 구워졌다. 그때 밀가루와 빵의 무게가 정확한지 여부를 감시하는 것도 그의 역할이었다. 그런데 자선회에서 수매한 곡물가격에 관해서는 다행히도 사료가 남아 있어서, 사회경제사상 참으로 귀중한 자료를 제공해주고 있다. 또 고아원의 식량도 상인이 주선했다. 상인은 또 일요일마다 본부에 나가서 보고할 의무가 있었다.

그러나 두말할 것도 없이 이들 자기 돈으로 식사를 해결하는 높은 사람들만으로 자선회가 운영될 턱이 없으며, 이 새로운 자선 시스템이 잘 가동되기 위해서는, 다음에 드는 유급 직원들의 힘이 필요했다.

사무국장 왕실 직속 공증인으로 공문서, 증서, 계약서 등을 작성했다. 일반 공증인을 관장하고, 자선회에 대한 증여 같은 일을 처리했다. 그런 귀중한 서류도 본부의 금고에 보관되었으며, 이사 전원이 동석하지 않으면 꺼낼 수 없었다고 한다. 1539년 사무국장의 연봉은 40리브르로 밝혀졌는데, 이는 6, 7년 전 시립병원 의사 라블레의 연봉과 같다.

일요일이 되면, 사무국장은 5개소 중 어느 한 군데의 자선행사에 임석하여 부정이 없도록 감독한다. 또 여름에 있는 파르동 축제일에는 외지 빈민이나 순례자나 모두 시내 출입이 허가되어, 생장 주교좌 대성당의 자선행사는 대단히 소란스러웠다. 이날에는 "빈민들이 지난날처럼 뛰어다니고 소리를 지르고 하여 사람들의 빈축을 사는 일이 없도록 순찰원 4명의 손을 빌려 예방할" 필요가 있었다. 부활절에는 빈민의 시가행진이 있었으며, 그런 때

사무국장은 자선회의 임무와 빈민에 관한 자료를 발표하여 그 취지를 이해시킬 필요가 있었다.

서기 장부의 작성, 기부의 추진 등 실무를 맡았다. 모금활동에 열의가 없는 자선회 임원이 있으면 이사에게 보고했다. 자선행사 전날인 토요일, 보시 담당자에게 현금을 운반하는 것도 서기의 임무였다. 두 군데 고아원에 대한 조달을 담당하고, 일요일에는 고아 가운데 남자아이들을 수용하는 라샤나의 자선행사에 입회하여 "그 어떤 부정이나 속임수도 없도록" 감시했다고 한다.

보시 담당 5명이 있었으며, 일요일 아침에 빈민 한 사람 앞에 기본적으로 12리브르의 빵과 1수 투르누아의 현금을 주었다. 이사는 빈민 개개인의 사정을 감안하여 베풀어줄 금품의 정도를 정했다. 이를테면, 이가 빠져서 딴딴한 빵을 씹지 못하는 노인에게는 현금을 지급하는 등 배려를 해주었다("4, 5 내지 6수"였다고 한다). 그러한 자료는 빈민대장에 기재되어 있어, 빈민들은 한 사람 한 사람 호명되면 앞으로 나갔다.

외지 빈민 보시 담당 리옹 대자선회에 의한 새로운 자선은 선별과 배제의 제도로 이루어진다. 시내에 들어오는 각 시문에서는 엄격한 검문이 실시되어, 외지인과 내부인, 정상적으로 건강한 자와 질병자가 선별되었다. 그리고 일요일에는 수급 자격이 없는 빈민들이 길게 줄을 지었다. 이런 기회에 자선회로 인도되어 온 외지 빈민과 순례자 등, 지나다 들른 빈자에게 베풂의 금품을 주는 것이 외지 빈민 보시 담당이라 불리는 직원의 주된 직무였다.

그는 본부에 대기하고 앉아 순찰들이 데리고 오는 빈자의 이름, 출신지, 목적지 등을 대장에 기재한 뒤, 일시 수당이라는 빵과 노자를 주어 퇴거시킨다. 하지만 몽생미셸로 가는 순례자는 1년 내내 많고 가난하지도 않으므로 빵만 지급하면 된다고 『자선회 규약』에는 적혀 있다.[15] 병자라든가 너무 여위어서 유랑을 계속하지 못할 것 같은 사람은, 이사가 증명서를 발부하여 자선병원으로 이송시켰다. 그리고 회복되면 노자를 주어 시에서 퇴거시켰다.

그런데 외지 빈민 보시 담당자의 직무에서 잊어서 안 될 것은, 다름 아닌 "죄 받은 몸"(자크 아탈리)[16]인 나병환자에 대한 베풂이다. 이에 대해서는 다른 데서 논했으므로 여기서는 『규약』을 인용하는 데 그치기로 한다.[17]

> 나병환자들에게도 베풀 것. 그들은 이 도시에 들어오는 것이 허용되지 않으므로(다시 말하여 금지되어 있으므로), 베풀어줄 금품을 나병자수용소로 가지고 갈 것. 그들에게는 매주 1인당 6수를 지급하되, 남의 이름을 사칭하는 가짜 환자가 있으면 안 되므로 그 이름에 주의할 것. ……또 앞에 적은 바와 같이 매주 또는 매월 사용한 금액의 합계를 두 재무 담당 이사에게 보고할 것. 그러면 이사회의 판단으로 급여가 지불될 것임.

순찰 처음에는 4명이 고용되었다. "빈민에게 공포감을 주고 자선회의 질서를 지키기 위해" 매일 시내를 순찰하여 발견한 거지를 징벌탑으로 연행했다. 그들은 거지 적발의 지침인 '방랑자의 책'에 씌어 있는 수법을 사용한다. 가짜 걸식자와 순례자가 거리에 넘치고 있었으므로 동정 따위는 금물이었다.[18] 그리고 매주의 자선과 해마다 열리는 빈민 행진(국내외에서 가장 많은 사람이 모이는 부활절의 큰장이 서는 날 개최된다) 때 경호를 맡았다.

그들은 '거지 사냥꾼'이라는 별명을 가지고 있었으며, 유랑민들이 무서워하고 또 미워하는 존재였다. 때로는 빈민들이 그들의 직무를 방해하기도 하고 연행을 저지하는 사건이 발생하기도 했다.

리옹 조감도13에는 말을 탄 사나이가 생뱅상의 강변을 순시하는 모습이 그려져 있는데, 이것이 순찰인지도 모른다. 여기에는 확실한 도상으로서, 산 위의 로마네스크 교회로 유명한 오베르뉴 지방의 르퓌이에서 부자(父子)가 대대로 빈민 사냥 관리(官吏)를 지낸 말로스의 의젓한 모습을 실어둔다. 가죽 다루는 일을 하면서 '글을 쓴 장사꾼' 장 뷔렐이 일기의 여백에 그려놓은 귀중한 스케치이다.

교사 『규약』에는 남녀 각각 한 사람씩으로 되어 있으며, 1534년에는 프랑수아 브랑샤르와 그의 아내가 고용되어 있다.

고아들은 일곱 살이 될 때까지, 시립자선병원에서 유모와 수녀의 보살핌을 받았다. 그 후는 남녀로 나뉘어져서 시내 두 군데의 시설에 들어간다. 남교사는 라샤나의 고아원(이곳은 전에 수녀원이었으나 "파렴치한 사건으로 수녀들은 쫓겨났다")에서, 사내아이들에게 "읽기와 쓰기와 행실"을 가르쳤다. 능력을 인정받은 행운의 소년은 트리니테 단과대학에 들어가는 것도 꿈만은 아니었다. 식사 때는 일제히 자선가 여러분에 대한 감사의 말을 외고 취침 때는 성모를 찬양하는 「살베 레기나」를 합창했다니, 이런 자선시설에서 아이들을 가르치는 상황은 20세기에 이르기까지 별로 변하지 않았다는 생각이 든다.

손 강과 론 강 사이에 낀 모래톱, 통칭 '반도'에 있는 생트카트린 여자 고아원에서는, 여교사가 "신앙심, 재봉, 최근 리옹에서 시작된 비단실 잣기, 그리고 가사를 돌보는 여성에게 필요한 여러 가지 일"[19]을 가르쳤다. 동시대의 역사가 파라댕은 "외출 때는 반드시 여교사가 따랐다"고 적고 있어, 얼마나 엄격했는지 짐작이 간다.[20]

그녀들이 결혼할 때는 자선회에서 지참금을 지급해주었으며, 유언으로 일가친척이 없는 처녀들의 결혼자금을 증여한 예는 헤아릴 수 없이 많았다. 피렌체 출신의 대서적상 자크 쥔타는 장문의 유언으로 자선회에 50리브르를 기증하고, 다시 "영혼의 구제를 위해 가난하고 정숙한 처녀 30명을 골라 한 사람에 10에퀴의 결혼자금"을 주라고 부탁하고 있다. 참고로, 그는 서적상 기욤 르뇨에게 출가한 딸 잔을 위해 1천 에퀴의 혼인자금을 설정했고, 양녀 발렐리아에게는 100리브르의 혼인비용을 유증하고 있다. 루이즈 라베는 "가난한 처녀 세 사람에게 50리브르씩" 리옹 금융조합의 채권 형식으로 유증했다.

매주 일요일 오후가 되면, 두 교사는 자선회 본부에 가서 도제살이, 식모살이를 할 나이가 된 소년소녀들을 추천했다. 미래의

'거지 사냥꾼'이라는 별명을 가진 순찰 관리 말로스

『장 뷔렐의 일기』에서

도제와 식모들은 한두 주일 시험삼아 남의 집에 입주해본다. 그리하여 받아들이는 쪽에서 "쾌적"하다고 판단하면 정식으로 입주하게 된다. 그리고 첫 1년 동안은 자선회에서 옷을 대주었다. 적어도 『규약』에는 그렇게 적혀 있다.

그런데 옛 소련의 출판역사가 몰다프스카야는 이 도제 형태를 이렇게 단죄했다.

> 리옹의 이 자선기관은, 시의 졸부들에게는 얼마간 이익이 되었다. ……(고아들이) 무상의 노동력으로서 도제 형태로 상인이나 기업가의 손에 넘겨졌기 때문이다. 대자선회는 양육하던 아이가 죽으면 그 재산을 상속했다. 따라서 시의 부자들은 이 자선기관을 유지하기 위해 비용을 지출한다기보다 오히려 그것으로 돈을 벌었던 것이다.[21)]

이것은 매우 거친 이론으로, 자본가들은 적어도 자선회로 이득을 보지는 않았다. 그들은 다른 사업으로 수지를 맞추었다. 출판계만 보더라도, 자선회의 도제를 받아들인 것은 거의가 영세한 공방이었다. "리옹 대자선회가 설립되고 9개월 사이에 도제살이를 나간 소년 31명의 예를 분석해보면, 그 압도적 다수가 아버지보다 수입이 많고 숙련을 요하는 일에 제자로 들어간 것을 알 수 있다"는 데이비스의 조사결과도 그 반증이 될 것이다.

제분공 상인이 조달해온 소맥으로 밀가루를 만든다. 프란체스코 수도회 부지 안의 본부에는 큰 곡물창고가 있었다. 또 '자선회의 물레방아'라고 부르는 제분 수차를 프란체스코 수도회와 시립 자선병원이 공동으로 운용했다. 흐름이 빠른 론 강변에 설치된 수차선들은 훗날까지 이 도시의 경관으로 이름이 높았다. 하천 운송의 방해물 취급을 받으면서도 강 위의 물레방아들은 19세기 말까지 쉬지 않고 돌았다.

제빵공 자선회는 자체의 빵 굽는 가마와 우물을 가지고 있었다. 조감도17에는 굴뚝 세 개가 그려져 있는데, 그것인 것 같다.

의사 라블레와 시립자선병원

"가엾은 병자는 시민이나 외지인이나 론 교 근처에 있는 자선병원에 수용하여 입원시키기로 한다. 그곳에서는 회개한 여자들(원래는 창녀였던)이 간호를 맡는다. 외지 출신의 환자가 완쾌되면 돌아가는 길의 거리에 따라 노자를 주어 퇴거시킨다."

『리옹 자선회 규약』에는 이렇게 적혀 있다. 15세기 말 시 참사회가 이 병원을 장악했으며, 그 후 재편성한 뒤 자선회에 앞서 세속적인 시설로 만들었다. 이 시립자선병원의 3대째 의사가 리옹 르네상스의 주역 가운데 한 사람인 프랑수아 라블레이다. 지금도 이곳은 시립병원이며, 복도에는 라블레의 기념비가 장식되어 있다. 1532년부터 약 2년 반 동안 그는 "자선회에 매달리는 가엾은 부랑자들"(『가르강튀아』 제1장)과 얼굴을 맞대고 살았다. "의학이란 환자, 의사, 질병의 세 등장인물이 연출하는 결전 또는 희극이노라"를 모토로 한 라블레였으니, 실제로 웃음의 힘으로 질병이라는 독기를 흩날려버리려 했을지도 모른다.

1537년 의학자 라블레는 이 병원에서 역사적이라고 할 수 있는 공개 해부도 했다. 크세노만이 쓴 「사순절 전 3일간의 해부」(『제4의 서』 제30 · 31장) 같은 것은 이때의 경험을 바탕으로 씌어졌을 것이다. 에티엔 돌레도 아마 참관인의 한 사람이었을 것으로 생각된다. 그는 해부용 시체가 이야기하는 라틴어 시 「어느 사나이의 묘비명」을 썼다.

이때도 여느 때나 마찬가지로 사형에 처해진 시체를 해부했는데, 당시만 해도 아직 의사가 시체에 직접 손을 대지는 않았으며, 이발사 외과의사 등 조수에게 메스를 잡게 하고, 자기는 단상에서 지시하는 것이 관례였다. 집도자로서 손을 더럽힌다는 것은 지식인으로서 있을 수 없는 행위로 여겨졌던 것이다.

가르강튀아는 파리 유학 중인 아들에게 "인체 해부를 자주 하여 인간이라는 또 하나의 세계에 관한 완벽한 지식을 획득해야 하느니라"(『팡타그뤼엘』 제8장)라고 써보내고 있기는 하지만, 작자 자신이 직접 집도한 증거는 없다. 일반적으로는 근대 해부학의 아버지라 일컬어지는 베살리우스(Andreas Vesalius, 1514~64)가 이 금기를 깨고 자기 손으로 직접 해부를 한 것으로 되어 있다.[22)]

리옹 조감도를 보면 알 수 있듯이, 론 강 다리를 건너 오른쪽으로 꺾으면 금방 눈에 들어오는 큰 건물이 자선병원이다. 큰 병실은 가운데를 격자로 칸막이를 했으며, 남녀가 좌우로 나뉘어 누워 있었다. 거대한 난로로 사이를 막은 곳도 있었다. 한 침대에 3, 4명이 누웠으며, 150~200명 가까이가 항상 입원해 있었던 것

라블레의 기념비(리옹 시립병원의 복도)

같다. 또 조감도에도 그려져 있지만, 복도로 해서 별관으로 갈 수도 있었는데, 그곳에는 임산부와 거리에 버려진 어린애들이 수용되었다.

그럼, 입원자 명부에서 한두 사람의 기록을 옮겨보자.

> 1531년 4월, 마지막 일요일
> 빌프랑슈 출신의 장 푸사통이
> 상기의 마지막 일요일에 입원했다.
> 변변한 옷도 갖고 있지 않았다.
> ……
> 생니지에 교구의 투닌 알디로안이
> 상기의 해 4월 마지막 날에
> 입원했다.
> 변변한 옷가지가 없다.

자선병원에 보내진 사람들은 주로 빈민, 하층민이지만, 그래도 유입인구의 윤곽을 파악하는 데는 충분할 것이다.[23] 1529~63년의 수용자 1만 5천 101명의 내역은, 리옹 출신이 5천 943명(약 39퍼센트), 기타가 9천 158명(약 61퍼센트)으로, 가난한 떠돌이가 넘쳐나던 이 시대의 양상을 반영하고 있다. 더욱이 이들 외지인의 17퍼센트가 외국 출신이다. 또 성별로 나누면, 남자가 59퍼센트, 여자가 28퍼센트, 13퍼센트는 어린아이이다.

그리고 9천 명 남짓한 외지인의 3명 중 1명이 도시 출신이라고 한다(파리, 그르노블, 투르, 트루아 순). 당시 도시/농촌의 인구비율은 약 1대 10이었으니, 결국 이 도시에서 저 도시로 떠돌아다니는 인간들이 많았던 것으로 짐작할 수 있을 것 같다. 자유의 도시 리옹에서 뜻을 한 번 이루어보자고 생각한 사람, 다른 도시에서 배제된 거지며 실직자, 순례자와 방랑이 몸에 밴 자들이 몰려왔다가 궁지에 빠져 자선병원의 신세를 지게 된 것이다.

병원에서 일하는 약 30명의 사람들을 소개해보기로 하자. 『규약』의 후반은 자선병원과 격리병원에 관한 내용이다(페스트에 관해서는 제9장에서 논한다).

병원 배속 사제 부르고뉴 지방 본에 있는 자선병원(로히르 반 데르 웨이덴이 그린 성화 『최후의 심판』이 있다) 같은 것을 상기하면 그 이미지가 대강 파악될 법도 하다. 리옹에서도 큰 병실 한쪽에 예배당이 설치되어 환자는 누워서 사제가 집전하는 미사에 참례할 수 있었다.[24]

의사 200명 가까운 입원환자를 진료하는 의사는 단 한 사람밖에 없었다. 라블레의 연봉은 40리브르였으니까 결코 많은 편은 아니었으나, 일단 그의 체면은 섰다(그의 전임자 피에르 로랭과 후임 피에르 뒤 카스텔의 연봉은 30리브르였다). 회진은 하루에 두 번 했으며, 라블레는 뒤부아 거리(조감도12)의 자택에서 상점, 인쇄공방, 술집 같은 것이 즐비한 메르시에 가 일대를 걸어 돌아다녔을 것이다.

아침 6시 무렵, 첫 회진을 시작한다. 병원 이사(시 참사회 의원이다)가 앞장선다. 검정색 일색의 긴 옷을 걸치고 역시 검정색의 무테 모자를 쓴 의사 라블레가 이발사 외과의 브누아 드 크뤼젤, 약제사 시몽 드 볼리외를 거느리고 환자를 보며 돌아다니는 모습이 눈에 선하다.

외과의 연봉은 10리브르로 적다. 의사와 함께 하루에 두 번 회진을 했다. 자택에서 통근하는 특권을 가진 것은 의사와 외과의뿐이었다. 다음에 드는 이들은 모두 병원 안의 큰방에서 함께 기거했다.

약제사 연봉은 역시 10리브르였으며, 병원에 상주했다. 약품류는 시내 약제사라든가 향신료, 약종상 등의 모임인 신심회의 기증에 의존했다고 한다. 그러고 보니 라블레가 남의 이름난 환약요법을 원용한 것이 생각난다(『팡타그뤼엘』 제33장).

이 당시의 것은 아니나 브뤼헤(멤링크 미술관 내)에 있는 약국과 함께 리옹에는 참으로 훌륭한 약국이(자선병원 박물관 안의 한 방에) 보존되어 있다. 그리고 약제사 시몽 드 볼리외는 그 후 향신료 같은 것을 팔아 교외에 대농장을 소유하는 호상으로 떠오른다.

회계사 오늘날 병원 사무장 같은 존재였던 것 같다.

조달 담당 식량 구입 같은 일을 맡았다.

서기 장부 작성을 담당했다.

하인 두 사람이 고용되어 있었으며, 병자를 운반하고 수용하는 등의 일을 했다.

유모 버려진 아이들을 양육했는데, 인원수는 분명치 않다.

제빵장인 병원에 있는 가마로 빵을 구웠다. 이미 지적했듯이 밀가루는 자선회와 공유한 제분 수차에서 운반되어왔다.

(이 밖에도 수위, 재봉사, 술창고 관리인 등이 일하고 있었음이 밝혀져 있다.)

그리고 마지막으로 문제의 시스터들이 있었다.

수녀 침대에 누운 환자를 간호하는 시스터는 보통 20명 가까이 있었다. 그녀들이 아침부터 밤까지 헌신적으로 환자를 보살폈다.

두 사람의 자모(慈母)가 원래는 창부나 고아였던 이들 백의의 천사들을 감독했다. 이들이 병원의 실질적인 관리자였다. 리옹에서 시 행정에 직접 관여할 수 있는 여성은 생트카트린 고아원의 여교사와 이 자모들뿐이었다.

그런데 그녀들이 파렴치하기 짝이 없는 짓을 하기 시작한 것이다. 이들이 일으킨 사건에 대해서 『어리석은 자의 왕국 · 이단의 도시』의 저자가 흥미진진한 글을 쓰고 있으므로, 간단히 소개하기로 한다.[25)]

이레르와 클론이라는 두 자모가 1537년 파리에서 리옹으로 옮겨왔다. 그리고 즉각 수녀들의 근무시간을 아침 8시에서 저녁 식사 때까지로 제한했다. 그 때문에 그 시간 외에는 환자들이 끊임없이 벨을 울려댔다고 한다. 또 돈 많은 자를 특별대우했다. 짐작컨대 두 사람은 원래 성품이 좋지 않았던 모양이다. 환자 중의 한 재봉사에게 병원의 천으로 옷을 만들게 해서 입고, 또 한 사람에게는 회복 후에도 술을 관리하게 했다.

두 사람은 젊은 수녀들에게 시중을 들게 하고, 방 안에 들어박혀 안마를 시키곤 했다. 클론은 필리프라는 청년을 끌어들였다.

이레르는 환전광장 주변에 산다는 밀라노 출신의 '조르주님'과 새롱거렸다. 더욱이 처녀 마르그리트(이레르가 양녀로 들인 아이였다) 앞에서 성행위를 했으며, 마르그리트에게 섹스의 수법까지 가르쳤다. 이 파렴치한 게임은 점점 더 심해졌다. 수녀들에게까지 거리의 사나이들이 드나들게 되었다. 그리하여 도미니쿠스 수도회와 프란체스코 수도회의 젊은 수사까지 끌어들여 댄스파티를 여는 등 야단법석을 떠는 지경에까지 이르고 만다.

1543년 12월 "탈선과 공금 횡령"에 관한 풍문을 들은 시 당국이 해결에 나선다. 시 간부들과 법학박사들은 아마도 놀라 나자빠졌을 것이다. 그러나 이 스캔들을 공개했다가는 그 충격이 너무나 클 것이었다. 그래서 일은 극비리에 처리되었다. 두 자모에게는 입을 닫는 대가로 100리브르까지 주어 파리 방면으로 야반도주시킴으로써 일을 일단락을 지었다고 한다.

만일 라블레가 이 시기까지 리옹 시립병원에 근무하고 있었다면 『가르강튀아와 팡타그뤼엘』의 내용이 달라졌을지도 모른다. 아마도 텔렘 수도원의 에피소드도 달리 썼을 것이다. 데이비스가 아니라도, 라블레가 이야기 속에서 이 사건을 어떻게 요리했을지 보고 싶기만 하다.

4 거룩한 기술에 종사하는 긍지 높은 사나이들

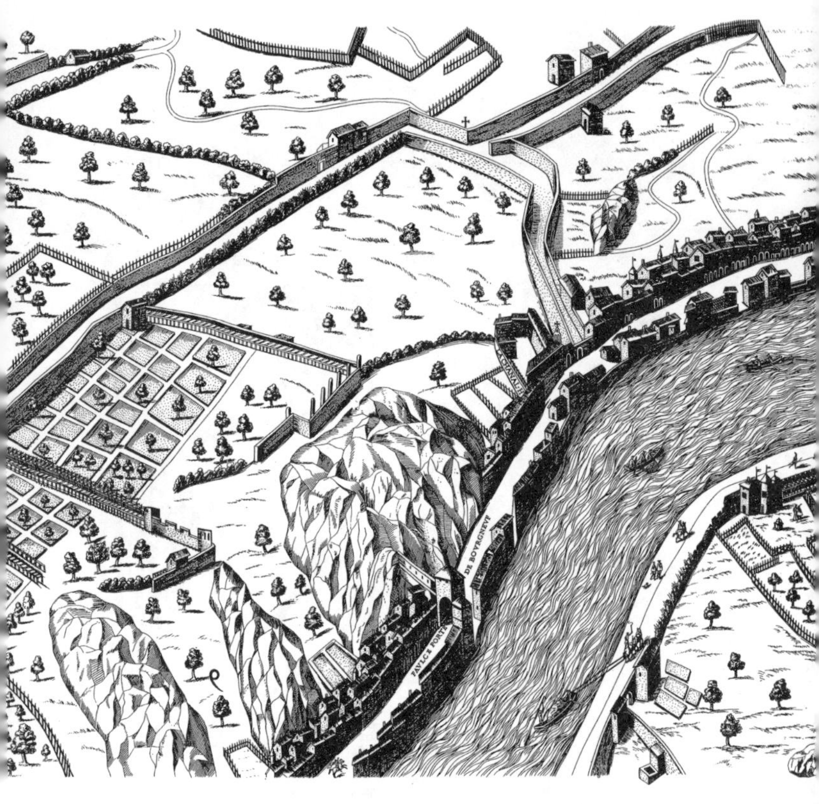

조감도9. 물건을 리옹으로 실어왔던 예인선을
말이 끌어 다시 상류로 올라가고 있는 모습이 보이는 손 강

인쇄장인의 비밀결사

방탕한 인쇄장인들과 도제들은 밤낮 없이
부랑자들처럼 시내를 쏘다니고 있다.
• 리옹의 국왕 민정관의 재정문

판사 인쇄공들 가운데 배신파라 불리고 있는 자들은 누구를 말하는가?

피고 가리요 티부 싼 임금으로 도제들과 함께 일하고 있으며, 저희들과 다투고 있는 자들을 말합니다.

판사 그럼, 대식단(大食團)이니 장인 동아리니 하는 것은 무엇인가?

피고 저 같은 사람들입니다.

판사 대식단이란 무슨 뜻인가?

피고 함께 연회를 열기도 하고 가난한 놈들을 도와주기 위해서 성금을 내고 있기 때문에 그렇게 부르는지, 그 밖에는 잘 모르겠는데요.

• 1565년 제네바에서 있었던 재판의 기록, 1565

16세기의 인쇄공방을 들여다보자. 리옹에서 파리로 옮겨가 인문주의 출판업자로서 성공을 거둔 조스 바드가 간행한 책의 속표지이다.

인쇄공이 인쇄기의 막대를 힘껏 잡아당겨 돌리고 있다. 그의 억센 팔과 장딴지의 불룩한 근육이 상당한 중노동임을 말해주고 있다. 그러나 단순히 힘만 억세다고 해서 되는 일이 아니고, 인쇄가 고루 선명하게 하려면 대담하면서도 섬세한 정신이 요구되었을 것이다. 그의 등 뒤에는 또 한 사람의 직공이 손에 잉크볼을 들고 대기하고 있다. 그는 어쩌면 수업 중인 도제인지도 모른다. 발아래 있는 것은 인쇄가 잘못된 종이일까?

수공인인 동시에 지식인

화면 오른쪽을 보면, 여기서는 식자공 두 사람이 일하고 있다. 왼쪽의 두 사람과 비교하면, 어딘지 예쁘장해 보이며 머리 모양도 다른 것 같다. 그리고 무엇보다도 푹 눌러 쓴 모자가 그들의 자존심을 나타낸다. 식자공, 문선공은 장인들 세계에서는 남 못지않은 인텔리로 통했던 것이다. 앞쪽 인물은 교정원인지도 모르는데, 학생이나 저술가 등 상당한 지식인이 아니고서는 교정을 못 보았을 것이 틀림없다. 페브르 마르탱은 이렇게 쓰고 있다.

> 인쇄공은 다른 노동자와 마찬가지로 손으로 일을 하니, 첫째 수공 직업인이다. 그러나 글자를 읽을 수 있고 많은 경우 라틴

조스 바드의 공방

어에 관한 지식도 다소 가지고 있었으니, 동시에 지식인이기도 하다.

• 페브르 마르탱, 『책의 출현』

인쇄공방 일은 손과 머리를 동시에 사용하는 것이었다. 도판에서 보듯이 인쇄기 한 대에 4, 5명이 붙어서 날이 채 새기도 전부터 밤늦게까지 열심히 인쇄를 계속했다. 믿어지지 않는 일이지만, 리옹의 인쇄장인들은 놀랍게도 꼭두새벽 2시부터 밤 10시까지, 다시 말해서 하루에 20시간이나 일했으며, 하루에 3천 매 넘게 인쇄해내고도 끄떡도 하지 않았다고 한다. 오히려 파리보다 더 높은 생산성을 자랑했던 것이다. 지금도 그렇지만, 일단 책의 인쇄를 시작하면 집중적으로 진행하지 않으면 능률이 극도로 떨어지고 만다. 인쇄기를 놀려둘 수가 없는 것이다.

하기야 그런 무리한 작업이 1주일 이상 지속될 리는 없다. 그래서 그들은 자주적으로 휴식을 취했다. 말하자면 자기들끼리 의논해서 일을 쉬고, 기력, 체력을 회복하는 데 힘을 쓴 것이다. 이것이 바로 본래의 '트리크'였다. 이렇게 쉬는 날에 대해서 인쇄공들은 물론 일당을 요구하지는 않았지만, 식사 제공만은 강력하게 요구했다. 이것이 머지않아 노사간의 쟁점이 된다.

독신 직공들은 공동생활을 하는 경우도 많았다. 식사는 공방 주인집에서 배불리 했다. 그들의 임금과 관련해서 여러 가지 수치가 남아 있는데, 일급이 8수 정도였던 것 같다. 전문직으로서는 너무 적다는 말도 있지만, 수치상으로 본다면 화공, 소목장이 등과 함께 꽤나 높은 임금을 받은 셈이다.

인쇄술이라는 '거룩한 기술'에 종사하는 그들은, 말하자면 긍지 높은 사나이들이었다. 글을 아는 사람의 비율도 높고 결속도 강한 인쇄장인들은 "우리는 자유의지로 이 고귀한 직업에 종사하고 있다"는 말을 서슴없이 했으며, 일반적인 직공으로 취급받는 것을 참지 못했다. 그들은 축제일이면 '인쇄술의 어머니, 지식의 여신'인 미네르바 상을 높이 쳐들고 의기양양하게 행진했다. 이러한 그들이었으므로, 임금 인상이라든가 노동시간 단축과 같은 요구는 적어도 표면상으로는 나타나지 않았다.

이렇게 자부심이 강한 장인들은 인쇄공으로서, 식자공으로서, 혹은 교정원으로서 몇 해 동안 일했다. 개중에는 주인의 미망인과 눈이 맞기도 하고, 그 딸이 얻어걸리기도 해서 공방의 주인 자리에 앉는 운좋은 친구들도 있었다.

"노트르담 드 콩포르 근처의 클로드 누리 서점에서는, 아틀리에의 감독이었던 피에르 드 생트 뤼시가, 과부가 된 카르캉과 결혼해서 떡하니 후계자가 됐단 말이야. 그런데 그 뒤가 좋지 않았어. 신앙서라든가 민간요법서, 자수의 본(本) 같은 것으로 조금은 알려지게 됐고 시립병원의 의사 선생님이 썼다는 이야기책 (『팡타그뤼엘』 초판)까지 낸 이 서점도, 피에르가 게을러서 지금은 내리막이라는군. 게다가 외동딸 카트린을 차지한 또 한 사람의 피에르, 피에르 드 뱅글 녀석은 종교개혁파인가 뭔가에 가담하더니, 끝내는 처자를 다 버리고 스위스로 망명했다는 소문이야"

"인쇄업은 새로운 직종이고, 뭐니뭐니 해도 이 리옹은 자유수공업도시니까, 우리라고 독립 못할 것이 없지. 하지만 공방을 운영하자면 속 꽤나 썩는 모양이야. 게다가 무엇보다도 먼저 앞서는 게 있지. 인쇄기는 30리브르 가까이나 하고 최저한의 활자 세트도 갖추어야 하거든. 그렇다면 결국 수중에 적어도 100리브르는 우선 있어야 한단 말이야.[1]

그런데 임금은 물론 일당이고 사흘에 하루는 축제일이니까 일을 하고 싶어도 못하는 실정이야. 1년 수입이 50리브르가 넘으면 그야말로 감지덕지라구. 파리에서는 더 적어서, 큰 서적상의 지배인도 3, 40리브르가 고작인 모양이야.

아무튼 공방주인이 된다는 건 그림의 떡이지. 개중에는 주인한테서 인쇄기라든가 활자 세트 같은 것을 1년 계약으로 임대해서는 달력이라든가 뭐 자질구레한 주문을 맡아서 만들고 있는 친구들도 있기는 해. 하지만 하청을 주로 하는 영세 공방으로는 이윤도 별로 없고, 그런 고생까지 해가면서 경영자가 되고 싶지는 않구먼그래."

장인들은 이런 식으로 이것저것 궁리를 많이 했을 것이다.

리옹의 공방주인들과 장인들은 16세기 초에 동업자 신심회를 결성하여 카르멜 수도회 수도원에 제단을 차려놓았다. 그러나 중세시대에는 가족이나 형제와 다름없던 주인과 장인의 관계도 변하고 있었다. 주인이 되기는 힘이 들었고 분업화가 진행되었다. 주인과 장인이 자리를 같이해도, 결국은 동상이몽이었다.

이리하여 인쇄장인들은 자기들의 이익을 지키기 위해 '대식단'이라는 이름의 세속적인 단체를 만들게 된다.

대식단에 들어가려면 비밀의식을 거쳐야 했다. 의식은 장인의 방이나 술집에서 거행되었다고 한다. 장인들은 대식가들일뿐 아니라, 그 고된 일 틈틈이 술집으로 몰려가서 한 잔 들이키는 것이 일종의 습성이 되어 있었다. 공방 주변 여기저기에 선술집이 있었다. 게다가 마누라에게 선술집을 경영하게 하는 인쇄공도 있었다. 파업의 지도자가 되는 바르텔레미 프랭과 피에르 샤마리에 등이 그들이다. 따라서 입회의식도 그들의 가게에서 치뤄지곤 했다.

입회 희망자는 대부(代父, 4명이 원칙) 앞에서 칼에 손을 얹고 선서를 해야 한다. "나는 인쇄업의 질서를 문란케 하지 않겠습니다. 기준 임금을 지불하지 않는 공방주인 밑에서는 일을 하지 않겠습니다. 부당 해고를 한 주인에게 붙지는 않겠습니다. 비조합원인 배신파와는 함께 일하지 않겠습니다"는 등의 내용을 서약했다.

단원은 설령 부모형제가 배신파이거나 주인이라도 일관되게 대식단원으로서 행동할 의무가 있었다. 마지막으로 그들은 대식단에 관해서는 절대로 입밖에 내지 않겠다고 굳게 맹세했다. 제네바의 재판기록이 없었다면, 이 비밀결사는 역사의 어둠 속에 묻힌 채 드러나지 않았을 것이다.

이렇게 하여 장인의 머리에 물과 포도주가 부어짐으로써 그는 영광스러운 대식단의 일원으로서 성별(聖別)되었다. 새 단원에게 무기가 주어지는 일도 많았다. 그들의 굳은 단결력과 높은 긍지는 한 달치 급료에 해당하는 입회금 액수로도 짐작이 간다. 또 연회비 이외에도 비상시에는 회비가 징수되었다. 그 대신 일자리를 잃거나 병에 걸리면 도움을 받을 수 있었다.

대식단은 세속적인 조직이었으므로, 가톨릭과 프로테스탄트의 구별 없이 가입을 권했다. 또 다른 도시에서 도제수업을 마치고 온 사람도 입회요청을 받았다. 파리에서 같은 종류의 단체에 가입한 자는 입회비가 면제되고 즉각 연회에 참석할 수 있었다고 한다. 다만 그러려면 그 단체의 비밀스런 몸짓과 암호를 알고 있어야 했다.

먼저 서로 엄지손가락을 갖다댄다. 새끼손가락을 상대편 새끼손가락에 건다. 오른발을 상대편 오른발에 올린다. 그러고는 놀랍게도 상대편 귀를 가볍게 물고 '인쇄 만세'라고 속삭였다고 한다. 이러한 사실로 미루어 짐작컨대, 수도 파리에도 비밀결사가 있어서 파업 때는 연락이 오갔을 가능성이 크다.

한편 배신파[2]는 "싼 임금으로도 일하는" 조직에 속하지 않은 노동자들로, 겨우 4분의 1을 차지하는 소수에 지나지 않았다. 사실 조합에 가입하지 않은 배신자는 조합비를 지불할 여유도 없고 일거리만 있으면 언제 어디서나 일하는 약자들이 아니었겠는가. 그러나 대식단은 그런 약자를 용서하지 않았으며, 때로는 폭력까지 휘둘렀다. 그래서 배신파들은 길을 갈 때도 언제나 한데 뭉쳐 다녔다고 한다.

오늘날에는 거의 모든 직업에서 노동에 대한 대가는 금전이다. 프랑스의 경우도 1909년 이래 이것이 노동기준법으로 규정되어 있다.

그러나 16세기에는 사정이 전혀 달랐다. 이를테면, 고용인은 의식주는 보장되지만 급료는 새 발의 피였다. 자선회가 양자로 들여서 하녀살이를 시킨 처녀들의 예를 보면, 연봉이 겨우 2리브르에서 4리브르 정도였다. 의류를 지급해준다고는 하지만 1년에 고작 신발 한 켤레와 옷 한 벌이 전부였다.

어느 장사나 그랬지만, 손에 기술을 익히려면 몇 해 동안이나 견습살이를 해야 했다. 주인의 공방에서 기거하고 주인의 가족과 한 식탁에서 밥을 먹었다. 이를테면, 금은세공사나 우단직물공이 되려면, 도제로서 6년간 주인의 질타를 받으며 수업하지 않으면 안 되었다. 장인으로서 독립할 때까지는 당연히 급료 없이 일했다.

오히려 견직물상, 향신료 · 약종상, 금은세공사, 환전상 같은 장래성 있는 장사를 배우게 하기 위해서, 부모가 주인에게 상당한 액수의 돈을 갖다바치기도 하고 안주인에게 성의 표시를 하기도 했다. 자선회가 주워온 고아들도 대개 자선회가 비용을 대어 "아버지보다 수입이 좋고 숙련이 필요한 일에"(데이비스) 제자로 들여보냈다. 인쇄업 또한 그런 유망한 직종의 대표 격이었던 것으로 여겨진다.

자선회 사료에서, 출판계에 도제살이로 들여보내진 경우에 관한 몇 가지 기록을 연대순으로 꼽아보자.

• 자크 코스탕은 그레구아르 로피네(제본업) 댁으로, 기간 5년.

• 장 에티엔(아버지는 도공)은 가스파르 트리세(인쇄업) 댁으로, 기간 불명.

• 피에르 구아이에는 토마 베르투(인쇄업) 댁으로, 기간 4년.

• 앙투안은 리샤르 뒤바르(서적상 겸 제본공방) 댁으로, 기간 4년.

• 자크 리골레는 줄베 드 푸사르(활자주조업) 댁으로, 기간 불명.

• 장 포레는 피에르 콩베르/플레즈 귀드(인쇄업) 댁으로, 기간 5년.

• 장 콜랑은 클로드 데프레오(인쇄업) 댁으로, 기간 3년.

이상의 리스트만으로 전체의 경향을 살피기는 어렵겠지만, 일반적으로 도제기간은 3년에서 4년이었으며, 식자공이 제일 길었던 것 같다. 소정의 기간을 마치면 주인이 수료증을 주어 도제는 당당한 장인으로서 출발하게 되었다.

세기의 후반이지만, 이를테면 5년 계약으로 앙투안 블랑 공방에 들어간 가브리엘 드줄뒤라는 이가 있다. 이 사나이는 기한을 조금 남겨놓고 주인에게 면허장을 달라고 요청한다.

주인은 말이 통하는 사람이었던 모양으로, 3에퀴를 내면 수료증을 주겠다고 말한다. 물론 도제 처지에 그만한 돈이 있을 리 없다. 어떻게 되었을까? 가브리엘을 구해준 자선회 이사 앙투안 카뮈가 아낌없이 그 돈을 내주어, 인쇄장인 한 사람이 탄생하게 된 것이다.

역시 같은 앙투안 블랑 공방의 기록인데, 다음과 같은 아주 잘된 경우의 이야기도 남아 있다. 하루는 주인이 자선회 본부를 찾아가서 말했다.

토마 뒤랭을 5년 예정의 도제살이로 고용한 지 벌써 2년 반이 지났습니다. 뒤랭은 그동안 나를 위해 충실히 일해주었기에, 그 보답으로 그에게 10에퀴를 선사하고 수업기간을 끝낼까 합니다.
(1575)

주인은 자선회에서 받은 수수료를 도제에게 돌려준 모양이다.

여기서 16세기 파리와 리옹의 출판물량을 비교해보자(표7). 참으로 이상하게도 두 도시가 다 20년대에는 생산곡선이 하강하고 있다.

프랑수아 1세가 파비아에서 패전해(1525) 카를 5세의 포로가 되는 바람에, 몸값 등 전쟁비용이 불어나 프랑스 국내가 경제위기에 빠진 것과 관련지을 수 있을까? 아마도 대식단은 이러한 위기의 20년대에 결성된 것으로 보인다. 그 명칭으로 보아 어쩌면 세바스티앙 그리피우스 공방의 장인들이 그 핵심에 있었는지도 모른다.

1530년쯤을 경계로 리옹의 출판은 다시 활기를 띠기 시작한다. 그러나 인쇄장인들에게는 냉엄한 시대가 도래했다. 주인들은 도제 수를 늘려 틈만 있으면 직공들의 목을 자르려 했다. 배신파들이 저임금으로 공방에 기어들어와 조합의 통제를 문란케 했다.

그리고 식충인데다가 술을 좋아하는 대식단원들이 무엇보다도 참기 어려웠던 것은, 식비가 오르는 데 손을 들었던지 주인들이 식사 제공을 폐지하고 그 대신 그만큼 급여에 얹어주겠다고 한

표7 파리와 리옹의 출판물량 추이

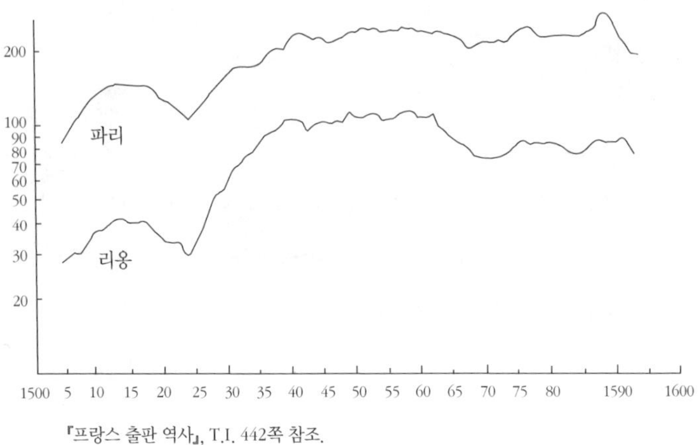

『프랑스 출판 역사』, T.I. 442쪽 참조.

것이었다.

장인들로 봐서는 그것은 분명 노동조건의 악화를 의미했다. 왜냐하면, 더 얹어준다고 해봐야 노동일수로 계산이 될 것이기 때문이었다. 지금까지는 축제일에도 주인집에서 거저로 먹을 수 있었다. 더욱이 그 식사는 "빵과 포도주와 식사"라는 말이 보여주듯 미주(美酒)까지 곁들여져 있었다.

대식단에 들어갈 때 맹세를 했는지 어떤지는 모르겠다. 그러나 그들은 고기나 포도주를 반드시 깨끗이 먹어치웠을 것이다. 그러지 않으면 다음부터 그만큼 양이 줄지도 모르지 않는가. 그리고 빵이 너무 검다느니, 포도주가 맛이 없다느니 혹은 묽다느니 하고 이런저런 잔소리를 했다. 질이 떨어지면 곤란하기 때문이다. 대식단이라는 이름의 유래는, 실은 이런 데 있었다.

이리하여 1539년의 파업을 맞이하게 된다. 이보다 몇 해 앞서 석공과 회칠미장이 등 건설 노동자가 임금 인상을 요구하며 궐기한 바 있어서, 쟁의의 조짐은 이미 보이고 있었다. 그해는 신대륙의 멕시코에서 처음으로 책이 간행된 기념할 만한 해이기도 했다.

필요하다면 고문도 처형도 불사한다

3, 4개월 전부터 이들 인쇄공들(대식단을 말한다)은 일을 게을리 했던 것 같다. 그리고 몰래 모의를 하여 일을 중지시키고, 다른 직공들과 도제들에게까지 자기들과 같이 행동하여 직장을 포기하지 않으면 때려주겠느니, 팔다리를 꺾어놓겠느니 협박하며 태업을 강요한 모양이다.

> ……인쇄업은 왕국에서, 즉 그리스도교 세계에서 가장 훌륭한 장사요 산업이며, 많은 대가를 치르고 리옹 시에 도입되었는데, 그 공익을 해치고 있다. 더욱이 방탕한 인쇄장인들과 도제들은 밤낮 없이 부랑자들처럼 시내를 쏘다니고 있다. 그 대부분이 공격용 칼과 몽둥이를 들고 주인들을 거칠게 대하고 있는 것이다. ……장인들은 누군가가 '트리크(그만 둬)!'라고 말하면 일을 중단한다는 불법적인 밀약을 해놓고 있다. 더 나쁜 것은, 그들이 흔히 재판소와 경찰에 항거하여 행정관과 경찰관을 구타하는 등 출혈사태까지 야기하고 있다는 점이다. 그들이 공모하고 있어 강력하기 때문에 그 가운데 몇 사람을 투옥해봐

야 사법은 명령을 집행할 수 없다고 하지 않는가.

• 1539년 7월 31일, 리옹의 국왕 민정관 장 뒤 페이라의 재정문

위에 인용한 사료에서, 인쇄공의 파업이 이 해의 초봄에 일어난 것을 알 수 있다. 이 해 4월, 일부 장인들이 공방을 점거하고는 무기를 들고 거리로 몰려나가 시위를 벌였다. 급여형태와 노동시간, 식사에 대한 불만이 고조된 결과라고 한다. 위의 재정문이 전하듯이, 이를 제지하려고 한 경찰관들은 몰매를 맞았다.

자선회의 이사는 "3, 4개월 전부터 인쇄공의 처와 아이들이 굶어죽게 생겼다면서 적선을 해달라며 잇달아 찾아오고 있다. 자선회로서는 부담이 너무 커서 더 이상 지탱할 수가 없다"며 한탄하고 있다.

대식단은 단원들한테서 투쟁자금을 모금했는데, 장인들은 처자를 대자선회에 맡기고 파업을 단행했던 것이다.

파업은 '트리크'(trick)라는 암호로 개시되었다. 파업은 독일어로는 '슈트라이크'(Streik), 네덜란드어로는 '트레크'(trek)라고 한 모양이니, 그곳 출신자들이 이 파업의 줄거리를 짠 것일까? 어쨌거나 이는 리옹에 특히 독일계 인쇄장인들이 많았다는 사실을 보여준다. 같은 무렵 수도 파리에서도 빵기술자들이 임금 인상을 요구하며 파업에 들어간다. 그리고 이윽고 인쇄공도 직장을 포기하게 된다.

1539년 여름. 노사의 교섭이 시작되었다. 시 참사회 의원이던 서적상 위그 드 라 포르트가 동분서주하여, 공방주인들과 장인들

을 교섭의 테이블에 앉힌 것이었다.

리옹의 행정관 장 뒤 페이라의 소집으로 모인 면면들을 소개하면 다음과 같다.

인쇄업자 측—장 무아랭, 세바스티앙 그리피우스, 드니 드 아르시, 조르주 르뇨, 장 바르부, 티보 파양, 마세 보놈, 장 크레스팽[3], 자크 미트, 엑토르 베르네 등 10명.

인쇄장인 측—피에르 뒤몽, 로부안, 도미니크 제르메르, 바르텔레미 라미, 피에르 샤마세, 시몽 드 비양지 등 6명.

장인들의 요구는 다음 세 가지로 종합할 수 있다.

• 주인들은 식사 제공을 폐지하고, 그 대신 노동일에 한해서 6수 6드니에의 수당[4]을 지급하겠다고 제안하고 있다. 그러나 서로 협력하여 일하는 우리로서는 함께 식탁에 둘러앉는 것이 자연스러우므로 이 제안을 인정하기 어렵다. 그전처럼 만족할 만한 식사와 포도주를 제공해주기 바란다.

• 노동일과 시간을 더 유연하게 마련해주기 바란다. 축제일 전날, 일찍 일을 마치고 싶을 때는 이를 허가해주기 바란다. 또 일이 어중간할 때는 일요일이나 축제일에 일을 해도 되니까 그렇게 조처해주기 바란다.

• 주인은 도제를 이용하여 임금 없이 일을 시키고, 그 결과 우리들 기술이 뛰어난 장인들을 공방에서 쫓아내려 하고 있다. 도제의 인원수를 반드시 제한해주기 바란다.

몇 대의 인쇄기를 설치하여 공방을 경영하는 주인들은, 인플레이션에 의한 식료품의 가격 인상이 원망스러웠다. 그럴 수밖에 없는 것이, 장인들은 배불리 먹고 마시지 않으면 만족하지 않기 때문이었다. 게다가 장인들의 "뻔뻔스러움", 제멋대로 구는 방자한 행동도 참을 수가 없었던 것 같다.

7월 말에 재정이 내려졌다. 집회, 파업, 무기 휴대, 도제에 대한 폭력 등이 금지되었다. 주인은 도제를 몇 사람이라도 고용할 수 있게 되었다.

그 대신 장인들에 대한 식사 제공은 주인의 의무가 되었다. 대식단은 최후의 일선, 그러니까 그들의 상표만은 사수한 셈이다. 재정문은 식사에 관해서 이렇게 적고 있다.

> 4, 5년 전부터 시행되어온 관행을 중지하고 5, 6년 전 장인들에게 제공한 것에 비추어, 각자에게 그 지위에 따라 포도주와 식사를 제공할 것. 또 리옹 자선회는 이를 원조해주고 식사가 충분히 양호한 것이 되도록 감시할 것.

그런데 이 무렵 국왕 프랑수아 1세는 파리 북동쪽으로 약 60킬로미터 떨어진 빌레르코트레에 묵고 있었다. 광대한 숲 속에 있는 성관은 르네상스 양식으로 개수한 지 몇 해 되지 않았다.

8월 15일, 왕은 이 성관에서 192개 조항으로 된 칙령에 서명했다. 이것이 '사법에 관한 국왕의 제법령' 통칭 '빌레르코트레의 칙령'이다.

이 칙령의 제111조에는 "모든 판결 및 소송절차는 프랑스의 모국어로 언도되고 기록되어야 한다"고 명기되어 있다. 라틴어뿐 아니라 방언까지 사법에서 배제함으로써, 프랑스의 통일, 나아가서는 파리에 대한 중앙집권에 박차가 가해진 것이다.

이 밖에 교구 사제는 세례자 명부를 작성하는 의무가 부여되었으며, 이것이 프랑스 호적제도의 기초가 된다. 또 리옹과 파리 등지에서 일어나는 파업에 위기감을 강하게 느낀 왕권은, 이 칙령으로 고용주와 고용인을 불문하고 신심회 같은 결사를 하지 못하도록 금지했으며 파업을 위법으로 규정했다.

8월 중순, 왕의 파발이 리옹을 향해 출발했다. 21일, 파발이 도착하여 출판업의 질서에 관한 칙령이 낭독되었다. 위반한 자는 소추될 것이고 "필요하다면 고문도 처형도 불사한다"는 강한 어조로 장인들의 호소를 물리쳤다.

이윽고 8월 31일, 파리에서 또 하나의 빌레르코트레의 칙령, 정확히는 프랑스왕국의 인쇄업에 관한 칙령이 공포되었다.[5] 리옹에서 일어난 인쇄공 파업이 파리로 불똥이 튀어 결국 이 칙령이 나오게 하고 만 것이었다.

①장인, 도제에 의한 5인 이상의 무허가 집회를 금한다. 단장, 부단장의 선출도 불허한다.

②검, 비수, 곤봉 등을 시내나 공방 안에 들이지 못한다. 쟁의 행위도 금한다.

③공방주인은 마음대로 도제를 고용할 수 있다. 장인은 도제에 대해 폭력을 행사해서는 안 되며, 그들을 주인의 의향대로 일을 시켜야 한다.

④도제가 들어올 때와 도제기간 수료 때의 연회를 금한다.

⑤신심회와 미사 연회를 금한다. 그를 위한 회비 징수를 금하고 모의행위를 금한다.

⑥태업을 금한다.

⑦인쇄가 급할 경우, 다른 업자에게 일의 일부를 돌리는 것을 허가한다.

⑧축제일 전일도 마지막까지 작업해야 한다. 축제일의 노동은 다음날의 준비를 위한 가벼운 작업만을 허가한다.

⑨장인은 교회가 정한 축제일 이외에는 축제소동을 벌여서는 안 된다.

⑩주인은 장인에게 매월 임금을 지급해야 한다. 좋은 관습으로서 어김없이 빵과 포도주와 식사를 제공해야 한다.

⑪장인은 식사에 관하여 불만이 있을 때 고소할 수 있다.

⑫인쇄기가 움직이기 시작하여 멈출 때까지를 노동시간으로 하여 임금을 지급한다.

⑬퇴직할 때는 1주일 전에 신고해야 한다.

⑭폭동, 하느님에 대한 모독, 태업 등을 한 악질 장인은 교체할 수 있다. 그때 다른 장인은 일단 하기 시작한 작업을 중지해서는 안 된다.

⑮공방주인은 다른 공방의 도제, 장인, 활자주조인, 교정자를 마음대로 빼내올 수 없다.

⑯인쇄업자와 서적상은 사는 사람이 알 수 있도록 별도의 마크를 사용해야 한다.

⑰라틴어 서적을 인쇄하는 업자는 능력 있는 교정자를 채용해

야 한다.

⑱이후 인쇄업과 활자주조업은 별도의 직종으로 한다. 또 취업 시간은 관행에 따라 아침 5시부터 밤 8시까지로 한다.[6)]

리옹에서도 이 칙령과 거의 비슷한 것이, 재판소 포고의 형태로 발표되었다. 위의 제16조와 제18조에 의해서, 인쇄업은 비로소 독립된 직종으로 공인되었다.

그러나 장인들이 볼 때는 상당히 엄격한 내용이 담겨 있었다. 그들은 '출판문화의 참된 담당자'로서 연대(連帶)를 확인할 수 있는 수단을 금지당한 것이다.

그렇기는 하나 이 정도의 포고 따위로 주춤할 대식단이 아니었다. 그들은 파리 고등법원에 상고했다. 에티엔 돌레의 술친구 뱅상 피에와 바르텔레미 프랑 등 대식단 간부들은 투쟁자금으로 유능한 변호사 뒤 퀴이를 고용했다.

이에 대해 사용자 측도 장 무아랭, 조르주 르뇨, 그리고 저 세바스티앙 그리피우스 등이 심의를 요구하여 오블리에게 변호를 의뢰했다.

장인들은 도제와 식사 문제에 한정해서 호소하는 작전으로 나갔으며, 뒤 퓨이는 다음과 같이 웅변을 토했다. 어느새 파업의 해도 바뀌어 봄을 맞이하고 있었다.

리옹에는 자신의 직업을 손에 익히기 위해 청춘을 보낸 가엾은 장인이 4, 500명이나 있습니다. 무지하고 임금이 낮은 도제들에게 직장을 빼앗기고 그들은 조국을 버려야 하는 것일까요? ……바로 리옹의 공방주인들이 바란 것과 똑같은 것이 시행된 끝에, 이탈리아에서는 인쇄술의 평판이 떨어지고 말았습니다.

'노사는 서로를 생각하고 서로를 사랑해야 한다'는 뒤 퓌이의 온건한 변호 연설 후에 오블리 변호사가 일어나 장인들의 주장에는 근거가 없다고 역설했다. 그리하여 결국 칙령이 확인되어 위반자는 초범이면 체벌을, 재범일 때는 놀랍게도 교수형에 처해지게 되었다.

그러나 장인들이 완패한 것은 아니었다. 인쇄기 한 대에 도제는 두 사람까지로 한정되고, 교정원은 일요일에도 공방에 들어갈 수 있게 되었으니, 명분을 버리고 실익을 얻었다고 할 수도 있다. 게다가 곧 '도제기간을 최저 3년으로 한다'는 판단이 물랭에서 나왔다.

그러자 이번에는 인쇄업자들이 가만있지 않았다. 이리하여 칙령을 둘러싼 노사의 공방은 장기화되는 조짐을 보이기 시작한다. 시인 샤를 드 생트마르트(가르강튀아의 피크로콜 왕의 모델이라는 고세 드 생트마르트의 아들)가 다음과 같이 호소한 것은 바로 이 시기였다.

공방주인들이여, 장인들을 붙드시라
장인들이여, 주인들에게 손을 빌려드리게
앞으로는 누구나 이런 항의하지 말고

싸움을 부추긴 자 쫓아내시라
서로가 화해를 하기 위해서라도

파리에서 열차를 타고 남프랑스로 가보자. 열차가 리옹의 파르뒤 역을 떠나 론 강변을 따라 달리면 한참동안 공장지대가 이어진다. 그러나 이윽고 터널을 빠져나오면 갑자기 시야가 확 트이면서 지중해의 햇볕이 기다리고 있다. "위도에서 두 번 남쪽에 온 느낌"(『어느 여행자의 수기』)이라고, 저 스탕탈은 교묘하게 표현했다. 리옹보다 오랜 역사를 가진 비엔은 바로 이런 곳에 있으며, 오늘날도 차분한 모습을 보여준다.

그러나 로마의 유적이, 그리고 고딕식 대사원이 높이 서 있는 유서 깊은 이 도시도, 르네상스시대에는 내리막길에 있었으며 가까운 리옹의 번영을 그저 하릴없이 바라보고만 있을 뿐이었다. 초기 활자본 시기에 몇 사람인가 떠돌이 장인이 찾아와 대주교의 주문을 맡은 적도 있었으나 그것은 반세기나 전의 이야기였다. 대주교 피에르 팔미에는 이 도시에도 하다못해 인쇄공방이 하나쯤은 있어야지 하고 전부터 리옹의 공방에 손짓을 해왔다.

그런 때에 리옹에서 파업소동이 일어나 공방주인들이 화를 내고 있다는 것이었다. 이때다 하고 대주교가 분주하게 움직이기 시작한 것도 무리는 아니었다. 그 보람이 있었던지, 사용자 측의 대표이기도 했던 마세 보놈과 얼마 전 홀바인의 『죽음의 춤』을 인쇄한 가스파르 트렉셀, 이 두 중견 업자가 재빨리 비엔으로 공방을 옮겼다.

이렇게 리옹의 공방주인들은 뜻대로 안 되면 전원이 도시를 떠나버리겠다고 시 당국을 협박했다. 시 고위 간부들은 초조해졌다. 그 당시 리옹 서적상 컴퍼니의 중심인물인 위그 드 라 포르트가 마침 시 보좌역 자리에 있었으므로, 서적상과 협의하겠다고 약속했다.

이 단계에 이르러서는 서적상들도 남의 일처럼 수수방관할 수는 없었다. 결국 시가 소송비용의 일부를 부담하는 궁지에 빠졌다. 그해가 저물 무렵 시의 위임을 받은 피에르 그라비에와 인쇄업자 대표 엑토르 페르네 두 사람이 수도에 도착하여 진정하게 된다.

이듬해 6월, 두 사람은 '얼마든지 도제를 고용하여 일을 시켜도 좋다'는 문서를 대법관으로부터 받아내어 리옹에 개선했다. 그러나 이 무렵 파리의 장인들도 칙령 개정을 호소하고 있었으므로, 최종적으로는 파리와 리옹의 두 사건이 다 파리 행정사무 담당자에게 보내졌다.

이런 우여곡절 끝에 1541년 12월 28일, 퐁텐블로의 칙령으로 빌레르코트레의 칙령이 재확인되어, 앞으로 상소를 할 수 없다는 재결이 내려졌다. 아마도 파리의 장인들은 하는 수 없이 이것을 받아들인 모양이다.

그러나 리옹의 대식단 인쇄공들은 끈질기게 저항한다. 그것을 미리 눈치챘는지, 프랑수아 1세는 인쇄공의 모금활동도 금지하고 있다.

그러나 그들은 수석검사를 자기들 편으로 끌어들여 재심을 청구하여 사태를 다시 원점으로 돌려놓는다. 데이비스가 분명히 밝힌 것처럼 그들은 결코 혁명적이지는 않았지만, 인쇄업 내부 문제에 관한 한 이와 같이 지극히 집요했다.

공방주인과 장인들의 대결이 이렇게 장기화되고 있을 때, 비엔의 공방은 어떻게 되었을까? 트렉셀, 보놈 두 사람은 짐작컨대 일종의 시위로서 업계의 뜻을 받들어 비엔으로 옮겼을 뿐인 것 같다. 실제로 다른 공방들이 그들을 뒤따른 움직임은 보이지 않는다. 게다가 두 사람 다 일 년 반이 채 되지 않아 그곳에서 철수하고 만다.

이 짧은 기간동안 두 사람이 그곳에서 한 출판활동을 보자. 보놈은 도피네 지방의 소송비용 일람 등 여섯 종류를 인쇄했는데, 거의가 수십 쪽의 소책자이다. 그러나 이 기간을 이용하여 아비뇽을 찾은 보놈은 이 프로방스의 유서 있는 도시에 발판을 구축한다. 그리고 머지않아 '마세 보놈 브누아 보낭 인쇄 컴퍼니'를 설립하여 아비뇽대학의 주문을 맡게 되는데, 이것은 인쇄업자 컴퍼니의 전형으로서 주목할 만하다.

한편 트렉셀은 판권으로 판단하건대 그가 비엔에서 출판한 책은 두 권이며, 둘 다 약 10년 후인 1553년 제네바에서 처형되는 운명을 맞는 미셸 세르베와 관련이 있는 작품이다. 이 '이단자'는 리옹의 트렉셀 공방에서 교정일을 했고, 당시에는 비엔 대주교의 주치의이기도 했다.

따라서 프톨레마이오스(Claudius Ptolemaeos, 고대 그리스의 천문학자, 지리학자, 수학자)의 『지리학』 개정판과 『라틴어판 성서』의 상재는 극히 자연스러운 결과였다. 미셸 세르베가 체포되어 처형된 원인은, 오늘날 론 강변에 조용히 자리하고 있는 도시인 이 비엔에 있었던 것이다(제16장 참조).

악서와 금서를 찍어 팔다

장 미에르스는 식탁에서 성직자와 교회의 교리에 대하여 그의 장기인 농담을 몇 마디 늘어놓았다. 제농은 문득, 언젠가 그런 농담이 퍽 재미있었다는 생각이 떠올랐다. 그러나 지금은 그것들이 그저 진부하고 하찮게 여겨졌다.

• M. 유르스나르, 『어둠의 과정』

리옹과 파리의 파업이 완전히 끝나려면 1544년 가을까지 기다려야 했다. 9월 11일 '인쇄업의 개혁에 관한 대평의회 결정'이 내려져서 빌레르코트레의 칙령이 최종적으로 확인된다. 장인 대표 10명 이상이 호출되어 구두로나마 그 내용이 전달되었다고 한다. 장인들은 약간 모호한 표현이기는 하나 '적정하고 충분한 식사를 줄 것'이라는 언질을 끌어낸 것으로 투쟁의 창을 거두게 된다.

그 후 1570년대에 이 문제는 다시 되풀이되지만, 그때까지는 대식단도 배신파들과의 대립을 제외하고 공방 내에서는 질서를 지킨다.

1539년의 노사 협상 테이블에 앉았던 인쇄업자 몇 사람과 돌레, 투른 등이 그동안에 인쇄한 작품의 양을 표로 만들어보자(표8).

1539년에 그리피우스의 성적이 별로 좋지 않은 것은, 우선 파업의 영향이라고 생각해도 좋을 것 같다. 그러나 이 표만으로는 전체의 경향을 읽을 수는 없다. 이런 때는 마르탱이 보드리에의 『리옹 서지(書誌)』를 기초로 작성한 생산곡선이 큰 도움을 준다(표7). 그것을 보면 그때까지 순조롭게 발전을 지속해온 리옹의 출판계도 40년대 전반에 큰 좌절을 겪은 듯하다.

당대 유수의 지식인 출판업자

그런데 이 표에서 가장 주목할 만한 것은 역시 장 드 투른과 에티엔 돌레 두 사람이다. 전자에 관해서는 따로 이야기를 할 참이지만, 그는 그리피우스 공방의 기술자 출신이면서 가장 리옹적인 인쇄출판업자로서 대성한 인물이다(제18장 참조). 그리고 에티엔 돌레라는 이단의 사상가는 리옹 출판계가 혼란스러운 시기에 가장 화려하게 출판활동을 전개한 인물이다.[7]

확실히 "격해지기 쉽고 난폭하며 정서가 불안정한 사나이"(페

표8

	1538	1539	1540	1541	1542	1543	1544
S. 그리피우스	54	42	58	78	77	48	44
D. 드 아르시	7	2	2	0	5	2	6
T. 파양	7	11	16	4	18	10	8
M. 보놈	8	9	4(이 무렵 비엔에서 6종)5			2	2
J. 바르부	16	13	6	4	사망		
E. 돌레	4	5	13	20	40	9	2
J. 드 투른 (S. 그리피우스 공방의 장인)				2(?)	1	13	11

『에티엔 돌레(1509~46)』, V.I. 솔니에 연구집 3, 73쪽 참조.

브르 마르탱)였는지는 모르지만, 돌레는 당대의 유수한 지식인이었다. 그는 라블레가 아직 시립병원 의사였을 무렵 이 도시에 나타나, 세바스티앙 그리피우스 공방에서 교정을 담당한 경력의 소유자이다. 다시 말해서 장 드 투른과는 한솥밥을 먹은 사이라는 말이다(뒤에 그는 투른에게 라틴어 시를 바친다). 그렇게 하여 두 사람은 공방의 경영방법, 팔릴 만한 책의 판별법 같은 실무적인 지식을 터득하게 된 것이다.

그 후 리옹 땅을 밟은 돌레는 여자와 관계된 일로 젊은 화가 앙리 기요, 통칭 콩팽을 죽이고 만다(이 청년과 동성애 사이였다는 설도 있다). 그는 펑펑 쏟아지는 눈 속을 뚫고 오베르뉴 지방에서 파리로 도주하여, 1537년 봄 국왕의 은사장(恩赦狀)을 손에 넣는다.

그리고 이듬해 3월 6일에는 물랭에서 국왕 프랑수아 1세로부터 '자신의 저서, 번역물, 고금의 전 작품에 대한' 10년간의 출판 독점권을 획득한다. 투르농 추기경의 중개로 자기의 주된 저서 『라틴어고』 전 2권을 손수 국왕에게 바친 것이 주효했다는 이야기이다. 그렇기는 하나 도제 경험도 없이 교정 정도밖에 본 적이 없는 인물에게 일괄하여 특인(特認)을 부여한다는 것은 이례적인 일이었다. 원래 특인이란 개개의 작품에 관한 출판허가 형식을 취하는 것이 통례이기 때문이다.

자유의 몸이 된 돌레는 직접 출판업에 뛰어들 결심을 한다. 그러나 자금이 없어 처음에는 자기가 기획한 것을 아는 출판업자에게 들고 갔다. 먼저 젊을 때부터 써 모은 라틴어 시편을 집성하여 그리피우스에게 인쇄를 부탁한다. 그런데 이 『시집』의 속표지에는 벌써 돌레 자신의 인쇄 마크가 인쇄되어 있다.

이어 프랑수아 쥐스트 서점과 교섭하여 카스틸리오네(Baldassare Castiglione, 1478~1529, 이탈리아의 외교인, 궁정인)의 『궁정인』 프랑스어 번역판을 내게 된다. 같은 해 파리에서 출판된, 오식 투성이의 같은 책 프랑스어 번역판(장 롱지스 서점판)에 아연실색한 때문이었다. 그리하여 이듬해 봄에 『궁정인』의 개정 신판이 상재되었다. 궁정시인의 대가 멜랭 드 생줄레가 개정하고 돌레가 훑어보았다. 멜랭 드 생줄레에게 쓴 권두사의 일부를 보자.

> 벗이여, 얼마 전 이 도시에서 발다사레 카스틸리오네 백작의 『궁정인』을 읽고, 그 번역에 많은 오류와 탈락이 있다는 것을 발견했지. 그래서 이것을 몇 사람의 안목 있는 인사들이 다시 읽어본 다음 내 손에 맡겼네. 나는 이것을 다시 구석구석 읽어보고, 나 자신의 저서 및 내가 앞으로 교정하고 주해를 달 서적에 대해 국왕폐하께서 하사하신 윤허를 첨부하여 인쇄하게 되었네. 하기야 나는 어느 인쇄업자가 좋다고 생각하는 책을 인쇄하더라도 그를 방해할 뜻은 없네. 다만 내가 앞으로 상재할 비범한 간행본을 이용하지 말아주기를 바랄 뿐이네.

자신의 출판 독점권을 과시하고 있는 것이 눈길을 끌 것이다. 그런데 돌레가 이 프랑수아 쥐스트판에 첨부했다는 3년간의 특인이란 무슨 말인가? 그는 예전에는 “인쇄업자, 서적상은 돈을 버는 일밖에 마음에 없지 않은가"(『라틴어고』)라고 한탄한 인문주의자였으나, 막상 자기가 공방을 차리는 데 자금이 부족하자 국왕이 부여한 특인을 팔아먹고 있다는 의혹이 짙다.

어쨌거나 괴팍하고 고집이 센 돌레가 이런 예의범절에 관한 책을 제일 먼저 간행했다는 것은 뜻밖이지만, 그 후에도 그는 프랑스어로 된 실용서와 기술서 등을 몇 권 출판하고 있다. 예를 들면, 그는 법률과 재판에 관해 조예가 깊었는데, 그것을 살려서 엮은 책 『법률 실무 안내』(1538, 시피옹 드 가비아노 서점)가 있다. 기 드 숄리아크의 외과의학서와 마찬가지로 『안내』라는 제목이 붙은 이 지침서는 변호사와 공증인용 참고서로서 파리와 리옹에서 판을 거듭했다. 돌레 자신도 두번째 은사장을 획득할 때 이 책을 크게 활용한다.

갈레노스(Claudios Galenos, 고대 그리스의 의사)의 『치료학 제3의 서』(1539, 장 바르부 인쇄, 기욤 드 게르크 발매)도 돌레의 기획이다. 불운하게도 라블레의 후임을 둘러싼 인사에서 탈락한 의학자 장 카나프가 이 고전의 개정을 맡았다.

돌레는 파도바, 툴루즈에서 지낼 때의 학우 기욤 세브(시인 모리스 세브의 종형)에게 자금 원조를 요청하지만 깨끗이 거절당하고 만다. 그래서 외교관으로 라블레의 후원자이기도 했던 기욤 뒤 벨레의 주선으로 에르앵 튈랭과 인쇄 컴퍼니를 설립한다(1540년 2월 24일). 아내 루이즈를 컴퍼니의 구성원으로 한, 당시로서는 매우 이례적인 것이었다고 한다.

그런데 이 튈랭이라는 사나이가 또한 호락호락한 인물이 아니었던 모양이다. 그는 전에 루앙 고등법원의 수납 담당관을 지냈고 프랑수아 1세에게도 중용된 인물인데, 그리스도교 개혁파의 동조자로서 1535년 1월 마로(Clment Marot, 1496년경~1544, 시인), 인쇄업자 시몽 뒤 부아 등 70여 명과 함께 지명수배를 받은 과거를 가진 사람이었다. 이 뒬랭이 '라투르 드 몽타니 님'이라는 칭호를 가지고 리옹에 나타난 것이다.

뒬랭과 돌레의 계약은 두 번 갱신되었다. 돌레는 뒬랭에게 도합 3천 리브르의 빚을 지게 된다. 그래서 팔릴 만한 것이면 위험한 책이라도 마구 찍어냈던 것일까. 아니면 오로지 신념으로 악서를 세상에 내놓은 것일까. 개혁파를 편드는 뒬랭의 압력도 있었는지 모른다. "난문(難問)이로다, 난문이로다, ……돈벌이일까, 신앙일까"라고 뤼시앵 페브르는 「절망적인 케이스」라는 제목의 돌레론에서 갈피를 못 잡고 있다.[8] 어쨌거나 출판에 진출한 이 인물은 화형대로 향하는 길을 돌진하게 된다.

돌레 공방의 처녀작은 "자작도, 고전도, 문헌학의 성과도, 시집도 아니고"(뤼시앵 페브르), 모세의 십계와 그리스도의 기도를 어린이용으로 해설한 소책자 『그리스도교도를 위한 라틴어 독본』이었는데, 키케로에 심취한 인문주의자로서는 좀 뜻밖의 출발이다.[9] 이렇게 하여 돌레는 에라스무스, 르페브르 데타플, 루이 드 베르캥 등의 작품, 문학, 의학서뿐 아니라 올리베탕이 번역한 개혁파 성서 같은 것을 세상에 내보낸다.

의학서 분야에서는 친구인 시립병원 의사 피에르 톨레가 외과 기사를 위해 그리스어 책에서 번역해 뽑은 『외과학서』, 앞에 나온 카나프가 번역한 갈레노스의 『인체해부론』 『근육운동론』 등을 세상에 내보냈다. 라블레를 포함하여 이들 의학서가 모두 몽블리에 학파의 것임은 두말 할 것도 없다. 이 장르의 출판에서 리옹은 16세기에 들어와서도 흔들리지 않는 지위를 차지하고 있었던 셈인데, 돌레가 그 일익을 담당한 것이다.[10)]

1542년, 돌레는 출자자 뒬랭과 세번째로 계약을 갱신하고 사업을 확장했다. 비용은 뒬랭이 조달한 것으로 여겨지는데, 인쇄기 3대를 움직이려면 주인과 기술자가 대립하고 있던 골치 아픈 시기에 장인과 도제를 합쳐서 10명 가까이나 고용하고 있었을 터이니 인건비가 엄청나게 들었을 것이 틀림없다. 그런 사정도 있고 해서 출판 방침을 라틴어에서 프랑스어로 차츰 바꾸어 나간 것일까? 이 해에 낸 라틴어 책은 몇 권에 지나지 않는다. 하기야 그는 1540년에 자기가 직접 『번역 잘하는 방법』을 써서 프랑스어의 지위를 높였으며, 표기법에도 일가견이 있음을 보여주었다.[11)] 그리고 이 세번째 계약에서는 "금서(禁書)를 인쇄하거나, 인쇄한 책이 금후 금서가 되더라도 책임은 돌레 부부가 지기로 한다"는 단서가 첨가되어, 뒬랭은 자기 일신의 안전을 도모하고 있다. 돌레의 앞날에 어두운 그림자가 끼기 시작한 것은 이 시기, 다시 말해 특인을 앞세워 친구들의 작품을 멋대로 찍어내던 무렵부터이다.

1542년 라블레는 소르본 신학부의 날카로운 비판을 피하기 위해 자기 저서를 개정하여 전부터 아는 서점에서 출판했다. 이것이 바로 프랑수아 쥐스트판의 『제1의 서 가르강튀아』[12)]와 『제2

의 서 팡타그뤼엘』[13]이다. 그런데 돌레는 라블레의 허가도 없이 그전 판을 저본으로 같은 책을 간행해버린다. 이것이 "저자 자신의 손으로 최근에 개정, 증보된" 것이라고 선전한 『가르강튀아』[14]이자, 『팡타그뤼엘 부록 파뉘르주 항해기』[15]이다. 이 용서하기 힘든 배신행위에 격분한 라블레는 돌레에게 절연장을 내던진다. 그러고는 즉각 항의문을 곁들인 신판을 출판한다. 「인쇄업자로부터 독자에게」라는 제목으로 급히 발표한 항의문을 보자.

> 독자들이여, 귀하께서 가짜 돈을 진짜로, 그럴듯한 형식을 좋은 것으로, 떳떳하지 못한 사생아 같은 간행본을 적출로 오인하지 않으시도록 하기 위해 알려드립니다. 성질이 못된 한 표절자가 수전노 근성으로 인쇄 도중에 있는 본 작품(쥐스트판의 『팡타그뤼엘』과 『가르강튀아』)을 절취하여, 나의 노동과 기대하고 있던 얼마간의 이익을 선취하려고 이를 황급히 인쇄한 것입니다. ……그의 표절본 마지막 부분은 우리가 저자로부터 건네받은 진정한 원본과는 합치하지 않는다는 것도[16] 알아두시기 바랍니다.
>
> ……건물 앞에 훌륭한 대문이 솟아 있듯이, 그는 책을 현란하게 치장한 제목으로 장식하는 것도 마다하지 않았습니다. 또 왕과 백성을 속이고, 국왕의 특인까지 첨부하여 위엄을 부렸습니다. 마로와 라블레 같은 우수한 저자의 작품과 그 밖에 많은 저작은 다 자기가 만든 것이라고 과시하려는 속셈입니다. 더욱이 그가 외과학 실무 등에 관한 책에 국왕의 특인을 첨부하겠

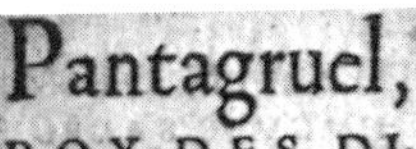

Pantagruel,
ROY DES DI-
PSODES, RESTITVÉ
à ſon naturel: auec ſes faictz, &
prouesſes eſpouuentables:
composés par feu M.
ALCOFRIBAS ab-
ſtracteur de
quinte
eſſen-
ce.

PLVS
Les merueilleuſes nauigations
du diſciple de Pantagruel,
dict Panurge.

A LYON,
Chés Eſtienne Dolet.
1542.

LA
Plaiſante, &
IOYEVSE
hiſtoyre du grand
Geant Gargantua.
Prochainement reueue, & de beaucoup
augmentée par l'Autheur meſme.

A LYON,
Chés Eſtienne Dolet.
1542.

Pantagruel,
Roy des Dipſodes, reſtitué
a ſon naturel, auec ſes faictz
& prouesſes eſpouenta
bles: cõpoſez par feu
M. Alcofribas
abſtracteur
de quinte
eſſence.

M. D. XLII.

On les vend a Lyon chez Francoys
Juſte, deuãt nr̃e Dame de Cõfort.

La vie treshor
rificque du grand Gargan
tua, pere de Pantagruel
iadis cõpoſee par M.
Alcofribas abſtrac-
teur de quinte
eſſence.

Liure plein de Pantagruelisme.

M. D. XLII.

On les vend a Lyon chez Francoys
Juſte, deuãt noſtre dame de Cõfort.

1542년판의 『팡타그뤼엘』과 『가르강튀아』
(위가 돌레판, 아래가 프랑수아 쥐스트판)

다며, 인쇄업자와 서적상으로부터 돈을 뜯어낸 것은 주지의 사실입니다.

이 배신행위는 벌을 받아 마땅하지 않습니까? 게다가 누가 그 특인이라는 것을 본 적이 있습니까? 그가 누구에게 그것을 보인 적이 있습니까? 그는 누가 아무리 요구해도 그 윤허장을 보여주지 않았습니다. ……자기의 학식을 자랑하고 완벽한 키케로주의자를 자칭하는 인간이, 프랑스어(간행본)에 관한 한 왜 이렇게 광기의 소동을 벌이는 것일까요?

……이 자의 수사(修辭)는 키케로의 그것이 아니라, 겨자장수에게나 주어 온 시내에 외고 다니게 하면 걸맞을 것입니다. 이 신사 양반은 그런 인간입니다. 독자여, 안녕히 계십시오. 그리고 읽어보시라, 판단하시라.

언뜻 보아 라블레의 필치가 엿보이는 이 단문은 그가 직접 쓴 것은 아닌 듯싶다. 어쨌거나 돌레는 철저히도 두들겨맞고 있다.

그리고 당대 제일의 시인 클레망 마로와는 4년 전에 자선(自選) 시집 출판에 관한 일로 사이가 틀어져 결별했을 터인데, 돌레는 그런 것쯤은 개의치도 않았다. 시인이 옥중에서 썼다는, 재판관을 풍자한 격앙된 장시 『지옥』(1526) 또한 무단으로 출판해버린다. 이 작품은 마로 자신도 발표를 보류하고 있었던 것으로 지금까지 안트베르펜에서 단 한 번, 그것도 무단으로 출판(1539)된 위험한 책이었다.

이와 아울러 이 해에 마로가 번역한 『다윗 시편집』이 금서 목록에 추가되면서 마침내 시인은 어쩔 수 없이 제네바로 망명하지 않을 수 없게 된다. 참으로 죄 많은 짓을 한 셈이다.

금서 목록의 등장

1541년 칼뱅은 『그리스도교 강요(綱要)』 프랑스어 번역판을 제네바에서 출판했다(라틴어 초판은 1536년 바젤에서 출판되었다.[17]) 이단이 퍼지는 것을 막기 위해 프랑스 국내에서는 엄격한 방침이 취해진다. 그리하여 1542년 7월 1일 파리 고등법원은 "가톨릭 신앙을 어기고 그것을 모독하는 교리를 담은 수많은 책이 독일, 리옹 등에서 인쇄되어 파리로 반입되는 것을 방지하기 위해" 대략 다음과 같은 칙령을 공포한다.

①가톨릭 신앙에 어긋나는 교리를 주장하는 서적, 특히 칼뱅의 『그리스도교 강요』를 3일 이내에 제출할 것.

②지하 출판을 금한다. 인쇄 마크와 주소가 기입되지 않은 책의 인쇄와 판매를 금한다.

③어떤 책이든 선서 서적상 및 파리대학의 사전 검열을 거친 후에 발매해야 한다.

④문법, 수사학, 논리학, 인문학의 교과서에서 그리스도교의 교리에 대해 언급하는 것을 금한다.

⑤이 칙령을 위반하는 자와 신교도는 고발할 것.

③에 대해서 보충해둔다. 신간을 파리에 발송하면 4명의 선서 서적상이 그 내용을 검토하고 의의가 있으면 파리대학의 '총장 내지는 3학부장'에게 알려야 한다는 것이다. 고등법원장 피에르

리제는 복음주의자의 천적 노엘 베타(파리대학 신학부 이사)가 살아 있을 때부터 함께 이단 탄압에 열의를 불태워왔다. 더욱이 그는 대단한 장서가로 알려졌으며, 책의 세계에 관심이 많았다(그의 513권에 이르는 장서 목록은 출판 역사에서 중요한 자료가 되고 있다).

그는 책을 검사하는 제도를 만들었다. 프랑수아 1세가 1537년 납본제도를 만들었을 때 이 사전검열 조항이 첨가된다. 그러나 물론 일부러 악서를 보내줄 업자가 있을 리 없으므로 체포나 고발의 대부분은 통보와 밀고에 의한 것이었다.

리제는 시테 섬의 재판소에 가게를 차린 선서 서적상 장 앙드레를 실행 책임자로 임명했다. 이 서적상은 고등법원 출입업자로서 특인을 얻어 칙령 같은 것을 출판하고 있었으므로, 밀고자가 되는 것은 서로 상통하는 일이었다. 이 사나이야말로 16세기 전반에 가장 악명 높은 서적상이 아니었을까? 로베르 에티엔 등 동업자에서 이름 없는 서적 행상인에 이르기까지, 장 앙드레에게 밀고된 사람은 무수히 많다. 로베르의 아들 앙리 에티엔은 장 앙드레를 "두 사람의 박해자(리제를 포함해서 고등법원장 두 명을 가리킨다)와 그 일당의 첩자 노릇을 한 서적상"으로 표현하고 있다.

돌레가 체포된 것은 올해 1542년 여름이다.

제네바에서 인쇄된 '이단의' 책은 대부분 일단 리옹으로 보내졌으며, 거기서 다시 행상인 등을 통해서 각지에 뿌려졌다. 돌레 자신은 꼭 그리스도교 개혁파의 동조자는 아니었으나, 그의 가게는 그런 악서의 중계지점이었던 모양이다.

돌레는 "이곳 리옹의 인쇄업자와 서적상 몇몇이 나를 매우 질투하여 속으로 시샘하고 있었다"면서 동업자들의 계략에 넘어갔다고 주장하고 있다. 그는 빌레르코트레의 칙령을 둘러싼 노사분규에 대해 언급하며 다음과 같이 쓰고 있다.

> 공방주인과 장인 사이의 소송에서 그가 인쇄장인의 편을 들었기 때문에, 주인들은 그를 죽도록 증오하여 눈엣가시로 여겼다. 그리고 그들은 한데 뭉쳐서 생각해낼 수 있는 모든 수단을 동원하여 그를 파멸시킬 음모를 꾸몄다.[18)]

그렇게 해서 자기가 이단 혐의로 종교재판소에 밀고당했다고 돌레는 주장한다. 또 사순절에는 절제해야 한다는 규율을 깨고 육식을 한 것, 미사시간에 나돌아다니며 설교를 한 것 등으로도 고소를 당했다고 했다.

데이비스는, 공방주인들은 거의가 개혁파 동조자들이었으므로 "이단, 이교 또는 그 밖의 죄로" 그가 체포되도록 했다는 것은 좀 믿기 어렵다고 생각한다.[19)] 그러나 공방주인들 가운데는 가톨릭계도 있었을 것이고, 또 파리의 예에서 볼 수 있듯이 동업자끼리 서로 밀고하는 일은 흔했다.

더욱이 콩팡 살인사건에서 돌레에게 은사장이 내려진 일(1537)을 승복하지 못한 리옹의 재판소는 재가를 망설이고 있었다. 그리고 동업자들도 파업 소동은 아랑곳없이 발전하고 있는 돌레 공방을 매우 언짢아하고 있었는지도 모른다. 이렇게 해서 돌레는 갇히게 된다.

공방과 서재가 수색당했으며, 그 결과 다음과 같은 책들이 발견되었다고 한다.

멜란히톤, 『신학대전 또는 상용구』

마르틴 부처, 『불화의 통일』

제네바판 프랑스어 번역 성서

칼뱅, 『그리스도교 강요』(라틴어판)

마지막, 칼뱅의 저서를 재고로 갖고 있었던 것이 치명적이었는데, 그 외의 책도 모두 금서 목록에 올라 있는 것들이었다.

노련한 도미니쿠스 수도회 수사 마티외 오리가 이단심문관으로서 취조를 맡았다. 오리는 1536년에 '프랑스 왕국 재판소장관'이라는 요직에 취임하여, 라블레에게 야유를 당하는 등 이단 심판의 두목으로서 이름을 떨치고 있었다.[20] 돌레는 "네가 믿는 것 따위 나는 믿지 않는다. 내가 믿고 있는 것은 네 머리로는 절대로 알지 못하는 것"이라고, 이 이단심문관에게 표독스레 대들었다고 한다.

그래도 그는 상당히 자유로운 행동이 허용되었던 모양이다. 로안의 감옥(조감도7) 안에서 지시를 내려 출판을 계속했으니 말이다. 이를테면, 당시의 베스트셀러 『그리스도를 본받아서』의 부분 번역본이 그것인데, 파리 국립도서관의 특별보존 서적부에 단 한 권이 남아 있는 이 간행본의 판권에는 이렇게 적혀 있다.

하느님의 해인 1542년, 리옹에서 인쇄. 당시 로안의 옥중에 있던 에티엔 돌레 발간. (투옥은) 이곳 몇몇 인쇄업자(오히려 종이를 더럽히는 인간들이라고 말하고 싶다) 및 서적상의 질투와 중상에 의한 것이었다.

이듬해 1월 15일, 키케로의 『투스쿨라나에의 담론』 프랑스어 번역판을 상재하면서, 돌레는 프랑수아 1세에게 헌사를 바치고 자기의 무죄를 주장한다. 여기서도 그는 리옹의 인쇄업자와 서적상이 자기의 뛰어난 작업과 사업의 번창을 질투하여 이단심문관 마티외 오리에게 밀고했다고 말하고 있다.

법률에도 밝고 만만찮은 돌레는 세속의 인간인 자기가 교회법으로 다스려질 이유가 없다고 항의하며 파리 고등법원에 상소한다. 그리하여 파리로 이송된 돌레는 재판소 부속감옥의 사각탑 안에서 고등법원의 결정을 기다리는 신세가 된다.

조사에서는 『국왕의 사적(事績)』 『시집』 같은 자기 저작은 말할 것도 없고, 르페브르 데타플의 『1년 52주의 서간(書簡)과 복음서』, 에라스무스의 『그리스도교 병사의 필독서』 『고해의 방법에 대하여』, 작자미상의 『성서 정독을 권하는 설교』 그리고 『신약성서』에 이르기까지, 오히려 '복음주의 보급자'(뤼시앵 페브르)라는 표현이 더 어울리는 돌레의 출판물이 이단 심사의 대상이 되었다.

그런데 돌레는 또다시 은사 탄원이라는 마지막 패를 사용한다. 은사 탄원이란, 죄 그 자체는 인정하되 정상참작을 청하는 것인데, 돌레의 해명에 귀를 기울여보자. 이단의 의심이 드는 서적을 출판했다는 것, 그러한 책을 저작했다는 것, "일찍이 짐(프랑수아 1세)이 그에게 수여한 특인을 악용했다는 것"까지도 돌레는 인정한다. 자신의 무지와 악의 없음을 스스로 강조함으로써 문제를 보류시키겠다는 논법이다.

또 교회가 금지하는 날에 고기를 먹은 일에 대해서는, 장기간 앓은 몸이라 의사의 지시로 육식을 한 것이고 교회재판소의 허가도 받았다는 이유를 들고 있다. 그리고 앞으로는 "충실하고 선량한 그리스도교도, 참된 가톨릭 신자로서 살겠다"고 맹서한다. 1543년 6월, 마침내 그는 프랑수아 1세의 은사를 받는다.

그러나 파리 고등법원은, 돌레가 로베르 콩팡 살해와 관련해서 하사받은 은사장이 리옹 재판소에서 재가한 것이라고 기술한 것은 거짓말이었다며, 이번 은사장의 재가를 거부한다. 그러나 돌레는 국왕을 움직여 두 번이나 재가 지시를 내리게 해서 1543년 10월 끝내 석방된다.

"파리 관리들 앞에서 모든 과오를 시정키로 선서하고 재판에서 언급된 서적을 소각할 것"이라는 조건이 붙어 있었다고는 하나, 설령 정당방위였다고 하더라도 일찍이 사람을 죽여 사직의 손을 성가시게 한 인물이 다시 은사를 획득한다는 것 자체가 매우 이례적인 일이었다.

이리하여 돌레는 출판 현장에 복귀하여 전보다 신중하게 작품을 골라 간행하기 시작한다. 그러나 그것도 잠시, 해가 바뀐 1월 6일에 다시 체포된다.

가게와 다른 곳에 조그만 창고라도 빌려 쓰고 있었던 것일까? 그곳에 소각 처분하겠다고 약속한 책이 숨겨져 있었던 것이다. 돌레는 그것을 태우지 않고 서로 속마음을 아는 파리의 업자에게 보내어 팔려다가 발각되었다고도 한다. 이단 서적을 판매한 죄이다.

그런 책을 노트르담 교회의 앞마당에서 소각 처분하라는 명령서에 고등법원장 피에르 리제가 서명하고 있는데(1544년 2월 14일), 이번 돌레 체포에서도 관헌의 개인 서적상 장 앙드레가 한몫 거든 것으로 보인다.

1월 8일 미명에 시의 파발꾼인 자크 데보가 그를 파리로 호송하게 되었다. 이 시대에는 범죄자를 호송하는 시스템이 정비되어 있지 않았으며, 이들 파발꾼이 그 일을 맡는 경우가 흔했다. 사람 좋은 데보 등은, 돌레의 계책인 줄은 꿈에도 모르고 호송하기 전에 그의 부탁을 들어주어 일단 그의 집에 데려다주기로 한다. 손 강 다리를 건너 메르시에 가를 오른쪽으로 꺾어서 "손 강에 면한" 그의 집을 노크하자, 돌레의 하인이 일행을 맞아들이는 척하더니 별안간 현관문을 쾅 닫아버린다.

"나는 밤에 우는 휘파람새들을 초롱 안에 가두어버렸다"고 돌레는 쓰고 있다. 어둠 속에서 모두가 허둥거리고 있는 사이에 돌레는 뒷문으로 해서 삼십육계를 놓는다. 리옹의 명물인 미로 같은 골목을 이용한 두뇌 플레이의 승리였다.

이렇게 해서 도망자가 된 돌레는 북이탈리아에서 유력자들에게 도움을 청하는 편지며 서간시(書簡詩)를 써보낸다. 그 가운데

「국왕께 드리는 서간시」는 옛 친구 마로가 오래전 페라라에서 저술한 서간시를 모방한 것으로 흥미로운데, 실은 도주 시나리오가 이 작품의 일부를 이루고 있다.

이 서간시에서 돌레는 자기를 "적대시하는 자가 짐수레로 책 두 꾸러미를 파리에 보냈는데, 그 하나에는 자신의 출판물이, 다른 하나에는 제네바의 서적이 들어 있었다. 그리고 그 겉포장에는 똑똑히 읽을 수 있도록 큰 글자로 돌레라고 씌어 있었던 모양이나 그것은 음모입니다. 필요하시다면 송장의 필적을 조사해주십시오" 하고 프랑수아 1세에게 호소하고 있다.

그러나 "도망한다는 것은 죄를 자백하는 것과 같은 것"(장 밀 드 수비니, 『처벌 실천론』, 파리, 시몽 드 콜린, 1541)이라 하여 형이 가산된다는 것쯤을 『법률 실무 안내』의 편저자인 돌레가 모를 리 없다. 그런데 클레망 마로 역시 제네바에서는 엄격하기로 정평이 난 칼뱅과 뜻이 맞지 않아 그곳에서 달아나 아누시, 샹베리로 해서 한창 남하 중이었다. 그리고 가을에 토리노에서 객사한다. 따라서 두 사람이 북이탈리아 근처에서 재회했다고 보는 연구자도 있다.

사순절에 "기름고기를 먹고" 체포되어 샤틀레(중세부터 프랑스혁명 때까지 파리에 있던 최고재판소)의 감옥에서 『지옥』을 쓴 마로를 힘에 부치게도 흉내낼 참이었을까. 돌레는 9편의 서간시를 모아 『제2의 지옥』(1544)으로 발표하려고 한다. 나중에 그 자신이 말한 것처럼 "어린 아들과 아내를 만나기 위해서"였던지 7월 중순 리옹에 모습을 나타내어 『제2의 지옥』 인쇄에 입회한다. 이어 프랑수아 1세에게 직접 항소하기 위해 샹파뉴로 가는 도중 트루아에 들러 친지인 니콜라 파리스의 공방을 방문한다. 부랴부랴 인쇄하는 바람에 리옹판에는 수록하지 못한 국왕 앞으로 쓴 서간시와 헌사를 첨부한 『제2의 지옥』 출판을 부탁하기 위해서였다.

그러나 돌레의 운도 여기서 끝이 난다. 그의 행방을 반 년 이상이나 찾아다닌 파발꾼 데보의 손에 체포된 것이다. 데보는 돌레를 리옹에서 파리로 호송하는 데 일정한 보수를 받고 청부받았으므로, 풀숲을 헤치고라도 찾아내지 않으면 책임을 추궁당할 판이었다. 그가 고등법원에 제출한 청구서가 남아 있는데, 그것을 보면 놀라지 마시라. "독일, 스위스, 제네바, 부르고뉴, 프랑슈콩테, 도피네, 랑도크" 등지를 구석구석 뒤지고 다녔다고 한다. 돌레가 엄중한 호위 아래 수도의 재판소 부속감옥에 이송된 것은 9월 12일의 일이다. 리옹에서 근 6년에 걸친 공방주인과 장인의 대립이 끝을 본 것과 거의 같은 시기이다. 9월 11일 칙령이 내려지는 현장에는 장인 측 대표로 돌레의 술친구인 뱅상 피에의 모습도 보였다고 한다.

재판은 길게도 2년이나 걸렸다. 국왕이 뒷배를 봐주고 있었으니, 제아무리 금서 판매죄 및 모독죄라고는 하나 고등법원은 신중히 일을 진행시키지 않을 수 없었다. 프랑수아 1세에게 죽음이 다가오고 있었던 것은 돌레에게 불운이었다.

이단 서적을 없애기 위해 이 무렵 금서 목록의 필요성이 강조되었다. 돌레의 사건은 그야말로 안성맞춤의 구실을 마련해준 셈이었다. 1545년 6월 23일, 고등법원은 금서 목록에 실린 책의 발매를 금지하기로 하는 동시에 프랑스에서 처음으로 금서 목록을 간행했다. 『가르강튀아와 팡타그뤼엘』, 데 페리에(Bonaventure Des Périers, 1500년경~44년경)의 『고대의 유쾌하고 익살맞은 4편의 대화』, 홀바인의 삽화가 붙은 『죽음의 춤』 등이 포함된 이 목록을 출판한 자는 밀고꾼 장 앙드레였다.

1546년 8월 2일, 마침내 독신(瀆神), 반역, 금서 판매의 죄로 돌레에게 사형이 선고되었다. 그에게 살해된 화공 콩팡의 친족과 파발꾼 데보에게는 배상금이 지급되고, 피고의 나머지 재산은 모두 몰수되었다. 당시의 관습에 따라 다음날 형이 집행되었다. 돌레는 호송차에 실려 감옥에서 좌안의 모베르광장으로 끌려나갔다. 그리고 교수를 당한 뒤, 저서와 함께 불태워졌다. 이렇게 하여 리옹에서 90종 이상의 책을 인쇄, 간행한 인문주의자이자 번역가인 돌레는 파리에서 그 파란만장한 생애를 마감한 것이다.

모베르광장에는 전에 돌레의 동상이 서 있었으며 "이 광장에서 불에 태워져 죽임을 당한 출판인이자 철학자인 에티엔 돌레의 명예를 위하여……"라는 문구가 새겨져 있었다고 한다. 19세기에 세워진 이 동상은 제2차 세계대전 때 파괴된 채 복구되지 않았다.

5 출판의 황금시대

·EX·LIBRIS·
IN 'T VOORLEDEN LIGT HET HEDEN
IN HET NU WAT WORDEN ZAL
·ACH. VAN ACKER·

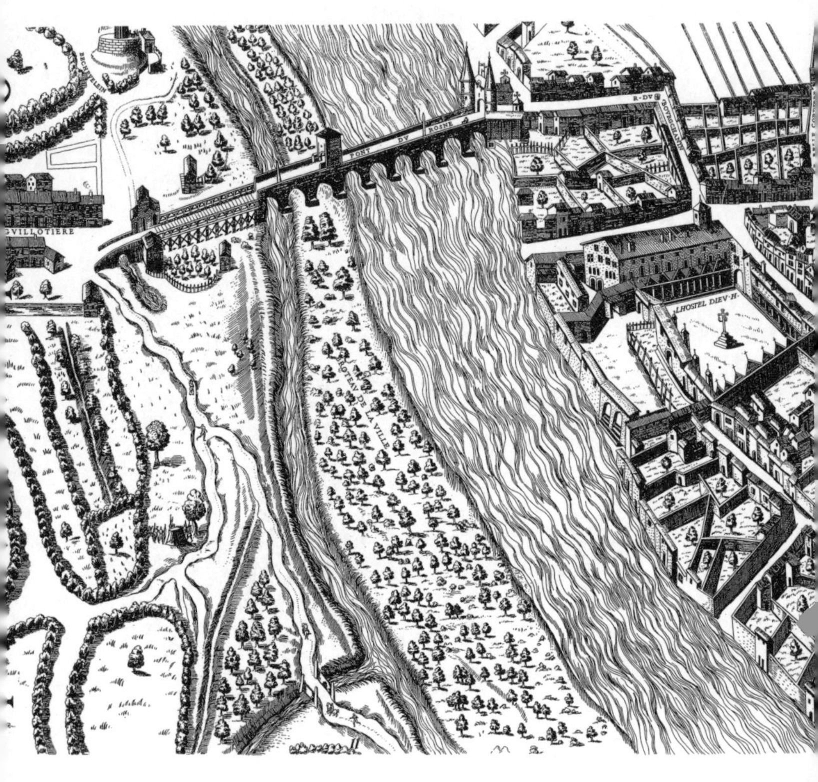

조감도11. 12세기 말에 완성되었다는 론 강 다리 근처

책 만드는 데 종사하는 사람들

큰장이 설 때나 그렇지 않을 때나 무수한
검은 이빨(활자)이 일을 한다.
• 샤를 퐁텐, 『탁월한 고도 리옹에 부치는 송가』

샤를 퐁텐이라는, 지금은 잊혀진 마로파의 이류 시인이 있다. 파리에서 태어났으면서도 리옹에 뼈를 묻은 그였으니, 이 도시가 그렇게도 마음에 들었던 것일까?

그는 리옹을 찬양하는 송가를 남겼다. 그 속에서 시인은 "1년에 네 번 독일, 토스카나, 포르투갈 등 멀리서 사람들이 찾는" 이 도시의 기능을 열거하고는 "환전, 큰장, 상품에서는 안트베르펜도 베네치아도 리옹의 평판에는 당해내지 못한다"고 수사적으로 과장하고 있다.

또한 축제 분위기가 넘치는 이 도시를 예찬하고, 리옹 사람들은 근면하고 돈벌이를 잘하지만 약간 인색하다고 지적하는 것도 잊지 않는다. 리옹 시민의 상표인 절약은 이 무렵부터 정평이 나 있었던 것이다. 시인은 리옹의 출판업을 이렇게 표현한다.

시내에는 몇 천 채나 집이 있어서
무수한 검은 이빨(창문)이 열려 있고
큰장이 설 때나 그렇지 않을 때나
무수한 검은 이빨(활자)이 일을 한다

하얀 판 위에 보기도 좋게
이빨 자국(인쇄)이 남아 있으나
지나치게 깊이 나지도 않아
그것은 영원히 간직된다

태양이 뜨고 지는 곳이면
어디에나 알려진
리옹의 이빨 자국은(리옹의 활자본은)
그토록 너무나 보기좋게 나 있기 때문

대도시의 모습은 있는 그대로
영원히 그곳에 각인돼 있고
그곳에선 시인과 시의 여신이
(아무리 죽었어도) 되살아난다

• 샤를 퐁텐, 『탁월한 고도 리옹에 부치는 송가』, 1557

샤를 퐁텐이 이 송가를 바친 시기에 리옹 출판업은 그야말로 황금시대를 맞이하고 있었다. 메르시에 가 주변에 밀집한 공방에서는 '검은 이빨'이 밤낮 없이 책을 찍어냈다. 해마다 세 자리 이상 수의 책이 세상에 내왔으며, 500~600명이 이 산업에 종사하고 있었던 것으로 추정된다. 당시의 인구가 6만 명쯤(상한이 8만 명)이었으니, 약 1퍼센트의 사람들이 책의 세계에 살고 있었다는 계산이 나온다.[1] 한편, 큰장의 사랑스런 딸인 1536년의 견직물업은 50년대에 벌써 1만 2천 명의 취업인구를 안고 있었다는 증언이 남아 있다.[2] 이것과 비교하면 출판은 별로 중요하지 않은 산업인 것처럼 비치지만, 뒤집어보면 그만큼 노동집약적인 업종, 지식산업이었다고 할 수 있다. 아무튼 출판이 가져온 사회적 충격은 매우 강했음이 틀림없다.

큰장의 네트워크를 통해 급성장한 리옹 출판업은, 세기 중반에는 제8장에서 소개하는 바와 같은 걸출한 출판인들을 배출한다. 니콜라이의 『리옹 전지(全誌)』(1573)에 의하면, 발전의 원동력은 프랑수아 1세와 앙리 2세가 서적에 대한 세금을 면제한 데 있었다고 한다(하지만 그 과세에 대해서는 거의 해명이 되어 있지 않다). 그리하여 리옹은 베네치아, 파리에 이은 제3의 출판 센터로서 유럽 각지에 책을 내보내게 된다.

가스콩이 보드리에의 『리옹 서지』에 따라서 작성한 지도가 리옹 출판업의 판매망을 이해하는 도움이 될 것이다.[3] 이것을 보면, 리옹이 지중해 연안의 시장을 최우선으로 삼았음이 일목요연하게 보인다. 바꾸어 말하면, 파리를 포함한 북유럽에서는 점유율이 낮았던 것이다.

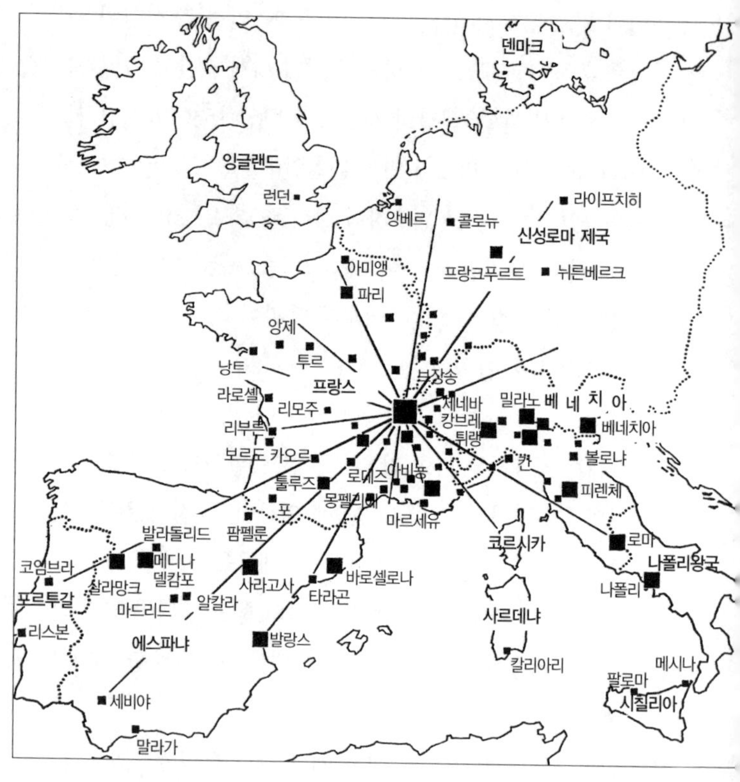

리옹 출판업의 판로(『프랑스의 역사 · 경제 · 사회』, I-1, 266쪽)

서적상과 인쇄업자

전성기 리옹 출판산업의 구조, 다시 말하여 어떤 직종이 있었고 그것들이 서로 어떻게 관련되어 있었는지 살펴보기로 하자. 여기에 중요한 자료를 제공해주는 것은 과세대장이다.

이 대장에는 납세의무가 있는 시민의 직업이라든가 자산(소유가옥, 임대 가옥, 교외의 농원 등)이 기재되어 있다. 그리고 과세평가액이 부가되어 있다. 이상한 예인지는 모르지만, 경마의 프리 핸디캡을 상상하는 것이 이해가 빠르다. 경주마의 그해 성적에 따라 프리 핸디캡이 정해지는 것과 비슷해서 자산, 직종 등에 의해 세금부과액이 정해진다.[4] 그 단위는 물론 킬로그램이 아니라 리브르이다.

리옹의 과세방법은 다음과 같았다. 시에서는 때마다 "평가액 1리브르에 대해 ×드니에를 부과한다"는 식으로 세액을 정한다. 이를테면, 상인 A씨의 평가액, 곧 핸디가 200(리브르)이라고 가정하자. 이것은 200×드니에를 지불해야 함을 의미한다. 따라서 어느 때의 과세 포인트가 6, 즉 1리브르에 대해 6드니에를 부과한다고 결정이 되면, A씨는 200×6=1200드니에, 바꾸어 말하면 5리브르의 세금을 지불해야 한다.

그리고 외국인, 성직자, 관리, 게다가 장인과 날품팔이 등 영세민은 세금이 감면되었다.[5] 1545년을 예로 들면, 과세평가액이 적혀 있는 것은 3천 600여 명에 지나지 않는다.

시의 경상비뿐 아니라 교량 보수비 등 온갖 비용이 이런 방법에 의해 수시로 마련되었다. 이를테면, 1524년에 국왕은 각 도시에 시벽과 요새의 보강 및 구축을 명령했는데, 리옹에서는 '1리브르에 6드니에'를 과세하여 자금을 모았다. 또 1529년에는 프랑수아 1세가 카를 5세의 포로가 되어 몸값이 필요해졌다. 리옹에는 2만 4천 리브르가 할당되었다. 이때는 '1리브르에 1드니에'가 과세되었다.

이 '평가액 1리브르에 대해 ×드니에'라는 과세제도는 다른 데도 적용된다. 예외적으로 부과되는 입시세[6]가 그것이다. 이것은 근교의 농민이 싣고 오는 달걀에서부터 멀리 오리엔트 지방에서 오는 진귀한 물품에 이르기까지, 시내에 들어오는(혹은 시내를 통과하는) 전 상품에 부과되는 포괄적인 물품세를 말한다. 앞에서도 언급한 2만 리브르의 전쟁비용(1522~33) 마련을 위한 징세가 이에 해당하며, 대개는 국왕의 자금조달 명령을 어기지 못해 부득이 목표액을 정하여 단기간에 실시한다. 1533년에는 전년에 메디치 가의 카테리나(카트린 드 메디시스)와 결혼한 왕세자 앙리(뒤에 앙리 2세가 됨)의 리옹 순방에 즈음하여 성대한 환영식이 거행되었는데, 이 비용도 입시세로 마련되었다.

입시세의 연장선상에서 1544년에는 '1리브르에 대해 6드니에'(단순 계산을 하면 세율 2.5퍼센트)가 징수되었다. 이것은 입시관세로 이름붙여졌으며, 이후 이탈리아인 자본가 등에게 청부하는 형태로 자주 징수되어, 자유시장이라는 리옹의 얼굴에 흠집을 내게 된다.

그런데 실은 '세관'이라는 말의 기원은 리옹의 이 입시관세에 있다.[7] 어원사전을 펼쳐보면, 이 말이 '세관'을 의미하는 아라비아어 내지는 터키어에서 유래한다고 설명되어 있다. 이탈리아에서는 이 용어[8]가 진작부터 채용되고 있었으므로, 리옹에 사는 이탈리아인들이 그렇게 이름을 붙였는지도 모른다. 리옹 조감도13에서 환전광장 부근을 다시 한 번 들여다보자.

생테루아 교회 뒤편에 널찍한 안마당을 가진 건물이 있다. 'La Douane'이라고 적혀 있는 바와 같이, 여기가 리옹의 세관이다. 첫 입시관세는 짧은 기간동안 과세되다가 폐지되었지만, 이 말은 시민권을 얻는다. 리옹의 한 상인은 이렇게 적고 있다.

> 1552년 5월 1일, 일요일. 2.5퍼센트의 입시관세가 새로 부과되었다. 그 전 토요일에 공고되어 미리 알려져 있기는 했으나 면제되고 있었던 것이다. 바로 내가 론 강 다리에서 세관까지 상품을 송달하는 담당자에 선임되었다. 연봉 120리브르이다.
>
> •『장 게로의 일기』

'프랑스의 피렌체', 이것이 리옹의 별명이었다. 방금 설명한 세제도 피렌체의 그것을, 다시 말해서 '에스티모' 내지는 이것을 개량한 '카타스토'라고 부르는 과세제도를 떠올리게 한다.[9] 부동산 등의 평가액에 따라 세액이 변하는 것이므로, 리옹에서도 부자에게 후하다는 비판이 서민들한테서 쏟아져나왔다. 아마도 그것은 사실이었을 것이다. 그러나 그렇게 말한다면 오늘날 일부 국가도 마찬가지이다. 16세기 리옹의 세액 산정 방법은 당시로서는 상당히 훌륭한 것이었다고 할 수 있다.

1515년, 1545년, 1571년의 과세대장을 기초로 출판계에서 일하는 사람들의 수를 살펴보자. 그리고 1597년 9월 4일자 인구조사의 기록이 남아 있으니, 이것도 참고가 될 것이다(표9).

이 표에서도 리옹 출판업이 16세기 중반에 그 정점을 맞이했음을 알 수 있다. 그러나 1571년에 이르자 취업자 수가 세기 초 수준으로 떨어진다. 사람도 자본도 제네바 등지로 빠져나가거나, 토지, 관직 등으로 탈바꿈해버린 것이다.

출판계의 각 직종을 구체적으로 살펴보자.

표9

직업	1515	1545	1571	(1597)
서적상	19	29	26	20
인쇄업자	20	63	13	51
트럼프 · 판지제조업자	30	22	14	22 *
교정업자	0	0	3	0
채색화공	2	1	0	0
잉크제조업자	0	2	1	1
활자주조업자	0	7	0	2
판화사	1	6	5	5
지업자	2	5	4	6
양피지업자	1	0	0	0
제본업자	1	2	3	13
총계	76	137	69	120

* 카드제조업자 18명, 판지제조업자 1명, 수공용지업자 3명.
가스콩, 앞의 책, 902~905쪽 참조.

• 서적상

한 마디로 서적상이라고 해도 그 실태는 가지가지인데, 대략 다음과 같이 크게 구별할 수 있다.

① 대형 서적상

과세대장에는 흔히 간단하게 상인으로만 기재되어 있는 특권적 서적상이다. 전성시대에는 다음 여섯 가문이 리옹 출판계에 군림했다. 지역의 명문 뱅상과 센통, 두 집안. 투렌 출신의 기욤 루예. 툴루즈에서 왔다고도 하고 비엔 출신이라고도 하는 라 포르트. 지금도 피렌체에 있는 쥔타 그룹으로 이어지는 자크 쥔타. 그리고 북이탈리아 출신의 가비아노가 그들이다.

루예를 제외하면, 모두 향신료, 섬유제품 등 다른 상품도 취급하는 자본가들이다. 출판을 수지맞는 사업이라 생각하고 자본을 투자한 상사라고 생각하는 편이 알기 쉬울 것 같다.

대형 서적상은 인쇄소를 소유하지 않고 특정 공방과 계약하여 생산비의 태반을 차지하는 인쇄용지를 공급했다. 또 값비싼 활자의 부형(父型)과 모형, 삽화용 목판 같은 것도 구입하여 인쇄공방에 빌려주기도 했다. 그 이윤은 매우 컸던 것 같다. 리옹의 인쇄장인들은 "적어도 150퍼센트는 되었다"고 주장하고 있는데(1573), 이것은 제작비의 5할을 가산하여 판매했다는 것을 의미하는 것일까?

그들은 이탈리아, 에스파냐 등 각국에 지점, 창고, 대리인을 두고 상품을 수출입했다. 그 대부분이 리옹 서적상 컴퍼니의 멤버들이었다. 출판계 피라미드의 정점에 서서 다른 업자들을 경제적으로 종속시키고 있었던 것이다. 그러나 열성적인 가톨릭교도였던 루예를 제외하고는 모두 개혁파 또는 그 동조자였다는 사실은 중요하다.

②중견 서적상

대형 서적상만큼의 자본력은 없지만, 경제활동 내용은 거의 비슷했다. 인쇄도 하청을 주는 예가 많았고 국내에 지점, 창고 같은 것을 확보하고 있었다. 대형 서적상의 종업원으로 있다가 떠오른 경우도 볼 수 있다.

그들은 상품을 팔기 위해 물물교환 방식을 활용했다. 자기 출판물뿐 아니라 지역 동업자의 간행본도 섞어서 멀리 있는 서적상에게 발송하고는 그에 맞먹는 책을 보내달라고 하는 것이다. 그러면 현금을 지불할 필요가 없었다.

하기야 책을 발송한다고는 하나 대개는 제본을 하지 않은 채였다. 제본한 책은 통에 담아 밀봉해서 보내지만, 제본하지 않은 책 다발(사료에는 'en blanc'라고 씌어 있다)은 빗물 같은 것이 스며들지 않도록 곤포(梱包)로 단단히 포장하여 노새 등에 얹거나 배에 실어 운반했다. 다음과 같은 사료가 이런 사정을 말해준다.

> 리옹의 서적상 피에르 랑드리는 지난 9월 10일, 운송업자 마티외 가요의 대리인 프랑수아 미숑에게 서적 뭉치 상당수를 리옹에서 낭트까지 수송하도록 건네주었다. 그런데 화물마차업자는 그 가운데 두 뭉치를 로안에서 리옹 세관으로 반송해왔다. 랑드리가 통지를 받고 달려가 끌러보니, 다 썩어서 쓸모가

없었다.

(1587년 1월 3일)

센통 상회에서 서적상 수업을 받은 랑드리는, 백부인 샤를 페노와 손을 잡고 전적으로 에스파냐에 책을 수출하는 일을 했다. 1585년까지 에스파냐의 큰장 도시 메디나델캄포(마드리드와 발랴도리 사이)에 주재하여 영업소에서 사업을 지휘했다. 아마도 로안에서 루아르 강을 따라 내려가는 배에 실을 때 젖어버린 듯싶은 이 화물도 에스파냐 수출용이었다.

당시의 경로로는, 리옹과 라로셸 사이는 육상으로 수송하고 거기서 해로로 가서 빌바오 등 항구에 하역하는 경우와, 이 예에서 보듯 루아르 강을 이용하여 낭트에서 해상수송을 하는 경우가 있었다(당연히 해상보험에 들었다).

그리고 후자 쪽이 훨씬 싸게 먹혔다. 에스파냐, 포르투갈, 이탈리아 등과 서적거래를 했을 뿐 아니라, 제네바 등 개혁파 도시에서 인쇄된 책을 몰래 들여와서 판매한 랑드리는 17세기에 시 조역 자리에까지 오르게 된다.

③인쇄 서적상

사료에 'libraire et imprimeur'로 적혀 있다. 세바스티앙 그리피우스가 그 전형이다. 그는 리옹 서적상 컴퍼니의 초빙으로 베네치아에서 리옹으로 옮겨왔다. 그리고 컴퍼니의 인쇄를 수주하여 한 재산 모은 다음 이윽고 자체 출판을 시작한다. 나중에 'marchand libraire'로 칭호가 바뀌니까, 한 계급 올라서서 중견 서적상이 된 셈이다.

④서적 소매상

책의 생산에는 관여하지 않고 위탁판매만 하는 시내의 책방이다. 당시의 책은 출판사의 점두나 창고에서 판매되었으므로, 소매서점이 있었다 하더라도 극히 소수였을 것으로 짐작된다(하기야 지금도 파리의 출판사들은 점두에서 자사의 간행물을 팔고 있으며, 브랭, 피카르, 니제 등 고서를 취급하는 가게도 있다).

1499년의 기록에 서적 소매인 장 샤퓌스라고 되어 있는 것이, 내가 발견한 유일한 기록이다. 또 파리와 마찬가지로 다리 위의 노점에서 책이 팔렸던 흔적도 있다. 그 증거는, 손 강 다리 위의 잡화상과 소매상을 철거시키라는 조례가 나왔다는 점(이를테면 1556년 4월)과, "손 강 다리 위에 가게를 낸 서적상 장 부르주아"와 같은 판권(1587년에 발매된 토판본[土版本])이 보인다는 점이다.

⑤대리 상인

대리 상인은 도서 목록 같은 것을 들고 큰장이 서는 도시를 순회하여 서적상의 위탁을 받아 주문을 처리, 결재하고 수수료를 챙기는 대리인들이다. 과세대장에는 그저 서적상으로만 적혀 있는 경우도 있다.

앞에서 라블레와 서적상 아메르바흐의 배달인 미셸 파르망티에의 이름을 들었는데, 출판업자, 문학자들의 편지와 소포까지 취급한 그들 대리 상인은 웬만한 우체부라고도 할 수 있었다.

바젤에 본거지를 둔 서적상 바텐슈네는 프랑스 각지에 지점을 차려 '바젤의 문장(紋章)'을 처마 밑에 내걸고 개혁파의 책 같은 것을 팔았다.

그가 지명해서 리옹에 파견된 것이 파르망티에였다. 그는 남프랑스, 이탈리아, 에스파냐 등지를 오가며 영업활동을 했으며, 뒤에는 마침내 독립한다.

마지막이 서적 행상인으로, 이들은 서적상 등급표에는 난외에 적혀 있으나 대서특필할 만한 존재이다.

⑥ 행상인

자질구레한 잡화, 벽에 붙이는 성화(聖畫) 등과 함께 달력, 철자 연습장, 새로 씌어진 기사도 이야기 같은 책을 고리짝에 채워 방방곡곡을 돌아다니며 파는 사람들이었다.[10)]

리옹 근처에 출몰하는 행상인을 'bisouard/bézoard'라고 불렀다. 라블레 작품의 유치한 모작인 『가르강튀아 대연대기』(리옹, 1532)라는 소책자의 속표지를 들여다보자. 둥근 물건을 짊어진 이 인물은, 최근에는 궁정 어릿광대인 것으로 해석되고 있다(구형[球形]은 궁정 어릿광대의 상징이다. 이것은 또 그들의 소도구인 방울로 보이기도 한다). 그러나 여기서는 옛 주장대로 행상인의 모습으로 보고 싶다. 등에 진 짐이 환약(丸藥)으로 보이지 않는가?

몰리에르가 쓴 『질병은 기분에서』의 막을 여는 아르강의 대사를 다시 한 번 떠올려보자. 셈 딱지로 약국의 외상을 계산하고 있는 장면이다.

LEs grandes et
inestimables Cronicq̃s: du grant & enor-
me geant Gargantua: Contenant sa genealogie/
La grãdeur & force de son corps. Aussi les merueil-
leux faictz darmes quil fist pour le Roy Artus/ cõ-
me verrez cy apres. Imprime nouuellemẽt. 1532

『가르강튀아 대연대기』의 속표지

강심제와 예방용 물약 1병. 귀한 약석(藥石) 12알, 레몬수, 석류 등을 처방전에 의해서 조제한 것, 5리브르. 기가 차네요, 플루랑 씨(약제사), 잘 좀 봐주시오.

'행상인'이라는 말의 기원은 '해독' 곧 해독제에 있었다. 책을 팔러 다니는 사람이란, 짐작컨대 원래는 '해독제 장수'였던 모양이다. 도피네 지방의 산간 한촌에 살던 이들은 겨울이 되면 산에서 내려와 1년의 절반을 행상을 하며 살았다. 라블레도 "해독제 장수며 등짐장수에 의해서 팔리는 『색채의 부(賦)』라는 시들한 책[11)]"(『제1의 서』 제9장)이라는 표현을 쓰고 있다. 그들은 에스파냐와 이탈리아까지 손을 뻗쳐 19세기에도 활약했으며, 이 지방 사람들에게는 말하자면 하나의 풍물이었다.

이 같은 서적 행상인이 종교개혁파 사상 보급에 기여한 역할을 대단히 크다. 사상 통제가 점점 더 엄격해짐에 따라, 큰장이나 점두에서 팔지 못하는 구어 번역판 성서라든가 종교 소책자는 이런 행상인들의 손을 통해 비밀리에 판매되고 배포되었다. 페브르 마르탱에 의하면, 이 위험하기 짝이 없는 직업에 종사한 사람들은 실직 중인 장인이었으며 여자와 아이들도 있었다고 한다. 특히 직장을 잃은 인쇄공 등이 발을 깊이 들여놓은 예가 많았다. 비방문서를 인쇄하게 하는 것도 대개 그들이었다. 제네바에서 들여온 금서만 하더라도, 일단 리옹의 거래처에 숨겨놓았다가 행상인이 잡화 밑에 감추어 각지로 운반했을 것이다. 물론 붙잡히면 처형당할 운명이었다.

도피네 지방 출신으로 파리에 많은 성서 관계 책을 들고 들어갔다가 체포된 피에르 샤포도 그 가운데 한 사람이다. 그 역시 "예전부터 성서를 파는 사람과 사는 사람을 대상으로 덫을 놓는 장사를 함으로써 새 그물을 쳐놓던 파리의 서적상 장 앙드레"(크레스팽, 『순교자 열전』)의 희생자였다.

1546년 10월, 불과 두 달 전에 돌레가 처형된 모베르광장에 이 행상인이 끌려왔다. 소르본대학의 신학박사 마야르가 개종을 권한다. "아베마리아라고만 말하면 교수형으로 해주마"라고. 그러지 않으면 산 채로 불태워지는 것이다.

그러나 그는 신념을 가진 사람이었다. "다윗의 아들 예수여, 자비를 베푸소서. 하나님, 제가 무슨 짓을 했다는 것입니까. 주여, 용서해주소서" 하고 말할 뿐이었다. 그래서 마야르는 화형재판소에 요청하여 구경꾼들이 동요하지 않도록 하기 위해 처형 당일 옥사에서 끌어내올 때는 죄인의 혀를 잘라버리기로 했다고, 크레스팽은 전한다.

그러나 수도 파리를 제외하고는[12)], 도시와 농촌을 계절적으로 순회하는 서적 행상인들은 사실상 방목상태나 다름없었다. 특히 왕권에서 멀리 떨어진 자유도시 리옹은 그 후에도 오래도록 그들의 중요한 출발점 역할을 계속한다.

이상과 같이 분류해보면 한 마디로 서적상이라지만 가지각색이어서, 말하자면 한길에서 뒷골목에 이르기까지 천차만별임이 명백해진다. 그런데 1545~71년에 서적상이 세 집밖에 줄지 않은 것은 어찌된 일일까?

우선 첫번째 이유는, 인쇄업자에서 서적상으로의 계층상승을 들 수 있다. 예를 들어보자. 아르눌레 일족의 경우, 1545년에는 올리비에와 장남 발타자르가 다 인쇄업자로 기록되어 있다. 그런데 사반세기 후에는 후계자인 발타자르의 아우 멜키오르와 프랑수아가 다 서적상으로 분류되어 있다.

두번째는, 다음과 같은 속임수를 들 수 있다. 70년대에 들어서자 유력한 서적상들이 제네바와 북이탈리아 등지로 도망치는데, 그들은 입은 채로 그냥 망명한 것이 아니라 자본을 다 갖고 가버린다. 그리고 리옹에 자신을 대신할 사람을 남겨두는 예도 흔했다. 이를테면, 센통 상회를 경영하는 호상 클로드는 전투적 개혁파로 수배되어 제네바로 달아나지만, 추궁을 면한 공동출자자 샤를 페노가 그의 부재중에도 사업을 계속했다.

이와 같이, 말하자면 사령탑은 제네바에 있으면서 리옹에 전선기지를 확보하고 있었기 때문에, 적어도 서적상의 수는 줄지 않았던 것이다.

• 인쇄업자

인쇄업은 활자본이 탄생한 후 상당한 세월이 흐른 뒤에도 독립된 업종으로 인정받지 못했다. 그것은 필사본시대부터 서적상이 존재했고 그들 자신이 이 새로운 분야에 뛰어드는 일이 많아 그 일부로밖에 인정되지 않았기 때문이다.

이를테면, 1513년 4월에 국왕 루이 12세가 브루아에서 공포한 칙령은 인쇄술이라는 "인간의 기술이라기보다는 오히려 신기(神

技)에 가까운 발명"을 찬양한 것으로 유명하지만, 거기서는 면세 특권 등을 갖는 파리대학 선서업자 30인에 인쇄업자는 포함되어 있지 않다(서적상 24명, 제본업자, 채색화공, 사자[寫字]업자가 각 2명). 다시 말해서, 앞에서는 인쇄술이 세상에 기여하는 바가 크다고 추켜올려놓고는 막상 특권의 배분에 이르러서는 필사본 시대의 연장선상에 머물러 있다.

그러나 점점 더 분업화가 진행된다. 그리하여 1539년, 리옹과 파리에서 인쇄공 파업이 있었던 덕분에 그제야 인쇄업이 인정을 받는다. 빌레르코트레의 칙령으로 인쇄업자와 서적상은 별도의 마크를 사용할 것, 인쇄업자와 활자주조업자는 별개의 직종으로 할 것 등이 정해졌기 때문이다.

이러한 역사적인 사정도 있고 해서, 인쇄업자도 여러 가지이다.

①인쇄 겸 서적상

책을 직접 인쇄, 간행하는 업자이며 얼른 보아 인쇄 서적상과 구별하기 힘들다. 장 드 투른이 가장 좋은 예인데, 1545년 과세대장에는 독립한 지 얼마 되지 않은 그가 인쇄업자로 기재되어 있다.

지난날의 주인 세바스티앙 그리피우스는 당연히 서적상이다. 양자의 평가액은 12배나 차이가 나니, 장사 규모에 큰 차가 있었던 것으로 짐작된다.

이 계층에 들어가는 공방에는 장인과 도제도 꽤 많이 고용되었으며, 전문 교정 담당자도 있었을지 모른다. 에티엔 돌레, 악보출판으로 알려진 자크 모데른, 라블레 작품의 출판사인 클로드 누리, 프랑수아 쥐스트 등, 이 책에서 언급되는 상당수 공방이 여기에 분류된다.

②주문 인쇄를 전문으로 하는 업자

과세대장에서 평가액이 12리브르로 최저인 필리베르 롤레를 예로 들어보자. 아버지 클로드가 활자장인이었던 관계로, 그는 프랑수아 쥐스트 공방의 활자주조공으로 이 길에 들어섰다. 이윽고 주인 쥐스트가 죽자, 서적상 부문은 사위 피에르 드 투르가 상속하고, 필리베르는 동료 기술자인 바르텔레미 프랭과 공동으로 인쇄공방을 인수한다.

그리고 기욤 루예, 앙투안 콩스탕탱, 티보 파양 등에게서 주문을 받아, 로베르 그랑종이 디자인한 유려한 활자로 인쇄하여 호평을 얻었다.

샤를 퐁텐도 시집 『샘의 흐름』의 인쇄를 그에게 의뢰하고 책머리에서 롤레에게 4행시를 바칠 정도이다. 그러나 그의 이름은 항상 출자자인 서적상(루예의 주문이 대부분이다) 뒤에 곁들여졌을 뿐이다.

다음에 1544년 9월 파업 소동에 종지부를 찍은 칙령이 내려지는 현장에, 장인 대표의 한 사람으로 입회한 피에르 콩페르의 그 후를 추적해보자. 그는 곧 200리브르의 지참금과 함께 공방주인의 딸을 아내로 맞이한다. 같은 무렵 단짝인 블레즈 기드도 아내 루이즈가 지참금으로 인쇄기와 활자 세트를 들고 시집왔다. 그래서 두 사람은 손을 잡고 독립해서 리옹 서적상 컴퍼니 산하에 들어가 법률관계 서적을 인쇄하는데, 대자선회에서 고아를 도제로 받아들이기도 했다.

그러나 머지않아 불행하게도 두 사람은 세상을 떠나고, 컴퍼니의 가피아노에게 상당한 빚을 지고 만다. 어머니 루이즈도 사망한 것일까, 기드의 아들과 딸은 인쇄 도구를 가지고 들어가 자선회 신세를 지게 된다.

그 후 콩베르의 미망인이 인쇄공 브누아 피뇨와 재혼했으며, 부부는 돈을 긁어모아 자선회로부터 '인쇄기, 활자 등 인쇄 도구'를 140리브르에 되산다. 요컨대 자선회가 가피아노에 대한 부채를 대신 떠맡고 있었던 셈이다. 토마생 집안의 공방은 이렇게 해서 재개되었다.

또 개중에는 본업보다 부업에 열을 올린 사람도 있었다. 앙투안 뒤메르그는 책의 판권에 인쇄인으로서 이름을 한 번도 남기지 않았다. 그러나 부동산 매매 기록은 많이 남아 있다. 오로지 토지로 돈을 번 모양이다.

1554년 4월 북쪽 교외 생시르의 농원을 사다. 361리브르.
1555년 2월 이 농원(일부)을 400리브르에 팔다.
　　　4월 이 농원(나머지)을 현금 300리브르에 팔다.
1556년 4월 콜롱주(오늘날 근처에 유명한 식당인 폴 보큐즈가 있다)의 포도원을 현금 800리브르에 사다.
1558년 2월 시립자선병원과 가까운 가옥의 이층 방을 구입하다. 100리브르.
　　　6월 론 강 다리 건너 변두리 동네 라교티에르의 셋

집을 그곳 정육점으로부터 현금으로 매수(다락방이 딸린 이층집[13])으로 우물, 마당, 포도밭, 술창고가 붙어 있다). 270리브르.

1559년 2월 이 가옥과 4오메[14])의 포도밭을 소작료 30리브르, 전세금 12리브르에 임대하다.

뒤메르그는 1562년에 유언장을 작성했는데, 거기에는 인쇄업자, 여관업자(가옥임대업이라는 뜻일까)로 적혀 있다. 아마도 상당한 재산을 모은 모양으로, 딸 클로딘은 토판(土版) 발행사인 대형 서적상 브누아 리고에게 출가한다.

마지막으로, 책의 판권에 이름을 남기는 일도 없고, 중고 인쇄기와 닳은 활자로 싸구려 종이에 인쇄한 영세업자를 보자. 그들은 과연 페브르 마르탱이 말한 것처럼 달력이나 전단, 그리고 하찮은 파치나 찍었을까? 확실히 그런 예도 있으나, 사실은 잘 알 수가 없다.

이를테면, '고딕체 소책자'라 부르는 대중본이라든지, 행상인이 소리를 지르며 팔러 다니는 '토판' 같은 것을 생각해보자. 그런 인쇄물을 찍은 것은 반드시 영세업자만은 아니었다. 클로드 누리, 올리비에 아르눌레, 브누아 리고 같은 중견 내지는 규모가 큰 업자들도 손을 대고 있었던 것이다.

어쨌거나 우리가 그들의 존재를 알 수 있는 것은 그 불행한 생애를 암시하는 다음과 같은 기록에 의해서이며, 무명이나 다름없는 그들의 실제 활동을 알기는 거의 불가능하다.

자크 뒤크 통칭 보낭팽, 인쇄업자

"자크는 가난하여, 론 강 다리 자선병원에서 시혜를 받고 있었다." (생세바스티앙 시벽 건설을 위한 과세명부, 1523)

앙투안 드 룰랑, 인쇄업자

"1552년 4월 2일, 공증인 장 플랭 씨의 입회 아래, 리옹의 표백업자 장 메를에게 184리브르를 차용하고 갚지 못하게 되자, 변제불능으로 인한 구류를 두려워해서, 부르샤낭 가에 있는 자신의 가옥을 저당잡힘으로써 채권자와 합의하게 되었다." (공증인 앙투안 샤낭의 등기부, 1555년 12월 15일)

이런 힘없는 인쇄업자들은 장인들과 마찬가지로 선술집이나 하숙집 같은 부업을 했으며, 또 리옹에서는 새로운 산업이었던 견직물업에도 손을 대었다.

이를테면, 자크 루아의 처 클로딘은 집에서 실 잣는 일을 시작했으며, 그러다가 대자선회로부터 여자아이 하나를 견습으로 받아들이기도 한다.

실제로 1545년 과세평가액으로 판단해보면, 인쇄업자의 과세평가액 평균은 18리브르(최저 단위는 12리브르)였으며, 결코 유복한 직종이라고 할 수 없었다. 석공(23L), 뱃사공(21L), 모자장수(21L), 양말제조인(20L), 목수(20L)보다도 낮으며, 아마포직공(17L), 포도재배인(15L)을 간신히 웃돈 데 지나지 않는다. 따라서 평생 하청에 만족해야 할 정도라면, 오히려 직공으로 있는 편이 마음 편했을 것도 같다.

1545년 과세대장에서 63명이나 되던 인쇄업자가 1571년에는

표10

단위: 리브로

성명	출판기간	직업	평가액	채무
센통 형제	1543~75	상인	1500	
자크 쥔타	1519~52	상인	800	200
룩상부르 드 가비아노	1532~46	상인	600	300
앙투안 뱅상	1536~68	상인	600	
위그 드 라 포르트	1531~72	상인	500	
뱅상 드 포르토나리이스	1506~47	상인	100(?)	50
세바스티앙 그리피우스	1524~56	서적상	300	100
프를롱 형제	1536~68	서적상	200	40
로망 모랑	1515~43	서적상	150	40
자크 위그탕 2세	1527~57	서적상		30
기욤 루예	1545~89	서적상	100	
티보 파양	1533~70	인쇄업자	80	
피에르 프라댕	1548~66*	인쇄업자	72	30
자크 모데른	1529~56	인쇄업자		15
발타자르 아르눌레	1543~56	인쇄업자	36	5
올리비에 아르눌레	1517~67	인쇄업자	24	5
트렉셀 형제	1529~48	인쇄업자	24	
마세 보놈	1536~69	인쇄업자	24	
피에르 드 생트뤼시	1534~56	인쇄업자	24	5
장 드 투른	1540~64	인쇄업자	24	5
필리베르 롤레	1547~59	인쇄업자	12	

* 1545년에 서적상으로서 과세되고 있으나, 실제로는 아버지 사후 장 바르부에게 가게를 빌려주었으며, 아직 출판일을 시작하지 않았다.

13명으로 줄었으니, 그야말로 괴멸상태라고 할 수 있다. 그렇다면 1597년 인구조사에서 51명으로 되어 있는 것은, 개혁파 도시에서 고향으로 돌아온 인쇄업자가 꽤 있었음을 보여주는 것일까? 이는, 세기말의 이 인구조사 때는 인쇄업자라는 말의 범위가 그전과 달라진 데 기인하는 것으로 보인다. 같은 조사에서 인쇄장인이 불과 11명밖에 되지 않기에 하는 말이다.

『제네바 시민 등록부』라도 세밀히 검토한다면, 어떤 결론이 나오리라고 예상되지만, 어쨌거나 리옹 출판계의 퇴조는 뚜렷하다.

서적상과 인쇄업자가 다 나왔으니, 이제 1545년 과세대장에서 평가액을 비교해보자. 그 전년에는 국왕의 의뢰로 국방비 3만 리브르가, 말하자면 공채를 통해 '자유의사에 의하여' 모집되었다(상환기간 3년, 연리 10퍼센트). 이것도 그 각자의 재력을 알 수 있는 자료가 될 것이므로 살펴보기로 하자(표10).

상인, 서적상, 인쇄업자라는 이름과 세금 정도가 보기 좋을 만큼 균형을 이루고 있음을 볼 수 있다. 과세평가액의 차이로 판단해보면, 아무래도 누진과세방식이 채용되었던 것 같다. 공방을 차린 지 얼마 안 되는 장 드 투른은 앞에서도 언급했지만, 주인 그리피우스의 10분의 1 이하의 세금만 내면 되었다.

100개의 눈을 가진 아르고스도 못하는 일

이 밖에도 온갖 사람들이 책 만드는 일에 종사했다. 그런 직종 가운데 주된 것을 간단히 살펴보자.

①양피지업자

파피루스와 양피지가 문자언어의 지지체로서 패권을 다툰 것은 서기 4세기였던 것 같다. 특히 편지 같은 데는 종래와 같이 파피루스가 선호되었던 모양이나 이윽고 양피지에 자리를 내주게 된다.

콘스탄티누스 황제(4세기)는 양피지에 필사된 성서 50여 부를 콘스탄티노플에 보내게 했다고 한다. 그 후 10세기 이상에 걸쳐 그리스도교 사회에서는 양피지가 군림한다. 중세시대에 양피지는 학생과 교사에게도 필수품이었다. 파리에서는 그 매매에 부과되는 세금이 파리대학의 안정적인 수입의 바탕이 되기도 했다.

그러나 종이의 출현으로 양피지는 차츰 밀려난다. 일부 공문서에 재빨리 종이를 채용하는 곳도 나타났다. 그리고 활자본이 등장했다.

1489년 국왕 샤를 8세가 양피지상인 4명에 대해 종이상인 4명과 제지업자 7명에게 대학 선서업자의 특권을 부여함으로써 양자의 지위는 역전된다(약 1세기 전인 1368년의 대학 선서업자는 서적상 14명, 사자업자 11명, 채색화공 15명, 제본업자 6명이었으며 양피지업자는 19명이나 되었다).

그렇기는 하나, 이를테면 1480년 케임브리지에서 "종이를 사용한 책은 차용금의 담보로 간주할 수 없다"는 결정이 내려진 것처럼 '신참 양피지'로서 종이는 아직도 격이 낮았다. 16세기에 들어와서도 호화본은 여전히 양피지로 만들어졌고, 무엇보다도 재판소나 관청의 기록용으로 양피지는 불가결한 것이었다. 행정에 관한 공문서의 원본이 완전히 종이로 바뀐 것은 프랑스혁명 후인 1792년이라니 놀라지 않을 수 없다.

그런 까닭으로 르네상스시대에도 수도 파리에서는 생세브랑 교회 옆의 양피지업 거리(14세기 말까지는 '사자생[寫字生] 골목'이라 불렸다)를 중심으로 많은 업자가 활동하고 있었을 것이다. 대학 선서업자 베르트랑 드 베르네유도 그 가운데 한 사람이며, 리옹의 센통 형제와도 거래했다.

리옹 큰장에서도 양피지가 거래되었다. 이를테면 1574년, 대형 서적상 기욤 루예는 큰장에서 5번, 6번, 7번[15]이라는 번호가 붙은 세 꾸러미의 양피지를 구입하여 마르세유를 경유해서 나폴리의 상인 자크 아넬로 디 마리아에게 보내고 있다.

그런데 리옹에는 중요한 대학과 고등법원이 없었던 이유가 컸던지, 필사본시대가 지나고서는 양피지 수요가 보잘것없었다. 1515년에 하나 남아 있던 업자도 30년 후에는 없어지는 운명을 맞는다. 시몽 그로, 조프루아 가리앙[16] 같은 서적상이 시에 양피지를 납품했는데, 아마도 파리 같은 데서 구입해온 것 같다.

②지업자

상업의 발전은 무엇을 기록하고 계산하는 '정밀함을 추구하는 정신'을 낳았다. 그리고 프랑수아 가랭 같은 '글 쓰는 장사꾼'이 출현한다.

천재지변, 페스트의 대유행, 여러 가지 세상사 등, 당시 사회에 관한 갖가지 생생한 정보를 메모하여 남겨준 것은, 문인도 학자도 아닌 이들 상인들이었다. 또 공증인이 작성하는 계약서며 여러 가지 통신문도 이 시대에 비약적으로 증가했을 것이다. 말하자면 정보량의 증대에 비례하여 종이의 수요도 가속적으로 불어났을 것이 틀림없다. 그러나 종이의 최대 고객은 역시 출판업이었을 것이다.

그렇게 보면 1545년 과세대장에 지업자가 불과 5명밖에 기재되어 있지 않은 것은 뜻밖이다. 실은 보드리에의 『리옹 서지』 제1권을 세밀히 조사해보면, 이외에도 상당한 수의 지업자가 활동했음을 알 수 있다.

그런데 리옹의 인쇄공방에서는 어떤 종이가 사용되었을까? 1522~23년에 부과된, 앞에서 말한 입시관세(1리브르에 2드니에)의 기록에서 종이 생산지를 꼽아보자.

앙베르 459뭉치

도피네 19뭉치

이탈리아 19(고급지)뭉치

트루아 4뭉치

유감스럽게도 아직 방문한 적은 없지만, 지금도 제지용 수차가 보존되어 있고 제지박물관이 있는 앙베르가 리옹의 인쇄용지 공급을 거의 도맡았던 것이다.

아니, 오히려 이야기는 그 반대이니, 이 오베르뉴 지방의 제지업이라는 배경이 있었기에 리옹의 출판업이 발전했다고 할 수 있을 것이다.

롤레 비아르와 같이 앙베르에 제지용 수차를 소유하여 종이 제조와 판매에 손을 댄 기업가도 있었다. 그러나 리옹의 제지업은 보통 생산에는 관여하지 않고 매매만 했다. 그리하여 앙베르산 종이는 대개 노새 등에 실려서 언덕을 넘어 리옹으로 운반되었다. 또 이 종이는 큰장을 통해 에스파냐 방면으로도 수출되었다. 이를테면, 1544년 5월 리옹 큰장에서 물건을 구매한 상인 가탄 고메스(에스파냐인일 것이다)는 에스파냐의 큰장 도시 메디나델캄포에 활자와 인쇄용지를 합쳐서 아홉 통을 보내고 있다. 이런 점으로 미루어, 신대륙으로 건너간 책 가운데 앙베르 혹은 가까운 마르사크산 용지에 인쇄된 것이 상당히 있었다면 흥미로운 일이다.

한편 대형 서적상들은 산지에서 직접 종이를 구매했다. 센통 상회의 출자자이자 실질적인 후계자라고도 할 수 있는 샤를 베노는 프랑크푸르트, 제네바, 메디나델캄포에 지점을 차려 국제적으로 도서를 거래함으로써 이름을 떨친 인물인데, 그의 경우 비엔의 종이상인으로부터 용지를 구입하고 있다. 도피네 지방에서는 리브(그르노블의 북서쪽) 주변에서 제지업이 번창했던 것이다. 이를테면, 이런 공증인 문서가 남아 있다.

> 비엔의 종이상인 클로드 페이송 씨는 리옹의 서적상 샤를 베노 씨에게 '미사전례서용 보통지' 300연을 매각하기로 함(여기서 1연은 500매). 단 1연의 중량은 최저 13리브르로 함(리옹의 1리브르는 약 420그램). ……전자는 물건을 깔끔하게 포장하여 탕플 강변까지 배송하여야 함. 그 중 100연은 사육제까지 납품하기로 하며, 가격은 (1연에) 25솔로 함. 샤를 베노 씨는

상품 수령 때 대금의 반액을 지불하고 잔액은 2개월 후에 지불하기로 함.

(1581년 12월 6일)

이렇게 해서 탕플 강변에서 하역된 종이가 바로 가까이에 있는 메르시에 가 주변의 인쇄공방에 수송되었다.

그런데 이 시대에는 원료인 넝마조차 부족한 형편이라, 종이는 아직도 값비싼 상품이었다. 돈이나 머리핀 같은 것과 교환하여 낡은 속옷을 회수하는 장사가 크게 재미를 보았다(페브르 마르탱).

당시의 사료를 펼쳐보면, 종이 1연 값이 최저 10수에서 최고 30수까지 했으니, 위의 문서에 적힌 '미사전례서용 보통지'는 짐작컨대 고급지였던 모양이다.

③교정업자

과세대장에는 1572년이 되어서야 비로소 세 사람이 등장한다. 사료에는 'prélecteur'라고도 적혀 있다. 교정 일은 종래부터 학식이 있는 장인, 학생, 나아가서는 학자 등의 손에 맡겨졌고, 물론 저자가 직접 교정을 보기도 했다. 리옹의 조스 바드, 그리고 에라스무스, 라블레, 미셸 세르베 등 동시대 지식인으로서 교정과 편집에 솜씨를 발휘한 인물은 셀 수 없이 많다. 그러다가 빌레르코트레의 칙령에 의해 라틴어 교정자의 지위가 확립된 것을 계기로, 독립하여 각 공방의 주문에 응하는 전문업자가 출현한 모양이다.

오늘날에는 교정이라면 신문사나 일부 출판사를 제외하면, 전문가를 고용하는 예가 드물다. 일반적으로 편집자가 보거나 아르바이트에게 부탁한다. 지금도 '누구나 할 수 있는 부업'이니 뭐니 하면서 교정기술을 가르친다는 좀 수상쩍은 광고가 나곤 하는데, 교정은 그리 손쉬운 일이 아니다.

그런데 교정쇄 같은 파치는 거의 후세에 남겨지지 않고 폐기되는데, 16세기 도서제작의 실제를 밝힌 베랭 포렐 여사(파리 국립도서관)에 의하면, 초교는 대개 더러워져서 사용할 수 없는 종이에 인쇄되었다고 한다.[17] 그리고 원고와 교정쇄가 대조된다. 이때 안트베르펜의 플랑탱 공방에서는 이른바 읽어서 맞춰보았던 것으로 알려져 있다.

물론 읽어가며 맞춰보는 것만으로는 철자나 악센트 기호 같은 것을 완벽하게 고칠 수는 없으므로, 눈으로 대조해보는 작업이 필수적이다. 교정기호는 지금이나 옛날이나 별반 다르지 않은 것 같다. 그리고 16세기의 출판인은 책의 장수나 쪽번호를 매기는데 의외로 무관심해서 틀린 경우가 많았다.

옆쪽의 교정 예는 칼뱅의 후계자가 되는 테오도르 드 베즈(Théodore de Bèze, 1519~1605, 작가 · 교육자 · 신학자)가 번역하고 주해한 『신약성서』의 위판(僞版, 1559, 바젤)이다. 베즈가 재판용으로 정정한 것을 인쇄공방이 전기(轉記)한 것으로 여겨진다.

그런데 지금도 마찬가지지만 완벽한 교정은 있을 수가 없다. 라블레는 "인쇄업자의 잘못과 부주의로 M이 N으로 된 대목을 근

A καὶ ἔρχονται εἰς χωρίον, οὗ τὸ ὄνομα γεθσημανῆ. 32
καὶ λέγει τοῖς μαθηταῖς αὐτοῦ· καθίσατε ὧδε, ἕως
προσεύξωμαι.
καὶ παραλαμβάνει τὸν πέτρον καὶ τὸν ἰάκω- 33
βον καὶ ἰωάννην μεθ' ἑαυτοῦ, καὶ ἤρξατο ἐκθαμβεῖσθαι
καὶ ἀδημονεῖν.
καὶ λέγει αὐτοῖς· περίλυπός ἐστιν ἡ ψυχή μου ἕως 34
θανάτου. μείνατε ὧδε, καὶ γρηγορεῖτε.
καὶ προελθὼν μικρόν, ἔπεσεν ἐπὶ τῆς γῆς, καὶ 35
προσηύχετο, ἵνα εἰ δυνατόν ἐστι, παρέλθῃ ἀπ' αὐτοῦ
ἡ ὥρα.
καὶ ἔλεγεν· ἀββᾶ ὁ πατήρ, πάντα δυνατά σοι· 36
παρένεγκε τὸ ποτήριον ἀπ' ἐμοῦ τοῦτο. ἀλλ' οὐ τί ἐ-
γὼ θέλω, ἀλλὰ τί σύ.
καὶ ἔρχεται, καὶ εὑρίσκει αὐτοὺς καθεύδοντας, καὶ 37
λέγει τῷ πέτρῳ· σίμων καθεύδεις; οὐκ ἴσχυσας μί-
αν ὥραν γρηγορῆσαι;
γρηγορεῖτε καὶ προσεύχεσθε, ἵνα μὴ εἰσέλθητε 38
εἰς πειρασμόν. τὸ μὲν πνεῦμα πρόθυμον, ἡ δὲ
B σὰρξ ἀσθενής.
καὶ πάλιν ἀπελθὼν προσηύξατο, τὸν αὐτὸν λό- 39
γον εἰπών.
καὶ ὑποστρέψας εὗρεν αὐτοὺς πάλιν καθεύδον- 40
τας (ἦσαν γὰρ οἱ ὀφθαλμοὶ αὐτῶν βεβαρημένοι)
καὶ οὐκ ᾔδεισαν τί αὐτῷ ἀποκριθῶσι.
καὶ ἔρχεται τὸ τρίτον, καὶ λέγει αὐτοῖς· καθεύ- 41
δετε τὸ λοιπόν, καὶ ἀναπαύεσθε. ἀπέχει, ἦλθεν ἡ
ὥρα. ἰδοὺ παραδίδοται ὁ υἱὸς τοῦ ἀνθρώπου εἰς τὰς
χεῖρας τῶν ἁμαρτωλῶν.
ἐγείρεσθε, ἄγωμεν. ἰδοὺ ὁ παραδιδούς με ἤγγικε. 42
καὶ εὐθέως, ἔτι αὐτοῦ λαλοῦντος, παραγίνεται ἰού- 43
δας εἷς ὢν τῶν δώδεκα, καὶ μετ' αὐτοῦ ὄχλος πολὺς
μετὰ μαχαιρῶν καὶ ξύλων, παρὰ τῶν ἀρχιερέων καὶ
τῶν γραμματέων καὶ τῶν πρεσβυτέρων.
δεδώκει δὲ ὁ παραδιδοὺς αὐτὸν σύσσημον αὐτοῖς, 44
λέγων· ὃν ἂν φιλήσω, αὐτός ἐστι· κρατήσατε αὐτόν,
καὶ ἀπαγάγετε ἀσφαλῶς.
C καὶ ἐλθών, εὐθέως προσελθὼν αὐτῷ, λέγει· ῥαβ 45
βὶ ῥαββί. καὶ κατεφίλησεν αὐτόν.

Veniunt igitur in locũ, cuius nomen est Geth-
semane: tunc dicit discipulis suis: Sedete hîc, us-
que dum orauero. *precatus fuero.*
Et accipit Petrum & Iacobum & Ioannem
secum, cœpitque expauescere & grauissimè
angi.
Et dicit eis: Valde tristis est anima mea usque
ad mortem: manete hîc, & uigilate.
Progressusque parum, procidit in terram:
& orauit, ut si possibile esset, abiret ab eo hora
illa.
Dixitque, Abba, id est, Pater, omnia possibilia
sunt tibi: transfer à me istud poculum. uerùm
non quid ego uelim, sed quid tu.
Tunc uenit, & inuenit eos dormientes, di-
citque Petro: Simon, dormis? non ualuisti unam
horam uigilare?
Vigilate & orate, ne introeatis in tentatio-
nem. spiritus quidem promptus est, caro autem
infirma.
Et quum rursum abijsset, *precatus est* orauit, & eundem
dixit sermonem.
Et reuersus, inuenit eos rursum dormientes:
erant enim oculi eorum grauati, neque sciebant
quid ei responderent.
Et uenit tertiò, dicitque eis: Dormite quod su-
perest, & requiescite. sufficit, uenit hora, ecce
traditur Filius hominis in manus peccatorum.
Surgite, eamus. ecce, qui prodit me, appro-
pinquauit.
Et statim, adhuc eo loquente, adest Iudas qui
erat unus è duodecim, & cum eo turba multa
cum gladijs & fustibus à principibus Sacerdo-
tum, & Scribis, & Senioribus.
Dederat autẽ is qui prodebat eum, commu-
ne signum eis, dicens: Quemcunque osculatus
fuero, is est: cõprehendite eũ, & abducite tutò.
Quũ igitur uenisset, statim accedit ad eũ, di-
citque ei: Rabbi, rabbi: ac deosculatus est eum.

Christus in horto.
Matth. 26. d. 36.
Luc. 22. d. 39.
Assumit.
Vndiquaque
paululum,
ab ipso
Oratio Christi.
Vigilare.
Orare.
Spiritus.
Caro.
precemini
Osculo Iudas Christum tradit Iudæis.
Matth. 26. e. 47.
Luc. 22. e. 47.
Ioan. 18. a. 3.
is iste

34 Et dicit eis, καὶ λέγει αὐτοῖς. In quatuor exemplaribus hęc coniunguntur præcedentibus: & pro λέγει scribitur λέγων, dicere. Vigilate, γρηγορεῖτε. Complutensis liber addit μετ' ἐμοῦ, mecum. 36 Non quid ego, &c. οὐ τί ἐγὼ θέλω, ἀλλὰ τί σύ. Hunc locum uarijs modis deprauatum inuenimus in plerisque codicibus scriptis. Omnino enim plenior esset sententia, si pro τί legeremus ὅ, τι, uel ὡς, quod testatur Erasmus se in quibusdam exemplaribus legisse. ut subaudiatur γενέσθω, quod à Matthæo & Luca exprimitur. Sententiam uerò quamuis imperfectam, idcirco non expleuimus, quòd hæc aposiopesis non uideatur sua emphasi carere, in oratione tam ardenti.

40 Et reuersus, καὶ ὑποστρέψας. In secundo codice scriptum erat, καὶ πάλιν ἐλθών, & quum denuò uenisset. πάλιν autem quod antè καθεύδοντας hîc positum est, erat expunctum. Vulgata, Et reuersus denuò inuenit eos dormientes, καὶ ὑποστρέψας, πάλιν εὗρεν αὐτοὺς καθεύδοντας. 41 Sufficit, ἀπέχει. Ita legimus in omnibus Græcis codicibus. Erasmus tamen obseruat in quibusdam addi τὸ τέλος. quam lectionem si sequaris, duobus modis licebit interpretari, nempe ut compositum ἀπέχει pro ἔχει accipias, & subaudiatur aliquid, hoc modo: Habent finem, ea scilicet quę de me scripta sunt, & quæ paulo antè uobis prædixi. Instat enim illorũ exitus. Nam ipse Christus disertè Lucæ 22. d. 37. dicit τὰ περὶ ἐμοῦ τέλος ἔχει. qui locus uidetur hanc interpretationem confirmare. sin minus, licebit etiam conuertere ἀπέχει τὸ τέλος, pro ἄπεστι τὸ τέλος, abest finis: id est, solus iam finis superest, eorum scilicet quæ de me prædicta sunt. Quod si simpliciter legamus ἀπέχει, sicut ubique scriptum legimus, fateor me non habere quod hîc affirmem. Nam ἀπέχει nusquam legi pro ἱκανόν ἐστι, satis est: uel ἀρκεῖ, id est sufficit, ut Euangelistæ ferè loquuntur. Quid si igitur corruptè scriptum est ἀπέχει pro ἀρκεῖ? Sed nihil tamen uolui mutare ex coniectura. Traditur, παραδίδοται. Vulgata, tradetur: quam interpretationem non probo. Est enim omnino seruanda præsentis temporis significatio hoc loco. 43 Adest, παραγίνεται: id est, πάρεστι. Videtur enim, si ita accipias τὸ παραγίνεσθαι, uberior esse sensus. Iudas, ἰούδας. In secundo codice & Vulgata editione additur ἰσκαριώτης, Iscariotes. 44 Tutò, ἀσφαλῶς: id est, ita diligenter & tanto cum præsidio, ut elabi non posset: adeò sibi metuit mala conscientia, quam illis postea Christus exprobrat uersu 48. Vulgata, cautè: id est, περιεσκεμμένως, uel ἀσφαλῶς. 45 Rabbi, ῥαββί. In secundo & nono e-

a/36 Abba, pater. ἀββᾶ ὁ πατήρ. ... istorum est Syriacum alterum Græcum ... posset patrius ... esse ... prius illud ... Sed ego puto potius ... lingua ... ἀναδιπλωσιν ... si gallice diceres ...
... in proximo ... παραδίδους ... non recte interpretatum est, qui tradebat.

교정의 한 예

거로 이단사상 운운하는 패거리"(『제4의 서』의 헌사)라는 말로 교정의 중요성과 어려움을 표현했다.[18] 또 시인 뒤 벨레는 시집 『올리브』 증보판(1550, 파리, 질 콜로제, 아르누 랑줄리에)에 부친 긴 서문을 맺으면서 이렇게 말한다.

> 독자여, 그대가 오식(誤植)을 발견하더라도 나를 비난하는 것은 번지수가 틀린 일이외다. 나는 그 일을 남의 성의에 맡겼으니까. 게다가 교정이란 대단히 힘든 작업이라, 특히 새 작품의 경우 백 개의 눈을 가진 거인 아르고스의 안력으로도 오식을 다 찾아낼 수는 없는 일이라오.

또 한창 인쇄 중이라도 저자가 나타나 오식을 발견하면, 인쇄기를 멈추고 수시로 정정이 이루어졌다. 이 또한 베랭 포렐 여사를 재차 인용하는 것이지만, 그라티앙 뒤 퐁은 『남성과 여성의 논쟁』(툴루즈, 1534)의 책 뒤에 붙인 정오표에 이런 주를 달았다.

> 이하 정오표……이 판의 모든 책이 여기에 든 오식을 다 포함하고 있지는 않다는 것을 우선 유의해주기 바란다. 왜냐하면, 어떤 것은 인쇄 시작 직후에, 어떤 것은 그 중간에, 어떤 것은 인쇄 종료 직전에 정정되어 다른 것은 고쳐지지 않았기 때문이다.

따라서 엄밀히 말하면, 라블레학의 권위자 마이클 스크리치 교수가 지적한 것처럼, 현재 남아 있는 16세기 간행본에는 동일한 판본 같은 것은 존재하지도 않는다.

④트럼프 · 판지 제조업자

리옹의 인쇄 · 은행박물관에는 한 장에 인쇄된 귀중한 자료가 보존되어 있다. 이것은 실은 트럼프 카드이다. 판화사 I. D. 곧 장 달리에가 제작한 카드인데, 1485년 무렵 재단되어 판매되었다고 한다. 리옹에서는 채색 목판화로 트럼프 카드를 제작하는 것이 매우 성했으며, 활자본시대에도 이 전통은 계승되었다.

또 하나 잊어서 안 될 것은, 트럼프 · 판지 제조업자의 상당수가 넝마 회수업도 겸했다는 사실이다. 도박과 밀접한 관련이 있는 이 특수한 업종이 정식인가를 받아 규약을 갖추려면 16세기 말까지 기다려야 했다. 그리하여 클로버의 재크에 제조자의 마크를 넣는 것이 의무화되었다니, 프랑스에서 흔히 팔고 있는 복각판을 수집하고 있다면 마크의 유무를 조사해보는 것도 재미있을 것이다.

1661년 왕권은 이른바 트럼프에 대한 세금 징수를 확실하게 하기 위해 카드 제조를 전국 11개소 공방에 한정한다.[19] 업자들은 그 도시에 설치된 공장에 설비를 들고 들어가 "항아리의 은화(隱畵)가 들어 있는 종이"를 사용하여 카드를 제조했다. 그들은 또 카드에서 연유한 '킹'을 수호성인으로 모시고 공현절(1월 6일)을 축일로 삼았다.

⑤활자주조업자

활자의 원형이 되는 부형(父型)은 뛰어난 디자인 능력을 가진

트럼프, 1485, 리옹 인쇄 · 은행박물관

조각사가 시행착오를 거듭한 끝에 완성한 작품이다. 강철 부형으로 만드는 것이 모형(母型)이며, 이에 주석이나 아연을 부어넣으면 활자가 만들어진다.

16세기 중반 프랑스에서 활자 부형을 세상에 내보낸 디자이너는 다음과 같이 다섯 손가락에 꼽을 수 있다. 즉 클로드 가라몽, 로베르 그랑종, 기욤 르 베 1세, 필리프 당프리, 피에르 오탱 1세가 그들이다.

이 가운데 리옹과 인연이 깊은 이는 그랑종과 오탱, 두 사람이다. 그리고 르 베 2세는 활자 디자이너 열전(列傳)이라고도 할 만한, 짧지만 참으로 귀중한 『치부책』(1643)을 남겼다. 또 인문주의자로 1529년에 『만화원』을 상재하여, 자신의 문자 디자이너에 관한 미학을 피력한 조프루아 토리의 경우는, 말하자면 르네상스시대의 '켈름스콧 프레스'(영국의 시인이자 사회사상가인 윌리엄 모리스가 1891년에 설립하여 98년까지 "아름답고 읽기 쉽고 마음의 양식이 되는 책" 53부 66권을 출판한 출판사－옮긴이)로서 달리 다룰 필요가 있을 것 같다.

활자 제작자는, 당연한 일이지만 디자인 도용을 두려워하여 부형과 모형의 양도에 매우 신중했으며, 또 그것들은 고가를 호가했다. 참신한 서체는 서적상이나 인쇄업자에게는 다시없는 판매포인트였으므로, 이를 독점하려 한 것은 당연한 일이었다.

이를테면, 1550년 6월 대형 서적상 기욤 루예는 세바스티앙 그리피우스를 위해서, 당시 아직도 파리에 있던 그랑종으로부터 이탤릭체 '농 파레유'(6포인트 활자) 등의 부형 및 모형 세트 일체를 150에퀴에 구입했다. 이 계약서에는 이후 같은 종류의 활자를 제작해서 판매할 때는 루예의 승인을 받아야 한다는 조항이 명확히 부기되어 있다.

그러나 이런 종류의 약속이 지켜졌다고 생각해서는 안 된다. 그랑종은 이듬해에 에스파냐 알칼라의 서적상 마르티네스에게 이탤릭체 활자를 팔아먹고 있다.

개혁파의 은밀한 동조자였던 그랑종은 리옹 출판계에 주목하고 이 도시로 이주하여, 장 드 투른 서점의 전속화가 베르나르 살로몽의 딸과 결혼한 뒤, 드 투른과 손을 잡고 활자 디자인에 새 바람을 불어넣는다. 이 '시빌리테체' 및 그 후의 그랑종에 대한 이야기는 장 드 투른에 관한 대목에서 다시 언급하기로 한다.

또 한 사람 피에르 오탱 1세는 개혁파 편집자의 역할을 논할 때 빠뜨릴 수 없는 중요한 인물이기는 하나, 여기서는 그의 활동을 모두 소개할 여유가 없다. 앙주 지방에서 태어난 그는 파리에 나가서 생자크 거리에 '여우의 꼬리'라는 간판을 내걸고 활자 디자인뿐 아니라 삽화 원판 조각사로서 이름을 얻는다. 6포인트 로만체와 이탤릭체를 일신(一新)한 것은 그였던 것으로 여겨지고 있는데, 악보용 활자 또한 그의 장기였다.

1549년 이후 오탱 1세는 서적상 겸 인쇄업자로서 활약하지만, 개혁파 동조자로서 당국의 블랙리스트에 오르게 된다. 개혁파의 단결을 증명한 클레망 마로와 테오도르 드 베즈의 『시편』 프랑스어 번역판(1562) 출판계약에도 이름이 오른 오탱은, 기소되고 서적을 몰수당하는 등 박해를 받아 한때 리옹으로 피신한 것 같다

(1560~68). 그것은 칼뱅의 『그리스도교 강요』 외에 몇 점이 이곳에서 간행되었기 때문이었다. 그러다가 이윽고 오탱 일족은 프로테스탄트의 안전이 보장되는 도시 라로셸로 옮겨 출판을 통해 개혁파 운동에 몸을 바친다. 이를테면, 그는 바스크어판 『신약성서』 같이 드문 책을 낸다. 오탱의 경우, 짐작컨대 그의 후반생은 활자제작과 별로 인연이 없었던 것으로 보인다.

한편, 시내의 활자주조업자가 하는 일은 모형에 납을 쏟아부어 몇 벌씩 활자를 만드는 일이었다. 그런 업자는 꽤 많았다. 가스콩은 1515년 과세대상자를 기재하지 않았는데, 이를테면 라블레나 마로의 저작을 출판한 프랑수아 쥐스트의 아버지 에몽은 활자주조인으로서 대장에 실려 있다. 이 해에 프랑수아 1세가 즉위하여 이탈리아 진격을 앞두고 리옹에서 입시식(入市式)을 거행하는데, 에몽은 이 행진에 즈음하여 납으로 세공하는 나무와 꽃을 주문받는다. 거푸집에 쏟아붓는다는 점에서는 납이나 밀랍이나 마찬가지이니, 이해는 간다.

활자는 이윽고 제품의 만듦새라든가 취미, 유행, 혹은 자본력의 차이 등에 의해서 서서히 자연도태되어간다. 활자 디자이너가 부형 제작에서 주조까지의 공정을 일관되게 자기 공방에서 해내는 시대가 도래하여 과점화가 진행된다. 리옹에서도 1545년 과세대장에 7명이나 올라 있던 업자가 1571년에는 모두 모습을 감추었다. 개중에는 피에르 보종, 장 몽세르와 같이 제네바로 거점을 옮긴 앙투안 뱅상의 부름을 받아 그곳에서 활자를 만든 장인도 있었다.

이리하여 세기말의 노트르담 드 콩포르 주변에는 두 군데의 활자공방만이 근근이 가동되었다. 17, 18세기에 이르자 더욱 획일화되어, 활자공방의 수가 유럽 전체에서 50개 남짓으로 줄어든다. 그러나 리옹의 두 공방은 그때까지도 여전히 건재했다.

⑥목판화가 · 동판화가와 삽화의 문제점

책에 싣는 삽화 원판을 조각하는 이들의 호칭은 참으로 여러 가지라, 그 실태를 파악하기가 어렵다.[20] 이를테면, 'graveur'라고 되어 있어도 이들을 판화가라고 단정할 수는 없다. 활자조각가가 'graveur et fondeur'라고 적힌 경우도 있기 때문이다. 또 'imagier'만 하더라도 때로는 조각가나 화가를, 때로는 민중판화의 출판사를 가리키는 식이기 때문이다.

그런데 한 조사에 의하면, 1530~70년에 프랑스에서 간행된 서적 가운데 삽화가 들어 있는 것이 약 15퍼센트로 의외로 적다. 초기의 책은 그림이 든 비율이 좀더 높은 듯한 느낌이 든다. 그 삽화의 대부분은 여전히 목판이었다. 사료에 가장 잘 나오는 것은 'tailleur d'histoires'라는 호칭인데, 이것은 삽화판화 및 민중판화를 제작하는 목판화가를 말한다. 장 드 투른의 전속이라고도 할 수 있는 베르나르 살로몽, 삽화본에서 투른의 라이벌인 기욤 루예가 기용한 'PV의 판화가' 같은 사람들이 프랑스 판화 역사에 이름을 남기고 있다. 또 1515년 과세대장에서 빈곤 때문에 과세기초액이 감해진 장 코스트처럼 속옷 따위의 본 같은 것을 수록한 진귀한 책을 만든 사람도 있다.

그들은 삽화뿐 아니라 표제지, 가장자리 무늬, 꽃무늬 장식문자 등에서도 솜씨를 발휘했는데, 오히려 이쪽의 주문이 더 많았는지도 모른다. 삽화도 그렇고 장식괘선 같은 장식류도 그렇고 몇 번이나 다시 이용되었으며, 업자들 사이에 서로 빌리거나 양도하는 대상이 되기도 했다. 그것들은 서지적(書誌的) 연구의 중요한 물증인 반면, 위험한 덫이기도 하다. 여기서는 삽화의 모방과 전파에 관한 흥미 있는 예를 들어보자.

뒤 페이지의 그림을 봐주시기 바란다. 『팡타그뤼엘』이라는 주봉(主峰)을 둘러싸고 있는 그보다 못한 봉우리들 가운데 하나인 『가르강튀아의 칭찬할 연대기』(출판연도와 장소는 미상이나 1532년 무렵 출판된 것으로 추정된다) 뒤에 실린 그림이다. 그런데 이것은 실은 고지(高地) 독일어판 『틸 오일렌슈피겔』의 (현존하는) 초판(슈트라스부르크, 요하네스그뤼닝거, 1515) 제22화에 붙어 있는 한스 발둥 그린(Hans Baldung-Grien, 1484년경~1545, 화가이자 판화가)의 삽화를 복사한 것에 지나지 않는다. 말하자면, 성채 위에서 나팔을 불고 있는 것은 오일렌슈피겔(독일의 시골 사기꾼으로, 그의 여러 가지 유쾌한 장난은 수많은 민간설화와 문학의 원천이 되었다—옮긴이)인 것이다. 르네상스시대의 프랑스와 독일을 대표하는 두 이야기는 삽화라는 경첩으로 맞물려 있었다고 할 수 있을 것도 같다.[21)]

『틸 오일렌슈피겔』의 진짜 작자를 헤르만 보테라고 하는 설도 있다.[22)] 실제로 삽화 문제까지 포함하여 최근 틸 오일렌슈피겔 연구에서는 대폭적인 지각변동이 일어나고 있는데, 그것은 라블레 연구와도 조우하고 있다. 이에 대한 상세한 논의는 다른 기회

『가르강튀아의 칭찬할 연대기』
(1532년 무렵)의 뒤에 실린 삽화

『틸 오일렌슈피겔』(1515) 제22화의 삽화 부분

『가르강튀아 대연대기』(1537)의 속표지

『틸 오일렌슈피겔』(1515)의 속표지

로 미루고, 여기서는 또 하나의 사실을 소개하는 것으로 만족하기로 한다.

아주 최근에 아일랜드 수도 더블린의 도서관에서 1537년판 『대연대기』(안트베르펜, 빌렘 볼스텔만)가 발견되었는데, 그 속표지에는 앞에서도 소개한 어릿광대나 행상인 같은 그림이 사용되고 있다. 그런데 오른쪽 위에는 놀랍게도 올빼미가 그려져 있다. 이것은 지금은 낯익은 공식인 오일렌슈피겔(Eulenspiegel) = 올빼미(Eule)+거울(Spiegel)의 한쪽인 것이다.[23] 다만 이 걷고 있는 사람은 거울 대신 지팡이/어릿광대의 석장을 짚고 있다.

각설하고, 장 드 투른 전속의 베르나르 살로몽과 그 유파의 목판 삽화는 리옹 르네상스의 최고봉이었다. 그 정도를 가지고 뭘, 하는 소리도 들려올 것 같다. 그래, 리옹 시민은 먹는 것 이외에는 검소를 모토로 삼았고 그림이나 골동품 같은 것에 대한 관심은 그리 높지 않았으니 하는 수 없겠지. 그렇다면 제네바에서 신천지를 찾았던 판화가들은 어떻게 되었을가? 칼뱅파는 장식예술을 오히려 적대시했으므로 이 도시에서 그들이 재능을 살릴 여지는 별로 없었을 것이다.

이윽고 삽화예술의 성과가 저조했던 종교전쟁을 거쳐 세기말에 이르러 삽화는 부활한다. 하지만 이는 목판화가 아니라 동판화였다. 물론 컷, 장식문자, 가두리 장식 같은 것에는 여전히 목판화가 요긴하게 사용되었지만, 책에 넣는 목판화 삽화는 출판문화사의 앞 무대에서는 모습을 감춘다. 그것들은 이제 '거리에서 외치며 파는 책'으로서 각지를 헤매게 되는 것이다.

⑦제본업자

필사본시대부터 중요한 업종이었을 터이므로, 공방이 꽤 많았다. 다만 당시의 책은 제본하지 않은 채로 수송되는 것이 보통이었다는 데 주의해둘 필요가 있다.[24)]

1540년대에는 열 군데쯤 제본공방이 가동되었는데, 거의가 영세한 공방이었다. 시청 서류의 제본 같은 일을 맡아서 하다가 이윽고 서적상까지 된 엔몽 퐁타넬 같은 경우는 드물며 "기욤 로제, 제본업자, 빈곤 속에서 사망"(1524, 과세대장) 운운하는 기록이 눈에 띈다. 국왕 전속 제본업자였던 로페 부자, 클로드 드 피케 같은 파리의 유명 장인과 어깨를 나란히 할 인물은 나타나지 않은 모양이다.

오늘날 리옹에서는 루이 14세의 기마상이 서 있는 베르쿠르광장에 면해 있는 제본공방 몇 집이 소리 없이 가동되고 있다. 아울러 파리는 지금도 제본과 장정의 중심지이며, 생미셸광장 가까이에 있는 '렐마' 등 재료점도 의외로 많다. 가만히 생각해보면, 프랑스는 언컷(가장자리를 도련치지 않은 책이나 잡지−옮긴이)의 프랑스식 장정이 아직도 살아 있는 나라이다.[25)]

서적상 컴퍼니의 탄생

출자액은 4천 리브르씩으로 하고 부족할 때도 균등하게 자금을 투하한다.
연도의 결산에서 "하느님의 뜻으로 이익이 생기면" 이 또한 5분의 1씩 나눈다.
• 제4차 컴퍼니 규약 조항 가운데 하나

컴퍼니라는 경영 시스템은 중세에 출현했다. 이는 서로 속내를 잘 아는 친구나 친지들이 자금을 내어 몇 해라는 기한을 정해놓은 기업체를 설립하여 기업활동을 하는 방식이다. 사업의 진두지휘를 맡은 사람도 있고, 출자자라는 이름만 걸어놓은 사원도 있다. 그리고 해산할 때는 대체로 출자에 비례해서 이익(때로는 손실)을 서로 분배한다.

말하자면 '회사'의 원형이다. 아우크스부르크의 푸거 집안, 피렌체의 메디치 집안이 다 이런 회사조직으로 움직였다.

대형 은행이나 큰 상사는 각국에 이런 종류의 컴퍼니를 두고 활동했다. 그리고 실제로는 서로 정보를 교환하는 등 밀접한 관계에 있었음에도, 각 컴퍼니는 별개 조직이며 독립채산제임을 표방했다. 별개 회사라는 시스템은, 이를테면 소송사건 같은 것이 일어났을 때 책임을 회피하기 쉬웠고 여러 가지로 편리했기 때문이다.

리옹 경제계에서 무게를 가졌던 이탈리아 상인들 역시, 피렌체, 루카 등 이른바 국민단 별로 이런 컴퍼니를 조직하고 있었다. 그것은 유력한 가문을 중심으로 두세 개 집안 상인들이 결성한 폐쇄적인 기업집단이었으며, 정기적으로 계약을 갱신함으로써 존속되었다.

이를테면, 루카 출신의 무역상이자 은행가인 봉비시 가는 리옹에서 활동한 한 세기 남짓한 사이에 15회 정도 이런 종류의 컴퍼니의 설립과 해산을 되풀이하여 막대한 이익을 올렸다. 한 회의 기간은 2~6년이었다. 특히 이탈리아 전쟁 종결 후에는 이탈리아와 에스파냐 사이의 브로커 역할을 맡아 100만 리브르 투르누아의 연수입을 올렸는데, 이는 프랑스 국가예산의 15분의 1에 해당하는 것이었다고 가스콩은 계산하고 있다.

본시 컴퍼니는 해상무역이라는 위험한 사업을 시작할 때 한편으로는 돈을, 다른 한편으로는 노동을 제공할 목적으로 결성된 것이 시초라고 한다(그래서 '바다의 결사'라고 불렸다). 따라서 신대륙을 향한 탐험항해에서도 이런 컴퍼니 방식이 채용되었다. 일례를 들면, 1524년부터 네 차례에 걸쳐 실시된, 리옹 거주 이탈리아인 조반니 베라차노의 아메리카 탐험이 그것이다. 사원 9명의 컴퍼니 방식으로 자금을 모아 르아브르 항에서 미지의 바다로 출범한 도핀 호의 항해는 향신료 무역 등으로 맛을 들인 피렌체 상인의 벤처기업이었던 것이다.[26)]

컴퍼니라는 경영 시스템

여기서 참고삼아 일반 컴퍼니의 예를 들어보자. 1546년 아르놀피니 일족 등 루카의 호상 8명이 리옹 큰장에서 상거래를 목적으로 결성한 기간 5년의 컴퍼니 출자액과 이익배분의 비율은 다음과 같았다(표11).

미카엘리 아르놀피니 상회는 상사와 은행으로서, 리옹에서는 봉비시 집안과 나란히 루카 국민단을 이끈 유력한 존재였다. 아울러 아르놀피니 집안은 브뤼헤에 활동 기반을 둔, 반 에이크(Jan van Eyck, 1395년 이전~1441, 플랑드르의 화가)가 그린 걸작의 모델로서 그 잊을 수 없는 표정을 영원히 남기게 된 호상 조반니 아르놀피니의 자손들이다.[27] 그런데 이 표에서도 알 수 있듯이, 프란체스코 미카엘리와 갈레오트 프란코티의 배당이 출자액에 비해서 많다. 이것은 두 사람이 컴퍼니의 경영 책임자로서 실무를 도맡아 처리했기 때문이다. 배당 비율이 아니라 해마다 일정

표11

프란체스코 미카엘리	6000에퀴	10
보나벤투라 미카엘리	6000	6
지롤라모 아르놀피니	6000	6
야코포 아르놀피니	5000	5
바르톨로메오 아르놀피니	4000	4
갈레오트 프란코티	4000	7
루도비코 페니테시	1000	1
바스티아노 가브리엘리	1000	1

가스콩, 앞의 책, 280쪽 참조.

한 봉급을 받는 것으로 계약이 맺어지는 예도 흔했다.

서적상이 자본가, 인쇄업자가 생산자가 되어 설립한 컴퍼니도 당연히 존재한다. 1543년 서적상 앙투안 뱅상은 북이탈리아 파르마 출신의 인쇄업자 바티스트 드 벨리와 3년간 컴퍼니 계약을 맺고 있다. 서적상은 6천 리브르를 출자하고 인쇄업자는 2대의 인쇄기를 가동시킨다는 조건이다. 3년 후, 이익은 절반씩 나뉘어졌다. 벨리는 그 3분의 2를 현금과 어음으로, 나머지는 현물 곧 서적으로 받았다고 한다. 그러나 이런 관계를 보여주는 사료는 좀처럼 보기 힘들다. 돌레와 뒤랑의 컴퍼니만 하더라도, 이익 분배에 대해서는 한 마디도 언급이 없다.[28)]

리옹 출판계를 좌지우지한 대형 서적상은 다른 상품을 취급하는 데도 익숙한 호상이었다. 그러한 그들이 남유럽 시장을 제압하기 위해 손을 잡고 출판회사를 설립한 것은 당연한 추세였을 것이다. 이것이 리옹 서적상 컴퍼니이다.

16세기 리옹에서는 그 멤버를 조금씩 바꾸어가면서 네 차례 정도 서적상 컴퍼니가 설립된다.

제2차 리옹 서적상 컴퍼니(1520~42)를 예로 들어보자. 그것을 추진한 이는 북이탈리아 아스티 출신의 뤽상부르 드 가비아노였다. 컴퍼니는 원전(原典) 부문과 주해 부문으로 나뉘어져 있다. 전자는 법률서 같은 원전 간행을 목표로 하여, 에몽 드 라 포르트가 책임자가 된다. 후자는 오늘날 말하는 법령 평주(評註) 같은 주해서를 가비아노가 중심이 되어 세상에 내보냈다. 다른 멤버는 앙투앙 뱅상, 클로드 센통, 기욤 르뇨 등 모두 리옹의 서적상이며 이탈리아색은 짙지 않다.

자본금은 2만 1천 리브르, 기간은 6년, 지배인의 연봉은 200리브르였다고 사료에 적혀 있다. 지배인은 실질적인 경영자로서, 종이를 구입하고, 교회법, 로마법 또는 그 주해서를 인쇄하여(컴퍼니는 자체 인쇄소를 갖고 있지 않고 시내 공방에 하청을 주었다) 이것들을 각국에 발매하는 책임을 졌다.

컴퍼니는 또 그러한 법률관계 대저의 해적판이 돌아다니는 것을 막기 위해 국왕으로부터 몇 번인가 특인이라는 출판 독점권을 획득하고 있다. 옛 소련의 출판역사가 몰다프스카야 여사는 여기서도 독점자본이라는 컴퍼니의 본질을 찾아내려 하지만, 특인의 신청은 말하자면 저자와 책방에게 하나의 상투적인 수단이었다. 게다가 프랑스 국왕의 특인은 국외에서는 무효이므로, 특히 라틴어 서적의 경우는 그 신통력이 반감한다. 실제로 컴퍼니는 5~6년의 출판 독점권을 획득하면서도 라이벌에게 도전을 받고 있었다.

1537년의 사료에 의하면, 구성 멤버가 약간 바뀌어서 가비아노, 에몽의 아들 위그 드 라 포르트, 앙투안 뱅상 이외에, 피에몽테 출신의 뱅상 드 포르토나리이스, 본가는 피렌체지만 베네치아에서도 서적상으로서 아르도, 졸리토 등과 패권을 다툰 쥔타 집안의 자크가 참가하고 있다. 이탈리아인 서적상이 진출하고 있는 것이다.

이 컴퍼니도 6년 계약으로 "장부상의 부채, 서적, 종이의 재고를 포함하여" 2만 2천 66리브르 9수 1드니에로 끝자리가 붙은 자본금으로 발족한다. 지배인은 15개월 임기로, 봉급은 마찬가지로 연 200리브르이다. 그리고 아마도 자크 쥔타가 소개했던지, 컴퍼니는 피렌체 국민단의 예배장소인 노트르담 드 콩포르 내의 셋집 클레르몽관을 창고로 빌려썼다. 집세는 연 40리브르였다고 한다.

이 도미니쿠스 수도회 수도원에는 얼마전까지 고전학자이기도 한 샹티 파니니 수사(1450~1536)가 머물면서 『히브리어 사전』(1529, 세바스티앙 그리피우스), 역시 히브리어 원전의 『신약성서』(사후 출판, 1538, 트렉셀 형제 인쇄, 위그 드 라 포르트 발매) 등을 상재했다.

『히브리어 문전(文典)』(1536) 역시 사후에 출판되었는데, 이것은 이 수사의 친척인 피렌체 출신 호상 토마 가다뉴가 자금을 내어 프랑수아 쥐스트에게 인쇄시켜 위그 드 라 포르트가 발매한 것이다. 또 같은 무렵 시에나 출신 시스트 수사도 이곳에서 교육에 정열을 쏟으며 성서 관계 저작물을 간행했다. 요컨대 '반도'의 중간쯤에 자리잡은 도미니쿠스 수도회 수도원은 리옹의 지적 중심지 가운데 하나로서, 가까운 거리에 있는 메르시에 가 주변의 '활자본의 세계'와 밀접한 관계에 있었다.[29)]

리옹 서적상 컴퍼니에 중용된 인쇄업자는 출판업자로, 이어 서적상으로 신분이 상승할 수 있는 패스포트를 손에 넣은 거나 같았다. 그런데 위의 그리피우스나 트렉셀 형제(홀바인의 『죽음의 춤』을 인쇄), 그리고 프렐롱 형제(『죽음의 춤』을 출판), 나아가서는 자크 미트, 프랑수아 프라댕 등 다재다능하고 뛰어난 이들 인쇄업자 대부분이 개혁파의 동조자라는 것도 잊어서는 안 된다.

이 제2차 컴퍼니가 간행한 서적은 약 30점 100여 권인데, 그 태반이 라틴어 법률책이다. 진귀한 것으로는 1537년에 나온 빵의 '중량 조견표'라는 것이 있다. 1541년 연말에 제2차 컴퍼니는 해산되었는데, 그 자산은 5만 리브르 이상으로 배로 늘어나 있었다.

제3차 컴퍼니(1542~60)도 같은 멤버로 운영되었던 것 같다. 설립 문서에는 간행 예정인 책이 19점 열거되어 있는데, 초기 필사본 이래 손에 익은 바르톨로의 『로마법 강화(講話)』 이하, 파노르미타누스, 발두스 등 거의가 이탈리아인 학자가 쓴 법령주해서이다.

그런데 제3차 컴퍼니의 출판물에는 간과할 수 없는 책이 포함되어 있다. 『성서 용어집 및 해석』(1545) 전7권이다. 왜냐하면, 한스 홀바인의 삽화와 장식문자가 들어 있는 이 방대한 책의 편집과 교정을 맡은 사람이, 이단자로 가톨릭과 프로테스탄트 양파에서 배격당하여 결국은 칼뱅의 제네바에서 화형에 처해진 에스파냐 태생 의학자이자 신학자인 미셸 세르베이기 때문이다.

제4차 컴퍼니는 1560년 3월 4일, 위그 드 라 포르트, 뤽상부르 드 가비아노(1558년 무렵 사망)의 후계자 그룹, 앙투앙 뱅상, 기욤 르뇨, 클로드 센통 등을 멤버로 하여 발족되었다. 각자의 출자금은 4천 리브르씩, 총 2만 리브르의 자본금으로 출발했다.

손 강 우안의 생폴 교회 안에 예배실을 가진 리옹의 유수한 명문 르뇨 집안의 기욤은 자크 쥔타의 사랑스런 딸 잔과 결혼했으며, 장인이 세상을 뜬 뒤에는 서적상 쥔타 그룹의 실질적인 경영자를 겸했다. 이 기욤 르뇨는 소유주의 일부를 상인 바르텔레미 테토에게 양도했으며, 발언권은 두 사람이 합쳐서 5분의 1이었다.

이전 경영진과 비교해보면, 포르토나리이스 집안 대신 지역의 대상인인 서적상 센통이 가입한 형태이다. 일찍이 기욤 르뇨의 아버지 클로드가 파리의 로베르 에티엔에게 보낸 편지에서 개탄했듯이, 센통 상회는 컴퍼니와 같은 목록의 책을 출판하여 도전했다. 라이벌인 센통이 컴퍼니에 가입함으로써 화해가 성립된 것일까?

그러나 포르토나리이스의 후계자인 기욤 루예는 이 처사가 불만이었다. 그는 투렌 지방에서 태어나 젊어서 베네치아로 가 현지의 대서적상 졸리트 밑에서 수업했으며, 그 후 리옹에 와서 포르토나리이스 가의 대리 상인이 되었다. 그리고 도미니크 드 포르토나리이스의 딸 마르그리트를 아내로 맞아 후계자로서 사업의 발전을 이끌어왔다.

당연히 포르토나리이스의 후계자로서 컴퍼니 가입을 노렸을 것이다. 그런데 출자자에 끼지 못했다. 그래서 루예는 컴퍼니와의 출판전쟁에 돌입했고 이윽고 이에 승리를 거두어, 말하자면 원한을 풀게 된다.

영광과 낙일

그런데 리옹 출판업의 난숙기에 결성된 제4차 컴퍼니에 관해서는 꽤 긴 사료가 남아 있어서 서적상 컴퍼니의 실태를 아는 데

편하다. 그 내용을 요약해보자.

• 초대 책임자는 발타자르, 앙리, 바르텔레미 등 가비아노 형제였으며, 그 기간은 종전대로 10년이었다(다만 결산은 매년 한다).

• 출자액은 4천 리브르씩으로 하고, 부족할 때도 균등하게 자금을 투하한다. 각 연도의 결산에서 "하느님의 뜻으로 이익이 생기면" 이 또한 5분의 1씩 나눈다.

• 컴퍼니가 간행을 예정하고 있는 법률서를 구성원이 마음대로 손을 대지 않기로 한다.

• 컴퍼니의 간행본에는 '사자 마크'를 붙인다(이 도시의 문장에도 같은 디자인이 채용되었고, 리옹 대자선회의 마크에도 이 도안이 곁들여져 있었다. 이 사자 마크는 이미 제1차 컴퍼니[1509~ 20] 때부터 사용되었으며, 그때마다 조금씩 디자인이 바뀌어왔다. 아울러 가장자리 장식도 마찬가지이며, 다섯 종류 정도가 밝혀져 있다. 또 컴퍼니의 일을 맡은 인쇄업자가 인쇄 마크만 바꾸고 이 가장자리 장식을 차용하고 있는 예도 볼 수 있다.[30])

• 책임자의 봉급은 연봉 600리브르로 하며, 이것으로 창고 사용료 및 기타 경비를 지불할 것(시기는 명백하지 않으나, 메르시에 가에서 곡물시장으로 향하는 튀팽 거리에 있는 재고품 하치장을 빌려썼다).

• 멤버들 사이의 상품 및 자금의 대차에 대하여(컴퍼니란 위험을 분산시키는 수단일 뿐 아니라 상부상조를 전제로 하는 일종의 계모임이기도 했다. 그 이자는 큰장마다 5퍼센트, 즉 연이율로 치면 20퍼센트가 되어 꽤 높다. 그럴 때는 약속어음을 끊었다).

컴퍼니의 사자 마크

• 다른 멤버의 출판물과 경합하는 일이 없도록 배려할 것. 위반하는 경우, 200리브르의 벌금을 리옹 대자선회에 납부한다(리옹 대자선회가 이 도시의 세속적 결합의 상징으로서 기능을 다했다는 데 주목해야 할 것이다).

• 금후 10년간 책임자 이외의 멤버는 "도피네 지방 전역에서 생산되는 그 어떤 종이도 사지 않는다고 약속할 것"(앞에서 언급했듯이, 리옹의 인쇄공방에서는 보통 오베르뉴 지방의 앙베르산 종이를 사용했다. 여기에 도피네 지방이라고 있는데, 컴퍼니는 도피네 지방의 제지산업과 특별한 관계가 있었던 것일까).

한편 컴퍼니의 이익이 구체적으로 어느 정도였는지에 대해서는 유감스럽게도 거의 사료가 없다. 유일한 기록인 1566년의 결산을 보면 5천 리브르 이상의 수익을 올리고 있으니, 상당히 수지맞는 장사라고 할 수 있지 않을까.

이때의 재고 목록을 보면, 여러 가지가 밝혀진다. 제목이 라틴어로 된 책의 작업은 예삿일이 아닌데, 이를테면 'Lecture Alciati'는 한 부에 4리브르 17수 6드니에로 적혀 있다. 컴퍼니가 특인을 획득하여 피에르 프라댕에게 인쇄하도록 한 『알치아티 작품집』 전7권(1560~61)이 틀림없다. 컴퍼니의 유력한 멤버인 위그 드 라 포르트와 가비아노 형제는 좋아하는 프라댕 공방에 로만체 활자를 갖추게 하여 그때까지 고딕체로 인쇄해온 법률집 같은 것의 이미지 전환을 꾀하고 있었던 것이다. 이탈리아의 법학자이자 인문주의자인 알치아티의 저작집은 아주 시의적절한 기획이었다. 제6권에 수록된 것이 베스트셀러 『우의도상』(寓意圖像)이다(이 작품은 1531년 초판 이래 문장[紋章] 붐을 타고 16세기 중에 100판 가까이 판을 거듭했다고 한다).

그런데 멤버가 컴퍼니의 책임자로부터 책을 구입하여 판매할 때, 대금 대신 자기 출판물을 내놓는 일도 있었던 것 같다. 그 좋은 예가 우달리쿠스 자시우스의 저작집인데, 재고 목록에는 살라망드판 자시우스와 그리피우스판 자시우스의 두 종류가 실려 있다.

전자는 살라망드(불도마뱀)를 상표로 하는 센통 형제가 브누아 보낭에게 인쇄하게 하여 출판한 13권짜리이며, 후자는 우리에게 낯익은 세바스티앙 그리피우스가 기욤 르뇨의 부탁으로 인쇄하여 판매한 7권짜리이다(1550~51). 두 저작집은 내용이 약간 다르기는 하나, 센통 일족과 쥔타 르뇨 그룹이 불꽃 튀기는 경쟁을 벌이는 모습이 눈에 선하다.

제4차 컴퍼니는 종교전쟁의 시대와 겹쳐 있다. 다부진 개혁파 상인 앙투안 뱅상은 일찌거니 본거지를 제네바로 옮겨놓고 있었다. 그는 1561년에 개혁파의 단결과 희망의 증거로서 프랑스어 번역판 『시편』을 리옹과 제네바에서 대량으로 인쇄한다(제19장 참조). 1562~63년에는 개혁파가 리옹의 실권을 장악한다. 앙투안 뱅상과 바르텔레미 드 가비아노는 칼뱅파의 최고의결기관인 장로회의에 자리를 차지한다. 또 클로드 센통은 호상 클로드 가바용, 클로드 로랑생, 위그 드 라 포르트의 아우 장과 함께, 개혁파 시 참사회 의원 12인 그룹으로서 변혁의 일꾼이 되고자 했다.

그러나 그 꿈은 1년이 채 안 되어 깨지고, 결국 그들은 되돌아온 가톨릭 세력의 탄압을 피해 부득이 제네바로 망명하지 않을 수 없게 된다. 1568년에 센통과 가비아노 두 사람은 강제 차관을 갚지 못해 서적류를 차압당하고 만다. 또 뱅상은 곧 생애를 마감한다.

나머지 멤버들의 동향은 어떨까? 기욤 르뇨는 가톨릭 강경파로서 시 참사회에 들어간다. 또 위그 드 라 포르트는 시 참사회 의원에 연속 선출된 신망이 두터운 인물이었으며, 개혁파가 점령한 기간에도 그 직위를 맡고 있었다. 그러나 1567년 프로테스탄트 측이 자신을 참사회 의원으로 천거하자 "나는 지금까지 가톨릭교도가 아니었던 적이 없고, 프로테스탄트 진영의 대표를 맡을 생각 따위는 없다"고 말하고 자리에서 일어나 나간 뒤 두 번 다시 회의에 나오지 않았다고 한다.

이리하여 말하자면 최강을 자랑한 제4차 컴퍼니에도 큰 균열이 생기게 된다. 인쇄장인들도 개혁파에서 이탈하여 가톨릭으로 복귀한다. 리옹 르네상스의 가을과 더불어 리옹 서적상 컴퍼니 또한 낙일을 맞이하게 되는 것이다. 리옹 서적상 컴퍼니는 그 후에도 18세기까지 단속적인 활동을 전개하기는 한다. 그러나 다시 이 당시의 광휘를 되찾지는 못한다.

그렇다면 이 시스템의 유산을 누가 상속했을까. 그것은 파리의 서적상들이었다. 17세기 초에 결성되어 교부의 저작 등을 간행하여 가톨릭과 왕권을 대변한, 선박 마크의 '범선 컴퍼니'가 그것이다.

또 케르베르 서점의 재고를 줄이기 위한 목적으로 만들어져서,

안트베르펜의 플랑탱 모레투스와도 제휴하고, 이윽고 전례서를 독점 판매하기에 이르는 기도서 컴퍼니도 마찬가지이다.

그렇기는 하나 말하자면 성속(聖俗)의 권력이 뒤를 밀어준 느낌이 있는 이 두 컴퍼니는 수지 맞추기를 신조로 한 리옹의 컴퍼니와는 맛이 좀 다른 것들이다.

6 리옹 르네상스의 축제

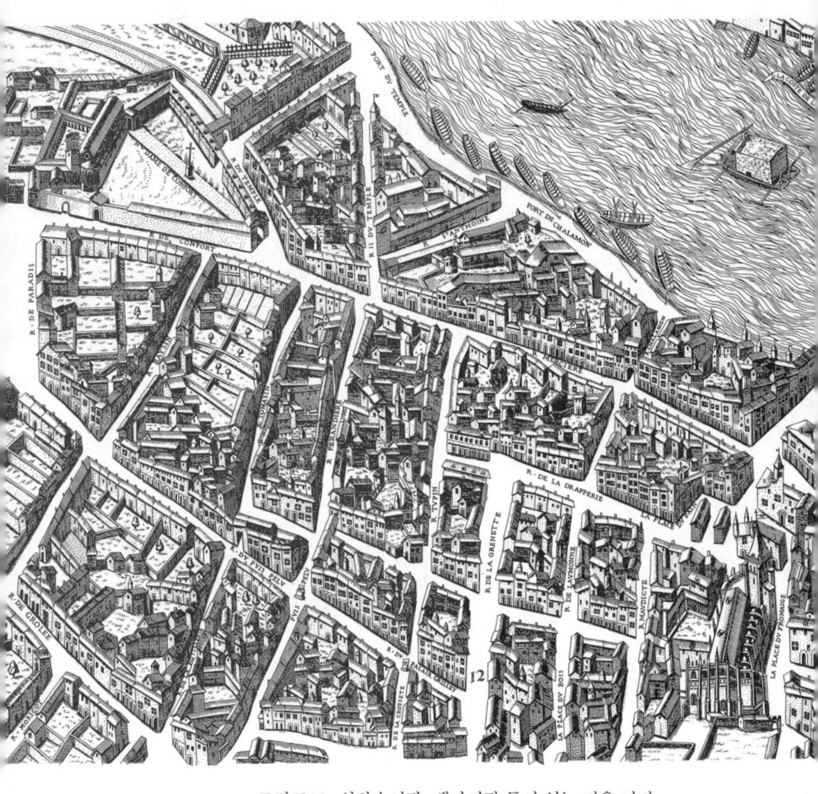

조감도12. 쇠장수여관, 백마여관 등이 있는 리옹 거리

축제와 반란

민중을 너무 엄하게 억눌러서 자포자기하게 만드는 것은 무서우니
때로는 그들이 얼빠진 야단법석을 떨거나
기분풀이하는 것을 관대하게 봐주는 것이 좋다.
• 클로드 드 뤼비

카니발론에 관한 기념비적인 저작에서 야마구치 마사오(山口昌夫) 씨는 바흐친의 논의를 기초로 시장도시의 활력을 다음과 같이 설명했다.

> 그럼 왜, 시장에서 그와 같은 세계의 출현이 가능했던 것일까. 그것은 시장이 가진 경제적 기능에 더해지는 상징성을 생각해보면 이해가 갈 것이다. 시장은 무엇보다도 폐쇄성과 대립한다. 그곳은 누구나 갈 수 있다. 따라서 '열린 세계'라는 이미지를 갖는다. 다음으로 시장은 자유로운 접촉을 가능케 한다. ……나아가서 여기서는 등가물의 소유가 인간관계의 전제가 된다. 그러기에 '평등 또는 대등'의 이미지가 지배한다. 여기서는 사람이 끊임없이 이동한다. 그래서 고정된 것에 대해 유동성의 이미지가 생겨난다. 여기서는 사람은 소유물을 내놓고,

그것을 무언가와 바꾸며, 그것으로 말미암아 그 자신의 정체성에도 변화가 일어난다. 교환되는 물건에 대해서나, 사람 자신에 대해서나, 시장은 변모의 이미지를 제공한다. ……이와 같은 시장이 갖는 상징성이 축제가 갖는 비일상성과 겹쳐졌을 때, 거기에 카니발적 생이 가능해진다.[1)]

손 강 우안의 환어음광장은 신용공간으로서 유럽의 한 중심지였다. 그리고 이 교환이라는 작용/놀이를 담당한 자유도시 리옹에서는 1년 내내 큰장이 설 때와 같은 축제 기운이 떠돌았다. 바흐친과 야마구치 식으로 말한다면, 카니발적인(이 경우의 '카니발적'이라는 것은 민중적 축제적 비공식적이라는 뜻에 가깝다) 분위기가 넘치고 있었다는 말이 된다.

거꾸로 된 세계

리옹의 축제 달력을 몇 장 들추어보기로 하자. 이를테면, 여름철 성(聖) 장의 날 파르동 축제가 있다(6월 24일은 세례자 성 요한의 탄신일이다). 이 하지의 젯날에 한해서는 외지의 빈민이나 유랑민이나 시내를 활보하고 다닐 수 있었다. 그래서 거지들도 군중에 섞여 생장 대성당의 경내로 몰려들어가 큰 소동이 벌어졌다. 아마도 액막이 화제(火祭)가 성대하게 행해졌을 것이다.

특히 1546년은 이른바 성년(聖年)에 해당하는 해라, 전면적인 사면이 주어진다고 하여 각지에서 순례자들이 몰려들었다. 장 게로의 일기에 의하면, 4, 5만 명이 몰려와 골목이란 골목을 가득

메웠다고 한다. 부랴부랴 천막집이 세워지고 사람들은 거기서 고해성사를 보았다. 또 생장 교회에 참례하는 신자들을 위해 교회 뒤에는 강 건너까지 임시 교량이 가설될 정도였다.

마찬가지로 여름의 풍물로 알려진 것이 손 강의 수상 창시합이다. 우안 대표는 생조르주 지구, 좌안 대표는 생뱅상 지구, 선원들이 많이 사는 두 지구가 대전을 벌이는 것이다. 조감도13이 어느 정도 사실적인지는 모르지만, 방패와 창으로 무장한 뱃사공들이 솜씨를 겨루어 상대편을 강물에 떨어뜨린다. 강변에서는 피리와 북의 응원전이 벌어지고 불화살이 발사되는 등 대단히 요란스런 축제였다.

5월 1일에는 광장에 어린나무가 세워졌다. 이것이 5월의 나무이다. 그리고 젊은이들은 좋아하는 처녀의 집 앞에 저마다 잎새 다발을 갖다놓았다. 선택된 나무는 각기 꽃말을 가지고 있었다고 한다.

장난기 많은 인쇄장인은 여기서도 얼굴을 내밀지 않고는 못 배긴다. 클레망 마로가 그런 광경을 좀 재미있는 소네트로 남겨주었다.[2)] 그는 궁정 시인으로서 리옹시 장관의 통치력에 경의를 표하고, 자유를 허용하는 그의 인덕을 찬양하여 "복된 옹(翁)이시여, 큰북소리 울리고, (인쇄장인들에 의해) 5월의 나무가 세워졌으며, 피리 소리 울려퍼져, 옹과 옹의 고귀한 가문에 갈채를 보내나니"하고 읊은 것이다. 그러나 솔직히 인쇄공들이 그런 기분으로 장관집 앞에 5월의 나무를 장식할 까닭이 없다. 5월의 나무라 불리는 '토템 폴'은 성적(性的) 기호이며, 오히려 '늙은 주제에 색을 좋아하다니'라고 비꼬는 메시지가 담겨 있었던 것이 아닐까.

그런가 하면 앵무새 쏘기라는 경기가 있었다. 성령강림절(부활절 후 50일째)의 행사로, 가슴받이 갑옷을 댄 '앵무새'라 부르는 새 모양의 표적을 국왕 대리, 시 조역 같은 시의 고관들이 화승총으로 쏘아 떨어뜨리는 경기이다.[3)]

오늘날 클레이 사격의 표적을 피존(비둘기)이라고 하는데, 비둘기도 새는 새이니 어쩌면 이것은 클레이 사격의 원형인지도 모른다. 리옹의 유력자들은 '화승총의 기사단'이라는 축제 단체를 만들어 우승자에게는 왕, 준우승자에게는 원수(元帥) 등의 칭호를 부여하며 즐겼다.

이에 비해 민중들이 성령강림절에 하는 놀이는 '미치광이 말'이다. 이것은 국왕 복장에 왕관을 쓴 사나이가 하늘색 바탕에 백합을 수놓은, 역시 왕가를 상징하는 가운을 걸치고 종이로 만든 말 속에 들어가 시내를 분마(奔馬)처럼 돌아다니는 행사이다. '심판의 칼'을 손에 든 이 미친 임금의 주위에서는 악사들이 춤을 추고 뛰고 하면서 제멋대로 놀아난다.

이 '미치광이 말'의 그림을 본 적은 없지만, 미친 왕에서는 '관을 벗은 어릿광대 왕'이라는 카니발적 이미지를 읽을 수 있다.

그러나 거기에 멈추지 않고, 이 축제는 축제와 반란이라는 이중성을 표현하는 것이라고 뤼비는 『진실의 리옹 역사』(1604)에서 설명하고 있다.

고등법원 평정관 등 요직을 역임한 이 역사가에 의하면, '미치광이 말'은 1403년 성령강림절 날, 인부, 뱃사공 등 영세민들이 폭동을 일으켜 상인과 부유한 시민들로부터 권력을 탈취하려고 한 역사적 사실을 기억하기 위한 행사라고 한다.

그렇다면 분마는 그야말로 '민중의 폭력이라는 광기'의 역사를 숨기고 있는 것이 된다. 하기야 이 축제도 17세기에는 흔적도 없이 사라져서, 민중의 마음에는 아무것도 남지 않았다고 한다.

그런데 민중적 축제라고 하면 제일 먼저 떠오르는 것이, 시내에 스무 개쯤 있었던 '무궤도의 수도원'이라는 축제 단체가 연출하던 '거꾸로 된 세계'이다.

이 수도원의 단원들은 장난삼아 여러 가지 관직을 잇달아 임명하여 거꾸로 된 세계를 겨루었는데, 이에 관해서는 데이비스의 논문에 양보하는 수밖에 없다.[4)]

이런 단체는 지구 단위로 결성되는 것이 보통이었던 것 같다. 인쇄장인의 경우는 '오식(誤植)의 대감'이라는 장식 수레를 꾸며 행진을 할 뿐 아니라, '이끼 낀 우물'(조감도12) 가까이에 '부적격 변호인석'을 차려 어릿광대 같은 모의재판을 열곤 했다. 뤼비에 의하면, 인쇄장인과 우단장인의 행진은 최고의 구경거리였다고 한다.

나사상인 게로가 일기에 적어놓았듯이(1552년 5월 10일), 두 단체는 야단법석의 권력을 다투다가 메르시에 가 근처에서 충돌하여 사상자가 날 정도로 열광적이었다. 그러나 뤼비가 이 글을 쓸 무렵에는 상업이 정체되어 쌍방이 다 지난날의 모습을 잃고 행진을 벌일 여유도 없었다고 한다.[5)]

반란과 등을 대고 있는 국경의 도시

축제 세시기(歲時記)를 훑어보았는데, 원래 르네상스시대 리옹에서는 사흘에 하루는 일요일이나 축일이어서 휴일이었다. 좋게 말하면, 축제 기분, 다시 말해 지위나 역할을 뒤집어 도가 넘치게 흥겨워할 수 있는 분위기가 떠돌았던 것이다.

그러나 이것은 뒤집어 말하면, 이 도시가 항상 반란과 등을 대어 살고 있었음을 의미한다. 상기해보자, 『가르강튀아』의 작자가 리옹에 도주해온 피크로콜에게 일용 인부라는, 도시가 아니면 구할 수 없는 일자리를 주었다는 것을. 이 유랑자는 수로 공사장 같은 데서 일거리를 얻었던 걸까?

비오는 날에는 일을 못하게 되고, 노는 날은 많고, 일을 할 수 있는 날은 그리 많지 않았을 것이다. 하루 벌어 하루 사는 사람들이 일이 없는 축제일에 그 기분을 잘 발산할 수 있으면 좋지만, 이것이 어긋나면 소란이 터져나오고 만다. 어떤 의미에서 반란의 밥상은 이미 차려져 있었던 것이다.

1529년 대폭동의 경우도 그랬다. 그때는 부활절 직후의 곡물가격 폭등이 폭동의 방아쇠가 되었다. 대체로 말해서 그 계절은 공교롭게도 햇밀이 나오는, 곧 철이 바뀌는 경계(境界)에 해당하는 것이다.

또 당시에 집세는 1년에 두 번으로 나누어서 지불했는데, 그것이 생장의 여름 축제와 성탄절에 겹쳐져 있었다. 그래서 이 시기도 항시 일촉즉발의 위험을 안고 있었다.

축제의 야단법석이나 종교적인 흥분은 그 같은 민중생활의 '경계상태'(V. 터너)[6]에 출현한다. 뤼비가 '미치광이 말'이라는 퍼포먼스에서 확실하게 파악했듯이, 축제와 반란은 원래 표리일체인 것이다.

그렇다면, 왜 그런 위험한 시기에 방종을 허용한 것일까? 그것은 말하자면 그와 같이 민중으로 하여금 도가 지나치게 흥겨워하도록 내버려두는 것이 사회적 안전판이 된다는 기능주의적 관념이 위정자들에게 작용했기 때문이다. 뤼비는 리옹의 축제에 관해 언급하면서 이 점에 관해서 이렇게 말한다.

> 민중을 너무 엄하게 억눌러서 자포자기하게 만드는 것은 무서우니, 때로는 그들이 얼빠진 야단법석을 떨거나 기분풀이하는 것을 관대하게 봐주는 것이 좋다(이것은 동고트족의 테오도리쿠스 대왕의 말이라며 인용한 것)…….
>
> 그런 명랑한 야단법석(샤리바리)이 최근에는 폐지되어버려서, 사람들은 그 대신 술집으로 몰려가 얼큰하게 취하도록 마시고는, 초롱 속의 새처럼 식탁 아래서 다리를 건들거리며 주정을 부리기 시작하여, 왕후나 총독, 국가와 재판소까지도 격렬하게 공격해댄다. 그러다가 결국은 무언가 고약한 중상문서 같은 것을 만들어 여기저기 네거리에 내다붙이거나 거리에 뿌리곤 하는 것이다.[7]

그러나 밀이 아닌 일상, 비일상의 경계에서 일어나는 상징적 역전이나 일탈행동은 결코 예정조화적으로 끝나주지는 않는다.

"축제일의 야단법석 같은 것은 미리 알려진 결말을 향한 자기만족적 전개의 한 토막이 결코 아니며, 어느 면에서 그것은 거기로부터의 일탈이라고도 할 현상"(C. L. 바버)[8]이기 때문이다.

국경의 상업 · 금융도시 리옹은 축제와 반란의 경계면 같은 시공간에 뜬 도시인 것이다.

정치와 예술과 사랑의 스펙터클

16세기의 인간은 한데서 그냥 비바람을 맞는 존재이고
어쨌거나 이 시대에는 누구나 할 것 없이 여행을 한다.
• 뤼시앵 페브르

대식단이 파업을 벌였을 때 일이다. 그 지역에 장 네롱이라는 사나이가 있었다. 그는 연극을 좋아한 것이 도가 지나쳤던지(그는 배우였다고도 전해진다), 아버지의 유산을 모두 쏟아부어 오귀스탱 강변에 가까운 라 데제르트 수녀원 앞의 대농장을 구입하여(조감도13) 그 자리에 훌륭한 극장을 세웠다.

무대에는 천국과 지옥의 장치가 설치되고, 시의 명사들이 앉는 좌석은 3층으로 되어 있었으며, 바닥에는 서민용 벤치석이 마련되어 있었다고 한다. 장 네롱은 일요일과 축제일의 오후에, 성서에서 테마를 따온 극(무대장치로 미루어 성사극[聖史劇]의 하이라이트를 상연한 것이 분명하다)을 상연했으며 "마지막에는 희극을 곁들여 관객을 즐겁게 했다"고 한다.

이 극장이 과연 지붕을 제대로 갖춘 본격적인 것이었는지에 관해서는 사료가 남아 있지 않은 모양이다. 더군다나 원형극장이었는지 어땠는지 알 도리도 없지만, 관객들은 페스트도 전란도 혹은 파업도 잊고 연극과 하나가 되어 이 '마법의 고리'[9] 속에서 천국과 지옥을 의사체험했다.

그런데 당시는 떠돌이 배우들이 천막을 세워 연극을 상연하고 공연이 끝나면 다음 도시로 떠나가는 그런 시대였으므로, 상설극장이라는 그 자체만으로도 매우 이례적이었다. 리옹에서도 순회공연을 하는 극단은, 이를테면 장관의 공관(흥행 수익금은 대자선회와 자선병원에 기부되었다)이라든가, 쥐드폼관(쥐드폼은 테니스의 전신—옮긴이) 같은 곳에서 흥행을 했다.

이동하는 궁정

상설 신파극장에서의 성사극 공연이라는, 고전의 그릇에 고딕의 정화(精華)를 담은 듯한 이 기묘한 선구적 시도(파리에서도 오텔 드 부르고뉴좌[座]와 말레좌 같은 상설극장이 정식으로 탄생하는 것은 1630년대의 일이다)는 3, 4년 만에 좌절되고 만다.

이윽고 1548년에 파리 고등법원이 성사극의 지나친 세속화와 그 이상한 붐에 신경질이 나서 수난극 금지령을 내린 것은 흔히 인용되는 일이다.

그리고 이것을 인용할 때는 반드시, 그 후에도 특히 지방에서는 성사극 붐이 쇠퇴하지 않았다는 설명을 덧붙이기 마련이다.

그러나 리옹에서는 그런 정도가 아니라 일찌감치 이탈리아 연극의 동향이 전해져 있었고, 실제로 피렌체 상인들은 혼례라든가 화평 성립을 축하하여 그 같은 르네상스 연극을 펼쳐보였다.

그런데 고딕시대의 성사극이란, 본래 온 도시가 벌인 공동작업의 거대한 결과물로서 장관을 이룬 구경거리였다. 그것들은 대부분의 경우 축제나 왕후 귀빈의 내방, 혹은 상업도시라면 큰장 등의 경제적 이벤트와 결부되어 상연되었다. 예산도 지방자치체가 제공하고, 배우도 프로는 극소수였으며 시내의 아마추어들이 연습에 연습을 거듭하여 연기를 했다.

더욱이 그들 무대에 등장하는 사람들뿐 아니라 큰 도구나 기발한 속임수 장치 같은 것을 만드는 데도, 이를테면 동업조합이라든가 신심회 같은 단위로 시민이 동원되었다. 그렇게 해서, 말하자면 도시 전체가 참가해서 병치(倂置) 상연법[10]에 의한 일대 장관이 며칠동안이나 계속해서 펼쳐졌던 것이다.

한편, 국왕의 내방을 기념하여 개최되는 입시식, 이른바 로열 엔트리는 군주가 도시에 베푸는 피로연이었다. 국왕은 이 기회를 이용하여 그 지배력을 과시하고(반드시 개선문이 세워졌다), 나병환자에게 안수를 해주는 등의 상징적인 행위를 통하여 권위를 자랑하고 환상을 부여했다.

대관식 후 처음으로 어느 도시에 들어갈 때('축하입시식' 등으로 불린다)는 은사를 베푸는 것이 관례였다. 살인을 저지르고 도망친 자들 가운데는 국왕의 입시식이 거행되는 도시에 먼저 들어가서 자수하여 은사를 기다리는 약삭빠른 인간도 있었다.

이 행진을 받아들이는 도시로 봐서도 그것은 자체의 부와 문화, 나아가서는 도시라는 몸의 구조와 위계질서 같은 것을 왕권에 선보이는 일종의 흥행의 의미를 지니고 있었다. 비유적으로 표현된 회화, 혹은 상징적인 도상이나 정치적인 슬로건 같은 것으로 거리를 장식했으며, 이런 것들을 배경으로 입시식 행진이 진행되었다. 또 광장이나 강에서는 경기, 무도회 혹은 불꽃놀이 등 구경거리가 펼쳐졌다. 이리하여 정치와 예술, 나아가서 때로는 사랑까지도 섞여서 하나가 되어 스펙터클화되었다(앙리 2세가 총애하던 여인 디안 드 푸아티에의 신화적인 표현을 염두에 두고 하는 말이다).

더욱이 시민이 눈을 크게 뜨고 국왕의 행렬을 지켜보는가 하면, 국왕 또한 시민의 행렬과 수상 창시합을 구경하는 식으로, 르네상스의 입시식은 쌍방향적 스펙터클이었다. 축제의 언어를 지배층이 독점한 것이 아니라 민중 또한 이 언어를 다루고 있는 것이다.

"(성사극이라는) 연극 활동이야말로 중세의 사회, 중세의 마음을 가장 잘 반영하고 있다"[11]고 한다. 그렇다면, 도시 구성원 대부분이 어떤 형태로든 참가하고, 시의 여기저기서 이벤트가, 말하자면 병치적으로 상연되는 입시식이라는 정치적 축제는 르네상스판 성사극이라고 바꾸어 말해도 좋을 것 같다. 입시식은 르네상스시대의 도시 표정을 가장 잘 말해주는 공식 구경거리였던 것이다.[12]

오늘날에는 투르 드 프랑스라고 하면, 해마다 여름에 개최되는 프랑스 일주 자전거 경주를 말한다. 메르크스, 이노 같은 역대의 챔피언들은 그곳 아이들에게 동경의 대상이다. 그런데 르네상스 시대의 '투르'(일주)는 그것과는 크게 다르다.

그 하나는 장인의 편력수업을 말한다. 일찍이 장인들은 각 지역에서 장인 숙소 같은 것을 경영하면서 자신들을 보살펴주는, 그들이 '엄마'라고 부르는 이를 찾아가 자기소개를 한 뒤, 그곳에서 수업을 하는 관습이 있었다. 그렇게 해서 국내를 시계 방향으로 편력하는 것인데, 개중에서도 리옹은 가장 중요한 역참이었으며, 리옹을 출발하여 디종에 이르는 것이 이상적인 코스였다고 한다.[13]

대식단에 관해 이야기하면서 인쇄장인들의 '인쇄 만세'라는 암호를 언급했던 것을 상기해주기 바란다. 석공들처럼 편력길이 확립되어 있었다고는 여겨지지 않으나, 인쇄공들에게도 그런 종류의 네트워크가 있어서 그들은 열심히 편력수업을 했던 것이다.[14]

그리고 또 하나의 '투르'가, 여기서 문제가 되는 국왕의 국내 순방이다.

16세기의 인간은 "한데서 그냥 비바람을 맞는 존재"이고 "어쨌거나 이 시대에는 누구나 할 것 없이 여행을 한다"는 유명한 말을 한 역사가는, 머리에 허옇게 서리가 앉기 시작한 프랑수아 1세의 1533년 여행을 쫓아간다. 그리고 "프랑수아 1세가 이런 이동으로 피로하기에 앞서, 사람이 할 수 있는 일이라고는 여겨지지 않는 정도의 지명을 열거하는 것만으로도 우리는 지쳐버린다"면서 그 작업을 도중에 중단하고 이렇게 말한다.

> 이것이 대체 국왕이란 말인가? 차라리 이야기에 나오는 기사, 산을 넘고 골짜기를 건너 무훈을 찾아 방랑을 계속하는 기

사라는 편이 낫다.

그렇다면 궁정은 어떻게 되었는가? 궁정? 옳아, 그렇다…… 궁정은 들러붙어 가고 있는 것이다.

• 페브르, 『프랑스 르네상스의 문명』

상세한 것은 이를 직접 읽어보는 것이 좋을 듯하고, 여기서는 대신 국왕이 간 길의 지도를 보기로 하자. 이렇게 마치 물고기 떼처럼 회유하면서 통치하는 궁정을 환영하여, 도시가 개최하는 것이 바로 입시식인 것이다.

이런 종류의 축제에는 당대의 예술가가 동원되기도 한다. 앙리 3세가 베네치아에 들어섰을 때(1574)는, 팔라디오(Andrea Palladio, 1508~80)가 개선문을 설계하고, 틴토레토(Tintoretto, 1518년경~94)와 베로네세(Paolo Veronese, 1528~88)의 그림으로 그것을 장식했다.

프랑스 시인 하면 금방 조델(Éienne Jodelle, 1532~73)과 롱사르(Pierre de Ronsard, 1524~82)의 이름이 떠오른다. 라블레도 황태자 탄생을 축하하여 로마에서 거행된 『모의전기』(模擬戰記, 1549)를 쓰고 있다.

그리고 그 가운데는 『황제 막시밀리안의 개선문』(1512)이라는 이색적인 작품을 제작한 뒤러 같은 인물도 있다. 이색적이라고 한 것은, 이것이 실제의 행진광경을 기록한 판화집이 아니라 바람직한 행진의 모습을 그린 완전한 픽션이기 때문이다. 황제 막시밀리안은 '종이 위에 개선문을 건립하라'는 약간 기교한 명령

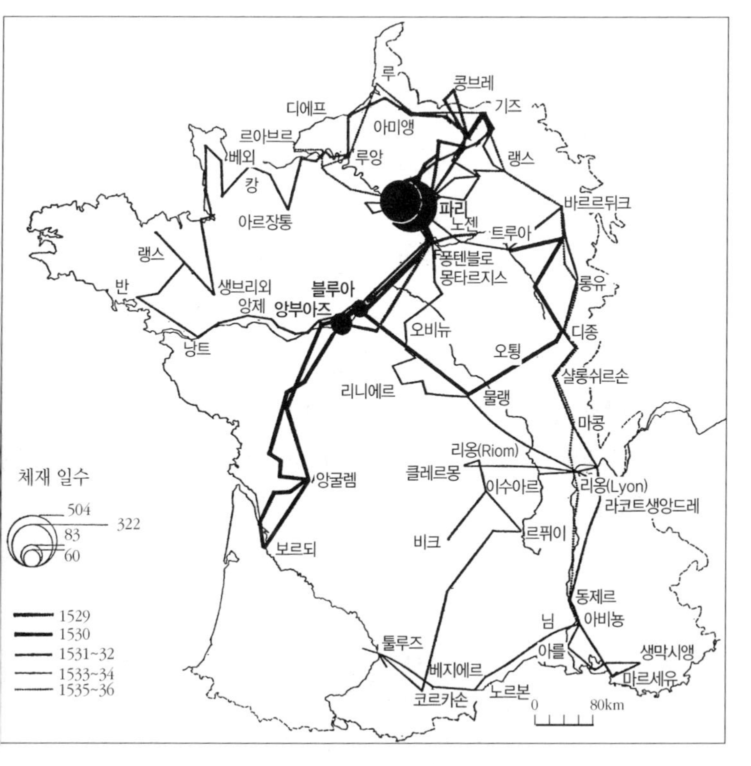

프랑수아 1세의 순방
(『프랑스 역사 · 경제 · 사회』, I-1, 74쪽)

을 내렸던 것이다.[15)]

우의(寓意)적인 정치라 할 만한 입시식 기록의 허구성에 관한 논의는 뒤로 돌리고, 이쯤에서 리옹의 입시식으로 이야기를 좁혀 보자.

이 도시에서는 15세기 말부터 해서 100년 사이에 약 10회의 국왕 입시식이 거행되었다. 그런데 16세기 후반에 들어서면, 입시식은 이제 더 이상 도시 전체의 표상(表象)이 아닌 단순한 공식 행사가 되어, 일부 특권계급의 표현수단으로 변용된다.

17세기에는 축제에서 '뒤집힌 세계'를 연출했던 무궤도의 수도원 등 우행(愚行) 결사도 사라진다. 인쇄공의 모임인 '오식의 대감'도 활동을 멈춘다. 입시식은 전속 예술가들이 연출하는 이벤트로 바뀌어 축제에서 민중은 배제된다. 이렇게 축제의 개성은 차츰 상실되고 감각적이며 동적인, 지나치게 과시적인 바로크 축제가 만들어지게 된다.

따라서 1548년 리옹 르네상스의 절정기에 거행된 입시식이야말로, 아마도 이 시장도시의 모습을 가장 충실하게 반영하는 것이다.

입시식의 주역인 두 사람은 리옹 방문이 처음이 아니었다. 1533년, 당시의 교황 클레멘스 7세[16)]의 근친인 메디치 가의 카테리나는 남프랑스에서 왕세자 오를레앙 공(앙리 2세)과 정략결혼을 하게 되었으며, 귀로에 이 도시에 들른다. 그리고 입시식의 비용을 염출하기 위해 시에서는 여름의 큰장 기간에 한해서 '1리브르에 2드니에'의 관세를 부과하여 절박한 고비를 넘긴다.[17)] 카테리나의 남편은 얼마 안 가서 애첩 디안 드 부아티에에게 넋을 잃어 그녀를 슬프게 만든다. 그리고 그녀가 왕비가 되어 처음 거행하는 이 입시식에도, 그림자 주역인 디안은 수렵의 여신 디아나의 모습으로 변신하여 나타난다.

입시식의 시나리오

1547년 봄, 프랑수아 1세는 랑부예에서 사망하고 아들 앙리 2세가 즉위했다. 리옹에서는 큰장의 개최권 등 종래의 여러 특권을 확인받기 위해 즉각 궁정에 사절을 파견한다. 이윽고 국왕이 리옹을 방문한다는 소식이 전해지고 입시식 준비가 시작된다. 그 날짜는 몇 번이나 변경된 모양이며, 최종적으로 1548년 9월 23일로 정해진 것은 입시식 직전의 일이다.

5월에 트리니테 전문학교장 바르텔레미 아노 등과 더불어 식전의 고문으로 의촉된 모리스 세브는 9월 초에 있을 입시식의 총감독에 임명된다. 사료에는 이야기와 개선문의 감독, 지시 운운하고 있으나, 그 역할은 행진의 시나리오를 작성하고, 장식 마차와 각처에 배치할 지붕 달린 장식대와 입시문의 설계 같은 것을 예술가들과 함께 고안하고, 그에 곁들이는 수수께끼, 명문(銘文), 시문 같은 것을 만드는 것으로, 말하자면 이 축제의 수석감독이나 같았다. 입시식에 관한 기록을 집필하는 일도 그 후 그에게 맡겨졌다. 시인은 그러한 일의 보수로 50리브르를 받았는데, 그 중요성으로 미루어 결코 과분한 것이라고는 할 수 없다.

또 장 드 투른 서점의 전속화가 '꼬마 베르나르', 즉 베르나르 살로몽이 그림 부문의 감독에 임명되었는데, 아트 디렉터로서 그의 보수는 37리브르였다.

그리고 입시식 준비인데, 행진이 거행되는 길은 자갈이나 모래를 깔아 포장을 새로 하고 장막을 치는 것이 관례였다. 그리고 필요한 자리에는 카펫을 깔아야 했다. 자세한 소개는 여기서는 생략하겠는데, 리옹의 고문서관에는 방대한 기록이 남아 있으며, 한 권의 책으로 엮여 있다.[18)]

그것을 보면, 하천의 자갈을 운반해오는 데는 11명의 뱃사공이, 길에 자갈을 깔고 고르는 야간작업에는 16명의 인부가 동원되고 있다. 또 지금 같으면 트럭꾼에 해당하는 업자가 자갈을 담아 나르는 손수레를 빌려주고 있다. 모래와 자갈은 배 한 척분이 25수에 매입되었다. 두목 격인 폴 수르는 생장 성당 주변에 깔 자갈을 대형 선박으로 반입하여 한 배에 3리브르 5수를 받았다.

또 도로 인부들은 6일간 일하고 3수, 다시 말해서 6드니에의 일당을 받았다. 얄궂게도 손수레 한 대의 임대료와 같은 액수이다. 이것은 육체노동으로서는 표준임금이겠지만, 이 시대에 좀 맛있다는 붉은 포도주가 한 병에 7, 8드니에는 했다. 비교를 위해 『팡타그뤼엘』의 잠자는 사나이를 다시 한 번 떠올려보자. 그는 요란스레 코를 고는 특기로 7.5수나 벌었다니까, 이것은 역시 게으름뱅이 천국이 아니고서는 있을 수 없는 이야기이다.

염색업자 투르베옹은 왕실의 상징인 흰색, 검은색, 초록색으로 물들인 장막 6천 온(1온은 1미터가량)을 납품한다. 8월에 들어서

자 부르뇌프 시문(市門)에서 생폴 항에 이르는 길의 집집마다 집 앞에 카펫을 깔라는 명령이 내려진다. 위반자는 투옥한다는 포고이다. 그런데 부르뇌프는 변두리 동네라 가난한 사람들이 많아서 그런 깔개가 다 있을 턱이 없다. 그래서 급한 대로 다른 지구에서 카펫을 빌려다가 깔았다. 국왕 부처가 앉는 좌석에는 가다뉴가 훌륭한 융단을 빌려주었다. 또 장식 밧줄이라든가 모자를 장식하는 왕실 문장은 판화가 장 코스트가 담당했다.

생조르주 교회에 가까운 '사블레의 십자가'(조감도7)에서 강 맞은편까지는 배를 연결하여 임시 다리가 놓였다. 이 다리를 손 강 좌안까지 건너간 곳에 있는 에네 수도원의 인접지에는 국왕폐하의 심심풀이를 위해 쥐드폼의 코트가 새로 마련되었다. 주변 정비와 코트 건설비에 약 2천 리브르를 사용했다고 한다. 리옹 조감도6에도 복식게임을 즐기는 모습이 그려져 있다.

프랑수아 1세나 앙리 2세나, 프랑스 국왕은 대대로 테니스의 전신인 이 스포츠에 열중했다고 한다.[19] 수도 파리에서는 이 코트가 너무 늘어나서, 1543년 최고법원은 '학생들의 공부에 방해가 된다'는 등의 이유로 코트의 신설을 금지했을 정도라고 한다. 앙리 2세의 궁정을 무대로 한 소설 『클레브의 마님』에서 쥐드폼 코트가 조연 역할로 사용된 것은 당연하다고 할 것이다.[20]

세브의 지휘 아래 화공, 목수, 소목장이 등이 동원되어 규모가 큰 도구류가 만들어진다. 손 강 우안의 오귀스탱 수도원에 설치된 공방에서 혹은 각 현장에서 작업이 진행되었다. 개선문, 전승기념비, 오벨리스크, 넵투누스 상(像), 그리고 극장 등 거리 여덟 군데에 기념비가 세워졌다. 아트 디렉터인 살로몽과 마찬가지로 화가 앙투안 드 부르고뉴와 판화가 클로드 드 샹베리도 하루 20수를 받았는데, 그 이름으로 미루어 다른 곳에서 급히 불러온 장인들인 모양이다.

이렇게 축전의 무대장치를 만드는 작업은 때로는 일요일까지 계속되는, 당시로서는 이례적인 형태로 입시식 전야까지 강행되었으며, 일부는 당일에야 겨우 끝난 것 같다. 지불기록을 보면 "철야작업으로"와 같이 참으로 세세하게 적혀 있고, 물론 특근수당도 지급되고 있다. 그리고 살로몽은 하룻밤만 철야하면 되었지만, 부하 십장이나 장인들은 "2주일 중 9일간 철야작업"을 해야 했다고 한다.

그런데 삭구가게 미녀의 아버지도 로프 제품을 납품하고 있다.[21] 삽화에는 그런 자질구레한 것까지 그려져 있지는 않으나, 전승기념비의 상부에 걸린 밧줄 장식과 그 발치에 사용된 "헌 새끼줄 40파운드"가 그런 것들이다. 갤리선과 지붕을 단 놀잇배의 장식에도 그가 제공한 "가는 실로 짠 밧줄"이 사용되었다.

그밖에 사슴이 한 쌍 포획되었는데, 이것은 나중에 보듯 여신 디아나의 신화를 연출하는 데 없어서는 안 될 무대장치로 사용된다.

이와 같이 축전 준비를 하는 데 막대한 비용이 들었다. 게다가 궁정이 이 도시에 체재하는 중에 필요한 식량을 확보하는 것만도 대단한 일이었다. 국왕은 리옹을 마치 두드리면 나오는 화수분이라도 되는 듯이 해마다 거액의 세금을 요구해왔는데, 시의 살림살이는 궁하기 이를 데 없었다. 이번 세금 분담금은 7만 2천 리브르, 입시식과 겹쳐져서 도저히 지불할 수가 없다. 그래서 시당국은 지불 연기를 여러 번 신청하고 있다.

그 결과가 어떻게 되었는지 미리 앞질러 소개하면, 이듬해 3월 시의 유력자와 공방주인 대표 40여 명이 인질로 잡혀가 로안의 감옥에 10일간 유폐당한다. 가비아노, 센통, 드 라 포르트, 카뮈 등 이미 낯익은 거물들이다.

그렇다면 입시식 비용은 어떻게 염출했을까. 물론 빌리는 수밖에 없었다. 루카 출신 은행가 봉비시, 피렌체 상인 마넬리, 토마 가다뉴의 후계자 그룹, 제노바의 명문 그리말디, 독일인 은행가 벨처 등 금융업자들로부터 마구 빌려쓴 것이다.

이와 같이 자금 면에서는 오로지 외국인 상인들에게 의존하는 수밖에 없는 리옹의 입시식이었는데, 축제를 준비하는 스태프 역시 외부에서 보강하지 않으면 안 되었다. 이를테면, 수상행진을 하는 갤리선의 노를 젓는 데도 70명이나 필요했다. 그래서 손 강의 뱃사공 총감독 격인 앙투안 코통은 콩드리외(오늘날에도 여름철의 수상 창시합으로 이름이 높다) 등 연안 도시를 찾아다니며 도움을 청했다.

또 고적대원도 턱없이 모자라서 일당 5수를 내걸고 모집했으나 구하지 못해, 결국은 일당 20수(화가 살로몽과 같다!)라는 높은 임금을 주고 샹베리와 몽브리종 같은 곳에서 불러오는 수밖에 없었다고 한다.

입시식에 인원을 동원하는 것을 맡은 것은 공고(公告) 관리 장 브뤼에르였다. 그는 행렬에 참가하지 않는 시민도 관객으로 참가하라는 포고를 선전하고 다녔다. 입시식은 원체 시 차원의 대대적인 행사였다.

그런데 국왕을 맞이하려면 도시는 그 몸을 정화할 필요가 있었다. 도시에는 외지인으로 완전히 배제된 사람들도 있었다. 실제로 8월에는 "황제(카를 5세를 말한다)의 나라에서 추방된 유대인과 부랑자들"이 폐를 끼치고 있는 모양이니, 이들을 배제하라는 훈령이 리옹 시 장관에게 내려졌다.

카를 5세는 1531년에 이미 네덜란드에서 구걸행위를 금하고 빈민대책을 일원화했는데, 1540년에는 같은 입법조치를 본국인 에스파냐에도 취했다고 한다. 그 여파가 밀려온 것이라고 여겨지기도 한다(다만 유대인 추방령은 1492년에 있었던 일이다).

어쨌거나 이 시대에는 사회의 밑바닥에서 날마다 구걸에 열을 올리는 부랑자들이 도처에 널려 있었다. 피카레스크 로망, 곧 악한소설의 원조 작품인 『라사릴료 데 토르메스』(현존하는 것은 1554년에 재판된 것)를 1540년대 에스파냐 사회의 그림이라고 지적한 에스파냐학의 권위자 마르셀 바타용의 말을 상기해보자.[22)]

손 강 우안의 환전상 자크 피나텔의 집에 살고 있던 몇 명의 유대인들은 9월에 들어서자 추방명령을 받는다. 그러나 유대인 상인들은 경고를 무시하고 손 강 다리 위에서 장사를 계속한 모양이다. 그런데 이 피나텔이라는 금융업자는 뚜렷한 신원은 밝혀지지 않았으나, 곧 공금횡령인가 뭔가 하는 죄로 파리에서 체포되지만, 팔레 드 쥐스티스의 탑에서 탈주하는 등 파란만장한 생애를 보낸 인물 같다. 1559년 그는 결국 브루아에서 교수된 뒤에 화형에 처해진다.

이렇게 동원과 배제의 수순은 착착 진행되어간다.

입시식의 행진은 네 집단으로 나눌 수 있다. 먼저 시당국, 이어 양가의 자식들로 구성된 '도련님들', 다음이 각 동업조합, 그리고 외국 국민단이다.

축제의 주역인 인쇄공과 우단직물공의 대립과 항쟁에 관해서는 이미 언급했지만, 이 입시식에 즈음하여 미리 경고를 받은 것은 인쇄공과 염색공이었다. 두 단체의 책임자가 호출되어 서로 다투고 싸우는 일이 없도록 하라는 엄한 주의를 받는다.

한편, 기마대장으로 자크 두아롱, 보병대장으로 클로드 라벨리를 선출한 '도련님들'은 연일 먹고 마시면서 행진준비에 여념이 없었다.

그런 가운데서 피렌체와 제노바의 두 국민단은 입시식 직전까지도 서로 다투었다. 물론 행진의 순번을 놓고 그런 것이었다. 제노바 상인들은 오기로라도 피렌체를 뒤에 거느리고 행진함으로써 자신들이 상석(上席)임을 과시하고 싶어했다.

동업조합끼리도 마찬가지였으니, 상석을 차지하느냐 않느냐는 후일에도 오래도록 온갖 형태의 이익·불이익으로 되돌아오기에, 이 자리싸움은 치열하기 짝이 없었다. 때로는 왕권이 개입해도 타결을 보지 못하는 경우가 있었던 것 같다.

이번에도 제노바 국민단은 궁정의 재정을 청했다. 그러나 돌아온 회답은 상석권 문제에 대한 답은 없고 입시식에서는 피렌체 국민단이 앞장서기로 한다는 내용이었다. 이에 불만을 품은 제노바는 항의 표시로 당일 행진 직전 리옹 장관 생 탕드레를 방문하여 경의를 표하기만 하고 철수해 입시식을 보이콧해버린다. 나사상인 장 게로도 물론 이 사건을 전하고 있는데, 그에 의하면 메디치 가 출신의 왕비가 피렌체를 편애하여 은전을 베풀어 영향을 미친 것으로 보인다.

앙리 2세의 축하행진

이렇게 해서 준비도 어지간히 갖추어진 이 시점에서 당일의 광경을 재현해볼까 하는데, 여기서 한 가지 잊어서 안 될 것이 있다. 그것은 시인 모리스 세브가 쓴 『참으로 화려한 개선 입시식』이, 말하자면 축제의 공식기록이 된 사정이다.

행진 이듬해에 기욤 루예 서점에서 『앙리 2세 및 왕비 카트린님의, 고귀한 고도 리옹에 대한 참으로 화려한 개선 입시식』이 출간된다. 그 특인서에 보면, 작금에 나온 입시식의 기록[23]은 "부정확하고, 허위와 오류가 보이며, 탈락된 부분도 몇 군데나 있는데다가 입시식 순서도 틀려서, 독자를 거짓과 상상화(想像畵)로 속이고 있다"고 적혀 있다. 그럼, 이렇게 말하는 세브의 저작은 과연 축제의 전체상을 남김없이 전하고 있는 것일까? 유감스럽게도 아니라고밖에 할 말이 없다.

르네상스시대의 행진기록은 매우 많이 남아 있을 터인데, 그것들은 모두 공식기록이며, 설사 그 축제 자체는 민중적 요소가 넘치는 것이었다 하더라도 막상 기록이 될 때는 왕권 내지는 도시 지배층의 관점으로 기울기 마련이다. 이를테면 쓴 사람의 붓끝이 국왕 일행에게 초점을 맞추었다 하더라도 무리가 아닌 것이다.

다시 말해서, 이 기록들은 (앞에서 든 뒤러의 경우가 가장 극단적인 예가 되겠지만) 정도의 차이는 있어도 이념으로서의 축제의 모습을 전하는 정치적 창작인 것이다. 따라서 W. M. 존슨이 말하고 있듯이 "입시식에 관한 책은 역사적 사실에 입각한, 역사적 의도를 가진 하나의 문학 장르"로 이해하는 것이 지름길일지도 모른다.[24] 그러나 우리가 이것 이외의 자료를 갖고 있지 않은 것 또한 사실이므로, 우선 이 책을 펼쳐보는 수밖에 도리가 없다.

국왕 앙리 2세를 맞이한 입시식은 9월 23일 일요일에 거행되었다. 오전 10시, 국왕 일행은 머물던 에네(반도의 끝, 쥐드폼의 코트가 만들어진 곳)에서 곤돌라를 타고 손 강을 거슬러 올라가 베즈 문(조감도10) 근처의 숙소로 향했다. 초록 바탕에 은실이 배합된 천으로 덮이고 호화로운 벽걸이로 장식된 이 숙소에서 리옹 장관, 참사회 의원, 각 국민단과 '도련님들'이 왕을 배알한다. 제노바의 국민단이 재빨리 경의를 표하고 물러간 것은 이때의 일이다. 그리고 오후에 장인이나 높은 사람이나 이탈리아인이나 독일인이나 행진에 참가하는 모든 사람이 시문 밖에 정렬하여, 이윽고 행진이 시작된다.

먼저 기마 장관과 부장관이 부하를 이끌고 등장해서 무엄하게도 길 가득히 밀려나온 군중을 가벼운 봉으로 정리한다. 그렇게 하여 대장, 부대장, 기수의 선도로 각 단체가 국왕의 면전을 3열 종대로 행진한다.

먼저 제1조는 국왕 대리가 선도하는 검은색과 흰색의 의상을 걸친 338명의 화승총 부대이다. 이어 여러 직업 단체가 그룹으로 행진한다. 피렌체, 제노바의 다툼이 보여주듯, 그 순서는 사회계층 질서의 그 무엇을 표상하는 것이 틀림없다(표12).

여기서 주목할 것은, 역시 인쇄업자가 직업단체의 말미를 차지하고 있다는 사실이다. 그들은 저고리에 좁은 통바지, 노란 신발에 깃장식, 검은 모자에는 흰 새털장식, 이런 차림이다. 인솔자는 기욤 피유디에, 부대장은 장 드 라 카스, 기수는 피에르 미콜리에였다. 기수 역할을 맡은 미콜리에는 아마도 빌레르코트레의 칙령이 최종적으로 확인될 때(1544) 장인 대표로 입회한 피에르 니콜리에, 그 사람일 것이다.

이어 보이콧한 제노바를 제외한 각 국민단이 루카－피렌체－밀라노－독일(대표는 게오르크 오브레히트, 피에르 베르처 등) 순으로 행진한다. 그 뒤에는 관리들이 따른다. 사법, 공안 관계자와

표12 퍼레이드의 구성(괄호 안은 인원수)

제2조	식육업자(466)/지업자(172)/재봉업자(333)
제3조	염색업자(446)/금은세공사(226)/리본 · 장식끈업자(159)
제4조	건설업자(316)/마구직공인(286)/석공(306)
제5조	평직물업자(207)/신발업자(156)/핀업자(192)
제6조	모자업자(176)/주물업자(226) 신시가(조감도14)의 두 단체가 행진 이 지구의 대장은 검은색, 흰색, 청색 의상 착용
제7조	모피 · 피혁업자(187)/인쇄업자(413)/ 생뱅상 지구 주민(330)

세무관리들이다.

이윽고 시 유력자들의 길을 트는 역으로 '도련님들'의 보병대 60명과 기마대 70명이 등장한다. 그 뒤를 검객 12명이 따르면서 국왕 앞에 이르자 고대 스타일 등 갖가지 형태의 검극을 선보인다. 별안간 검객들이 행렬 속까지 뛰어드는 바람에, 이것이 연출인 줄 모르는 관중은 깜짝 놀랐다고 한다. 국왕은 "이 위험한 새 격투기에 크게 만족해하시면서 입시식 6일 후에 다시 한 번 보고 싶어하셨다"고 세브는 기록하고 있다. 앙투안 마야르, 에티엔 르 쥐앵 등이 인솔한 이 검객들 가운데는 삭구가게 미녀의 오빠 프랑수아의 모습도 보인다.[25)]

시의 참사회 의원과 보좌역을 맡은 유력자들이, 말이 아니라 노새를 타고 나타남으로써 시민의 행진은 끝이 난다. 이렇게 약 7천 명의 시민이 국왕의 순방을 환영하여 축하행렬에 참가했다. 이 행렬이 구경꾼의 눈앞을 지나가는 데만도 두 시간에서 세 시간은 걸렸을 것이다.

마침내 호위병인 스위스 용병, 리옹 장관 생 탕드레, 그리고 페라라 공, 기즈 공, 로렌 공, 부르봉 공 등 귀족들을 앞세우고 이 입시식의 주역인 국왕폐하가 등장한다.

앙리 2세가 금, 은, 보석류를 아로새긴 비단의상을 걸치고 나타나자 "온몸이 찬연히 빛나서 구경꾼들의 눈이 멀어버렸다"고 한다. 국왕의 행렬은 이제부터 시내에 세워진 개선문과 오벨리스크 같은 체크 포인트를 잇달아 제패해 나간다.

새 국왕이 리옹이라는 도시의 몸을 다스려 나가는 궤적을 더듬어보기로 하자.

먼저, 바로 출발지점인 베즈 시문에 있는 피에르 시즈가 제1관문이다. 성벽에는 끝이 위로 뾰족한 거대한 오벨리스크라는 이교의 기념비가 장식되어 있다. 여기에 어떤 지배 이념이 담겨 있는지에 대해서는 해설이 없지만, 이듬해의 파리 입시식에서도 오벨리스크가 사용되었다. 오벨리스크의 기단을 받치고 있는 것은 네 마리의 사자, 물론 리옹의 상징이다. 그리고 "너무 잡아당겨서 휘어진 터키의 큰 활이 두 개, 그 한가운데에는 은으로 된 초승달, 위에는 프랑스의 왕관을 쓰고 있는" 것이 국왕의 마크 가운데 하나라고 한다.

그 옆의 조그만 숲에는 사슴을 풀어놓았다. 앞에서 말한 대로 이 입시식을 위해 포획된 것이다. 그리고 수렵의 여신 디아나가 등장한다. 여신은 요정들과 함께 뿔피리와 터키 활로 한창 사냥 중이다. 그 차림새는 루브르 박물관에 있는 작자미상의 「사냥을 하는 디아나」의 여신(여신이라고는 하나 양성[兩性]인 모습으로 표현되어 있다)에게 얇은 의상을 입힌 것을 상상하면 된다. 다만 이마에 국왕과 같은 초승달을 달고 있는 점을 놓쳐서는 안 된다(디아나는 달의 여신이기도 하다). 어딘지 한 폭의 활인화(活人畵, 배경을 꾸미고 분장을 한 사람이 그림 속의 인물처럼 정지해 있는 상태를 구경거리로 보여주는 것－옮긴이) 같은 느낌이다.

국왕의 행렬이 지나가자, 숲 속에서 한 마리의 사자가 나타나 여신의 발아래 꿇어앉아 공손히 따르고자 하는 뜻을 나타낸다. 디

오벨리스크

투시도법으로 표현된 배경

이중 개선문

지붕이 있는 배(부친토로)

아나는 이 맹수에게 흑백(왕권의 상징)의 밧줄을 매어 국왕에게 헌상한다는 것이다. 디아나는 사자를 이끌고 방책 앞까지 다가가 "국왕으로부터 한 걸음 떨어진 곳에서" "사자는 완전히 폐하의 것입니다. 바치겠사오니 가납해주소서……" 하고 아뢴다(이 부분은 실제로는 10행시로 되어 있으며, 세브 작으로 추정된다).

리옹의 사자는 먼저 디아나에게 충성을 맹서하고, 그런 다음 앙리 2세에게 신하로서 복종한 것이다. 일반적으로는 그 도시의 열쇠를 바치는 행위가 위정자에게 복종하는 증표로 간주된다. 리옹은 새 임금에 대한 충성의식의 상징으로 사자를 선택한 것이다.

그런데 이 수렵의 여신 디아나는 이미 그 속사정을 밝힌 바와 같이 국왕보다 20세 연상인 애인 디안 드 부아티에를 암시한다. 루브르에 있는 유화의 별명은 「디아나로 분장한 디안 드 부아티에」이다(모델 문제에 관해서는 아직 해명이 안 되어 있다). 백과 흑이라는 국왕의 상징색에 대해서도, 라파예트 부인은 이렇게 알려준다. 그 운명의 마상 창시합이 있었던 당일의 묘사이다.

> (앙리 2세) 폐하는 (경기나 축제 때의) 색표(色標)를 흰색과 검은색밖에 쓰시지 않았다. 미망인인 바랑티누아 부인(디안 드 부아티에)을 위해서 언제나 반드시 이 색을 착용하시는 것이다. 페라라 공과 그 종자는 노란색과 붉은색, 기즈 공은 진홍색과 흰색을 착용하고 나타났다.
>
> • 라파예트, 『클레브의 마님』

오벨리스크의 장식무늬를 더 잘 살펴보면 알 수 있는 일인데, 알파벳 D 두 개를 H와 얽은 문자도안이 있다. 이것도 국왕의 심벌마크이다. 지금도 앙리 2세와 연관이 있는 성관 같은 곳에 가보면, 천장과 마루바닥에 이 마크가 눈에 띈다. 물론 디안 드 부아티에와 왕비 카트린 드 메디시스의 가구와 집물 등에도 이 마크가 보인다.

문제는 이것이 무슨 약호인가 하는 것인데, H는 앙리, D는 디안이라는 것이 일단은 유력한 해석이랄까, 가장 자연스러운 풀이로 되어 있다. 『클레브의 마님』의 처음 부분에도 적혀 있지만, 앙리 2세가 사냥을 할 때나 쥐드폼을 칠 때나 무도회, 기사회 같은 것을 개최할 때는 "바랑티누아 부인의 색표와 짜맞춘 문자가 여기저기서 눈에 띄었다"고 한다.

결국 리옹 입시식은 디아나 신화를 선보인 행사였다고 해독할 수도 있다. 저 브랑톰(Pierre de Brantome, 1540년경~1614, 프랑스의 군인, 연대기작가)도 그의 『유명한 여성들의 생활』에서 입시식에서 사냥의 여신 디아나가 출현한 데 대해 상세히 묘사한다. 그리고 "바랑티누아 부인은 자기 이름으로 이 사냥이 개최된 데 만족해하면서, 평생 리옹의 거리를 사랑하셨습니다"라고 이 에피소드를 끝맺는다.[26] 이렇게 국왕이 마상 창시합에서 잘못해 목숨을 잃을 때까지 10년 남짓 동안 그녀는 궁정에 군림한다.

디안의 변치 않는 젊음은 일찍부터 신화화되어 아침마다 무슨 비약(秘藥)을 쓰고 있는 것 같다는 소문이 세간에 떠돌았다. "그녀가 국왕폐하를 마법으로 사로잡고 있다"(브랑톰)는 풍문도 돌았다. 그 창백한 얼굴이 차가운 에로스의 상징, 마니에리스모의 미의 한 전형으로서 예찬되었다고 할 수 있을지 모른다. 미술사와 관련한 자세한 논의는 생략하기로 하고, 아무튼 이 시대에 디아나라는 아름다운 여신의 도상이 크게 유행하여 마침내는 정사(政事)에도 나타났다. "정치와 사랑의 이루 말할 수 없이 근사한 혼동"(F. 바르동 여사)[27]이라고 할 수밖에 없다.

우리가 가장 쉽게 볼 수 있는 디아나 상은 역시 「아네의 디아나」라 불리는 루브르 박물관의 대리석상이 아닐까. 앙드레 샤스텔은 이 "관능적이고 사람을 경멸하는 듯한 여성의 모습, 완벽하고 근접하기 어려운 당당한 여성의 모습" 속에서 초상학적으로 디아나 상의 극한을 발견하고 있다.[28] 성이 있는 슈농소 등과 함께 그녀의 소유였던 아네의 성(파리 서쪽 약 60킬로미터에 있는데 지금은 일부만 남아 있다)에는, 지난날 사냥하는 모습이라든가 나체 등 디안의 갖가지 포즈가 뛰어난 풍경화와 더불어 그려져 있었다는 기록이 남아 있다.

사냥, 누드, 숲 등 풍경의 세 요소에 그리스도교적 요소와 이교적 요소가 뒤섞여 여러 가지 디아나 상이 만들어진 것이다. 이 같은 뒤섞임은 자못 르네상스적인 현상이고, 양성구유(兩性具有) 또한 어떤 의미에서는 프랑스 르네상스의 한 특징인 것이다.

그 후 디아나의 도상은 앙리 2세의 사망과 함께 카트린 드 메디시스에 의해 한때 창고로 들어가게 된다. 그리고 그녀의 죽음과 더불어 다시 부상한다. 또 프라하의 루돌프 2세의 궁정에서 꽃을 피운 마니에리스모 미술에도 약간 비뚤어진 배덕(背德)의 에로티

「사냥하는 디아나」(루브르 박물관)와 아네 성의 입구

시즘의 상징으로서 등장한다.

리옹 르네상스의 정점

다시 행진으로 시선을 돌려서 조금 걸음을 빨리 해보자. 행렬은 문(문에 있는 두 여성은 충성과 복종을 나타낸다고 한다)을 지나 부르뇌프의 개선문에 이른다. 여기서부터가 시내이다.

중세 입시식의 왕이 예루살렘에 입성하는 예수의 모습에 비견되어 있다면, 르네상스의 국왕은 마치 로마 황제를 방불케 한다. 로마풍 개선문의 높이는 50척, 그 위에 사자가 세 마리 있으며, 왕실의 문장과 은 초승달을 쳐들고 길을 여는 모습을 첫눈에 알 수 있다. 정면에는 '그리스도교도인 프랑스 왕 앙리여, 나아가시라. 옛 로마 식민지인 그대의 도시를, 충신처럼. 그대의 시민들에게 영원한 보증을 베풀어주시라'라는 문구라도 새겨져 있을지 모른다.

반수신(半獸神)들이 관악기를 연주하는 가운데 리옹에 입성한 국왕은 "하나의 하느님, 하나의 왕, 하나의 법"이라는 슬로건을 발견하고 크게 만족했을 것이다. 가장 장로인 시 참사회 의원 4명이 공단 가운을 입고 그를 맞이했다고 한다. 거리에는 양탄자가 깔리고 길가 창문의 난간에는 터키 융단이 내걸렸다. 세브는 "은행 등 부유한 건물은 흰색 검은색 초록색의 우단"으로 장식했다고 기록하여, 거리의 현란함을 강조하고 있다. 이런 대목을 읽으면, 나는 시에나의 캄포광장에서 축제경마 팔리오가 열리던 날, 광장에 면한 집의 창문 등 여기저기 색색가지 카펫으로 장식되던 광경이 눈앞에 떠오른다.

생폴 강변에 이르면, 이번에는 이중 개선문이 기다리고 있다. 왼쪽 개선문은 그림을 통해서도 그 그로테스크한 모양을 뚜렷이 알 수 있다. 여기서 놓치지 말아야 할 것은, 좌우 반원형 아치 밑에 앉아 있는 두 인물상이다. 이것은 스터코(대리석 가루를 섞은 회반죽) 세공을 한 것인데, 왼쪽에 선잠을 자고 있는 듯한 모습의 나부는 조용히 흐르는 손 강을, 오른쪽은(이 그림은 공치사로도 잘 그렸다고는 할 수 없다) 그 성질 그대로 두렵고 무서운 형상의 론 강을 각각 표현한다(전자가 여성 명사, 후자가 남성 명사라는 데 주목). 기록에는, 손 강은 붉은 포도주를, 론 강은 흰 포도주를 항아리에서 쏟아붓는 것으로 되어 있다. 이 두 색깔의 액체가 합류하는 지점이 리옹이라는 얘기이다.

또 하나의 '명예와 덕의 개선문'을 지나 플랑드르 거리에서 환어음광장으로 빠져나가면 투시도법에 의한 배경이 만들어져 있다. 고대 트로이를 모방한 것이라고 한다.[29] 앞의 상은 왼쪽이 바다신 넵투누스, 오른쪽이 여신 팔라스인데, 무대 안쪽의 기사(騎士)를 포함하여 국왕의 군사력을 찬양하는 촌극이 연출된다. 진기한 원근법도 한몫 거들어서 이런 종류의 세트는 아마 관객들 사이에서도 인기를 끌었을 것이다.

강 맞은편에서는 왕의 순방을 기념하는 축포를 쏘아올린다. 그리고 강변에 설치된 반월형 테라스에서 배에 오른 앙리 2세 일행은 수상 창시합, 해전(海戰), 갖가지 기악 연주를 관람한다.

국왕이 타는 지붕 달린 배는 반우반인(半牛半人)인 '부친토로'라는 기묘한 이름을 가지고 있다. 이것은 물의 도시 베네치아의 축제, 이를테면 저 '바다와의 결혼'에서 통령(統領)이 타는 호화선 '부친토로'에서 유래한 것이다. 선홍색 선체가 수면에 비치는 리옹의 국왕 배는 균형이 염려되기는 하나, 선미에 앉은 국왕의 모습이 보일 것이다.

선실 중앙에는 식탁이 차려지는데, 그것이 필요없을 때는 "흰색과 검은색의 굵은 비단 밧줄 네 가닥"을 이용해서 선창에 넣어둘 수 있었다고 한다. 국왕이 이 식탁에 앉아 포도주를 마시고 싶어하면, 안주와 함께 마치 마술처럼 차려져 나와 "그 재치 있는 발명"에 앙리 2세는 무척 기뻐했다고 한다.

붉은 복장의 선원들이 탄 예인선은 붉은 밧줄로 부친토로를 끌고 간다. 그 주위에는 브리건틴(돛대가 2개이며 앞돛대에는 가로돛을, 주돛대에는 세로돛을 단 범선—옮긴이), 왕비가 타는 긴 바르크 선, 크고작은 두 척의 곤돌라, 갈색 페스트 선 등 다섯 척이 떠 있다. 이날 수상 창시합이 벌어졌는지에 대해서는 기록이 없으나, 아무튼 이 손 강의 장면으로 첫날 일정은 끝난다.

이 축하행진의 길을 따라가면서 주목할 것은, 손 강 좌안은 완전히 무시되고 있다는 점이다. 적어도 14세기 말 이후 왕권이 그리는 이 궤적은 변하지 않고 푸르비에 교회 쪽 혹은 왕국 쪽으로 일컬어진 손 강 우안에 머물렀으며, 씩씩하고 사납게 날뛰는 론강 쪽 일명 제국 쪽에는 행렬이 발을 들여놓지 않는다. 리옹 대자선회가 1년에 한 번 개최하는 빈민 행진이, 좌안의 프란체스코 수도회 수도원에서 출발하여 우안 생장 대성당에서의 강론으로 끝나는 것과는 대조적이다.[30]

다음날은 왕비의 입시식이다. 그 계획은 왕의 경우와 거의 같으므로 되풀이할 것도 없다. 물론 디안도 등장했는데, 카트린 드 메디시스는 과연 어떤 기분으로 이 여신을 바라보았을까? 이날 생장 교회에서는 밤늦게까지 무도회가 개최되었는데, 리옹의 상인 게로는 시민의 불만을 이렇게 일기에 적고 있다.

> 왕비는 저녁때 5시인가 6시가 다 되어서 입시하셨기 때문에, 이 도시 사람들의 불만을 크게 샀다. 왜냐하면, 어두워서 보이지 않아 집집마다 횃불을 내걸어야 했기 때문이다.

9월의 저녁이 그리 어두울 턱이 없다는 생각이 드는데, 이건 행렬의 종착지 가까이에 사는 사람들의 이야기일까.

그리고 다음 화요일에는 손 강에서 수상 창시합이 개최되어 생뱅상과 생장, 두 지구의 갤리선이 함께 뒤집어질 정도로 열전이 벌어진다.

다음날(9월 26일), 입시식에 즈음하여 국왕용으로 마련된 쥐드폼장이 개장되어 첫 행사가 벌어진다. 앙리 2세는 며칠 후 여기서 경기를 즐긴다. 조감도6을 자세히 들여다보면, 양쪽 울장 위에 국왕의 상징인 은 초승달을 뚜렷이 볼 수 있다.

이날 저녁때, 생장 교회 안에 설치된 극장에서는 이탈리아 희극이 상연되었다. 상연물은 비비에나 추기경 원작의 『칼란드리아』였던 것으로 알려져 있다.

이것은 플라우투스(로마의 희극작가—옮긴이)의 희극이라는 테두리에 이탈리아 단편 전통을 삽입한 것이다. 1513년 울비노 궁정에서 카스틸리오네의 연출로 원근법을 사용한 무대장치에서 상연되어 대성공을 거둔 후 각지에서 인기를 끈, 즉흥대사가 넘치는 어릿광대풍의 연극이다.

리옹의 공연에서는 이 5막극의 막간에 국왕을 찬양하는 우의적인 촌극이 삽입되었다고 하는데, 막간물로서는 약간 어색하여 그리 어울리지 않았다고 한다. 그래도 앙리 2세는 그게 매우 마음에 들어서 한 번 더 재연해달라고 요청하고 있다.

이튿날 목요일, 모의해전의 날이다. 검은색 · 흰색 · 붉은색으로 칠해진 갤리선과 흰색 · 초록색으로 칠해진 갤리선이 각각 선단을 이끌고서 격돌한다. 피리와 북, 폭죽 소리가 뒤섞여서 소란스런 광경이 벌어진 것 같다.

그런 가운데서도 "한편 에네에서는 폐하께서 폼을 치고 계셨다"는 기록도 있어서 웃음이 나온다. 국왕은 테니스를 치면서 수상 싸움을 관전했던 걸까.

금요일에는, 국왕은 다시 낮에는 검투사의 시합을, 밤에는 연극을 즐겼다. 토요일과 일요일에는 장엄미사가 올려졌다. 일요일 미사의 마지막에 "병자를 만져보시고 함께 식사까지 하셨으며"[31)] 이렇게 하여 "기적을 행하는 국왕"을 연출하였다. 이날에는 필경 은사도 베풀어졌을 것이다. 약 백 년쯤 전에 한 천재 시인은 "선한 국왕(루이 11세)이 나를 그 가혹한 망(오를레앙 서쪽의 망 쉴 루아르를 말한다)의 감옥에서 석방해주셨다"고 기록하고 있는데(비용, 『유언』), 리옹에서 앙리 2세가 석방시킨 이들은 어떤 죄인들이었을까.

이렇게 하여 일요일 밤 다시 수상 제전을 즐긴 국왕 부처는 다음날 10월 1일 퐁텐블로를 향해 귀로에 올랐다. 세브가 엮은 공식기록은 다음과 같은 말로 끝맺는다. "하느님, 국왕께 영원히 건강하고 복된 삶을 부여하소서, 아멘."

확실히 일찍이 없었던 호사스러운 행진이었고, 파라댕의 말처럼 리옹 시의 위신은 크게 높아지고 국왕과 흔들림 없는 신뢰관계를 유지하게 되었을 것이다. 리옹 르네상스가 성숙된 도시 문화를 가장 화려하게 보여준 것은 바로 이 일 주간이었다.

그러나 이런 광휘는 두 번 다시 볼 수 없게 된다. 16년 후 샤를 9세가 순방했을 때, 이 도시는 종교전쟁과 페스트의 대유행으로 화려한 입시식이고 뭐고 없었다.

리옹 르네상스의 정점을 이루는 1548년 입시식을 경계로, 이 도시의 운명은 급속히 기울어진다. 출판업의 흥망이야말로 그것을 웅변적으로 보여주는 지표이다. 입시식 때문에 시가 이탈리아 상인 등에게 많은 빚을 진 경위는 이미 말했지만, 궁정을 이끌고 다닌 국왕의 순방에는 엄청난 양의 식량이 조달되어야 했으므로, 해당 도시의 물가는 급상승하기 마련이었다.

이동하는 궁정은 페스트뿐 아니라 인플레이션이라는 병균까지 몰고 들어왔던 것이다. 장 게로의 일기에서 성가셔하는 시민의 얼굴을 떠올리게 된다.

1548년 10월 1일 월요일, 국왕, 왕비, 그리고 온 궁정은 생탕드레를 향했고 거기서 다시 파리로 갔다. 그렇다고 사람들이 서운해한 것은 아니다. 궁정인들이 이번 순방에서 여러 가지 건방진 태도를 보였고 귀찮은 일을 일으켰기 때문이다.

7 위험한 책

조감도13. 손 강 다리 부근 도살장과 랑테른 거리

종교적 불관용의 시대

이런 새로운 교리와 조직만큼 가증스러운 것은 없다.
열렬한 선전욕에 사로잡혀 목숨을 위험에 노출시키는 바보 같은 집단이다.
• 에티엔 돌레

"1534년은 흔히 격문의 해라 부른다"고 『순교자 열전』의 저자는 쓰고 있다. 여기서는 이 격문 사건에 관한 내용을 일기에 남긴 한 파리 시민의 말을 들어보기로 하자.

1534년 10월 24일(일기 필자의 착오. 실제 이 사건은 17일 밤에서 18일 새벽에 걸쳐 일어났다). 이단자들이 성체(聖體) 및 여러 성인의 영예를 훼손하는 격문을 붙였다. 이 사건이 최고 법원에 전해지자, 법원은 두 사람의 나팔수로 하여금 대리석으로 만든 대 위에 올라가 다음과 같은 포고문을 발표하도록 했다. 즉, 격문을 붙인 자를 확실한 증거와 함께 고발하는 자에게는 법원이 100에퀴의 현상금을 지급하고, 반대로 이들 범인을 은닉하다가 발각되는 자들은 화형에 처해진다는 것이었다. 그리하여 하느님의 뜻대로 사태는 밝혀졌으며, 그 결과 즉각

Articles veritables sur les horribles / grands & importables abuz de la Messe papalle: inventee directement contre la saincte Cene de Jesus Christ.

Je invocque le ciel & la terre / [illegible]

Premierement / [illegible]

Secondement / [illegible]

Tiercement / [illegible]

Quartement / [illegible] Fiat, Fiat, Amen.

격문(1534)

몇 사람이 체포되어 샤트레 감옥에 보내졌다. ……이단자들은 파리의 광장과 가두에 격문을 붙였다. ……그리하여 다음 목요일(10월 22일)과 일요일(10월 25일)에 속죄를 위한 행렬이 벌어졌는데, 성체가 받들어 모셔지고 길가에는 천이 깔렸다. 또 소문에 의하면, 문제의 격문은 당시 국왕이 계시던 앙부아즈 성에도 붙여졌으며, 국왕은 최고법원과 형사 담당관에게 엄중히 재단하도록 명을 내렸다.

• 『파리 시민의 일기』

이 사건을 계기로 이제 가톨릭 대 프로테스탄트라는 대립 구도가 부정할 수 없을 만큼 표면화되며, 불관용(不寬容)의 시대가 도래한다. 그리고 이른바 복음주의 사상이 환멸을 맛보고, 인문주의와 종교개혁이 서로 떨어져나간다. 그 경위에 대해서는 여러 사람들이 저마다의 관점에서 논하고 있다.[1)]

여기서 주목하고 싶은 것은 성변화(聖變化, 성찬의 빵과 포도주가 그리스도의 몸과 피로 성스럽게 변화한다는 것)[2)]와 미사성제를 부정하는 그 격문(37×25cm)을 인쇄한 사나이에 관한 이야기이다.

개혁파 출판인

격문 내용은 크레스팽의 『순교자 열전』 개정 증보판(1564)에 삽입되어 간접적으로 전해져왔다. 실제 격문이 발견된 때는 1943년이었다. 그것은 한쪽 면에만 인쇄된 것으로, 『갈레노스 저작집』(바젤, 안드레아스 크라탄더, 1531)의 제본 뒷면지로 사용되었다. 표지의 특징으로 미루어 『갈레노스 저작집』은 뇌샤텔에 있던 피에르 드 뱅글의 공방에서 제본된 것으로 밝혀졌다. 뱅글은 이 도시에서 인쇄 · 제본공방을 차려 개혁파 사상의 보급에 생애를 바친 셈인데, 실은 리옹 출신이다. 이 뱅글이라는 인물의 생애는 어떠했을까. 그 발자취를 더듬어보자.

대식단을 다루면서도 언급했지만, 피에르 드 뱅글은 젊을 때 도미니쿠스 수도회 근처 클로드 누리의 공방에서 일했다. 이 공방은 자선회 설립의 계기를 마련한 장 드 보젤의 설교집, 『세 사람의 마리아』와 같은 종교서, 『페스트 치료법』 『전염병 특효법』 『가난한 자의 법전』과 같은 민간의료서, 견본책, 그리고 『죽음의 춤』이라든가 『양치기의 달력』 같은 민중적이라고까지 할 수는 없더라도 일반을 대상으로 하는 그리 두껍지 않은 책을 고딕체나 절충 고딕체로 찍어내서 서점을 점령했다. 출판물의 3분의 2 이상이 프랑스어로 되어 있고, 라틴어 책도 프랑스어가 섞인 것이 많다. 쪽수가 세 자리 수를 넘는 책은 거의 출판하지 않은 것도 특징이다. 그리고 클로드 누리는 무엇보다도 『팡타그뤼엘』 초판을 펴낸 출판사인 것이다.

피에르의 아버지 장은 피카르디 지방 출신으로, 리옹에 와서 메르시에 가에 전셋집을 얻어 인쇄공방을 개업했으며, 뒤에는 가까운 뒤팽 거리로 옮겼다. 보이티우스, 오비디우스, 유베날리스 등의 작품을 출판하는 한편, 『황금 전설』 프랑스어 번역판, 숄리아크의 『외과 치료 안내』에서 『에몽의 네 아들』 『피에라브라』 같은 이야기책에 이르기까지 범위를 넓혀간다. 또 시몽 뱅상(앙투안 뱅상의 아버지), 자크 위그탕 1세 같은 초창기 대형 서적상의 주문을 받아 일하기도 했다.

그러나 피에르가 아직 10대일 때, 아버지 장이 죽었다. 그래서 클로드 누리가 활자와 판목을 인수했다. 그리고 피에르와 장 형제를 자기 공방에 받아들인다. 이렇게 하여 누리는 인쇄 마크뿐 아니라 출판방침까지 장 드 뱅글로부터 이어받았다.

이윽고 동생 장은 뛰어난 판화가로서 에스파냐, 포 등 각지에서 활약한다. 피에르는 장남으로서 누리 공방에서 수업을 계속하여 직공장이 되었으며, 1526년에는 클로드 누리의 외동딸 카트린을 신부로 맞이한다. 이제 뱅글 공방을 부활시키는 것은 시간 문제였다.

그런데 이 무렵, 뱅글은 종교개혁자 기욤 파렐(Guillaume Farel, 1489~1565)을 알게 된다. 파렐은 모(Meaux)의 복음주의자들의 너무나도 우유부단한 태도에 싫증을 느껴 이들과 결별하고 파리에서 은밀히 개혁파 교회를 설립했다. 또 1524년에는 바젤에서 에라스무스와 논쟁을 벌여 그와 결정적으로 대립하게 된다. 그 이후 메츠, 베른, 뇌샤텔, 제네바 등 도시를 전전하면서 종교개혁을 주창한다. 뤼시앵 페브르는 "가프 태생의 이 여윈 조그만 산사나이는 완강하고 무한한 체력을 타고났으며, 그 생애는 바로 파란만장한 모험소설 그 자체다"라고 말하면서, 파렐의 행적을 마치 카메라맨처럼 추적한다.[3)]

1520년대에 프로테스탄트는 아직도 프랑스 국내에 거점을 갖고 있지 못했다. 개혁파의 저작물도 알자스 및 스위스의 여러 도시에서 인쇄된 후 반입되어 행상인 등에 의해 유포되는 것이 상례였다.

이러한 개혁파 책의 네트워크를 만든 것이, 독일 출신으로 일찍이 리옹에서 인쇄공방을 경영하던 바텐슈네(프랑스 이름 요안 샤블라)라는 인물이다. 그는 바젤을 거점으로 플랑드르에서 프랑스 국내, 나아가서는 에스파냐에 이르는 악서 판매망을 구축했으며, 곧 일가뻘인 장 보그리에게 그 운영을 맡겼다. 1524년 바젤 서쪽 몽펠리에에 있던 파렐에게 보낸 보그리의 편지를, 페브르 마르탱을 인용하여 소개해둔다.

……그리고 『파텔』(파렐이 쓴 『주일의 설교에 대하여』) 200부와 『서간집』(현재는 전해지지 않는 파렐의 저작) 50부를 첨가하였습니다. 다만 귀하께서 이것을 어떻게 판매하실지 저는 알 수 없지만……오히려 누군가 소상인에게 맡기는 것도 하나의 방법이겠습니다. 팔러 다니는 사람에게 의욕을 불러일으키는 것이 중요하며, 조금씩 팔고 다니면서 얼마간의 이익을 보도록 해주십시오. 한 가지 부탁드릴 일이 있습니다. 가능하면, M. L.(마르틴 루터)의 번역에 따라 누군가 열심히 애써주실 분이 『신약성서』를 번역하도록 주선해주시지 않겠습니까. 그렇게 되면 프랑스로 봐서나 부르고뉴로 봐서나 사부아로 봐서나 참으로 기쁜 일이 되리라 생각합니다. 번역자가 될 분에게 편지를 보내시려면, 제가 파리나 리옹에서 전달하도록 하겠습니

다. 이 바젤에서 반가운 회신을 받을 수 있다면 더할 나위 없겠습니다. 또 한 가지, 저는 오늘 바젤을 떠나 프랑크푸르트로 갑니다.

(바젤에서, 1524년 8월 19일)[4)]

파리에서는 콘라트 레슈가 생자크 거리에서, 리옹에서는 미셸 파르망티에가 메르시에 가에서 각각 바젤의 문장(紋章)을 처마 밑에 내걸고 책을 팔았다. 둘 다 보그리 집안사람이었으니, 이 비합법적인 네트워크는 피의 결속을 자랑하고 있는 셈이다.

그러나 파렐의 예가 보여주듯, 이윽고 복음주의와 개혁파 사상의 분화와 대립이 노골화되면서, 개혁파 사상의 발신지는 뇌샤텔과 제네바로 옮겨간다. 프로뱅 서점이 있는 바젤은 에라스무스의 영향이 너무 강했다고 바꾸어 말할 수 있을지도 모른다.

이러한 상황을 포착한 뱅글은 프랑스 국내에서 개혁파 서적 출판에 남보다 먼저 손을 댔다. 기욤 파렐의 저작물 출판인으로서 세상에 나선 것이다. 리옹은 서적 유통의 네거리이면서 왕권 직속인 파리에서 멀리 떨어져 있으며, 고등법원도 없고, 또 국경이 아주 가까워서 새로운 사상의 발신지로서 지리적 이점을 갖고 있었기 때문이다.

뱅글은 처음에는 『에몽의 네 아들』 『이솝 우화』 같은 작품을 장인 누리와 함께 출판했지만, 1529년 이후에는 출판사를 숨긴 채 소르본 신학부가 원수로 여기던 다음과 같은 저작물들을 세상에 내보낸다.

• 『신약성서』 프랑스어 번역판

르페브르 데타플의 프랑스어 번역판 성서이다. 물론 불가타판이라는 라틴어 성서가 초기 필사본으로 간행되어 있었고, 그 프랑스어 번역판도 있었다는 것은 앞에서 말했다. 그러나 불가타판 성서는 엄밀한 원전 비평을 거치지 않은 번안이라고도 할 수 있었다. 따라서 성서 중심주의를 지향하는 개혁파가 받아들일 턱이 없었다.

잘 알려져 있듯이 '오직 믿음을 통해서'라는 루터의 의인설(義認說, 하느님이 인간을 의인으로 인정한다는 설-옮긴이)이 근거로 삼는 일절(「로마인들에게 보낸 편지」 제1장 17절)도 불가타판 성서에는 포함되어 있지 않다.

르페브르의 프랑스어 번역은 루터의 독일어 번역(1521)을 계승하는 시도였으므로 위험스럽게 여겨진 것도 당연했다. 뱅글은 이 책을 모두 세 번 출판한다.

1529년판은 클로드 누리의 인쇄 마크가 붙어 있지만, 재판은 출판지와 발행처를 일절 기재하지 않고 출판한다.

다시 1532년판에 이르러서는 속표지에 사보이공국의 문장을 깔고 "니스의 젠 강변 프랑수아 카비용의 주문으로 토리노에서 인쇄함"이라고 그럴듯하게 위장하고 있다. 용의주도하게도 가공인물인 서적상 카비용의 마크까지 곁들였다.

• 파렐, 『그리스도교인이 반드시 해야 하는 선언』, 1529

판권에 "베네치아, 피에르 뒤 퐁, 흰비둘기 간판"이라고 적어 위장하고 있다(뒤에 뇌샤텔에서 재간행).

• 르페브르 데타플, 『1년 52주의 서간과 복음서』

미사 때 외는 '주의 기도' 등의 기도를 복음주의의 입장에서 프랑스어로 설명한 책. 일찍이 르페브르의 제자였던 파렐이 원고를 썼다고도 하며, 일부 루터의 프랑스어 번역도 섞여 있고 하여 위험한 서적으로 블랙리스트에 오른다(초판은 1524년, 바젤). 뒤에 돌레가 뱅글판을 다시 간행하여(1542) 이단 심문을 받게 된다.

• 오토 브룬펠스, 『성서의 기도』, 1530

식물학의 아버지 브룬펠스(Otto Brunfels, 1488년경~1534)가 개혁파 신학자로서 쓴 교화서이다. 라틴어 초판은 1529년 슈트라스부르크에서 나왔다. 뱅글판은 이듬해에 안트베르펜에서 빌렘 볼스텔만과 메르텐스 판 카이세렌이 낸 프랑스어 번역의 재판이다.

1542년 돌레가 상재하여 금서 목록(1545)에 오르게 된다. 그러는 동안에도 장 드 투른은 돌레의 서문을 삭제한 판을 만들어(1543) 감쪽같이 팔아먹었다.

• 헤르만 보디우스(마르틴 부처), 『불화(不和)의 통일』, 1531

루터와 츠빙글리(Huldrych Zwingli, 1484~1531)의 중개 역할을 한 종교개혁파가 성서를 발췌한 것이다. 초판은 쾰른에서 나왔으며, 1531년 소르본에 의해 위험한 책으로 지정되었으나, 뱅글은 과감하게 그 직후에 이를 간행했다(1533년에는 제네바에서 "안트베르펜, 피에르 뒤 퐁, 흰비둘기의 간판"이라고 속여서 프랑스어 번역판을 간행한다).

• 요한 에크, 『루터 반박의 논거』, 1531

• 에라스무스, 『평화의 호소』 프랑스어 번역판, 1531

루이 드 베르캥이 프랑스어로 번역한 이 책은 1525년 소르본 신학부에 의해 금서로 지정된다(파리, 시몽 뒤 부아?). 그러니까 뱅글의 것은 재판인 셈이다.

• 에라스무스, 『그리스도교 병사 제요(提要)』 프랑스어 번역판, 1532

메르텐스 판 카이세렌이 1529년(베르캥이 파리에서 처형된 해) 안트베르펜에서 출판한 것의 재판. 번역은 루이 드 베르캥이 한 것이라고도 하고, 베르캥이 "돈에 궁해빠진 학생"(마거릿 M. 필립스)에게 시켰다고도 하지만, 그 경위는 전혀 알려져 있지 않다. 1542년의 금서 목록에 이 프랑스어 번역판이 실리는데, 거기서 문제가 된 것은 에티엔 돌레의 간행본이었다.

이상의 리스트를 보면 여러 가지가 밝혀진다. 첫째, 안트베르펜이 프랑스어 서적 발행지로서 중요한 역할을 했다는 점이다. 16세기 전반에 안트베르펜은 유럽 최대의 금융시장으로서 번영했다.

리옹이 프랑수아 1세에게 그랬던 것처럼, 이 플랑드르의 무역항은 황제 카를 5세의 자금조달지였다. 함께 큰장으로 번창한 두 도시의 관계는 상상 이상으로 긴밀하다.[5)]

그리고 저 유명한 크리스토프 프랑탱이 '프랑스의 마당' 투렌 출신인 것처럼, 안트베르펜에 이주한 프랑스인 인쇄업자는 꽤 많다(그리고 프랑탱은 어린 시절 한때 리옹에 살았던 것으로 추정된다).

이를테면, 위의 메르텐스 판 카이세렌은 프랑스 이름이 마르탱 랑프뢰로, 트루아와 파리에서 활약한 인쇄업자 피에르 르 뤼주의 공방에 입문하여 활자주조술을 익히고 공방주의 딸과 결혼했다. 1525년에는 안트베르펜에 이주했으며, 3년 후에는 그곳 성 루카 조합에 등록된다. 그는 11년 동안 200점 이상의 서적을 인쇄했는데, 그 대부분이 프랑스어나 라틴어의 성서, 전도서, 교과서였다. 그는 또 영국 종교개혁자의 저작도 인쇄해서 도버 해협 너머로 수출한다.

플랑드르도 파리와 어깨를 겨룰 만한 가톨릭의 아성인 뢰펜(루뱅)대학을 갖고 있었기 때문에 이단 서적 단속이 결코 무르지 않았다. 그러나 그들은 출판지를 속여 많은 발매 금지 서적을 간행하여 프랑스로 들여보냈다.

다음으로, 뱅글과 같은 출판업자의 너무나 대담한 속임수도 흥미진진하다. 그는 그 후에도 판권의 출판지를 "파리, 피에르 드 비뇨, 소르본 거리"니 "헨트, 페테르, 판 윙"이니 하는 식으로 속였다. 또 때로는 속표지에 가톨릭적인 그림을 사용해서 위장했는데, 이것도 조금만 조사해보면 활자 모양 등으로 금방 정체가 드러날 만한 것이었다. 말하자면 리옹이라는 자유도시에 의해 보호를 받았던 셈이다. 파리의 출판업자 가운데 화형대에 오르는 사람은 앙투안 오주로를 비롯해서 상당수에 이르지만, 리옹의 업자로서 형장에 가게 되는 사람은 에티엔 돌레라는 약간 예외적인 인물 정도이다.

마지막으로 뱅글의 간행물 목록을 다시 한 번 들여다보자. 뜻밖에도 루터의 불구대천의 원수인 요한 에크(Johann Eck, 1486~1543)의 논박서가 포함되어 있지 않은가. 더욱이 판권에는 "리옹, 피에르 드 뱅글, 1531"이라고 명기되어 있다. 그는 아직 개혁파로 개종하지 않았던 것일까?

뱅글은 이미 개혁파에 귀의했으며, 그래서 장인의 공방을 이용해서 출판 활동을 했던 것으로 생각된다. 에크가 루터를 반박하는 논거를 굳이 실명으로 출판함으로써, 그 직전에 낸 부처의 저서에 대한 혐의를 피하려 한 듯싶다.[6] 혹은 또 루터를 둘러싼 파렐 주변의 평가와 관계가 있었는지도 모른다.

그러나 아무리 리옹이 자유도시라고는 하지만 한계가 있다. 후일 자기 스스로 고백하고 있듯이, 뱅글은 "프랑스어판 『신약성서』 덕으로 리옹에서 추방"되고 만다. 정확한 시기는 알 수 없으나, 1532년 가을쯤의 일이다. 그는 당국의 추적을 피해 남으로 내려가, 파렐의 지시에 따라 우선 마노스크 시로 가서 페론 피카르라는 이름으로 지낸다.

사위의 갑작스런 실종으로 충격을 받은 탓일까, 누리는 이듬해에 불귀의 객이 된다. 누리의 미망인은 상복을 벗고 나서 공장장 피에르 드 생트 뤼시와 재혼한다. 짐작컨대 이 사나이는 범용한 데다가 술버릇도 나빴던 모양으로, 전통 있는 이 공방도 그 후 별로 빛을 보지 못한다.

발도파의 거점 메랭돌 동쪽에 위치한 뒤랑스 강변에 있는 도시 마노스크에는 파렐의 친척인 알로트가 있었다. 한참 전에 파렐은 고향 일대의 산촌을 찾아다니며 일족을 개종시키는 데 성공했다.

산길을 돌아다니는 것은 그의 장기였다.

파렐은 발도파 신자에게 그들의 신앙이 개혁파와 기본적으로 상통하는 것이라고 설교하고 다녔다. 그 후 로베르 올리베탕, 앙투안 소니에 등도 발도파의 장로(바르바는 피에몬테 사투리로 숙부라는 뜻으로 그들은 설교사를 이렇게 불렀다) 마르탱 고냉과 함께 선교활동을 벌였으므로, 그들의 개혁파 개종을 위한 정지작업은 이미 되어 있었다고 할 수 있다.

1532년 9월 12일부터 한 주일 동안, 샹포랭이라는 한촌에서 1년에 한 번 열리는 발도파 교회 회의가 열렸다. 최근 연구에서는 위의 소니에뿐 아니라 파렐도 그 자리에 있었던 것으로 추정하고 있다.

그 당시 발도파는 도미니쿠스 수도회 수사인 이단 심문관 장 드 로마의 박해로 고통을 받고 있었다. 장 드 로마는 『마녀의 망치』 『이단 심문관 필휴(必攜)』 같은 마녀 및 이단 처단을 위한 성전(聖典)을 자유자재로 이용했다.

교의와 교회법에 관한 그의 지식도 타인의 추종을 불허했으며, 그의 손에 걸린 사냥감은 그의 빈틈없는 논리의 거미줄에서 빠져나올 수가 없었다.[7)]

심문 기록을 펼쳐보면, 당시 발도파 사람들은 이른바 성변화를 부정하고 연옥의 존재도 부인하며 예정설을 취하는 등, 개혁파와의 친근성이 뚜렷했다. 회의에서는 신앙과 신심에 대한 논의가 벌어지고 최종적으로 개혁파에 가담한다는 결정이 내려졌다. 이것이 1545년 메랭돌 대학살의 서곡이 될 줄은 신만이 안 일이었다. 이 결정에 불만을 품은 신자들은 보헤미아로 달아난 것으로 전해진다.

뱅글이 마노스크로 도망친 것은, 지금 생각해보면 이같이 미묘한 시기였다. 그는 공증인 알로트의 도움을 받아 토리노 또는 니스에서 인쇄된 『신약성서』를 팔았다. 그런데 에크 생 프로방스 출신으로 마침 제네바에서 돌아온 사나이가 이것을 사보고는 이단의 책이라고 외친 것이다. 그래서 사람들이 피카르에게 몰려가자 『양지기의 달력』과 바꾸어주었다고 한다. 『양지기의 달력』은 클로드 누리 서점의 주력상품의 하나였으니 뱅글은 이를 항상 가지고 다닌 모양이다. 이상의 경위는 이듬해에 알로트가 이단 심문을 받음으로써 밝혀진 것인데, 장본인인 피카르, 곧 뱅글은 이미 제네바로 떠나고 없었다.

뱅글은 개혁파 출판인의 선봉으로서, 제네바에 7, 8개월 머문다. 당시 이 도시에는 이제 겨우 루터주의의 싹이 보이고 있을 뿐이었다. 1532년 여름, 주교좌 대성당에 개혁파의 격문이 나붙는 사건이 일어나기는 했으나, 극히 산발적인 현상에 지나지 않았다.

그런 마당에 편력하는 종교개혁자 파렐이 나타나고, 이어 출판 담당 뱅글이 불려온 것이다. "파렐과 뱅글에게 베른행 통행증이 주어지지 않았더라면, 제네바에서 종교개혁파는 조직되지 못했을 것"[8]이라고 제네바 역사의 권위자 몬터가 말한 바로 그런 상황이었다고 생각된다. 두 사람의 출현을 계기로 이 호반의 도시에서는 신구 양파가 격렬하게 대립하여 충돌이 되풀이되고 사상자가 생겨난다. 그리하여 균형은 차츰 루터파로 기울어 1536년 파렐이 칼뱅을 불러오게 되는 것이다.

그런데 개혁파와 동맹을 맺은 발도파가 먼저 한 일은 프랑스어 번역판 성서와 일상적으로 사용하는 신앙안내서를 만드는 일이었다. 여기서도 파렐 등 쟁쟁한 개혁파 인물의 주도적인 솜씨가 발휘되었는지도 모른다. 신자들은 자금을 모아 마르탱 고냉에게 맡겼다. 고냉은 제네바로 가서 뱅글의 협력을 요청했다. 올리베탕의 프랑스어 번역 성서는 시간이 너무 걸려서 르페브르의 것을 다시 인쇄하게 되었다. 또 부처의 『불화의 통일』을 소니에가 프랑스어로 옮겼다. 전자는 안트베르펜의 메르텐스 판 카이세렌의 판을 재판해도 좋다는 허가를 시 당국으로부터 받을 수 있었으나, 후자는 인가가 나지 않아 "안트베르펜, 피에르 뒤 퐁, 흰비둘기의 간판"이라는 거짓 출판사명으로 간행되었다.

『팡타그뤼엘』 초판의 수수께끼

1530년 파렐의 요청으로 앙투안 마르쿠르가 주임 목사로서 뇌샤텔에 왔다. 그 또한 칼뱅, 르페브르 데타플, 올리베탕, 그리고 뱅글의 아버지와 마찬가지로 피카르디 출신이었다. 곧 젊은 피에르 비레(Pierre Viret, 1511~71, 스위스 내의 프랑어권 지역에서 가장 중요한 역할을 한 종교개혁가)도 이 도시를 찾아온다.

이윽고 1533년 초여름, 뱅글은 머물러 있기가 찜찜한 제네바를 떠나 뇌샤텔로 옮겨간다. 이 호반의 도시는 파렐을 지지하는 이들이 제압하고 있어서 차분히 개혁파 서적의 출판에 전념할 수 있었기 때문이다.

마르쿠르, 뱅글 두 사람은 어쩌면 구면이었는지도 모른다. 그리피우스의 공방 혹은 누리의 공방에서 무기명으로 이단의 책을 이미 내고 있었지 않았나 하고 추정하는 학자도 있다.[9] 혹은 금방 의기가 투합한 것일까? 두 사람은 즉각 다음과 같은 제목의 소책자(8절판, 24매)를 출판한다.

『누구에게나 도움이 되는 상인의 책. 팡타그뤼엘 대감의 이웃으로서 이 방면에 뛰어난 전문가 팡타포르 님의 신작. 읽으시라, 활용하시라』(코린트에서 인쇄, 1533년 8월 22일).

뱅글의 출판물답게 이 또한 방약무인한 제목이다. 팡타포르는 '무엇이나 판다'는 뜻(팡타그뤼엘은 '만물이 고갈하였도다'는 뜻)이다. 다만 이것을 상인의 안내서라고 생각했다가는 정신 못 차리고 만다.

"도시에서나 마을에서나 산에서나 골짜기에서나 그들 가게로 뒤덮이지 않은 곳이 없다" 운운하고 있어 언뜻 보아 정말로 상인에 관한 이야기 같지만, 이것이 수상한 대목이어서 상인을 성직자로 바꾸어 읽으면 강렬한 현실 비판이 되는 장치이다.

팡타포르는 "위대한 목회자, 우리의 선한 구세주이자 속죄의 주님께서 그 굳센 힘으로 커다란 번견, 강도, 상인, 교활한 환전상과 사기꾼을 몰아내주실 필요가 있을 것 같습니다"라든가, "그들은 무척 돈이 많고 권력도 갖고 있으며……그들의 장사를 유지하는 데는 책이나 성서는 필요치 않고 살인자나 강도가 하듯이 힘으로 밀고 나가는 것입니다"라며, 가톨릭 신부를 거명하지는 않으면서 공격하고 있다.

마치 가톨릭 교회의 타락에 분개한 목사가 붓끝이 가는 대로 휘갈긴 낙서 같은 느낌을 주는 문장으로 씌어진 이 소책자는 제네바에서 제법 여러 판을 거듭한다. 또 영어 번역판(런던, 1534)뿐 아니라 플라망어 번역판(안트베르펜, 1567)까지 간행되었다니 놀랍다.

그러나 뭐니뭐니 해도 주목해야 할 것은 라블레 이야기의 주인공이 이렇게 벌써 인용이 되고 있다는 사실이다. 여기서 뱅글의 발자취를 다시 한 번 살펴보자. 그가 장인 누리의 곁을 떠난 때는 1532년 한여름으로 추정된다. 한편 『팡타그뤼엘』 초판은 언제 발매되었을까? 통설로는 가을 큰장에서 팔 수 있도록 인쇄되어 11월에는 점두에 전시되었다고 한다. 가정해볼 수 있는 이 두 가지 사실(양쪽 다 상황 증거 비슷한 것밖에 없다)에 비추어서, 뱅글은 『팡타그뤼엘』의 편집과 인쇄에 관여하지 않았다고 지금까지 여겨져왔다.

그렇다면 뱅글은 지난날의 공방 동료에게 라블레의 이야기를 보내달라고 해서 마르쿠르에게 보여주었다는 이야기가 된다. 사실이 어떠하든 어쨌든 『팡타그뤼엘』이 국경을 넘어 영향을 미친 사실이 확인된 것이다. 그런데 다음에 소개하는 가설이 성립된다면, 이 이야기는 아연 재미있어지지 않을까?

회화의 카탈로그에는 이전의 소유자들이라든가 경매에서 얼마에 낙찰되었다든가 하는, 요컨대 그 작품의 정체가 적혀 있다. 이것을 '내력'이라고 하여, 물론 서지학에서도 이런 내력이 첨부된다.

문제의 『팡타그뤼엘』 초판(현재 남아 있는 것인 한에서 그렇다는 것이며, 그 이전에 나온 판도 있으나 그것이 한 부도 남아 있지 않는 것일 가능성도 부정할 수 없다)은 세계에 한 부밖에 남아 있지 않다. 19세기 중반에 파리 국립도서관이 어느 귀족으로부터 660프랑에 사들인 것이다.

여기서 문제되는 것은 초판본의 텍스트가 아니라 표지의 보더(상하 좌우에 배치한 액자 모양의 장식)이다. 잘 보면 알지만, 네 가지 보더가 짜맞추어져 있다. 이런 유의 보더는 저명한 화가와 판화가가 디자인하는 예가 많으며 값비싼 상품이었다.

보더는 아니지만, 『리옹 자선회 규약』을 장식하는 그 단순하고 소박한 첫머리 그림(및 리옹 시의 문장)을 새긴 무명의 판화가에게, 자선회는 16리브르인가를 지불하고 있다(시립병원 의사 라블레의 연봉이 40리브르였다는 것을 떠올려보자). 뒤러와 홀바인은 따로 치더라도, 내가 좋아하는 한스 발둥 그린이라든가 우르스 그라프(Urs Graf, 1485년경~1527, 스위스의 판화가이자 금세공사)의 보더는 아마도 꽤나 비쌌을 것이다.

그런데 『팡타그뤼엘』 초판의 보더는 조각자의 이름을 알 도리가 없다. 그러나 이 보더는 1528년에서 1531년 후반까지 리옹의 장 다비드의 공방에 있었던 것으로 밝혀져 있다. 원래 이 도시에서 제법 알려진 제본업자였던 그는 짧은 기간동안이지만 인쇄업에도 손을 댄 것 같다. 그러나 1531년에 부득이 손을 떼지 않을 수 없게 된다. 그래서 문제의 보더는 한때 자크 미트의 손에 넘어갔다가 곧 브누아 보냉이 인수하게 된다.

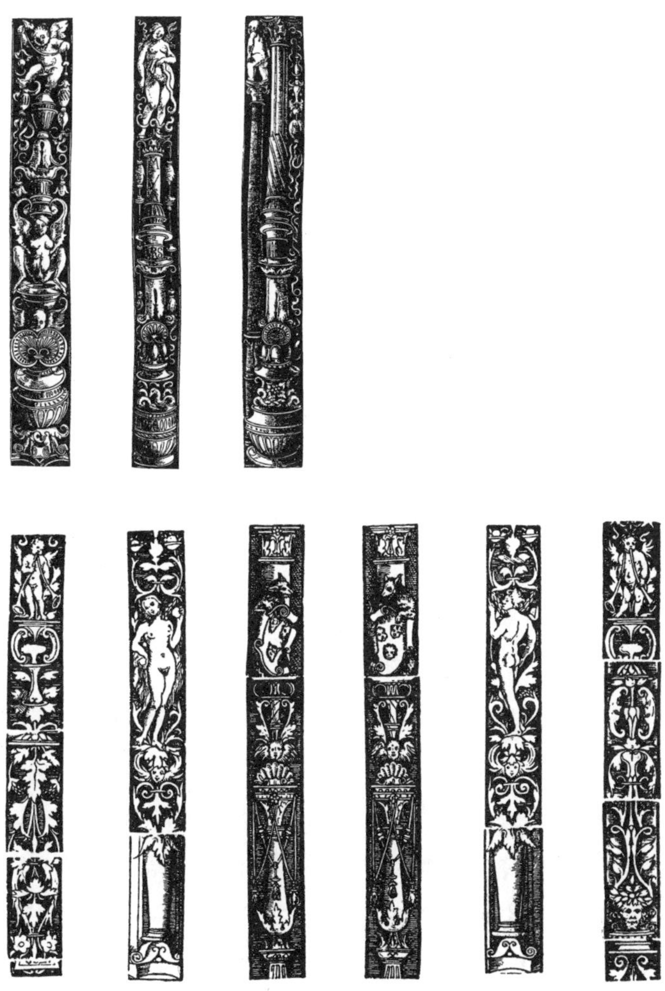

그라프의 보더(위)와 발둥 그린의 보더(아래)

더욱이 그것은 (곧 컴퍼니에 들어가는) 뱅상 드 포르토나리이스가 주문한 법률서의 타이틀 페이지에 사용된다. 즉, 이 보더의 내력은 다비드(1528~31)→미트→보냉(1531/32~33)으로 표시할 수 있다.

그러나 여기서 기묘한 것은 클로드 누리 역시 『팡타그뤼엘』에만 이 보더를 사용하고 있다는 것이다. 그것은 언제 어떤 사정에 의한 것일까?

그런데 몇 천 부나 인쇄를 하면 목판은 당연히 마모되거나 흠집이 나 있을 것이다. 라블레학의 제1인자인 마이클 스크리치 교수는 그 마모 상태와 상한 정도를 세밀하게 살펴, 이 보더를 사용한 여러 가지 책의 연대를 판정하고자 했다.[10) 『팡타그뤼엘』의 경우, 이를테면 상부의 횡선 일부가 떨어져나갔고, 중앙 아래쪽에 있는 방패형 마크의 상부도 끊어진 것이 보인다. 각 간행본을 이런 식으로 감정해나간 것이다.

세세한 감정과정은 생략한다. 『팡타그뤼엘』이 간행된 것은 1531년 8월 21일에서 1533년 3월 26일 사이의 어느 날이라고 한다. 그렇다면 그 시기를 좁혀보자. 우선 첫번째 가설은, 이 보더를 소유한 순서를 다비드→누리→미트→보냉 혹은 다비드→미트→누리→보냉으로 보는 것이다. 이 경우 『팡타그뤼엘』의 출판 시기는 1531년 말 내지는 늦어도 이듬해 초가 되어, 종래의 설을 1년 가까이 앞당기게 된다(스크리치 교수는 이 설로 기울고 있다).

또 하나의 가설은 종래의 출판 연대(1532년 가을이라는 설)를

『팡타그뤼엘』 초판의 보더(위)와

페르타키누스가 쓴 『사제구론』(司祭區論, 1533년 5월)의 보더(아래)

따르는데, 보냉이 누리에게 보더를 임시로 빌려주었다는 것이다. 어느 쪽이든 스크리치 교수는, 누리가 『팡타그뤼엘』이 법률에 대해 풍자하고 있다는 데 착안하여 이 보더를 의식적으로 사용한 것이라고 추정하고 있다.

스크리치 교수의 수사방법은 독특하지만 결정적인 증거가 없어 『팡타그뤼엘』의 알리바이는 무너질 것 같지 않다. 물론 스크리치 교수도 자신의 감정 결과가 다른 모든 요소에 우선한다고는 생각하지 않는다. 그러나 이러한 결과는 서지학적 연구의 진면목을 보여주는 것으로 경청할 만한 의론이다. 그래서 나는 이것을 미궁 속에 남겨두기 전에 또 하나 흥미있는 사실을 지적해두고 싶다.

그것은 시립자선병원 가까이에 공방을 차리고 있던 장 다비드와, 바로 근처인 노트르담 드 콩포르 앞의 공방에서 일한 피에르 드 뱅글 사이에 접점이 있다는 것이다. 앞에서 언급한 헤르만 보디우스의 『불화의 통일』(1531년 5월 8일 인쇄 완료, 리옹 시립도서관 소장)의 제본과 장정을 다비드가 맡아서 했다. 그렇다면 이 무렵 병이 잦았던 누리 대신 뱅글이 다비드에게서 보더를 인수하거나 빌려썼을 가능성도 꽤 높지 않은가?

어쩐지 '만일' 투성이의 아마추어 탐정 같지만, 『팡타그뤼엘』에 뱅글이 관여했다고 생각하고 싶어지는 것이다.

왕국 내에서 일체의 출판을 금지하라

앞에서 소개한 바와 같이, 1534년 10월 17일(토요일) 밤에서 이튿날, 곧 일요일 아침에 걸쳐 가톨릭의 미사성제를 부정하는 전단이 뿌려지고 여기저기 나붙었다. 실제로는 그 전이나 후에도 이런 종류의 전단 작전이 없었던 것은 아니나 '격문 사건' 하면 이것을 가리킨다.

프란체스코 수도회 수사 시몽 퐁텐은 뒷날 "격문은 국왕이 수건을 넣어두는 용기 안에도 들어 있었다. 국왕은 수건과 함께 격문을 꺼낸 것이다. 그것을 읽고 국왕이 격노했음은 분명하다"고까지 쓰고 있는데, 이것은 개혁파가 광신적이라는 인상을 주기 위한 각색이었는지도 모른다.

이렇게 하여 격문은 "(미사성제라는) 가톨릭 교회 제도에 관해서 만인의 눈에 가장 잘 띄는 전단 형태로 근본적인 의문을 제시하고, 교회에 사람이 모이는 일요일 아침을 노려 가톨릭과 개혁파의 중심적인 대립점을 백일하에 드러내버린 것이다."[11]

루터파 패거리가 은밀히 이만한 조직력을 갖추고 있는 데 경악한 왕권은 이듬해 봄까지 마르그리트 드 나바르의 『죄업이 깊은 영혼의 거울』을 출판한 앙투안 오주로 등 수십 명을 처형하고 사상과 신조에 대한 단속을 강화해나간다. 1535년 1월 13일 프랑수아 1세는 "추후 고시가 있을 때까지 왕국 내에서 일체의 출판을 금지한다"는 극단적인 명령까지 내린다(이 명령은 곧 해제된다).

그런데 범인으로 확신되는 이들이 있었으나, 격문을 인쇄한 것은 국경 저편이라 처벌이 곤란했다.

크레스팽에 의하면, 제라르 루셀, 엘리 쿠로 같은 복음주의자들의 설교가 소르본의 격분을 사서 몇몇이 체포된 일이 격문사건의 원인이라고 한다. 설교로 안 된다면 전단이라도 뿌리자고 행동파가 궐기했다는 것이다.

신자들은 이렇게 교리와 설교를 죄다 박탈당하여 크게 슬퍼하고 비탄에 잠겼다. 더 좋은 충고를 얻을 수도 있었을 터인데, 다른 사람들의 의견은 물어보지도 않고 몇 사람이 갑자기 스위스의 가까운 도시에 사람을 보내기로 결심한다. 그곳에서는 복음 설교가 시작되고 있었으므로, 사람들에게 가르쳐줘야 할 그리스도 신앙과 교리의 요약이라도 입수하고 싶은 생각에서였다. 그 임무는 국왕 프랑수아의 전속 약제사의 하인으로 있는 페레라는 자에게 맡겨졌다. 페레는 뇌샤텔 시에서, 미사의 폐해와 교황 지상주의자들이 해대는 갖가지 날조들에 대해서 결연하고 맹렬한 투로 비난하는 격문 형식의 여러 조목을 인쇄했다. 그리고 그것을 시중에 뿌리기 위해 소책자로도 만들었다. 내용은 다음과 같았다(이하 격문 내용).

• 크레스팽, 『순교자 열전』[12)]

굳이 스위스까지 사자를 보내지 않더라도 파리의 개혁파라면 이 정도의 글은 누워서 떡 먹기로 쓸 수 있었을 텐데, 진상은 알 수가 없다.

이리하여 파리에서 의뢰하여 인쇄된 것이, 네 가지 조목으로 된 "교황 미사의, 무서운, 중대한, 참기 어려운 폐해에 관한 진정한 조목들"이라는 전단이었다.[13)] 앙투안 마르쿠르가 기초하여 피에르 드 뱅글이 인쇄한 것이다.

이 격문을 파리에서 손에 넣은 엘리 쿠로 등 개혁파는 "이 사고 방식 자체는 신성하고 옳지만 적을 격분시켜 (이쪽 세력이) 산산이 분산당할 뿐"이라며 공표를 보류하려고 했다. 그러나 "몇몇 사람들의 열의, 아니 오히려 자신의 들끓는 정열밖에 생각하지 않는 자들의 혈기가 승리를 거두어" 프랑스 종교개혁의 전환이 되는 사건으로 발전하고 만다.

이것은 뤼시앵 페브르도 어떤 감개를 가지고 지적하고 있지만, "나는 이처럼 신심이 없는 옹고집 종파에는 전혀 속해 있지 않다. ……이런 새로운 교리와 조직만큼 가증스러운 것은 없다. ……열렬한 선전욕에 사로잡혀 목숨을 위험에 노출시키는 바보 같은 집단이다. ……나는 관객일 뿐이다"라고 말하면서 격문사건을 냉정하게 바라본 인물이 있었다.[14] 그는 바로 에티엔 돌레이다. 그런데 바로 그가 40년대에 들어서자 격문사건 후의 지명 수배자 가운데 한 사람에게 자본을 대게 하여 잇달아 이단 서적을 인쇄, 간행함으로써 마침내 화형대에 오르게 된다. 참으로 얄궂은 결말이라 아니 할 수 없다.

에티엔 드 라 포르주라는 개혁파 상인이 있었다. 그 또한 피카르디 지방의 투르네 출신이라니까, 암만해도 이 세대 개혁파의 공통점은 그 출신지에서 찾을 수 있는 것 같다. 그는 파리에 나와서 생마르탱 가(지금의 퐁피두 센터 앞 거리)에서 펠리칸이라는 간판을 내걸고 장사에 성공했는데, 일찍부터 복음주의를 지지했으며 칼뱅의 친구이기도 했다. 그는 또 이름난 자선가이기도 했다. 칼뱅은 이 호상의 집에 모인 소수의 열렬한 사람들에게 개혁사상을 설교했다고 한다. 라 포르주는 기욤 파렐을 통해 피에르 드 뱅글과도 연락했으며, 크레스팽의 증언에 의하면 성서 인쇄비용까지 부담한 모양이다.

그런데 제네바의 모직물 상인으로 자주 리옹의 큰장을 찾는 한편 개혁파의 연락원 노릇을 한 보디시옹 드 라 메종뇌브가 1534년 봄 리옹에서 체포된다. 뇌샤텔로 옮긴 뱅글을 위해 리옹에서 새 활자를 조달해준 것도 이 상인이었던 것 같다. "프랑스어 번역판 성서를 본 적이 있느냐? 『상인의 서』라는 제목의 책을 본 적이 있느냐?"라고 리옹의 재판관은 심문하고 있다.

이 제네바 상인은 라 포르주와 왕의 누이로 복음파인 나바르 공비(公妃) 앞으로 보내는 파렐의 편지 두 통을 지니고 있었다. 그 때문에 연달아 라 포르주도 체포되고 만다. 메종뇌브는 파리로 이송되지만 외국인이라 결국은 석방된다.

한창 이런 일이 일어나고 있을 때 격문사건이 발생한 것이다. 라 포르주가 살아남을 턱이 없다. 그는 1535년 2월 15일 "노트르담 대성당 앞에서 호송차에 앉아 죄를 인정하고 사죄한 뒤 생장 묘지에서 화형에 처해졌다"(『파리 시민의 일기』). 부부의 막대한 자산(파리의 한 시민은 "3만……"[원본에는 단위가 빠져 있는데, 리브르가 아닐까]이라고 기록하고 있다)은 몰수되고, 아내 페론은 죽은 남편의 고향으로 갔다고 한다.

그리고 이듬해에 그녀가 재혼한 상대가 바로 '좋은 독일인' 요한 클레베르거였다.

이 밖에도 희곡과 크리스마스 가곡집, 스위스 개혁파의 출판물로는 드문 그림책(크라나흐의 목판화를 복사하여 사용했다) 등을 포함하여, 뱅글은 2년 동안에 20점 가까운 서적과 소책자를 펴낸다. 그리고 1535년 6월 4일 프로테스탄트 출판인으로서 생애에 기념비가 될 만한 것을 세상에 내놓는다.

그것은 바로 프랑스어 번역판 성서이다. 올리베탕은 고전어에 관한 소양을 총동원했다. 계몽주의자의 대화편을 예고케 하는 『큄발름 문디』(1538)의 작자가 되는 보나방튀르 데 페리에는 이 일을 위해 리옹에서 찾아왔다. 이리하여 주로 소책자를 낸 뱅글 공방으로서는 보기 드물게 2절판의 큰 책을 완성하게 된다.

당시 조국에서 망명한 칼뱅은 바젤의 어시장 앞에 있는 콘라트 레슈 서점에 기숙하고 있었다. 일찍이 파리에서 바젤의 문장(紋章)을 간판으로 내걸고 개혁파를 지지했던 레슈는 고향으로 돌아와 말하자면 프랑스 국경 밖에서 원격 지령을 보내고 있었던 것이다. 칼뱅은 이 자유로운 도시에서 『그리스도교 강요』의 집필에 전념할 수 있었다. 이 위대한 종교개혁자는 올리베탕의 필생의 번역 작업에 서문을 붙였으며, 이윽고 이것을 칼뱅파의 성서로 채택한다.

큰일을 마친 피에르 드 뱅글은 얼마 안 가서 세상을 떠난다. 인쇄 도구들은 장 미셸(공방의 공장장이었던 것 같다)이 사들였다. 뱅글의 아내 카트린은 두 딸과 함께 리옹에 남아 있었으나, 남편이 죽은 뒤 인쇄장인 장 피디에와 재혼하여 영세한 공방의 안주인으로서 평화롭게 산 것 같다.

안트베르펜에서도 메르텐스 판 카이세렌이 1536년 무렵에 죽고 미망인이 유지를 이었다. 파리의 시몽 뒤 부아는 격문사건 후 이단 혐의로 지명 수배되었으나 그 후 소식이 끊겨 행방이 묘연하다.[15]

서적사가 히그만의 표현을 빌린다면, 1535년은 "개혁파의 서적사에서 기묘한 공백의 해"[16]가 되는 셈이다.

또 책의 세계뿐 아니라 사상의 세계에서도 세대 교체의 시기를 맞이하고 있었던 것 같다. 에라스무스와 르페브르 데타플 두 사람도 예기치 않게 1536년에 세상을 뜬다.

그런데 이것도 폭풍전야의 고요에 지나지 않았다. 1536년에는 『그리스도교 강요』 라틴어판(바젤, 요하네스 오포린 서점, 토마스 플라터/바르트 라시우스 인쇄)을 펴낸 칼뱅이 파렐의 권유에 따라 제네바로 옮겨 마침내 종교개혁에 착수한다. 책사 기욤 파렐은 이렇게 하여 새로운 신앙의 기수를 불러들였을 뿐 아니라, 새로운 사상을 책이라는 강력한 무기로 전환시키는 인물도 스카우트했다. 북이탈리아 출신의 장 지라르가 그 사람이다. 그는 짧은 기간동안 활약했던 뱅글을 별도로 치면, 종교개혁이라는 대의를 위해 제네바에 정착한 인쇄인으로서 개척자가 되는 셈이다.

1538년이 되자, 위의 장 미셸이 뇌샤텔에서 제네바로 이주한다. 지명 수배된 시몽 뒤 부아의 근친으로 짐작되는 미셸 뒤 부아도 신천지를 찾아 파리로부터 제네바로 찾아온다. 그리하여 장 지라르는 에티엔과 크레스팽 같은 강력한 라이벌이 출현하는 1550년까지 칼뱅, 피에르 비레의 출판인으로서 독주하게 된다.

검열의 시대

그 때문에 즉각 『시편』을 부르거나 어떤 집회를 여는 것도 못하도록 엄격히 금해졌다. 그러나 그들은 그 사악한 마음과 고집으로 결코 이에 따르지 않았다.

• 『장 게로의 일기』

어느 것이라도 좋으니 프랑스의 책을 집어들고 판권을 들여다보자. 아래에 'Dépôt légal'이라는 말과 날짜가 적혀 있을 것이다. 이것은 국립도서관에 납본되었음을 나타낸다.

서적, 신문, 잡지는 말할 것도 없고 판화, 포스터에서 영화, 레코드에 이르기까지, 오늘날에는 폭넓은 의미의 인쇄간행물에는 모두 이 납본제도가 적용된다. 이를테면, 책의 경우 여섯 부를 파리 국립도서관에 제공해야 하는 의무가 있다.

1537년은 납본제도가 생긴 해로서 기억되어야 할 것이다. 프랑수아 1세는 그 전 해 연말에 몽펠리에에서 발표한 서간을 칙령으로서 새로 공포했다. "모든 인쇄업자와 서적업자는 왕국 내에서 인쇄된 어떠한 책이라도 한 부를 서적 감독관에게 납본한 후가 아니면 판매할 수 없다. 또 그것이 외국에서 들여온 것이라면, 그 뜻을 통고한 후가 아니면 판매하지 못한다"는 것이었다.[17)]

16세기 전반 출판 검열의 역사에 대한 연구서로는 히그만의 『검열과 소르본』이 있는데, 이는 뛰어날 뿐만 아니라 금서 목록이 수록되어 있다. 그 책에서 저자는 "납본제도 도입은 서적 생산을 관리하려는 일련의 움직임으로서 자리매김되곤 하는데, 그 공개 서간의 내용은 포괄적인 것이며 그 의도는 아마도 단지 왕실도서관을 충족시키기 위함에 있었던 것 같다"[18]고 말하고 있다.

서간에는 "우리의 벗이자 충실한 평정관(評定官)으로서 브루아 성의 도서관 관리 책임자로 있는 왕실 사제 메랑 드 생줄레 신부"에게 신간 서적들을 한 부씩 전하도록 하고 있다.

망명한 마로의 후계자인 궁정시인 생줄레가 검열관을 겸할 리도 없고, 확실히 표면상으로는 국왕의 문화정책으로 보이기도 하고, 사본 및 미술품 수집가이기도 한 국왕 자신이 그러한 취미의 연장으로서 생각했던 듯한 기미도 보인다. 그러나 이것이 일단 칙령이 되고 나니 납본제도는 왕권에 의한 출판 통제의 첫걸음으로서 기록되었다.

이윽고 1539년 빌레르코트레의 칙령에 이어, 1542년에는 서적 검열 시스템이 만들어지고 금서 목록이 작성되었다는 것(단 간행되지는 않았다)은 돌레에 관해 이야기한 대목에서도 언급했다.[19] 그 블랙리스트에 실린 프랑스어 간행본 41점 가운데 놀랍게도 27점이 제네바에서 인쇄된 것이었다.[20]

이어 1545년 소르본대학 신학부는 로마 교황청에 앞서서(1559) 금서 목록을 출판한다(히그만의 리스트B). 이를테면 마르쿠르의 『상인의 서』는 이때 처음 금서로 지정되었다. 금서 목록은 사법 권력과 결탁한 밀고꾼 장 앙드레의 서점에서 발매되었다. 이러한 일련의 조치를 지시한 것은 이단 심판관 마티외 오리였다.

책이라는 무기

233점(프랑스어 121점, 라틴어 112점)의 도서명이 공표되고 인쇄 및 판매가 엄금되었으니, 재고를 많이 가진 가게는 견딜 수가 없었다.

이에 파리의 선서 서적상 24명이 즉각 항의했다. "그 서적 혹은 그 일부는 지금까지 줄곧 비난이나 금지 처분을 받지 않고 자유로이 판매할 수 있었으므로" 금서 목록을 정정해주고 종래대로 재고품을 팔게 해달라고 소르본에 요구한 것이다.

금서 목록에는 칼뱅의 『그리스도교 강요』, 데 페리에의 『킴발룸 문디』와 같이 이미 공식적으로 발매가 금지된 책도 많이 포함되어 있었으나, 혐의를 받고 있었을 뿐 정식으로 금서로 지정되지 않은 것도 꽤 들어 있었던 것이다.

마로의 프랑스어 번역 『시편』, 라블레의 『가르강튀아』 『팡타그뤼엘』, 홀바인의 판화가 딸린 『죽음의 춤』 같은 작품들이 바로 그랬다.

서적상들은 외국에서 인쇄된 것과 외국 서적의 수입을 허가해 주고 안 주고는 사활이 걸린 문제라고 항의했다. 이는 그런 위험한 책을 제네바에서 들여와도 충분히 채산이 맞을 만큼 시장이 확대되어 있었음을 여실히 말해준다. 실제로 리스트의 절반 이상이 제네바에서 인쇄된 책이었으니 말이다.

메렝돌의 비극 등, 당시 남프랑스에서는 개혁파 탄압이 극도로 심해지고 있었다. 그러나 1546년 가을, 리옹에도 마침내 개혁파 교회가 설립된다. 피에르 푸르눌레가 초대 목사로 선출되어 "불과 14, 5명의 사람들 앞에서 설교를 시작했다"(드 베즈, 『교회사』)고 한다. 그들은 엄격한 감시를 받았으며, 푸르눌레는 1년 남짓 만에 도망치고 만다. 그러나 종교개혁의 파도는 확실히 리옹으로 밀려오고 있었다.

1547년 프랑수아 1세가 사망하고 앙리 2세가 즉위했다. 국왕은 "하나의 신앙, 하나의 법, 한 사람의 왕"이라는 원칙에 어긋나는 것을 엄하게 억압했다. 좋고 나쁘고 간에 아버지의 우유부단함을, 그는 갖고 있지 않았던 것이다.

앙리 2세가 즉위한 해의 10월에 이단 심문을 전문으로 하는 악명 높은 화형재판소가 설치되었다. 12월에는 성서에 관한 국내외의 책은 소르본대학 신학부의 검열을 받기 전에는 인쇄와 판매가 금지되었다.

그리고 1551년 6월 26일 샤토브리앙의 칙령(전 46개조)이 공포된다. 이 칙령으로 사상 및 신조를 탄압하는 여러 조항이 보강되고 집대성되었다. 출판과 관련되는 주된 항목을 요약해둔다.

6조-제네바 등 개혁파 지역으로부터 서적 반입 금지.

7조-금서의 인쇄, 판매 혹은 재고로 소유하는 것 금지.

8, 9조-지하 출판의 금지(1542년의 두번째 칙령의 재확인).

10~14조-성서의 번역, 주해 등에 관한 소르본대학 신학부 사전검열의 세목화(이를테면, 소르본의 증명서 없이는 고등법원 등은 출판허가[특인]을 해주어서는 안 된다).

15조-구입한 서적의 곤포는 신학부에서 파견한 2명의 담당관 앞에서 개봉할 것(1542년의 세번째 칙령의 강화).

16조-상기 담당관은 1년에 두 번 서적상 전부를 사찰할 것.

17조-리옹에는 이단의 혐의가 짙은 외국으로부터 서적 수입이 특히 많으므로 사찰을 1년에 3회 실시할 것.

20조-인쇄공방과 서점은 금서 및 재고 목록을 상비할 것.

21조-제네바 등에서 금서를 들여와 판매하는 행상인이 많으므로 행상인의 서적 판매를 일절 금지함.

이 칙령은 두 가지 목적에 역점을 두고 있다. 첫째, 이단이냐 정통이냐를 판단하는 권한을, 고등법원과 국왕을 제쳐놓고 파리의 대학 신학부가 결정적으로 쥐게 되었다는 것이다. 수도에서는 전에 에티엔 돌레를 취조한 바 있는 도미니쿠스 수도회 수사 마티외 오리(소르본대학 신학박사이기도 하다)가 이단심문관으로서 다른 파의 수도자들을 이끌고 만반의 준비를 갖춘 채 수확물이 망에 걸리기를 기다리고 있었다.

그러나 "신학부는 그 사명을 완수할 물질적 기반도 없고 동시에 정신적 권위도 상실하고 있었기 때문에"[21] 실제로는 생각대로 진행되지 않았다.

게다가 라블레를 비호하는 장 뒤 벨레 추기경, 콜리니 대제독의 형 오데 드 샤티용, 또 미셸 드 로피탈, 나아가서는 나중에 이단 혐의로 처형되는 안 뒤 부르 등 온건파 내지는 동조자가 고위 성직자와 고등법원 내부에 꽤 많이 있어서 소르본의 폭주를 가로막았다.

또 하나의 목적은 제네바로부터 들어오는 서적을 저지하고 금서가 들어오는 통로 역할을 하는 도시 리옹에서 감시를 강화한다는 것이었다. 말하자면, 제네바-리옹이라는 이단 사상의 유통 루트를 차단하는 것이었다. 제네바에 망명한 프랑스인과의 연락도 금지되었다. 칙령은 리옹을 주된 표적으로 삼았다고 할 수 있다.

이 칙령을 계기로 제네바로 달아나는 인쇄장인과 서적상이 크게 늘어난다. 1551년 8월 27일에는 칙령 공포 후 제1차 이민으로서 9명의 인쇄장인이 장 크레스팽의 신원 보증을 받아 제네바 시민으로 등록했다.

이렇게 1550년대에는 130명이 넘는 인쇄장인이 칼뱅파의 수도로 흘러 들어간다. 하기야 그들 전원이 정치적 망명을 한 것은 아니며, 제네바 출판업의 때아닌 호경기에 끌려 타관에 돈벌이하러 가는 기분으로 국경을 넘은 자도 많았다.

이미 1548년에는 장 크레스팽이, 그 이듬해에는 조스의 아들 콘라트 바드가 제네바로 본거지를 옮겼다.

그리고 1550년에는 국왕 전속 인쇄업자 로베르 에티엔과 유력한 출판인이 망명하여 그곳에서 활동한다. 로베르 에티엔은 그 후 아들인 대인문학자 앙리 2세, 프랑수아 2세 등을 속속 불러들인다(앙리의 저서 『그리스어 보전(寶典)』 『헤로도토스의 변호』,

그리고 불멸의 스테파누스판 『플라톤 전집』도 제네바에서 간행되었다).

그러나 카르티에 라탱의 생장드보베 가에 있는 점포는 로베르의 형으로 가톨릭 쪽에 남은 의학박사 샤를 1세(『프랑스 가도 안내』 『농업경제론』 등의 저자)가 관리한다. 칙령은 제네바에 망명한 자의 자산을 몰수하도록 규정하고 있어, 에티엔 집안도 그 적용을 받게 될 판이었다. 샤를은 학식을 총동원하여 이에 대항해 끝내 일족의 자산을 지켜냈다.

이 시대에 일족이 가톨릭과 프로테스탄트 양파로 갈라지는 것은, 어떤 의미에서는 그들 '지(知)의 상인'들이 얼마나 약은지를 보여주는 것이기도 했다.

이리하여 1550년대의 제네바는 망명 이민자들로 넘쳐난다. 총인구 1만 몇 천 명인가의 도시에, 10년 남짓한 사이에 약 5천 명이 이주해온 것이다. 몬터는 그 수치를 다음과 같이 들고 있다.

> 이주자 5천 명 가운데 113명만이 직업이 인쇄업자 내지는 서적상으로 기재되어 있으나, 다른 기록을 주의깊게 조사한 결과, 이 밖에도 97명이 1550년대의 제네바에서 이 직업에 종사하고 있었음이 밝혀졌다. ……지금까지 잘 연구되어온 유일한 산업인 인쇄업은 어느 모로 보나 망명자들이 주도권을 쥐고 있었던 것 같다. 1550년에서 1564년까지 제네바의 인쇄업주 가운데 서적에 이름이 적힌 35명 중 한 사람만이 제네바 출신이다. 자크 뒤팡이 그 사람인데, 별로 사려가 깊지 않은 이 사나

이는 비싼 설비를 많이 구입하기는 했으나 14개월 후에 사업을 포기하지 않으면 안 되었다.

• 몬터, 『칼뱅 시대의 제네바』

이탈리아인 개혁파도 전속 인쇄업자 두 사람을 데리고 이주해 왔다. 옮겨온 소수의 에스파냐인들은 『신약성서』와 『시편』을 카스티야어로 옮겨 크레스팽 공방에서 출판하여 1557년 두 개의 나무통에 채워서 은밀히 세비야로 발송하고 있다.

이렇게 제네바로 망명한 사람들에게 책이란 "거룩한 성채에서 모국에 되던져진 무기"(먼터)였다. 샤토브리앙 칙령도 결국은 개혁파 인쇄물의 생산거점을 국외로 옮기게 만들었을 뿐이었다. 격문사건에서부터 1550년까지 제네바에서는 장 지라르 등 불과 네 집의 공방에서 200점 정도의 책이 출판되었다(연평균 약 15점). 그러던 것이 50년대에는 스무 집 이상의 인쇄공방에서 모두 500점 가까운 책이 인쇄되어 국외로 발송된다.[22]

이 시기에 제네바의 출판계를 리드한 것은 바드, 에티엔, 크레스팽 세 사람이다. 앞의 두 사람은 물론 파리에서 태어나 파리에서 자랐고 크레스팽도 출신은 북프랑스의 아라스라고는 하나, 망명 직전까지는 파리 고등법원 앞에서 변호사를 개업하고 있었다. 말하자면, 제네바의 인쇄업은 파리의 영향이 한층 짙었던 것이다.

사실 리옹의 유력한 인쇄업자는 아직도 누구 하나 칼뱅의 아성으로 망명하지 않았다. 50년대에 리옹에서 제네바로 도망친 출판관계자는 아마 20명쯤 되겠지만, 거의가 무명의 장인 · 도제 계층이었다.

개중에는 리옹에서 밥줄이 끊어져 제네바로 신천지를 찾아간 장인이라든지, 뭔가 나쁜 짓을 하고 도주한 자도 꽤 포함되어 있었다. 61년의 이야기지만, 리옹의 인쇄업자 에티엔 세르뱅의 공방에서 물건을 훔쳐 달아난 도제 보나방튀르 비도가 이곳에서 추소(追訴)되고 있다. 요컨대 아직은 대량 망명의 서곡에 지나지 않았던 것이다.

그러나 제네바에서 인쇄된 책을 각국에 판매하는 단계에서 리옹의 거물 서적상이 등장한다. 말할 것도 없이 앙투안 뱅상 그 사람이다.

그는 칼뱅의 죽마고우로 1547년에 망명하여 변호사직을 집어치우고 출판계에 투신한 로랑 드 노르망디와 함께, 앙투안 뱅상은 60년대 제네바 출판업계의 실력자가 된다(제19장 참조).

제네바의 출판업도 이윽고 포화상태가 되었던지 1563년 시 당국은 규제에 착수한다. 시내에서는 200명 가까운 장인과 도제가 일하고 있었는데, 시의회는 공방주인 24명, 인쇄기는 도합 34대(한 사람 앞에 최고 4대)로 제한했다. 그때 4대의 인쇄기 소유가 허가된 특권적 업자가 뱅상, 에티엔, 크레스팽 세 사람이었다(바드는 그 전해에 자원하여 오를레앙에 목사로 부임했으며 그곳에서 페스트로 쓰러진다).

인쇄장인들의 저항

샤토브리앙 칙령이 나온 1551년 6월, 리옹에서는 인쇄공들이 『시편』을 큰소리로 노래 부르면서 거리를 누비고 다녀서 가톨릭뿐 아니라 개혁파 내부로부터도 비난을 받았다. 평생 가톨릭이었던 한 모직물 상인은 이렇게 기록하고 있다.

> 그 달, 리옹에서는 많은 영세민들이 이단파의 도당을 짜고 음모를 꾸미는가 하면 비밀집회를 열곤 했다. 그 수는 남녀 합쳐서 3,400명은 되었을까. 남자는 칼과 무기를 들었고, 어른이나 아이나 모두 클레망 마로가 번역한 다윗의 『시편』을 노래 불렀다. 그것은 교회에서의 선서라든가 정신의 함양 같은 것을 모욕하고 하느님과 거룩한 가톨릭 교회를 모독하는 것이었다. ……그 때문에 즉각 『시편』을 부르거나 어떤 집회를 여는 것도 못하도록 엄격히 금해졌다. 그러나 그들은 그 사악한 마음과 고집으로 결코 이에 따르지 않았다. 그래서 시내에 대대적으로 감시인이 배치된 결과, 적어도 몇 사람이 체포되어 옥중에서 국왕의 조치를 기다리게 되었다.
>
> • 『장 게로의 일기』

이 같은 돌발적인 행동을 참으로 마땅찮게 바라본 개혁자가 한 사람 있었다. 칼뱅의 친구이자 교육자인 클로드 바뒤엘이다. 그는 한참 전부터 리옹에서 아침마다 목사로서 은밀히 참된 신앙을 설교하고, 오후에는 세바스티앙 그리피우스의 공방에 다니며 인문주의자로서 키케로 주해서를 간행하려 하고 있었다. 두 사람은 바뒤엘이 전에 남프랑스 님의 전문학교 학장이었을 때부터 맹우였으며, 그리피우스는 그에게 많은 일을 의뢰했다. 칼뱅의 지시로 이 도시에서 조용히 선교활동을 벌이고 있는 바뒤엘로서는 이 단계에서 요란스레 움직이는 것은 오히려 역효과를 불러일으키는 것이었다.

앞의 일기에도 있듯이, 곧 가두에서 『시편』 제창이 정식으로 금지되었다. 그러나 그날 밤 "분별없는 인쇄장인들"은 일부러 강 맞은편의 생장 교회까지 몰려가 성당 참사회에 욕설을 퍼부었다. 대식단의 입회의식 때 칼에 손을 얹고 선서했고 그 후 그들이 단도를 지니고 다니는 예가 많았다는 말을 앞에서 했다. 그러고 보면 장 게로의 일기에 있는 데모도 어쩐지 그들이 꾸민 듯한 기미가 있다.

그리피우스는 개혁파 동조자이기는 했으나, 1539년 파업 때는 사용자 측 대표여서 대식단으로서는 애를 먹은 상대였다. 아마도 그때의 리더들, 이를테면 늙었다고는 하나 혈기왕성한 로보앙 등이 행렬 앞쪽에 서 있었던 것이 아닐까. 그래서 바뒤엘에게도 "재빨리 손을 쓰지 않으면 안 된다"고 충고한 것이 아닐까.

바뒤엘은 칼뱅에게 그러한 분파들의 활동을 억제시켜달라는 편지를 보냈다. 또 비밀집회 석상에서 그 같은 시위행동은 삼가라고 통고하고 있다.

그러므로 칼뱅파의 비밀집회에 스스로 신앙의 증거를 찾아서 참가하는 것은, 순수히 내성적인 개혁파 사람들, 그것도 장인 따위와는 달리 도시의 선택된 사람들이 대부분이었던 것이다.

시 당국으로서는 한 가지 불안한 일이 있었다. 목전에 다가온 파르동 축제였다. 매년 6월 24일은 성 요한 기념일로 종교행렬이 벌어진다. 행렬의 종점은 언제나 생장 대성당으로 정해져 있었다.

그곳에는 이날에 한해 시내의 출입이 허용되는 외지의 많은 빈민들과 거지들이 몰려와 대단한 소란이 벌어졌다. 그럴 때 개혁파 과격분자들이 도발하기라도 하면 무슨 일이 일어날지 몰랐다. 유력자들이 이런 생각을 한 것도 무리가 아니었다.

이런 시기에 즈음하여 리옹 서적상 컴퍼니의 조정자이기도 한 위그 드 라 포르트는 참사회 의원 자격으로 사제 앞에서 다음과 같이 말했다.

> 발도파가 무참하게 처벌되고 광장에는 날마다 화형용 장작이 산더미처럼 쌓여왔는데도, 어제 대주교 구내에서는 많은 루터파와 칼뱅파 패거리들이 집결하여 비밀집회를 갖고 밤에는 도당을 짜서 다윗의 『시편』을 노래 부르며 시가를 이리저리 누비고 다녔습니다. 이들 이단자들은 집집마다 불을 지르겠다고 협박을 했다고도 합니다. 또 몇 사람의 증언에 의하면, 반대로 그들은 품행에 관해서 매우 엄격하며 퇴폐할 대로 퇴폐한 성직자들이 신앙을 망쳐서 망가뜨리기 전에, 그것을 지난날 성 포탱(1세기 때 리옹의 순교자)의 시대와 같은 본래의 올바른 모습으로 되돌려놓기를 원한다고도 합니다.

십수년 후에는 말하자면 기회주의자가 되는 드 라 포르트이기는 하나, 이 연설에는 개혁파 동조자로서 고심의 흔적이 엿보인다. 하기야 수년 전에는 그 자신이 미셸 세르베가 교정한 성서를 출판하여 판매금지를 당하지 않았던가. 아무튼 이렇게 시내 순찰이 강화되어 몇 사람이 체포된다. 체포에 항의하는 데모에는 수백 명이 동원되었다고도 한다.

7월 5일에는 목사 클로드 모니에가 체포되었다. 그는 몇 해 전 이 도시에 와서 아이들을 모아놓고 성서를 가르쳤다. 그가 바뒤엘과 함께 리옹 개혁파 지하조직의 지도자인 것은 두말할 것도 없다.

『순교자 열전』에는 모니에가 동포에게 보낸 편지가 수록되어 있다(이런 편지가 감옥에서 나와 인쇄되었다는 것은 참으로 이 시대가 아니고서는 볼 수 없는 일이다).

거기에는 "프랑스어로 옮긴 다윗의 『시편』을 사람들 앞에서 노래 부르는 것은 옳은 일인가 하는 질문을 나는 받았다. 나는 그 악취 나는 가락의 노래가 아니라 외경의 마음으로 부른다면 괜찮을 것이라고 말했다"[23]고 씌어 있다. 대식단으로 상징되는 소란스런 개혁파는 여기서도 오히려 방해분자 취급을 받고 있다.

교회재판소의 취조는 몇 달이나 걸렸다. 샤토브리앙 칙령으로 밀고가 장려된 사실이 말해주듯, 지하조직의 비밀은 굳게 지켜졌다. 사실 바뒤엘도 제네바로 달아나는 데 성공했고, 다른 멤버도 누구 하나 붙잡히지 않았다. 11월에 모니에는 혀가 잘리고 발가벗겨진 채 인공 수로의 형장(조감도18)에서 산 채로 불태워졌다.

이듬해, 이번에는 제네바와 로잔에서 목사로 일하기 위해 찾아온 5명의 젊은 신학생들이 밀고에 의해 당장 체포되었다. 스위스 각 도시뿐 아니라 리옹에서도 석방운동이 벌어졌으나 결실을 보지 못하고, 1년 후 파리 고등법원으로부터 화형판결이 내려졌다. 이때 칼뱅이 몇 번이나 그들에게 보낸 편지가 번역, 소개되어 있다.[24] 여기서 다시 장 게로의 일기를 들여다보자.

> 1553년 5월 16일, 로잔 출신으로 그곳에서 장기간 양성되었다고 자칭하는 이단자 5명이 화형에 처해졌다. 베른의 이단자들이 그들을 구출할 생각이었으나, 그들은 오후 3시에 돼지시장의 인공 수로에서(조감도18) 5명 전원이 불태워졌다. 그들은 죽음에 즈음해서도 참으로 완고하리만큼 그 사악하고 광기어린 태도를 흐트러뜨리지 않았으며, 많은 사람들은 그들의 불굴의 정신력을 칭찬했다.

이와 같이 50년 전후에 리옹에서 체포되어 화형에 처해진 사람들 십수 명은 결코 리옹 출신이 아니고 대부분 제네바 등지에서 찾아온 활동가였다.

그런데 장 게로는 리옹의 이러한 순교자 열전에 낀, 다음과 같은 대조적인 사건을 기록해 남기고 있다.

> [1552년] 12월 20일 화요일, 콩포르 교회 앞에서 인쇄공 2명이 교수형에 처해졌다. 한 사람은 리옹 근교 퐁텐 태생의 라 프

레쉬라는 자이고, 또 한 사람은 피에르라는 자이다. 그 극악무도한 행위의 당연한 응보였다.

당시 인쇄공과 우단직물공은 자주 충돌했다. 라 슈니유라는 인쇄공이 우단직물공을 살해하면서 대립이 단숨에 악화되었다. 양쪽이 다 누구 못지않게 축제를 좋아하고 싸움을 좋아한지라 그들의 싸움은 대단한 소동으로 번졌다. 쌍방은 행정관의 저지도 무시하고 무장하여, 인쇄공은 자선병원 가까이에, 우단공은 인공수로에 바리케이드를 구축한다. 몽둥이와 망치뿐 아니라 화승총과 권총을 가진 자도 있었다.

서적업과 견직물업이라는, 말하자면 뛰어난 자본주의 산업의 노동자들이, 세속적 심성이라는 공통점을 가진 양자가 이렇게 하여 대치했다.

1551년 5월 10일 저녁때, 우단공들이 인쇄공이 몰려 있는 진지를 습격하여 많은 사상자를 냈으며 아무 죄도 없는 사람들까지 휘말려 들어갔다.

……이 학살은 일반시민뿐 아니라 외국인 상인까지 공황에 몰아넣었으며, 곡물시장의 광장과 메르시에 가의 상점 대부분이 굳게 문을 닫아버렸다. 마치 지금부터 25년 전, 그 엄청난 소란이 일어났던 대폭동 때처럼 사람들은 공포에 떨었다.

• 『장 게로의 일기』

교수형에 처해진 두 사람은 이 사건으로 지명 수배되어 있었던 것 같다. 이렇게 인쇄공들도 이 시기에는 꽤 많은 이들이 개혁파에 공명하고 있었던 것이다. 그렇기는 하나 축제와 반란을 좋아한 그들이 거룩한 시공간을 극도로 한정한 칼뱅의 엄격함과 서로 용납될 턱이 없었다.

어느 이단 출판인의 처형

그는 심지어 내가 감히 입에 담을 수 없을 정도로
독신에 가득 찬 책을 인쇄하도록 하고 있습니다.
• 제네바에 망명한 한 개신교도의 편지

한스 홀바인의 삽화와 장식문자가 들어 있는 『성서 용어집 및 해설』(1545) 전7권의 편집과 교정을 맡은 이가 에스파냐 태생의 의학자이자 신학자인 미셸 세르베(미겔 세르베트)였다는 것은 앞서 설명한 바와 같다.

보드리에의 『리옹 서지』 제12권에 1541년(오늘날 달력으로는 1542년) 2월 14일자 계약서가 수록되어 있다. 그것에 의하면, 세르베가 할 일은 먼저 니콜라우스 드리르의 해석을 읽고, 그 철자를 고치고, 구두 기호 · 악센트 기호를 달고, 히브리어와 그리스어로 써야 할 부분은 그렇게 고치는 것이었다. 이어 『구약성서』에 관해서는 성 히에로니무스의 해석을, 『신약성서』에 관해서는 에라스무스의 주해를 첨가하는 것. 또 로베르 에티엔판의 성서(1538~40)를 참조하고, 파리대학 신학박사인 오탱과 성당 참사회 의원 클로드 기요의 의견도 존중하여 방주(傍注)를 추가하는 일 등이 약정되었다. 그리고 다음 큰장 때부터 인쇄기 2, 3대를 가동시키기로 했으며, 세르베에게는 보수 400리브르의 선금으로 50리브르가 지불되었다. 이리하여 세르베는 메르시에 가에서 조금 동쪽으로 들어간 가스파르 트렉셀 공방에 다니면서 5년 동안 이 일에 심혈을 기울이게 된다.

이 시기 리옹에서는 인쇄공의 파업이 아직 해결되지 않아 출판업계는 침체해 있었다. 이는 마세 보놈과 가스파르 트렉셀이 피에르 팔미에의 종용으로 공방을 잠시 비엔으로 옮긴 시기와 겹친다.

세르베 자신이 비엔 대주교 팔미에의 주치의로 근무한 인연도 있고 하여, 비엔에 공방을 유치하는 데 한몫한 것 같다. 세르베는 비엔에서 프톨레마이오스의 『지리학』 개정판(1541)을 상재한다. 그 후, 일찍이 교황 레오가 출판비를 댔다는 도미니쿠스 수도회 수사 샹티 파니니가 번역한 『라틴어판 성서』(1528, 자크 쥔타)를 손질하여 리옹에서 출판한다. 컴퍼니를 추진한 위그 드 라 포르트의 주문으로 가스파르 트렉셀이 인쇄한 이 성서는, 이윽고 1546년에는 소르본과 어깨를 겨루는 가톨릭의 아성 루뱅대학 신학부에 의해 금서로 낙인이 찍히게 된다.

트렉셀, 보놈 두 사람은 곧 비엔의 공방을 철수하여 리옹으로 돌아가버려서, 이 도시에서는 다시 인쇄기 소리가 끊어졌다. 그래서 세르베는 비엔 시 참사회에 작용하여 발타자르 아르눌레의 공방을 유치한다. 1552년 초의 일이다.

칼뱅과 자유사상가들

리옹 서적상 컴퍼니의 일도 청부받아 하던 아르눌레는, 에티엔 돌레가 체포된 후에도 그 저작을 계속 간행한 출판인이자, 금서 목록에 갓 올라온 마로 번역의 『시편』을 감히 출판한 인물이다. 장 바르부를 계승한 아르눌레 공방의 편집과 교정에서 솜씨를 발휘한 것이 루앙 태생의 자유사상가 기욤 게뤼이다. 그는 주인 마누라(드니즈 바르부)의 자매를 아내로 맞이한다. 후크스의 『식물지』를 프랑스어로 옮기기도 하고, 문장집을 엮기도 하고, 또 손꼽히는 판화가들의 도시 그림을 수록한 『유럽 지방지』(1553, 베르나르 살로몽이 그린 리옹 그림은 유명하다)를 간행했다. 그림책 출판사로서 아르눌레 서점의 평판은 이 게뤼가 있었기에 가능했다.

한편으로, 칼뱅을 비방하여 제네바에서 쫓겨난 이 자유사상가의 생각이 아르눌레의 출판물에 강하게 반영되지 않을 까닭이 없었다. 도피네 지방의 이 도시에서 은밀히 세르베의 『그리스도교 복위』를 인쇄하도록 조종한 것도 실은 그였다. 그 제목부터가 칼뱅의 『그리스도교 요강』에 대한 도전이었다. 여기서 전개되는 반(反)삼위일체설은 가톨릭과 프로테스탄트 양진영의 반감을 사서 세르베를 고립시키고 만다. 1552년 9월 말, 이 대작의 인쇄가 시작되어 이듬해 1월 3일에 끝났다. 800부 가운데 일부를 프랑크푸르트의 도서시(圖書市)에 보내는 작업을, 세르베는 전부터 아는 장 프렐롱에게 의뢰했다.

자기중심적인 이런 유의 순교자에게서 흔히 볼 수 있는 일이지

B. 살로몽, 「리옹 전도」, 『유럽 지방지』 재판에 실림, 1557

만, 세르베 역시 좀 조심성이 없었다. 확실히 그 자신은 한때 프렐롱의 공방에서 교정원으로 일했다. 그러나 쾰른의 문장을 간판으로 내건 프렐롱 형제 장과 프랑수아는 개혁파 편집자로서 칼뱅, 파렐 등과 서로 뜻이 통하는 사이가 아니었던가. 그때까지 여러 해에 걸쳐 세르베와 칼뱅이 편지를 주고받은 것도 프렐롱의 중개에 의한 것이었다. 그랬기에 이번에는 더 더욱 경계할 필요가 있었다.

프렐롱은 프랑크푸르트에 주재하는 자크 베르테(세바스티앙 그리피우스의 대리인이기도 하다)에게 보내는 서적이 담긴 통에서 세르베의 저서 몇 권을 빼내어 제네바의 종교개혁파에게 보냈다. 자유사상파를 제압하고 복음주의자 볼세크를 추방하여 포석을 굳히고 있던 칼뱅의 속셈은 처음부터 정해져 있었던 것이 틀림없다. 제네바에 망명한 기욤 트리(그의 아내는 인문주의자 기욤 뷔데의 딸)가 리옹에 있는 종형 앙투안 아르네(가톨릭 강경파)에게 보낸 편지의 한 구절을 살펴보자.

내가 말하는 이 사나이는, 형님이 비난하는 교회에서는 어디서나 탄핵을 받고 있습니다. 그러나 그는 형님 쪽 사람들 사이에서는 용서를 받고 있으며, 심지어 내가 감히 입에 담을 수 없을 정도로 독신(瀆神)에 가득 찬 책을 인쇄하도록 하고 있습니다. 그는 포르투갈계 에스파냐인으로 본명은 미겔 세르베토인데, 지금은 빌레뇌브라는 이름을 쓰고 있는 의사입니다. 한참 동안 리옹에서 살다가 지금은 비엔에 거주하고 있는데, 내가 말하는 책은 발타자르 아르눌레라는, 그곳에서 인쇄업을 하는 자에 의해 인쇄되었습니다. 내가 터무니없는 소리를 하고 있다고 생각지 않으시도록 그 첫 장을 증거로 보내드립니다.
(1553년 2월 26일자 편지에서)[25)]

3월 16일, 세르베의 가택 수색, 다음날 아르눌레 공방의 수색과 인쇄장인 세 사람(토마 드 스타라통, 장 뒤 부아, 클로드 파피용)의 심문, 이어 툴루즈에서 돌아온 아르눌레의 심문으로 이어졌으나 결정적인 증거는 나오지 않았다. 이 소식을 들은 제네바 쪽에서는 무언가 움직일 수 없는 증거를 보내지 않으면 안 되었다.

지금 당장은 형님이 요구하시는 것, 곧 인쇄된 그의 책을 보낼 수는 없습니다. 그러나 그의 죄를 증명하기에 가장 좋은 것을 형님께 드리겠습니다. 그것은 본인이 24매의 종이에 손수 글을 쓴 것인데, 거기에는 그의 이단설 일부가 포함되어 있습니다. ……다른 것도 모두 여기에 있습니다. 말하자면, 같은 저자가 쓴 큰 책도 있고 그 밖의 논문도 있습니다. 그런데 고백해야 할 것은, 내가 형님에게 이런 것들을 보내드리기 위해 칼뱅 씨에게서 그것을 빼내오는 데는 대단히 힘이 들었다는 것입니다. 칼뱅 씨는 이 같은 저주받을 독신이 처벌받지 않기를 바라는 것은 아닙니다. 그것은 자기의 의무가 정의의 칼을 휘두르는 것이 아니며, 이런 수단으로 이단을 추궁하기보다는 오히려

교리에 의해 설득하는 것이라고 생각하기 때문입니다.[26)]
(트리가 아르네에게)

칼뱅파의 신앙을 받드는 사람들은 이 사건에서 칼뱅 본인이 한 역할을 되도록 적게 평가하려고 하지만, 혐의를 지우기는 어렵다. 이런 편지만 하더라도, 혹시 칼뱅의 지시로 씌어진 것이 아닐까 하는 느낌도 든다. 나는 이른바 미셸 세르베 사건을 본격적으로 논할 여유는 없지만, 다음과 사실을 언급해두고 싶다.

당시 제네바에서 칼뱅은 아직도 권력투쟁에서 승리한 것이 아니었으며, 베랑파(리베르탱, 곧 자유사상가라고 부른다)의 반격을 받고 있었다. 그러기에 비엔에서 세르베를 사주한 것이, 제네바에서 쫓겨난 자유사상가 게뤼였다는 것은 참으로 불행한 일이었다.

4월 4일, 투르농 추기경 등이 참석한 가운데 이단심판관 마티외 오리가 심리한 결과, 저자와 출판자에 대한 체포령이 내려졌다. 같은 날 두 사람은 체포되었으나, 이튿날 아침 세르베는 탈주에 성공한다(이탈리아 방면으로 도주한 모양이다). 도피네 지방의 총행정관 기 드 모지롱, 부행정관 앙투안 드 라 쿠르 등이 이끌어주었다고 한다. 비엔의 재판소는 궐석 재판으로 세르베에게 화형을 선고하고 광장에서 짚으로 만든 그의 인형을 태웠다.

제네바의 아이들

세르베는 8월이 되자, 이해하기 어렵게도 적지인 제네바에 나타나 체포된다. 확실히 "세르베 소송 과정에 미친 칼뱅의 영향은 권력자의 그것이라기보다 오히려 인격적으로 영향력을 가진 교회 지도자로서 필사의 노력을 기울인 결과"[27]였는지도 모른다. 그러나 어느 쪽이건, 세르베는 10월 27일 처형되고 만다.

그런데 이듬해 봄이 되자, 바젤의 세바스티앙 카스텔리옹이 자기가 편저한 『이단자에 대하여』를 간행하여 종교적 불관용을 지탄한다.[28] 이에 대해 테오도르 드 베즈(츠바이크는 그에 대해 "아류는 언제나 시조보다 극단으로 나아간다"[29]고 표현했다)는, 즉각 『세속 권력이 이단을 처벌하는 데 대하여』(R. 에티엔, 1554)를 저술하여 다소 협박적인 반론을 전개한다.

한편 게뤼는 비엔에서 제네바로 돌아와 조카인 서적상 시몽 드 보스크의 집에서 난을 피한다. 그리고 아마도 칼뱅에게 사과라도 한 것일까. 드 보스크와 함께 찬송가 같은 것을 출판한다. 그러나 1554년 『시편 제1권』의 프랑스어 번역판을 스스로 상재한 게뤼는 칼뱅에게서 라틴어 소양이 없고 프랑스어가 서툴다는 지적을 받고 만다. 그는 칼뱅의 후계자로 마로가 착수한 『시편』의 프랑스어 번역을 장차 완성시키게 되는 테오도르 드 베즈의 라이벌이었던 것이다.

이 무렵 제네바에서는 칼뱅 지지파와, 망명 프랑스인의 배척을 외치는 아미 베랭파 사이에 마지막 싸움이 벌어지고 있었다. 1555년 칼뱅은 '제네바의 아이들'이라고 자칭한 베랭파 자유사상가들을 배척하고 마침내 신권(神權) 정치를 확립한다.

그래서 게뤼는 다시 도망쳐 리옹, 파리, 제네바 등 도시를 분주히 왕래하며 활동한다. 그러한 자유사상가를 지원하는 작은 조직이 존재했는지도 모른다. 그리고 1559년에 풍자적인 책 『브뤼스케 님에게 보내는 편지』(리옹, 앙투안 볼랑)에서 칼뱅을 조소한다. 출판에 손을 댄 볼랑은 일찍이 장인으로서 세르베의 이단서를 인쇄하여 심문을 받은 스트라통의 친구이다.[30)]

또 숨은 칼뱅파였던 아르눌레는 게뤼 때문에 크게 골탕을 먹기는 하지만 이윽고 복권하여 그 후 신중하게 출판사를 경영해나간다.

8 출판 역사를 만든 사람들

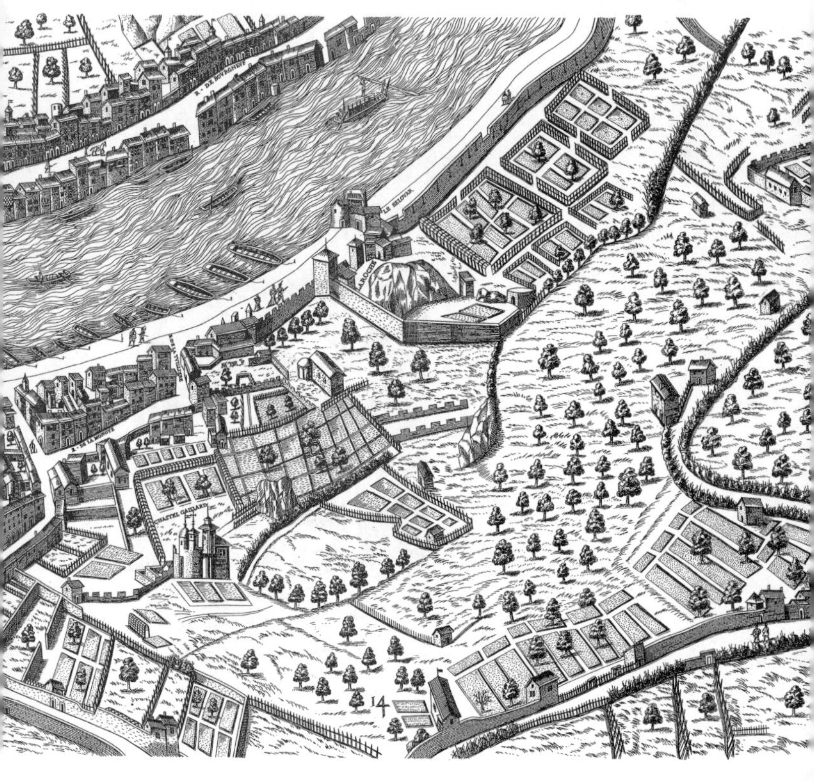

조감도14. 개혁파가 리옹을 지배한 시기에 정비된 신시가지

고전물 전문 출판인 그리피우스

그는 병사로서 무일푼으로 이 도시에 왔으나
재산을 모아 부와 명성을 얻고 타계한 것이다.
•『장 게로의 일기』

세바스티앙 그리피우스는 1493년 무렵 독일 남부의 로이틀링겐에서 인쇄업자 미하엘의 아들로 태어난 것 같다. 독일이 고향인 이 그라이프 일족은 파리, 이탈리아, 네덜란드 등 각지에서 인쇄업자로 활약했다.

그리고 1515년 무렵(1532년 프랑수아 1세로부터 받은 귀화 증명서에는 리옹에 16, 7년쯤 거주했다고 되어 있다)에 리옹에 온 셈인데, 인쇄공으로서가 아니라 일개 병사로서 이 도시에 발을 들여놓았다는 말도 있다(이 장의 끝 부분 참조). 어쨌거나 그에 관한 최초의 사료는 1523년의 것이며, 메르시에 가에서 옆골목으로 들어간 올리비에 마르탱 공방의 신입 인쇄공 바스티앙이라는 이름으로 시민병 명부에 올라 있다.

그는 수업한 베네치아에서 리옹 서적상 컴퍼니로 불려온 모양이다. 리옹에서는 컴퍼니의 일만을 맡아 두각을 나타낸다. 자유도시 리옹은 이 독일인이 재물을 쌓기에 안성맞춤인 고장이었다. 이윽고 인쇄공 동료의 딸(혹은 누이동생)과 결혼하여, 제2차 리옹 서적상 컴퍼니의 중심인물 에몽 드 라 포르트 소유의 집에 들어가 살게 된다.

그런 그에게 비약할 수 있는 기회가 찾아온다. 아버지 에몽의 후계자가 된 위그 드 라 포르트가 이 독일 출신 인쇄공의 솜씨를 인정해서 업무 제휴를 하여 큰돈을 출자해준 것이다. 그리피우스의 유언서에 의하면, 이 컴퍼니가 설립된 것은 1534년 2월 9일이었다고 한다. 한쪽은 기술자로서, 한쪽은 상속한 아들로서이기는 했으나 두 사람은 말하자면 한솥밥을 먹은 사이였다. 그 우정과 파트너십은 평생 흔들리지 않았다.

이렇게 괴물 그리핀(독수리의 머리와 날개, 사자의 몸뚱이를 가진 상상의 동물—옮긴이)을 등록상표로 해서 독립한 그의 공방은 매우 활발하게 활동했으며, 1556년 그가 죽을 때까지 약 1천 점의 책을 시장에 내보냈다. 그 대부분이 라틴어 고전, 문법서, 인문주의자의 저작, 그리고 종교서였다.

고전물 전문 출판사

젊은 날에 베네치아에서 수업했다는 그리피우스는 알도판을 본떠서 격조 높은 책을 처음에는 8절판으로, 이어 16절판으로 출판했다. 특히 후자는 교과서로서 온 유럽에서 중요하게 여겨졌다고 한다. 키케로, 카이사르 같은 고전 작가에 섞여 동시대의 작가로 눈을 끄는 것은 역시 누구보다도 에라스무스이며, 그는 당연히 리옹 제일이었다. 또 에스파냐 출신으로 운하의 도시 브뤼헤에서 활약한 비베스도 『신을 향한 영혼의 고양』이라든가 정평 있는 교과서 『실습 라틴어』 등 많은 저작을 세상에 내보낸다.

게다가 적은 수이기는 하나 그는 그리스어와 히브리어 책에도 손을 댔다. 자선회 설립에 공헌한 도미니쿠스 수도회 수사로, 이 책에서도 몇 번인가 언급한 샹티 파니니의 『히브리어 보전』(1529), 『히브리어 길잡이』(1528)가 대표적이다.

그는 에라스무스로 대표되는 시민적 인문주의자였을까? 한 가지 에피소드를 소개한다.

1528년 에라스무스는 바젤의 프로뱅 서점에서 『대화, 키케로파 혹은 좋은 문체에 대하여』를 출판했다. 이는 당시 이탈리아 등에 만연해 있던 키케로에 대한 맹목적 숭배를 훈계하고 이성적인 태도에 대해 이야기하고 있다. 작품 속에 등장하는 키케로 숭배자인 노소포누스(키케로 병에 시달리고 있는 사나이라는 뜻)는 논적이던 고 크리스토프 드 롱그유를 넌지시 빗댄 빈정거림이었다. 이렇게 하여 이른바 키케로파 논쟁의 포문이 열린 것이다.

프로뱅판 에라스무스의 재탕을 많이 간행한 그리피우스 서점은 같은 해 즉각 이 작품을 리옹에서 출판한다. 그 몇 해 후, 그리피우스는 툴루즈에서 쫓겨나 이 도시에 온, 좀 색다른 학자 한 사람을 공방의 교정원으로 고용한다. 툴루즈의 인문주의자 장 드 부아송이 추천한 인물인데, 그에게 세상살이를 맡기겠다고 손을 내민 것이다. 한 번은 이 사나이가 “에라스무스에 대한 비판을 세상에 묻고 싶다"고 제의했다. 바로 에티엔 돌레의 『키케로의 모방에 대하여—크리스토프 드 롱그유를 변호하고 로테르담의 에라스무스에 반박함』(1535)이 그것이다.

돌레는 그 전해 가을 일단 파리로 상경하여 거기서 당시 그리피우스 공방에서 교정을 맡고 있던 기욤 세브(시인 모리스 세브의 종형)에게 원고를 보내어 출판해달라고 부탁했던 것이다. 돌레의 처녀작 『툴루즈의 두 연설』(1534) 때는 어떠했던가? 리옹에 온 지 얼마 안 되는 돌레로부터 연설, 뷔데에게 보내는 편지, 라틴 시 등을 수록한 작품집을 내고 싶다는 소망을 듣고는 마지못해 공방 이름을 밝히지 않고 간행해주지 않았던가. 그러던 것이 이제는 출판사를 명기하고 인쇄 마크까지 곁들였다.

그리피우스 공방의 으뜸 상품은, 고전에서는 키케로, 현대물에서는 에라스무스였다. 이 양쪽을 묶은 돌레의 신작 같으면 팔릴지도 모른다고 내다보았는지도 모른다. 이러한 '지의 상인'의 의도는 차치하고 에라스무스는 재빨리 다음과 같이 적고 있다.

> 리옹에서 나를 중상하는 책이 나왔는데, 그 저자는 에티엔 돌레라고 한다. 그가 그 밖에도 연설이라든가 서간에서도 분노를 나타내고 있다니, 흥분시키지 않도록 주의할 필요가 있다. 나는 아직 그 책을 보지 않았지만, 보더라도 별로 반론을 펼 생각은 없다.
>
> (1535년 3월 18일 밀라노공 비서관인 피에트로 마르벨리가 친구 장 바티스타 라우렌티어에게 보낸 편지)

여기서 번역물로 화제를 돌려보자. 대표적으로 라블레가 엮은 의학서를 보자.

당시는 의학이라고 해도 임상의학은 한 단계 낮은 것으로 천시되었다. 의사는 그리스 이래의 고전 의학에 따라 문헌적인 지식에 기대어 이론만 늘어놓으면서 치료 기술은 도무지 없는 예가 많았다. '히포크라테스 가라사대' 운운 하면 되었던 것이다.[1] 제3장에서도 말했지만, 의술은 아마도 비법으로서 그리스 라틴어 문헌 속에 봉인되어 있었던 것 같다. 이러한 경향에 바람구멍을 낸 것이 4대의 프랑스 국왕을 섬긴 외과의사 앙브루아즈 파레인데, 여기서는 생략하기로 한다.

고전 의학서 저자로 가장 저명한 이는 히포크라테스와 갈레노스였다. 그 그리스어 원전이 베네치아의 알도 서점에서 나와 있었다. 또 베첸초의 니콜라우스 레오니쿠스 등이 라틴어로 옮긴 히포크라테스와 갈레노스도 호평을 받았다. 그래서 그리피우스도 전부터 히포크라테스와 갈레노스를 상재하고 싶은 생각을 가지고 있었다.

마침 그 무렵이었다. 그리피우스는 자기한테서 15세기의 의학자 마날디의 『의학 서간 제2권』을 낸 라블레라는 의사가, 최근 몽블리에대학에서 원전에 의거하여 히포크라테스와 갈레노스에 관한 공개강의를 했음을 알게 되었다. 역시 인문주의자답게 그는 가지고 있는 그리스어 사본과 대조까지 한 뒤에 강의를 했다는 것이다. 강의 원고를 보여달라고 한 출판업자는, 이거라면 성공하겠다는 생각에 그의 주석을 달아 출판하기로 결심한다.

라블레는 "이 비할 데 없는 능력과 교양을 가진 그리피우스"가 자신의 강의 노트에 착안하여 텍스트와 자신의 주석을 적당한 판형으로 정리해달라고 부탁해왔으나, 본인은 출판할 생각으로 쓴 것이 아니라서 난처했다는 뜻의 글을 쓰고 있다. 하기야 라블레도 인문주의자로서 자부심이 있었다. 자신의 『히포크라테스 및 갈레노스 문집』(1532)의 헌사에서 그는 이렇게 말한다.

> 나는 그들의 (히포크라테스의 『잠언』과 갈레노스의 『의술에 대하여』의) 번역판과 그리스 원전을 대조해보았습니다. 팔리고 있던 것 이외에 오래된 사본을 가지고 있었지요. 그것은 이오니아 서체라는 매우 우아하고 잘 다듬어진 글자로 씌어져 있었습니다.[2)] 그 결과 밝혀진 것은, 역자들이 여기저기 문장을 많이 생략해버리고 무언가 정체를 알 수 없는 절(節)을 덧붙여 뜻이 분명치 않은 부분이 생겨나서, 정확한 번역이 아니라 오역이 적잖았던 것입니다.

그리피우스로서는 정확한 텍스트를 출판하고 싶은 소망과 동시에, 수진본으로 만들어 부수를 늘리고 싶은 계산도 하고 있었다. 그래서 결국 본문의 배나 되던 주석 가운데 텍스트를 읽는 데 관련된 대목만 엄선했다고 한다.

그렇게 해서 상재된 것이 라틴어 번역본뿐 아니라 그리스어 원전을 수록하여 난외에 많은 주석을 단 라블레의 편저이다.[3)] 『신(新) 라블레 서지』를 엮은 롤즈 스크리치가 유별난 경우라고 표현한 것처럼, 라블레가 관계한 저작 가운데 이것만은 세계에 몇 십부나 남아 있다. 이 『히포크라테스 및 갈레노스 문집』은 의학부 교과서로서 유럽 각지의 대학에서 사용되었다.

이 밖의 번역물로는 호메로스, 아리스토텔레스, 플루타르코스 등이 있는데, 그 가운데서도 에라스무스와 토머스 모어의 우정의 결정체인 『루키아노스 소품집』(초판, 파리, 조스 바드, 1506)은 몇 번이나 판을 거듭했다.

세바스티앙 그리피우스도 텍스트 교정에는 세심하게 배려했지만, 삽화에는 전혀 흥미가 없었던 것 같다. 『리옹 자선회 규약』(1539)의 권두 그림은 예외인 경우이며, 그리피우스의 책에는 그림이 거의 없다.

하기야 그는 에라스무스의 『격언집』(1529), 돌레의 『라틴어고』 2권(1536~38) 등에서는 IF(신원불명의 판화가－옮긴이)의 모노그램(두 개 이상의 문자를 한 문자 모양으로 도안화한 것－옮긴이)으로 된 호화로운 속표지 그림을 사용하고 있다. 그리스 • 로마의 철학자와 작가를 많이 배치한 4매로 된 이 타이틀 페이지 보더는, 실은 바젤의 요한 프로뱅이 에라스무스의 『격언집』 2절판(1520)에 사용했으며, 그 후 이 도시의 출판업자 세 사람을 거친 뒤 그리피우스의 손에 들어간 것이었다.

자선회 설립의 주역 가운데 한 사람인 샹티 파니니가 쓴 『성서 어구 색인』(1529)에도 이 보더가 사용되고 있는 것을 보면, 그리피우스는 이것을 매우 좋아한 것일까? 1542년 『신약성서』 간행에 즈음해서는 이 판화가에게 컷까지 부탁하고 있다. IF라는 판화

HIPPO
CRATIS AC GA-
leni libri aliquot, ex recognitio
ne Franciſci Rabelæſi, medici
omnibus numeris abſolutiſſi-
mi: quorum elenchum ſe
quens pagella indi
cabit.

Hic medicæ fons eſt exundantiſſimus artis.
Hinc, mage ni ſapiat pigra lacuna, bibe.

Apud Gryphium Lugd.
1532

라블레 편, 『히포크라테스 및 갈레노스 문집』

가에 대해서는 여러 설이 있으나 모두 근거가 희박하여 신원불명이라고 할 수밖에 없다.

그런데 자선회의 의뢰를 받은 『규약』을 포함하여, 그리피우스가 상재한 프랑스어 작품은 매우 소수에 그치고 있다. 더욱이 그 모두가 어떤 특별한 이유에 의한 출판이다. 구체적으로 몇 가지를 들어보자.

• 『클레망 마로 작품집』(1538)

이 해에 돌레판과 그리피우스판이 앞서거니 뒤서거니 해서 출판된다. 불충분하다고는 하나 시인의 의향이 반영된 시집으로, 1544년판(리옹, 앙투안 콩스탕탱)이 나올 때까지는 저본으로 간주되었다.

독립한 지 얼마 되지 않아 인쇄기도 없는 돌레가 그리피우스 공방을 빌려서 출판하기는 했으나, 어떤 사정으로 두 사람이 싸워서 결별한 뒤 그리피우스가 부랴부랴 자기 공방에서도 간행한 것으로 추정된다. 돌레판에는 "클레망 마로가 에티엔 돌레에게 보내는 인사"라는 서문이 붙어 있고, 돌레가 국왕에게서 받은 출판 독점권에 관해서도 언급되어 있다.

그런데 그리피우스판에는, 텍스트는 별로 차이가 없으나 같은 날짜의 서문은 "지금까지 마로의 작품을 인쇄해온 분들에게" 씌어진 것으로, 앞으로는 마음대로 이 시인의 작품을 간행하거나 그 순번을 바꾸지 말아달라고 말하고 있다. 그리고 돌레의 독점권에 관해서는 말이 없다. 이 사건을 계기로 마로와 돌레도 사이가 틀어진 모양이다.

• 자선회 활동에 관한 책자

그리피우스는 자선활동에 적극적인 인물이었다. 『리옹 자선회 규약』(1539) 이외에 다음과 같은 책자를 출판하고 있다.

『빈민의 치료와 식량 보급에 관하여』(1539)는 4세기의 교회박사 나장조스가 번역한 그레고리우스 설교의 첫 프랑스어 번역판이다. 에라스무스가 높이 평가한 작품으로, 현재 남아 있는 판은 대개 『리옹 자선회 규약』과 합본이 되어 있다. 『자선의 권유』(1550) 또한 자선회 선전책자의 성격을 띠고 있는데, 오늘날에는 전해지지 않는다.

• 라블레의 저작

『전략론 혹은 랑주 후작의 무훈과 책략』(1532)은 라블레가 후원자 기욤 뒤 벨레를 찬양하여 라틴어로 쓴 것을 친구인 클로즈 마슈오가 프랑스어로 옮겼다(현존하지 않는다). 『히포크라테스 및 갈레노스 문집』(1532), 『루키우스 크스피디우스 유언서 및 고대의 매매계약서』 등 의학 및 법률 관계 학술서를 모두 그리피우스 서점에서 상재해온 인연으로 두 사람은 친한 사이였다.

『모의전기』(1549)는 왕세자 루이 도를레앙의 탄생을 축하하여 로마에서 장 뒤 벨레 추기경이 개최한 축제에 대한 기록이다.

• 장 드 보젤의 번역물

『다윗 시편』(1540)과 『창세기』(1543)는 모두 베네치아의 자유사상가이자 작가인 피에트로 알레티노의 작품을 자선회 설립을 추진한 장 드 보젤이 프랑스어로 옮긴 것이다.

• 플라톤, 『소크라테스의 변명』(1549)

이 작품의 첫 프랑스어 번역판이 언제 간행되었는지 잘 모르지만, 어쩌면 저명한 법학자이자 개혁파 논객인 프랑수아 오트망이 번역한 것이 이것인지도 모른다. 오트망은 소송법에 관한 저작을 그 전해에 그리피우스에게서 출판하는데(그 후 판을 거듭한다), 아마도 그의 부탁을 받아 출판했는지도 모른다. 그리고 헌사는 세르베 사건으로 이름이 난 기욤 트리에게 바쳐져 있다.

이외에도 인문주의자로 공방에서 편집과 교정을 맡았던 바르텔레미 아노의 작품도 간행했는데, 어쨌거나 특히 관계가 깊은 저자의 요청이 있을 때 한해서 프랑스어 서적을 상재한 것으로 추측된다. 그것도 극히 예외적인 경우에 지나지 않았다. 더욱 라블레의 예가 보여주듯 그것들은 거의 해당 작가에게 덜 중요한 작품들이었다.

마치 고전어가 아니면 언어가 아니며 활자화할 수 없다는 태도가 아닌가. 마로의 작품도 그가 죽은 뒤에는 완전히 무시된다.

'두 세계가 만나는 자리', 이것은 데이비스가 그리피우스 공방에 붙인 말이다. 확실히 이 공방에서는 근육이 불끈불끈 솟은 인쇄공과 어딘지 태도가 삐딱한 식자공 같은 수공직 사람들 곁에서, 쟁쟁한 지식인이 붉은 펜으로 원고를 손질하고 있었을 것이 틀림없다. 돌레, 바르텔레미 아노, 클로드 바뒤엘, 그리고 프랑수아 라블레 같은 이들이 그들이다. 또 그리피우스 자신이 장인 기질을 발휘하여 질 높은 뛰어난 작품을 만들어내고 있다.

그러나 동시대의 서지학자 앙투안 뒤 베르디에가 "타락한 인쇄술을 히브리어, 그리스어, 라틴어, 세 언어의 참으로 미려한 새로운 활자를 사용하여 부활시켰다"고 찬사를 바친 것처럼, 그리피우스의 목표는 어디까지나 고전 지식의 활자화였다. 그는 장인보다 지식인 쪽에 몸을 두었다. 1539년 인쇄공 파업 때 그는 사용자 측 테이블에 앉아 있었는데, 과연 공방주인 세바스티앙 그리피우스는 어떤 말을 주고받았을까?

"덕을 이끌어라, 운을 길동무로 삼아라"라는 키케로의 편지의 일절을 좌우명으로 삼은 세바스티앙 그리피우스는 이렇게 시종일관 고전물 출판사로서 긍지를 이어나갔다. 그는 개혁파를 지지하기는 했어도 그것을 출판물에 노골적으로 반영시키지는 않았다. 그리피우스 서점의 책이 금서가 된 예는 하나도 없다. 이렇게 어떤 의미에서는 완고한 그의 공방에서 성장한 이가 다음 세대의 장 드 투른이었다.

그리피우스의 유언장

이제 마지막으로 리옹 르네상스 출판인 대표인 그의 유언장 내용을 소개하자.

"성부와 성자와 성령의 이름으로, 아멘"으로 시작되는 첫머리의 틀에 박힌 문구에 이어 다음과 같은 뜻이 표시된다.

• 유해는 교구 교회인 생니지에 교회에 묻을 것.

그리피우스는 개혁파 동조자이기는 했으나, 결국 죽을 때는 가톨릭 신자로서 선택하고 있다. 그리고 이 시대에도 보통 이 대목에서 장례식에 빈민의 참석을 요구하고 자선금액이라든가 사제에 대한 봉헌 등을 명시하는데, 그리피우스는 그 모두를 아내에

게 위임했다.[4)]

• 리옹 대자선회에 200리브르를 유증한다. 단 사망 이듬해와 그 다음해 2년간 100리브르씩 기부할 것.

그리피우스의 자선회에 대한 배려를 보여주는 것인데, 기부금 액수는 그의 지위로 보아 타당한 선일 것이다.

• 리옹 시립자선병원의 가난한 사람들에게 100리브르를 유증한다. 이것도 2년에 걸쳐 50리브르씩 기부할 것.

• 고용인 카트랑 퐁타네르에게, 그가 "기분좋게 섬겨준 데 대해 보답하기 위해" 50리브르를 유증한다.

• 마찬가지로 고용인 장 시투아에게 25리브르를 유증한다.

짐작컨대 이 사람은 인쇄공이었던 모양으로, 후일 자기 공방을 차려 샤를 퐁텐의 『탁월한 고도 리옹에 부치는 송가』(1556)를 출판한다(제10장 앞부분 참조).

• 장갑장수 자크 미레예의 딸로 "나이 4, 5세로 우리 집에 사는" 프랑수아즈에게 혼인비용으로 200리브르를 유증한다.

자크 미레예는 서적상 폴 미레예의 형제 같다. 그리피우스의 아내 프랑수아즈는 인쇄공 가브리엘 미레예의 딸 혹은 누이로 추정되므로, 친척집 여자아이를 데려다가 기르고 있었다는 말이 된다.

• "파리에 사는" 조카 세바스티앙 스트로베르에게 200리브르를 유증한다. 이것도 2년에 걸쳐 절반씩 주기로 한다.

• "지금 그 이름은 생각나지 않지만" 위의 세바스티앙 스트로베르의 두 형제에게도 마찬가지로 200리브르씩 유증한다.

• "서자로 현재 동거하고 있는" 앙투안 그리피우스에게는, 3회

에 걸쳐 합계 300리브르를 유증한다. 세바스티앙 그리피우스의 친자식은 아무리 서자라고는 하나 하나뿐인데, 300리브르의 유산은 너무 적다. 그 사정은 다음 항목에서 분명해진다. 앙투안(1526년경~1599)은, 그가 처제 마리옹에게서 얻은 아들이다. 1561년 앙투안은 적출자로서 인정을 받아 아버지의 사업을 정식으로 승계하게 된다.

• "리옹의 상인으로서 존경하는 위그 드 라 포르트 님에게는 컴퍼니 시절부터 이어온 오랜 우정을 보아" 3천 500리브르를 유증한다. 700리브르씩 5년에 걸쳐서 지불할 것.

리옹 서적상 컴퍼니를 추진한 위그 드 라 포르트가 아무리 은인이라고는 하나 이 거액의 증여에는 무언가 뒤가 있을 법하다. 이것은 실은 법률용어로는 '개립유증'(介立遺贈)에 해당되며, 그리피우스는 친구 드 라 포르트에게 재산 위탁을 한 것이다. 드 라 포르트는 1559년에 그 중 1천 700리브르를 앙투안 그리피우스에게 증여한다. 잔액에 관해서는 사료가 없다. 앙투안이 서자이기 때문에 법정상속인이 되지 못하여 이런 형태가 되었겠지만, 당시의 일반적인 관습이 어떠했는지 알고 싶은 대목이다. 아마도 앙투안과 서모 프랑수아즈는 사이가 그리 좋지 않았던 모양이다.

• 그 밖의 친척으로 상속권을 신청한 자에게는 일률적으로 5솔을 준다.

• 이 밖의 재산은 전부 "포괄 상속자인 사랑하는 아내" 프랑수아즈 밀레리에(밀레에)에게 유증한다.

• 위그 드 라 포르트 및 앙리 드 가비아노와 두 서적상이 유언집

행인으로 지정하고, 컴퍼니를 존속시켜달라는 유지가 적혀 있다.

• 그전의 유언, 유언 보족소(補足書), 증여 등을 무효로 한다는 뜻의 선언도 포함되어 있다. 이것도 공증인이 작성하는 유언장의 상투적인 문구이다. 아울러 "나의 마지막 의지를 전하는/유일무이한, 지울 수 없는/법이 정하는 바에 따라 이 유언을 인증한다"(『유언』 10)고 비용은 이 절차를 모작하고 있다.

• 유언 날짜는 1556년 8월 28일 금요일, 장소는 세바스티앙 그리피우스의 집.

• 입회인은 정확히 7명이었는데(로마법의 전통을 잇는 남프랑스에서는 7명, 관습법을 따르는 북프랑스에서는 2명이면 되었다), 흥미있는 인물이 많다.

클로드 베리에블(전 그르노블 고등법원장으로 저작도 남겼다).

장 드 라 포르트(위그의 형제로 같은 서적상).

상인 장 마르세르(분명치 않다. 리옹 향토사의 권위자인 장 트리크는 서적상 장 마르소를 말하는 것인가 하고 추측한다).

인쇄업자 장 드 투른(그가 그리피우스 공방의 인쇄공에서 올라온 것은 두말 할 것도 없다).

서적상 기욤 가조(그의 아내 니콜은 투른의 장녀이고 가조와 투른은 공동 경영자이다).

인쇄공 장 미렐과 장 후낭(전자는 그리피우스의 처 프랑수아즈의 형제가 아닐까).

이렇게 유언서를 작성하여 재산을 나눈 이 전형적인 인문주의 출판인은 약 10일 후에 사망한다. 그의 죽음을 전하는 장 게로의 필치가 어딘지 모르게 데면데면하다.

[1556년] 9월 8일 화요일, 성모 탄신의 날, 독일 국민단에 속하는 이 도시 유수의 서적상 가운데 한 사람인 세바스티앙 그리피우스가 매장되었다. 그는 병사로서 무일푼으로 이 도시에 왔으나, 2만에서 3만 에퀴 오 소레유에 이르는 재산을 모아 부와 명성을 얻고 타계한 것이다.

• 『장 게로의 일기』

장 게로는 그리피우스가 (손 강 우안에 사는) 리옹 상인이라는 것과, '(용병인가 무언가로) 건너온 독일인 주제에'라는 딱지가 죽을 때까지 그를 따라다녔음을 알려준다. 또 그는 1532년에 귀화를 했지만, 국민단에 의거하여 독일인으로서 정체성을 계속 유지했던 것 같다.

그러고 보니, 리옹 인문주의와 끊으려야 끊을 수 없는 이 출판인은 자기 이름을 '그리프'라는 프랑스식으로 쓴 적이 한 번도 없고, '그라이프'라는 독일식으로 부르거나 혹은 그리피우스라는 라틴어 이름을 사용했다(이 책에서는 라틴어 이름을 사용했다).

그런 사정이 있어서인지 오늘날 메르시에 가 주변 거리에서 그의 이름을 찾아봐야 헛수고이다. 세바스티앙 그리프라는 이름의 거리는 론 강 맞은편 라 기요티에 지구와 리옹대학 문학부 가까이에 있다.

책의 부가가치를 높인 투른

그런데 그런 짓을 한 것은 실은 제가 처음이 아닙니다.
파리나 리옹에서는 그런 종류의 책을 공공연히 대량으로 인쇄하는 것이 당연지사
그래도 아무런 문책을 받지 않는 것입니다.

• 돌레, 「지고하고 신성한 파리 최고법원에」

장 드 투른 1세는 1504년 무렵 손 강 다리 앞의 플랑드르 가에서 태어난 것 같다. 아버지는 이 거리에서 금은세공상을 경영했다고 한다. 구텐베르크의 예를 들 것도 없이, 금은세공이라는 직업이야말로 인쇄술의 모체이다. 조부 장은 필경사에서 공증인이 된 사람이라니, 손자가 출판계에 진출한 것도 자연스런 일이었다고 할 수 있을 것 같다.

그런데 이 장 드 투른을 순수한 리옹 태생이라고 하기에는 약간 유보조건이 필요하다. 3대가 이어졌으니 그러고 싶기는 하나, 실은 증조부 프랑수아 드 누아용은 그 이름이 말해주듯 피카르디 지방의 누아용 출신이라고 한다. 장이 이 세상에 태어난 지 5년 후에 이 책의, 말하자면 그늘의 주역인 또 한 사람의 장, 곧 장 칼뱅이 역시 누아용에서 태어난다.

장은 처음에 리옹의 선구적인 인문주의 출판인인 트렉셀 형제의 공방에서 수업한 것 같다. 일찍이 그 아버지 장 트렉셀 시대에 조스 바드가 수업했던 공방이다.

20대 후반에 이르러 그는 세바스티앙 그리피우스의 공방으로 옮겨 문선공으로 일하면서 장래의 출판인으로서 소양을 쌓는다. 아내는 일개 장인의 딸에 지나지 않았으므로 지참금도 적었고, 장은 중년이 될 때까지 독립하지 못하고 고생을 했다. 그가 포도 거리에 공방을 차려, 책의 속표지에 자기 이름을 기재하게 되는 것은 불혹의 나이를 눈앞에 둔 1542년의 일이었다. 이때 장모가 셋집을 증여해주었다고도 한다.

이 해에 에티엔 돌레가 에라스무스의 『그리스도교 병사 제요』 프랑스어 번역판을 간행했다. 그 번역자로 여겨지는 루이 드 베르캉은 1529년 화형대의 이슬로 사라지지만, 돌레는 피에르 드 뱅글판(1532)의 재간행을 단행했다. "독자여, 일찍이 이 에라스무스의 저작을, 좌절의 책, 불법의 책이라고 생각하게 한 것이 누구였는지는 나도 모른다. 그러나 사실은 그 반대라는 것을 나는 알고 있으며 그렇게 주장하고 싶다"로 시작되는, 짧고도 도전적인 서문을 달아 에라스무스의 책을 세상에 내보낸 것이다.

보기에도 아름답게

이미 말한 것처럼, 돌레는 국왕의 특인이라는 마지막 카드가 있었기 때문에, "10년간 특인부"라고 타이틀 페이지에 인쇄하는 것으로 대수롭지 않게 여겼던 것일까? 그는 이들 위험한 책의 출판과 "사순절에 육식"을 한 죄로 체포되는 쓰라린 변을 당하게 된다. 그리고 1546년에 처형당하는 것이다.

이 기구한 사상가와 그리피우스 공방에서 함께 일한 사이인 장 드 투른은 아마도 돌레가 체포된 직후에 이 『그리스도교 병사 제요』 프랑스어 번역판을 그 위험한 서문을 빼고 출판한다. 이것이 장 드 투른 공방의 출발을 장식하는 책이다. 장 자신은 돌레의 용감한 행동을 뒷받침한다는 생각도 있었는지 모른다.

이렇게 해서 인연이 있는 책을 가지고 출판인으로서 데뷔한 장 드 투른은 그 후에도 돌레가 이미 간행한 복음주의 관련 저작을 잇달아 출판한다. 다만 돌레의 서문을 빼어 독을 제거했다. 프로테스탄트로서 죽는 그도, 출판에 관해서만은 관헌에 꼬리를 밟히지 않도록 신중히 한다. "에티엔 돌레가 인쇄, 간행한" 『그리스도교 병사 제요』가 금서 목록에 실려(1543) 파리의 노트르담 대성당 앞에서 불태워진 뒤에도, 투른은 자기 공방에서 시치미를 뚝 떼고 재판까지 내는 배짱을 부렸다(1544).

사순절의 육식으로 투옥된 클레망 마로를 흉내내어 집필했다는 『지옥 제2편』(1544)에서, 돌레가 은사 탄원장 형식으로 다음과 같이 썼을 때, 어쩌면 지난날 동료 장의 일이 뇌리를 스치지 않았을까?

> ……저는 사람들이 짓궂은 눈으로 보더라도/리옹의 시내로 돌아가서/여생을 보내고 싶습니다.
>
> 일단 이 은혜를 베풀어주신다면/성서나 그런 종류의 책을/한 권이라도 인쇄하는 일은/절대로 없을 것이오니/염려하지 마십

시오.

오른쪽으로부터 혹은 왼쪽으로부터/재난과 성가신 일, 온갖 방해를 받아/번번이 감옥에 갇힌 이 몸/더는 그런 변을 결단코 당하고 싶지 않습니다.

그런데 그런 짓을 한 것은/실은 제가 처음이 아닙니다./파리나 리옹에서는 그런 종류의 책을 공공연히/대량으로 인쇄하는 것이 당연지사/그래도 아무런 문책을 받지 않는 것입니다.

• 돌레, 「지고하고 신성한 파리 최고법원에」 86~101행

그런데 장 드 투른이 1540년대에 간행한 약 150점의 책을 조사해보면, 전반은 죄다 프랑스어 작품 내지 프랑스어 번역판임을 알 수 있다. 그는 기존의 작품을 재치있는 삽화와 보더(거의가 베르나르 살로몽이 작성한 것)로 장식하여, 말하자면 부가가치를 높여 책시장에 내보낸 것이다.

이윽고 그는 앙제 출신의 서적상 기욤 가조와 손을 잡는다. 기욤은 그리피우스와 마세 보놈을 입회인으로 세우고 투른의 딸 니콜과 결혼식을 올려 두 사람의 결속을 굳힌다. 게다가 형 자크 가조가 파리의 생장드라트랑 거리(소르본 뒤쪽)에서 서적상을 하고 있었기 때문에, 수도에서 판매하는 데도 편리했다. 투른이 라틴어 서적에도 진출한 것은 기욤의 권유에 따른 것이었다. 그러나 프랑스어 책과 라틴어 책의 비율이 역전되지는 않았다.

자기 이름 'Ian de Tournes'을 'Son Art en Dieu'(하느님 안에 그 솜씨를)와 같이 아나그램(철자 바꾸기)으로 만들어 좌우명

으로 삼은 그는 나날이 명성을 높여 1559년에는 로열 프린터라는 칭호까지 얻는다. 개혁파 동조자로서의 자기신념과 사업을 잘 조화시켜나간 것이다. 그런 그는 독립한 지 얼마 안 되어 친구 데 페리에가 죽자(앙리 에티엔에 의하면 자살이다), 앙투안 뒤 물랭에게 제의하여 『고(故) 데 페리에 작품집』(1544)을 엮었다. 그 책에 실린 '인쇄업자들에게'라는 제목의 서문에서, 판권도 저작권도 없던 시대의 출판업의 어려움을 그는 다음과 같이 말하고 있다.

우리가 남에게 의지하여 돈벌이에만 몰두하는 일 없이 날마다 오로지 자기의 기술 발전과 완성을 바라고 노력했더라면, 오늘날 그릇된 작품을 세상에 내보내고 있다는 등 좋지 못한 평판을 듣지는 않을 것입니다. 저는 여러분께 큰소리로 말하고 싶은데, 우리는 부당한 이익 추구에 넋을 잃고, 누군가가 어떤 훌륭한 책을 간행하면 다른 자가 당장 이를 따라하는 형편입니다. 더욱이 그렇게 재탕한 것은 대개 오자투성이임이 틀림없습니다. 그리고 그런 형편없는 책들이 싼값에 팔려 무식한 사람들이 그 정체도 모르고 무턱대고 사는 바람에 좋은 책은 조금도 팔리지 않아, 먼저 고생한 업자는 그 일에 보답을 받지 못하는 것입니다. 또 제가 생각건대 무엇이 제일 심한가 하면, 새로 나온 책에는 대개 틀린 데가 있다는 사실입니다.

따라서 처음 출판한 사람이 아무런 방해도 받지 않고 채산을 맞출 수 있지 않으면 안 될 것입니다. 그래서 저는 먼저 다른 업자가 인쇄한 책은, 그 업자가 임금과 경비를 다 회수할 때까지 새로 인쇄하는 일이 없도록 출입하는 인쇄업자에게 이를 준수하도록 할 결심을 한 것입니다.

여기서 활자본의 시각적 디자인의 역사를 한 번 훑어보기로 하자. 초기 필사본이라는 것은 출판지, 공방명, 간행연도 같은 데이터가 판권에 기재되고, 속표지에는 표제밖에 적혀 있지 않은 몰풍스러운 것이었다. 그리고 고딕체 활자의 울창한 숲이 이어지는 답답한 페이지의 아래쪽에는 다음 페이지의 머리말이라든가 접장 번호 같은 것이 붙어 있어서 곧 쪽 번호가 출현하게 된다. 요컨대 시각적 측면에서 말한다면, 초기 활자본은 필사본시대를 그대로 질질 끌고 있었던 것이다.

초기 활자본의 체재에 관해서는 페브르 마르탱의 『책의 출현』에 자세히 나와 있다. 또 『프랑스 출판 역사』 제1권(1983)에는 보다 매력적인 겨냥도가 제시되어 있으므로 상세한 것은 미뤄둔다. 이러한 상황에 변화를 가져다준 것은 역시 이탈리아 르네상스의 정신일 것이다.

프랑스의 경우 1530년대에 들어서자 로만체 활자가 완전히 자리를 잡았으며, 이윽고 산문은 로만체, 시문은 이탤릭체라는 구별도 생긴다. 그리고 로만체가 고딕체에 대해서 해왔던 변별적 구실을, 이번에는 이탤릭체가 맡게 된다. 고딕/로만이라는 대응관계는 시대에 뒤떨어진 것이 되고, 로만/이탤릭으로 세대교체가 일어나는 것이다.

표지만 하더라도 한때는 터무니없이 큰 인쇄 마크를 가장자리 장식으로 둘러싸고 "리옹, 노트르담 드 콩포르 근처의 르 프랑스, 즉 클로드 누리 서점에서 발매"니 하는, 광고나 다름없는 글귀를 배치한 것이 주류였다. 그러나 이러한 경향도 수그러들고, 최소한의 사항을 담은 날씬한 현대적인 모습의 책이 대망되는 시대로 접어들고 있었다.

리옹의 경우 여러 가지 면에서 독일풍이라고 할까, 더 단적으로는 바젤풍이라고나 할까, 초기의 인쇄기술자들이 갖고 들어온 것의 영향에서 좀처럼 벗어나지 못했으며, 고딕체도 시대에 뒤떨어진다는 소리를 들으면서도 끈질기게 버텼다.

그러나 반의식적으로 고딕체로 인쇄한 라블레의 이야기 작품조차(그는 학술서는 처음부터 로만체로 인쇄하도록 했다) 뒤늦게나마 로만체로 옷을 갈아입는 시기를 맞이하고 있었다. 장 드 투른은 이 같은 변화가 예감되는 시대에 출판의 영광스러운 무대에 등장한 것이다.

그는 공방을 시작하면서 파리 서적상의 아들 로베르 그랑종에게 새로운 활자 제작을 의뢰했다. 그랑종은 하루에 부형 두 개를 조각해내는 초인이었던 것으로 전해진다. 로만체나 이탤릭체나, 장 드 투른 공방이 세상에 내보낸 걸작의 태반은 그랑종의 활자를 사용했다. 프랑스 문학과 관련해서 말하면 『고 데 페리에 작품집』(1544), 『루이즈 라베 작품집』(1555), 모리스 세브의 『미크로코슴』(1562) 등 모두가 그렇다.

그랑종은 안트베르펜에도 자주 찾아가서 활자를 제작했으며,

저 크리스토프 플랑탱의 공방에서도 그랑종의 활자를 사용하고 있다. 더욱이 그 디자인은 장 드 투른 공방의 것과 유사하다고 한다. 플랑탱 · 몰레투스박물관을 다시 찾을 기회가 있다면 확인해 보고 싶다.

그랑종은 투른의 전속 삽화가 베르나르 살로몽의 딸을 아내로 맞이한다. 그렇게 하여 투른, 살로몽, 그랑종은 리옹 출판계에서 최강의 클린업 트리오를 형성하게 되는 것이다.

그랑종은 이탤릭체에 그야말로 새로운 바람을 불어넣는다. 한 세대 전의 뛰어난 장인 클로드 가라몽(Claude Garamond, 1499~1561)의 고전적이라고나 할까, 이탈리아 인문주의에서 직접 전해져 내려온 이탤릭체와 나란히 놓고 보면 명확해진다. “보다 전아하고, 사치스럽고, 기술적으로도 완벽하여, 그랑종은 한 마디로 말해서 보다 바로크적이다”라고 앙리 장 마르탱은 말한다.

그리피우스나 루예, 그리고 파리의 베세르 등이 모두 현대적인 감각을 내기 위해 이 이탤릭체를 사용했다. 각국을 정력적으로 돌아다닌 이 활자 디자이너의 발자취가 보여주듯, 안트베르펜, 암스테르담, 레펜(르방), 프랑크푸르트, 쾰른 같은 도시의 공방에서 그랑종의 이탤릭체는 매우 귀중하게 다루어졌다. 프랑스 국내에서는 18세기까지도 계속 팔렸다고 한다. 이 프랑스 활자를, 인문주의자인 로베르 에티엔은 다음과 같이 찬양한다.

> 우리는 고유의 문자를 만든 것이다. 확실히 그것은 이탈리아인의 문자와 매우 비슷하기는 하나, 앞이 그토록 기울지도 않

았으며, 로만체처럼 똑바르고 통통한 서체이다. 동체는 짧고 다리와 머리가 긴 서체인 것이다.

• 로베르 에티엔, 『프랑스어 문법론』, 1557

새로운 서체의 탄생

빌레르코트레 칙령(1539)이나 뒤 벨레의 『프랑스어의 옹호와 현양(顯揚)』(1549)을 떠올릴 것도 없이, 국가 융성의 기운도 있었기 때문인지 프랑스에서는 문화적 내셔널리즘이 급속히 대두되었다.

이탤릭체나 독일의 거북이 문자에 필적하는 프랑스 글자체를 창조하고 싶어한 프랑스인들이 자국 문화에 보내는 뜨거운 소망의 결과가 시빌리테체이다. 이것은 중세부터 이어져온 초서체로서의 고딕체를 당대에 소생시킨 시도라고 할 수 있다.

이 활자가 처음 사용된 것은 1557년(혹은 1556년)이라고 하며, 1558년에 그랑종은 앙리 2세로부터 새로운 프랑스 글자체로서 특인을 얻는다. 하기야 설령 국왕의 허가증을 얻었다 하더라도 이 시대에는 으레 아이디어를 도둑맞기 마련이었다. 파리에서 활자주조에 솜씨를 발휘한 필리프 당프리가 음악서와 시집 출판을 전문으로 하는 리샤르 브르통의 의뢰로 시빌리테체를 조각했고, 머지않아 안트베르펜에서는 아메트 다페르니에가 이 활자 서체를 이웃 여러 나라에 활발히 팔아먹게 된다.

필기체에 매우 가까운 이 서체는 『장별(章別) 예의범절 독본』(1558)에 사용된 것을 계기로, 이윽고 초등 독본이라든가 종교

길잡이 등에 사용된다. 그리고 에라스무스의 『어린이의 예의범절에 대하여』(1530)가 선수를 친 예의범절서와 관련하여 이 서체는 어느새 시빌리테체라는 이름으로 불리게 되었다.

이리하여 시빌리테체는 시민권을 획득했으나, 화려한 취향은 느껴지되 인사치레라도 명쾌하다고는 하기 어려운 형태 탓인지 국민적인 글자체는 되지 못하고, 초등 독본, 예의범절서, 선교서적 등에 한정되어 사용되었다. 그러나 특히 초등학교에서 읽기와 쓰기를 가르칠 때는 손으로 쓰는 글자체에 가장 가까운 이 활자체가 모범 서체로 사용되어, 19세기 중반까지 살아남는다.

마지막으로 그 후의 그랑종에 대해서 간단히 살펴보자. 그는 1578년 로마로 가서 교황의 뜻을 받들어 페르디난도 데 메디치가 차린 공방에서 놀랍게도 선교용 아라비아어 활자를 디자인하는 데 재능을 발휘한다. 그러다가 만년에는 고향 파리로 돌아와, 그리스어 활자 개량에 정열을 쏟았다고 한다. 온 생애를 활자 디자인에 바친 것이다.

표지와 장식문자

먼저 산뜻한 표지의 예로 『고 데 페리에 작품집』을 들어보자. 로만체의 제목 뒤에 이탤릭체로 저자의 직함이 적혀 있다. 그리고 그 사이에 별표(*)가 하나 찍혀 있는데, 이것은 새로운 것이다. 직함 바로 밑에 포도 모양으로 찍은 한 점은, 1530년대쯤에 출현한 것이 아닐까.

"남이 바라지 않는 것을 하지 말라"(『마태오의 복음』 7·12를

Dialogue de la vie et de
La Mort, Composé en Toscan par
Maistre Innocent Ringhiere
Gentilhomme Boulongnois.

Nouvellement traduit en Françoys par Jehan
Louveau Recteur de Chastillon de Dombes.

A Lyon.
De l'Imprimerie de Robert Granjon.
Mil. Vc. Lvij.

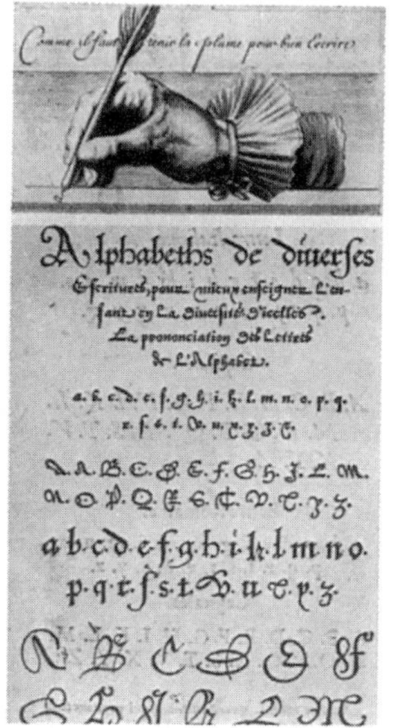

시빌리테체가 사용된 『생과 사의 대화』(1557)와 펜습자 교본(19세기)

RECVEIL
DES OEVVRES
DE FEV BONAVEN-
TVRE DES PE-
RIERS,
*
*Vallet de Chambre de Treſchreſtienne Prin-
ceſſe Marguerite de France, Royne
de Nauarre.*

QVOD TIBI FIERI
NON VIS. ALTERI
NE FECERIS.
VNVM

A LYON,
Par Iean de Tournes.
1544.
Auec Priuilege.

『고 데 페리에 작품집』(1544)

빌린 말투)고 적힌 문자판을 왼손에 들고 있는 인쇄 마크는 투른이 처음 사용한 것이다. 이는 2대째가 제네바로 옮긴 후에도 계속 사용한 유서 깊은 마크이다. 속표지 하단의 데이터도 최소한으로 그치고 있어, 언뜻 보아도 레이아웃이 간결하다. 이러한 것이 당시의 최신 유행이었다.

이것이 『페트라르카 작품집』에 와서는 약간 답답한 인쇄 마크 대신 이탤릭체와 하트형 도식으로 우아한 시정(詩情)을 연출하고 있어서, 아마도 평이 퍽 좋았으리라 여겨진다.

이른바 보더, 곧 가장자리 장식에서도, 그는 원주(圓柱) 타입, 그로테스크 문양, 아라베스크 문양 등 여러 가지를 가려 쓰고 있다. 특히 이탤릭체 본문에 베르나르 살로몽이 그린 삽화와 보더를 배치한 오비디우스의 『변신 이야기』(1557)는 '아라베스크의 우두머리' 장 드 투른의 이름을 널리 알리기에 족했으며, 이탈리아어판, 플라망어판까지 나왔다.

또 그림을 넣은 성서는 이탈리아어, 에스파냐어는 물론 독일어, 영어, 플라망어 등 서구의 주요 언어를 망라하는 주력상품이었다. 투른은 삽화를 풍성하게 넣는 이유를 "시각에 호소하는 지식은 눈으로 파악되고, 이어서 이해되고, 다시 자극을 주어 기억을 촉구합니다. 그리하여 단지 귀로 들어간 것보다 확실하게 남습니다"라고 말한다. 그리고 삽화 밑에 짤막한 해설을 달고는, 그 상승효과가 "눈의 즐거움, 기억의 도움, 정신의 만족"을 낳을 것이라며, 독자에게 자신만만하게 말한다(『그림 신약성서』 1554년판, 인쇄업자가 독자에게 드리는 인사 말씀).

B. 살로몽(왼쪽)과 G. 토리(오른쪽)의 크리블레판

이렇게 장 드 투른은 삽화에 베르나르 살로몽을, 활자의 서체 등 구성과 표현에는 로베르 그랑종을 기용하여 출판계에서 유행을 이끌었다. 그러나 냉정하게 생각해보면, 아라베스크 문양에는 파리의 시몽 드 콜린(Simon de Colines, 1480~1546, 인쇄업자)이라는 선배가 있지 않은가.

크리블레판(정 같은 것으로 쪼아서 점 모양의 무늬를 내는 것으로 펀치 인그레이빙이라고도 한다)의 장식문자만 하더라도, 30년대에 조프루아 토리가 발표한 걸작의 재탕이라고 말하지 못할 것도 없고, 그 만듦새도 토리에게 한 걸음 양보하지 않을 수 없다. 리옹 르네상스는 유감스럽게도 아직도 파리의 그것을 능가하지는 못하고 있었던 것이다.

머지않아 다가오는 프랑스 종교전쟁의 시대는, 책의 삽화가 목판에서 동판으로 교체되는 시기와 겹친다. 투른은 재빨리 국왕 전속 금은세공사 장 뒤베(Jean Duvet, 1485~1561)를 기용하여 23매(이 밖에 자화상이 1매)의 동판으로 된 『두루마리 묵시록』(1561)을 세상에 내놓았다. 여기서는 「천사가 든 책을 삼키는 요한」을 살펴보자.

이를 판화가 자신이 전거로 삼은 뒤러의 묵시록 시리즈와 비교하면 가혹한 일일까? 아니, 뒤베는 원근법 따위는 개의치도 않는 표현주의적 기법으로 묵시록을 완성했다. 십수년간 제네바 생활을 해야 했던 그의 뇌리에는 어떤 생각이 스쳐갔을까? 블런트 경은 로소(Giovanni Battista di Jacopo Rosso, 1495~1540), 폰토르모(Jacopo da Pontormo, 1494~ 1557)와 같은 마니에리스트

화가의 이름을 든 다음 "영국의 학생이라면 뒤베를 반드시 윌리엄 블레이크와 비교하지 않을까"[5] 하고 지적한다. 이쪽에서는 만토바의 줄리오 로마노(Giulio Romano, 1492/99~1546, 마니에리스모 양식의 창시자)의 벽화라도 들고 나오고 싶은 대목이다. 어쨌거나 판화사를 장식하는 이 인물의 이색작이 리옹에서 처음으로 한 권의 책으로 완성된 사실을 알아두어도 손해볼 일은 없을 것이다.[6]

뛰어난 편집자들

독립한 지 얼마 되지 않은 1545년에 그의 과세평가액은 불과 24리브르, 세바스티앙 그리피우스의 10분의 1에도 미치지 않는다(제10장 참조). 한 해 전에 국왕이 방위예산으로 리옹에서 3만 리브르를 조달했을 때도, 그리피우스의 100리브르에 비해 그는 5리브르의 채권을 산 데 불과하다.

그러나 장사가 발전하면서 그는 포도 거리 북쪽에 집을 사들인다. 1556년 기록에 의하면, 그것은 "네 개의 아치가 있는 큰 집으로, 위층에 방 둘과 다락방(4층 건물이라는 뜻), 안마당이 딸린 신축가옥"이라고 한다. 조감도12에서 거리 오른쪽 가운데쯤에 있는 가옥이 그것인 듯싶다.

그럼 데이비스 여사의 조사결과를 빌려 장 드 투른 1세의 출판물을 들여다보기로 하자(표13).

먼저 깨닫게 되는 것은 프랑스어 등 각국어로 된 출판물이 3분의 2 가까이 차지한다는 것이다. 그리피우스는 그리스어 · 라틴

J. 뒤베, 「천사가 든 책을 삼키는 요한」, 『두루마리 묵시록』

어 전문출판사 같은 경우이니 논외로 치더라도, 기욤 루예의 출판 목록(표14)과 비교해보아도 고전어와 현대어의 비율이 역전되어 있음을 알 수 있다. 물론 그도 그리피우스 공방에서 식자공으로 일했고, 평균 이상의 학식도 있었으며, 에라스무스와 키케로도 출판했고, 플라톤의 저작집까지 상재했다.[7] 플라톤의 저작집에는 『향연』에 대한 피치노의 주해도 수록되어 있으니 귀중한 판이라고 할 수 있다.[8] 또 비트루비우스의 『건축론』도 당시로는 최상으로 편집되었다. 그리스어 책도 이솝 등, 수는 적지만 간행하

표13

장르	라틴어 · 그리스어	국어*	합계	전체에서 차지하는 비율
종교	15	82	97	19.1
(성서 · 그림 성서)	(7)	(46)		
(신학 · 기도서)	(8)	(36)		
고전(철학, 역사, 문학)	60	36	96	18.9
문학 · 언어**	33	80	113	22.3
철학 · 윤리	1	26	27	5.3
역사 · 여행기 · 시사물	16	34	50	9.9
법률	21	11	32	6.3
의학 · 외과학	21	28	49	9.7
기타	15	28	43	8.5
합계	189(37%)	318(63%)	507 ***	

* 프랑스어, 이탈리아어, 에스파냐어, 독일어, 영어, 플라망어.
** 고전 이외에 시, 엠블렘 등이 포함된다.
*** 이 수치에는 재판도 1점으로 포함되어 있다.
『프랑스 출판 역사』, T. I., 266쪽 참조.

고 있다.

그러나 그의 본령이 발휘된 것은, 역시 동시대의 작품을 잇달아 작은 판형으로 세상에 내보내면서였다. 그리고 여기서 편집자로서 크게 활약한 두 지식인의 이름을 빠뜨릴 수 없다.

첫째, 앙투안 뒤 물랭. 나바르 공비의 비서로 일한 석학이며, 1543년 무렵부터 장 드 투른의 공방에서 편집, 교정 그리고 번역(플루타르코스, 보카치오 등)에 솜씨를 발휘했으며 저서도 있다.

친구 데 페리에의 갑작스러운 죽음을 애도하여 급히 출판한 『고 데 페리에 작품집』, 마찬가지로 추도의 뜻을 담은 『페르네트 뒤 기예 부인 시집』(1545), 역시 사후 출판된 『마로 작품집』(1546, 49), 당시 리옹에 들른 노엘 뒤 파유가 투른에게 원고를 맡긴 『시골 이야기』(1547, 개정판 1549), 일찍이 자신이 모신 왕의 손위 누이의 『마르그리트 주옥집(珠玉集)』(1547)과 같이 문학사를 장식하는 작품들이 그에 의해 활자화되었다.

여기서 페르네트 뒤 기예의 시집에 그가 붙인 서문 「리옹의 귀부인들에게」를 발췌해보자. 그는 페르네트가 이 얼마 안 되는 시를 남기고 요절한 것을 슬퍼하면서, 리옹의 여성들이 작으나마 이에 자극받아서 그 뒤를 따라주기 바란다, 리옹의 풍토가 도와줄 터이니 하고 격려한다. 이탈리아어, 에스파냐어를 배웠고 "만일 그 목숨의 등불이 인생의 해거름까지 지켜봐주었더라면 그리스어까지도 배웠을" 페르네트가 라틴어 초보인 상태에서 목숨이 다하고 말아 이루지 못한 꿈을, 리옹의 여성들이 실현하여 후세에 이름을 남겨달라고 격려하고 있는 것이다.

자유도시 리옹이 아니고서는 볼 수 없는 이 페미니스트적인 내용이 참으로 참신해서, 이것을 읽은 루이즈 라베는 발분한 것이 틀림없다. 『리옹의 여성 루이즈 라베의 작품집』은 품격 높고 재능 있는 여인들에 대한 앙투안 뒤 물랭의 도발에 보기 좋게 응답한 것이다. 이 책의 서문에서는 라베가 "정신을 물렛가락이나 실타래 막대 위로 들어올리는 것입니다"라고 재능 있는 여성들을 선동하고 있다.[9)]

그런데 철자라든가 표기법을 되돌아볼 때, 장 드 투른은 신시대의 기수이며, 오히려 아방가르드라고 해도 우습지 않은 존재이다. 새로운 시대의 정신을 체현한 편집진은 표기법의 근대화에도 기여한 바가 크다. 앞에서 든 『고 데 페리에 작품집』을 다시 한 번 들여다보자. 먼저 생략기호로서 어포스트로피(')가, 그리고 과거분사의 어미에는 악상(악센트) 테귀(´)가, 전치사에는 어김없이 악상 그라브가 사용되고 있다.

이 분야에 관해서는 니나 카타슈 여사의 『르네상스시대의 프랑스어 철자법』(1968)이라는 제대로 된 연구서가 있다. 평소에는 경원하여 손을 대지 않는 이 대저를 펼쳐보면 세디유(ç)도 사용되고 있음을 알 수 있다.[10)] 그 표기 개념은 작자 미상의 『프랑스어의 특질에 맞추어서 올바로 표기하기 위한 소론』(파리, 1533)을 소화 흡수한 돌레에게서 직접 전해진 것이라고 한다. 그런데 이 『소론』의 중심적인 필자는 조프루아 토리로 추정되고 있으니 『만화원』(1529)의 저자는 정말 굉장한 인물인 것이다.

뒤 물랭이 리옹을 떠났는지 사망했는지는 분명치 않으나, 1553

년부터는 거물이 그 후임을 맡는다. 바로 플레야드파(16세기, 프랑스어로 새로운 시운동을 전개한 시파－옮긴이)의 선구자라 일컬어지는 자크 페르티에 뒤 망이다.

그는 새로운 시를 선도하는 동시에 표음주의를 표방하는 철자 개혁의 전위였는데, 부아티에의 마르네프 서점에서 『프랑스어 철자와 발음에 대하여』(1550)를 세상에 내놓았다. 그것은 "문자란 소리의 상(像)에 지나지 않는 것이므로, 씌어진 것은 발음이 음성에 요구하는 것과 같은 문자로 되어 있지 않으면 안 될 것"(『시대에 뒤떨어진 프랑스어 표기를 논함』, 1542)이라는 명문구로 표현되는 문법학자 루이 메그레의 주장을 편드는 것이었다.

그러나 시인의 주장은 보다 급진적이었다. 페르티에는 리옹 사람 메그레가 'troup' 'noutre' 'doleur' 'coleur' 등으로 표기한 단어가 'trop' 'notre' 'douleur' 'couleur'로 들리지 않겠느냐는 비판도 했다. 이 점만을 본다면 분명히 메그레의 표기에는 리옹 사투리가 농후해서, 페르티에 뒤 망의 편을 들고 싶지만, 어쨌거나 둘 사이에는 논쟁이 벌어진다.

이윽고 리옹에 온 페르티에는 투른의 집에 그 아들의 수학교사로서 기숙하게 된다. 그는 수학자로서도 당대 일류였던 것이다. 장 드 투른 2세가 과연 수학적 재능이 있었는지는 알 수 없지만, 그는 만년에 제네바에서 페르티에의 『유클리드 기하학』(1611)을 상재하면서 "열네 살 때, 그가 우리 집에서 수학의 증명을 읽어 들려주었는데, 그 무렵부터 나는 그의 타고난 자재하고 독특한 기하학의 해법을 깨달았다"고 말하고 있다.

페르티에는 저자로서 수학서, 문법서, 시집에 그 급진적인 표기법을 반영하기는 했으나, 편집자로서 장 드 투른 서점의 출판물에는 보다 온건한 표음주의를 반영했다. 클레망 마로의 『작품집』, 플레야드파 시인 퐁튀스 드 티야르의 『사랑의 과오』『은자의 대화 혹은 음악에 대한 산문』 등 페르티에가 빨간 잉크로 표기를 손질한 문학작품은 많은데, 여기서는 '삭구가게의 미녀' 루이즈 라베의 작품집(1555)을 소개하기로 한다.

8절판의 이 책은, 첫째 제목부터 현대 프랑스어라면 'ŒUVRES DE LOUISE LABÉ LYONNAISE'가 되어야 할 것이 'EVVRES DE LOVÏE LABÉ LIONNOIZE'로 되어 있어 놀랍다. 산문 「바보 여신과 사랑의 신의 말다툼」은 로만체로, 엘레지나 소네트는 이탤릭체로 그랑종의 활자체를 가려서 사용한 걸작이다.

인쇄가 완료된 것은 한여름인 8월 12일, 책 끝에는 정오표(오자는 불과 네 군데)가 첨부되었는데, 이듬해의 재판으로 오자는 정정되고 종이 질도 향상되었다고 한다. 이 해 1556년에 루앙 등 두 군데서 해적판이 나왔는데, 이것은 이 여류시인의 작품집이 성공했음을 보여주는 무엇보다도 좋은 증거라 할 수 있다.

이렇게 장 드 투른의 간행본뿐 아니라 리옹 출판계에 충격을 주었고, 나아가서는 자유자재로 표기되던 프랑스어 표기 규칙에 귀중한 초석을 마련한 선구적인 인물(에티엔 파키에, 『프랑스고』)은 5년쯤 머물다가 이 상업도시를 떠났다. 그러나 그 인상은 강렬해서, 그 후 장 드 투른은 이름을 'Iean' 이 아니라 'Ian'으로 적게 된다. 1562년 모리스 세브의 『미크로코슴』에도 약해지기는 했으나 페르티에의 영향이 미치고 있는 것 같다.

이 책 여기저기서 언급했듯이, 장 드 투른 역시 개혁파 동조자였다. 프랑스어나 이탈리아어 성서라든가 그림을 곁들인 성서 이야기를 출판함으로써 개혁파를 뒷받침했다. 그런 책들은 언뜻 보기에 가톨릭다운 모양새를 하고 있었는데, 이를테면 앞에서 서문을 소개한 『그림 신약성서』에서도 "그리스도교 및 가톨릭 신앙에 관한 조목, 성사(聖事), 요점"이라는 표현이 사용되어, 말하자면 위장하는 데 도움이 되고 있다. 리옹에서 개혁파 단결의 상징인 프랑스어 번역 『시편』의 인쇄를 맡았던 장 드 투른은, 1564년에는 놀랍게도 성서 관계 책을 20점 가까이나 간행하고 있다.

그러나 개혁파가 시의 실권을 쥔 시기에는 그렇게 정력적으로 돌아다니던 그도, 이 해 1564년 시내에서 맹위를 떨친 페스트 때문에 어이없이 세상을 떠나고 만다. "애정이 깊으셨던 아버지 장 드 투른은 오른쪽 흉부에 페스트균이 침투해 괴저가 발생하여, 5일 동안 괴로워한 끝에 돌아가셨습니다"라고 아버지와 이름이 같은 아들은 일기에 적고 있다(9월 7일).

리옹 개혁파가 가톨릭 측에 다시 패권을 빼앗겨 막다른 골목에 몰린 때였으니, 분한 마음이 있었을 것이다. 다음은 그가 남긴 유언서의 한 구절이다.

> 나 장 드 투른은 아직 정신이 멀쩡할 때 마지막 의지를 다음과 같이 적습니다. ……개혁파 교회의 건립을 돕기 위해 200리브르 투르누아를 유증하려 하니, 내가 죽고 2년 후에 지불해주

기 바랍니다. 또 개혁파 교회에 의존하는 빈민을 위해서는, 마찬가지로 내가 죽고 2년 후에 100리브르를 기부하기로 합니다. (1564년 9월 5일)

세바스티앙 그리피우스를 고전의 원전만을 존중하는 타입의 인문주의 출판인으로 규정한다면, 장 드 투른은 그리피우스 공방에서 공부한 인문주의 정신을 계승하면서, 이를 새로운 시대의 정신을 담는 현대적인 그릇으로 발전시킨 출판인이라고 할 수 있다. 그야말로 리옹 르네상스를 가장 잘 체현한 출판인인 것이다.

운좋게도 릴케가 『말테의 수기』에 그의 이름을 영원히 남겨주었다. 그리고 리옹의 '반도'에 있는, 유럽 제일이라고도 하는 보행자 전용지대에 가면, 그를 기리는 장 드 투른 거리가 있다.

법률 출판 도시의 명성을 드높인 뱅상

오히려 누군가 소상인에게 맡기는 것도 하나의 편법이겠습니다.
팔러다니는 사람에게 의욕을 갖게 하는 것이 중요하며
조금씩 팔고 다니면서 얼마간의 이익을 보도록 일러주십시오.
• 어느 개혁파 출판업자가 쓴 편지

앙투안 뱅상의 생애는 개혁파 상인의 전형으로서 흥미가 깊다. 앙투안은 서적상 시몽 뱅상의 아들이었다. 거리의 잡화상에 지나지 않던 그의 부친은 잉크를 제조하여 재산을 모아 출판계에 투신한 입지전적인 인물이다. 시 참사회 의원을 지낸 명사였는데, 앙투안 자신도 세 번이나 이 칭호를 얻는다.

앙투안은 1543년 이후, 파리에서 옮겨온 인쇄 겸 서적상 프렐롱 형제(장 2세와 프랑수아)와 손을 잡고 많은 책을 간행했다. 그러나 의식적으로 그랬는지는 몰라도, 그의 이름이 책의 속표지에 기록된 적은 없으며, 프렐롱 형제가 간행한 형태를 취하고 있다. 고전과 에라스무스의 작품 등 라틴어 책이 태반을 차지한다. 동시에 그는 3, 4차 리옹 서적상 컴퍼니의 유력한 멤버로서 『로마법 대전』 등을 제작하여 법률 출판의 도시 리옹의 이름을 높이고 있다.

그런데 쾰른의 문장을 간판으로 내건 프렐롱 형제와 관련해서 잊어서 안 될 것은, 한스 홀바인의 삽화를 곁들인 『죽음의 춤』 프랑스어판(1538)을 상재한 점이다.[11] 홀바인이 리옹을 방문했다는 설도 있는 듯하나, 삽화는 바젤에서 구해왔다고 보는 것이 타당할 것 같다. 형 장 플레롱은 전에 파리에서 바젤의 문장을 내건 콘라트 리슈의 공방에서 수업했으며, 곧 바젤로 갔다고 한다. 이 도시의 출판업과는 깊이 연관되어 있었던 셈이다.

리옹 대자선회 설립을 주도한 주역의 한 사람인 장 드 보젤이 해설을 단 이 책은 그 복음주의적인 내용이 재앙을 불러왔던지, 재판(1542)은 금서로 지정되고 만다.[12] 그러나 발매금지에도 아랑곳없이 형제는 제목을 바꾸어가면서 계속 이 책을 출판한다. 또 홀바인의 삽화는 『그림 성서』 등에도 사용된다.

위그노, 시편가집을 인쇄하다

이런 프렐롱 형제가 개혁파였다는 것은 두말할 것도 없지만, 앙투안도 그들 못지않은 개혁파 병사였고, 또 자선활동에도 적극적이어서 자선회 이사에 몇 번이나 선출되었다.[13] 그러나 곧 뱅상과 프렐롱 형제는 모두 일종의 앙갚음이었던 강제 차관의 대상이 되었으며, 장 프렐롱은 아주 쓴맛을 보게 된다(제25장 참조).

그런데 샤토브리앙 칙령 후의 박해를 내다보고 리옹에서 가장 먼저 손을 쓴 것이 앙투안 뱅상이었다. 1559년 무렵 그는 본거지를 제네바로 옮긴다. 칼뱅 또는 테오도르 드 베즈가 그를 불렀느니, 리옹 개혁파의 요청으로 스위스로 갔느니 하는 추측이 있기

Gradientes in superbia
potest Deus humiliare.

DANIE. IIII

Qui marchez en pompe superbe
La Mort vng iour uous pliera.
Cõme soubz uoz piedz ployez l'herbe,
Ainsi uous humiliera.

D

Les simulachres &

HISTORIEES FACES
DE LA MORT, AVTANT ELE
gammẽt pourtraictes, que artifi-
ciellement imaginées.

A LYON,
Soubz l'escu de COLOIGNE.
M. D. XXXVIII.

한스 홀바인, 『죽음의 춤』(1538)의 삽화와 표지

는 하나, 직접적인 원인은 밝혀지지 않았다.

빌려준 돈을 갚지 않자 공방을 차압하고는 그것을 다시 그 당사자에게 비싼 세를 받고 빌려주는 등, 그도 꽤나 만만찮은 사나이였다. 그는 마지막에 리옹과 제네바 양면작전으로 나가는 것이 상책이라고 결단내린 것 같다.

이 호상은 장남 바르텔레미를 대리인으로 메르시에 가에 남겨둔다. 빈틈이 없다. 그리고 제네바에서는 저택을 마련하여 딸을 목사에게 출가시키고, 자기는 리옹과 제네바 개혁파 교회의 연락을 맡아 처리했다.

이 무렵에 내놓은 책으로 특히 주목할 만한 것은, 툴루즈 고등법원 평정관 장 드 코라의 『잊을 수 없는 판결』(1561)을 들 수 있을까. 이는 아르노 뒤 틸이라는 사나이가 싸움터에서 알게 된 마르탱 게르를 가장하여 그의 고향에 돌아갔는데 그의 아내가 알았는지 몰랐는지 그를 받아들였다는, 그 한 해 전에 있었던 기묘한 사건에 관한 기록이다.

당시 개최 중이던 트리엔트 공의회(1545~63, 이 공의회에서 로마 가톨릭 교회는 철저한 자기 개혁을 선언하고 프로테스탄트 교도들이 공격한 교리들을 하나하나 분명하게 규명했다－옮긴이)에서는 당사자의 합의에만 의존하는 결혼, 곧 비밀 혼인이 문제가 되고 있었다.

그리고 1557년에는 앙리 2세가 비밀 혼인을 금하는 칙령을 공포했다(정확히는 25세 미만의 남자, 30세 미만의 여자가 친권자의 의사를 어기고 결혼했을 때는 폐적[廢嫡]한다는 것이었다).

코라는 같은 해에 즉각 『비밀 혼인에 대하여』(툴루즈, 피에르 뒤 퓌이)를 썼으니, 마르탱 게르 사건에는 특히 관심이 컸던 것이다.

코라는 전부터 라틴어로 된 법률 관계 책을 리옹에서 출판하고 있었다.[14] 그 중에서도 뱅상은 서적상 컴퍼니의 거물로 개혁파의 동조자였으므로, 『잊을 수 없는 판결』의 원고를 그에게 보낸 것 같다. 이 작품은 꽤 많이 팔린 모양으로, 여러 판을 거듭한다.

마르탱 게르 사건은 특히 법조 관계자 사이에서 많이 논의되었으며, 일찍이 보르도 고등법원에 일한 바 있는 몽테뉴도 『수상록』에서 이에 대해 언급하고 있다.[15] 그리고 이 사건은 당시 유행한 '……의 참으로 이상야릇한 이야기' 식의 제목이 붙은 기담집(그 가운데는 실제 혹은 은유적인 허구의 이야기도 많다)에도 수록된다.

그런데 코라는 1562년, 개혁파가 리옹의 실권을 장악하자 이어 툴루즈에서 계획된 봉기와 연루되어 체포된다. 그리고 간신히 사형은 면했으나, 그 후 생바르텔레미의 대학살이 지방으로 파급되었을 때 희생되었다고 한다.

영화 「마르탱 게르의 귀환」 마지막 부분에서도 뒤 틸이 화형에 처해지는 장면에서 저자인 코라 자신도 같은 운명을 걷는다는 내레이션이 흐른다.

앙투안은 이윽고 1561년에 피에르 보종과 장 몽세르 두 사람을 활자주조공으로서 1년 계약으로 불러들인다. 이탈리아와 프랑스에서 많은 인쇄업자가 몰려와 있던 제네바이기는 했으나, 잉

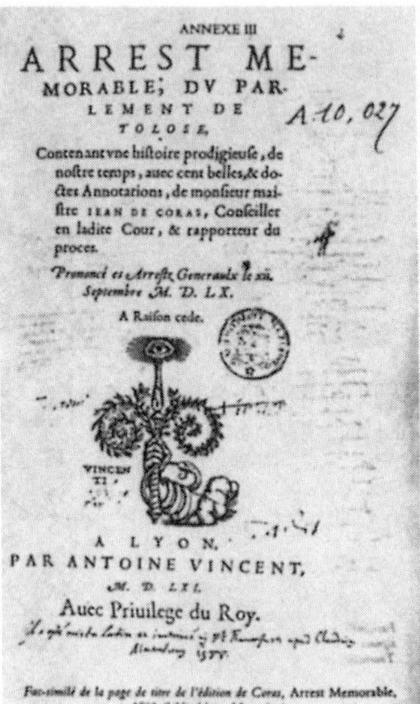

ANNEXE III

ARREST MEMORABLE, DV PARLEMENT DE TOLOSE,

Contenant vne histoire prodigieuse, de nostre temps, auec cent belles, & doctes Annotations, de monsieur maistre IEAN DE CORAS, Conseiller en ladite Cour, & rapporteur du proces.

Prononcé es Arrestz Generaulx le xii. Septembre M. D. LX.

A Raison cede.

A LYON,
PAR ANTOINE VINCENT,
M. D. LXI.
Auec Priuilege du Roy.

Fac-similé de la page de titre de l'édition de Coras, Arrest Memorable, 1561 (bibliothèque Mazarine).

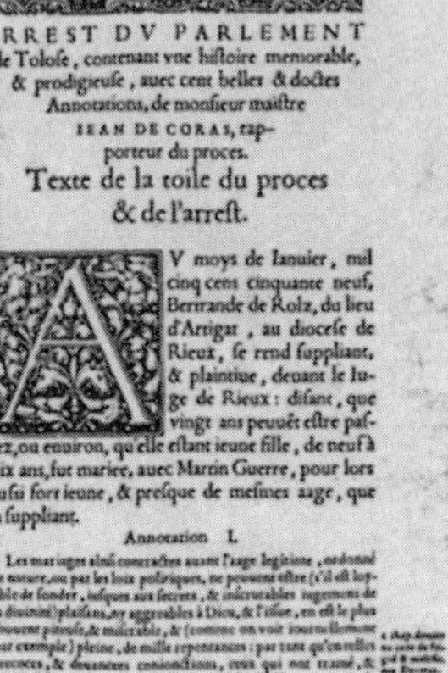

ARREST DV PARLEMENT de Tolose, contenant vne histoire memorable, & prodigieuse, auec cent belles & doctes Annotations, de monsieur maistre IEAN DE CORAS, rapporteur du proces.

Texte de la toile du proces & de l'arrest.

AV moys de Ianuier, mil cinq cens cinquante neuf, Bertrande de Rolz, du lieu d'Artigat, au diocese de Rieux, se rend suppliant, & plaintiue, deuant le Iuge de Rieux: disant, que vingt ans peuuēt estre passez, ou enuiron, qu'elle estant ieune fille, de neuf à dix ans, fut mariee, auec Martin Guerre, pour lors aussi fort ieune, & presque de mesmes aage, que la suppliant.

Annotation I.

Les mariages ainsi contractez auant l'aage legitime, ordonné de nature, ou par les loix politiques, ne peuuent estre (s'il est loysible de sonder, iusques aux secrets, & inscrutables iugemens de la diuinité) plaisans, ny aggreables à Dieu, & l'issue, en est le plus souuent piteuse, & miserable, & (comme on voit iournellement par exemple) pleine, de mille repentances: par tant qu'en telles precoces, & deuancees coniunctions, ceux qui ont traicté, & procuré le tout, n'ont aucunement respecté l'honneur, & la gloire de Dieu & moins la fin, pour laquelle ce saint, & venerable estat de mariage, ha esté par luy institué du commencement du monde. * (qui fut deuant l'offense de nostre premier pere, pour

J. 드 코라, 『잊을 수 없는 판결』

크라든가 활자는 외부, 특히 리옹에 의존하고 있었다. 가라몽이 제작한 모형이 있으니 활자를 주조시키자는 것이었다. 활자가 완성되기만 하면 즉시 인쇄가 개시된다.

서둘러야 했다. 개혁파교도들이 이제나저제나 학수고대하고 있었던 것이다. 클레망 마로가 착수한 『시편』의 프랑스어 번역을 후일 칼뱅의 후계자가 되는 베즈가 끝낸 것이다. 당시는 카트린 드 메디시스가 유화책을 추진하고 있었고, 『시편』은 개혁파의 단결과 희망의 상징이었던 것이다. 이단자는 이 노래를 부르면서 화형대에 올랐다.

마로가 번역한 『시편』은 파리의 작곡가들에게 영감을 주어, 앙투안 드 모르나블, 피에르 셀통 등이 다성부의 곡으로 만들고 있었다. 그 다성 형식의 곡은 프랑스 궁정에서 크게 인기를 얻어, 프랑수아 1세, 앙리 2세 등도 무심코 이 금지곡을 흥얼거리곤 했다고 한다.

세기의 베스트셀러

지금 생각하면 참으로 기묘한 전쟁의 시대였다. 섭정 카트린은 1561년 12월 26일, 그러니까 베즈가 개혁파를 대표하여 참석한 푸아시 회담이 결렬되고 얼마 안 된 시기에, 악보가 딸린 이 프랑스어 번역 『시편』에 대해서, 즉위한 지 얼마 되지 않은 국왕 샤를 9세의 명의로 10년간의 특인을 내린 것이다.

개혁파의 강력한 무기인 다윗의 『시편』 프랑스어 번역판에 대한 국왕의 이 같은 인허는 카트린이 펴고 있던 유화책의 부산물이었다. 푸아시 회담에 참가한 베즈가 섭정을 설득하는 광경이 눈에 선하다.

베즈는 같은 해 7월 8일부로 제네바의 소의회(세속의 최고의결기관)로부터 10년간의 독점권을 이미 획득해놓고 있었는데, 국왕의 인허는 그런 시시한 허가와는 성질이 달랐다.

이 특인은 '리옹 상인 앙투안 뱅상의 아들 앙투안'에게 부여되었다. 앙투안 뱅상은 동명의 차남 앙투안 2세를 앞세워 보기좋게 특인을 손에 넣은 것이다.

그러고는 자신의 인쇄기 4대로는 모자라 미셸 블랑시에, 장 뒤랑 등을 비롯해서 시내의 많은 공방을 동원하여 몇 달 만에 2만 7천여 권을 찍어냈다니 굉장한 일이다.[16] 개중에는 "리옹, 앙투안 뱅상의 주문에 의해서"라고 판권을 속인 판도 많이 포함되어 있었다.

그런데 이 칼뱅파의 거점에서는 역시 산업 시스템이 빨리 정비되어서, 이른바 출판독점권 제도가 생기고 있었다. 저작권의 전신 같은 제도까지 존재했다. 테오도르 드 베즈는 어떻게 했느냐 하면, 『시편』 출판에 즈음하여 저작권을 포기하고 각 인쇄업자에게서 일정 비율의 분담금을 징수하기로 했다. 각국에서 맨손으로 망명해온 사람들을 구제하는 데 필요한 비용을 충당하기 위한 배려였다고 한다.

그러나 어느 공방도 좀처럼 이 분담금을 지불하려 하지 않았다. 저 장 크레스팽조차도 이를 망설였다는 기록이 남아 있다.

그리고 대부분의 판에는 어김없이 악보가 부착되고, 책 뒤에는

LES

PSEAVMES

MIS EN RIME FRANCOISE

Par Clement Marot, & Theodore de Beze.

PSEAVME IX.

Chantez au Seigneur qui habite en Zion, & annoncez ses faicts entre les peuples.

Ce qui est semé en mespris,

Ainsi sera la Resurrection des morts:

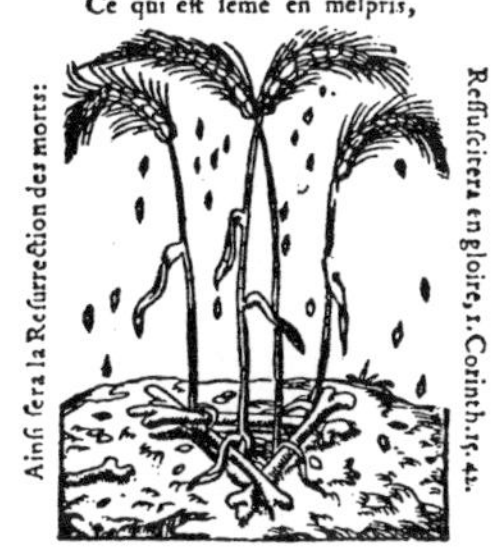

Ressuscitera en gloire, 1. Corinth. 15. 42.

De l'imprimerie de Michel Blanchier,

POVR ANTOINE VINCENT.

M. D. LXII.

Auec priuilege du Roy pour dix ans.

PSEAVME I. CL. MA.

Ce Pseaume chante, que ceux sont bien-heureux, qui reiettans les mœurs & le conseil des mauuais, s'adonnent a cognoistre & mettre à effect la Loy de Dieu: & mal-heureux ceux qui font au contraire.

QVI au conseil des
ma lins n'a e sté, Qui n'est au trac
des pecheurs ar re sté: Qui des mo-
queurs au banc pla ce n'a pri se, Mais
nuict & iour la Loy contéple & pri se,
De l'E ter nel, & en est de si-
a.i.

『시편』(1562)의 속표지와 악보

색인이 붙었으며, 개혁파 교회의 예배 진행 순서에 맞추어 금방 가사를 찾아볼 수 있도록 목차가 마련되어 있었다. 8절판, 12절판, 16절판이 있었으며, 그 후 10년 동안에 60판 가까이나 판을 거듭하는 세기의 베스트셀러가 되었다.

리옹에서 인쇄를 맡은 것은 다름 아닌 장 드 투른이었다. 그는 베즈가 푸아시 회담에서 행한 명연설, 올리베탕의 프랑스어 번역에 칼뱅, 베즈, 로베르 에티엔이 보철(補綴)을 가한 성서 같은 것을 그 전해에 상재했다. 당연한 일이지만, 앙투안 뱅상과도 기맥이 통해 있었던 것이다.

그밖에 루앙에서는 아벨 클레망스가, 오를레앙에서는 에루아 지비에가, 또 메츠에서는 장 다라스의 공방이 인쇄를 맡았으며, 멀리 안트베르펜에서는 앙투안 뱅상과 관계가 깊은 저 크리스토프 플랑탱이 나섰다(1564년 발매).

이렇게 하여 『시편』은 모두 45개 공방에서 인쇄되었다고 하는데, 수도 파리의 공방을 빠뜨릴 수 없다. 앙투안은 개혁파 상인으로서 우댕 프티, 미셸 프장다, 피에르 뒤 프레(갈리요 뒤 프레의 아들), 샤를 랑줄리에(『수상록』 1588년판으로 유명한 아벨 랑줄리에는 조카), 활자제작자로서 이름을 남긴 필리프 당프리, 국왕 전속의 수학서 인쇄업자인 장 르 루아예 등 파리의 서적상 19명과 출판 계약을 맺고 있다(실제로 계약 체결을 맡은 것은 최고법원 평정관으로 개혁파인 자크 다네스였다).

출판 계약은 오늘날의 인세 계산방법과는 달리, 출판사가 인쇄 비용의 8퍼센트를 파리 개혁파 교회의 구빈원에 지불한다는 내용이다.

그러나 소르본과 고등법원이 눈을 번뜩이고 있는 수도에서는 인쇄가 지극히 어려웠던 모양이다. 개혁파 동조자였던 19명의 서적상들은 망명, 체포, 자산몰수 등 비참한 운명을 맞는다. 바로 이 1562년의 가을에는 최고법원이 랑줄리에 공방의 상품들을 압수했으며, 그는 어쩔 수 없이 가톨릭으로 개종한다는 조건으로 장사를 재개했다. 또 샤를 페리에는 금서를 판매한 죄로 체포되어 생바르텔레미 대학살 때 희생되었으며, 우댕 프티는 대학 선서 서적업자의 칭호를 박탈당한 뒤, 1572년에 암살당한다. 결국 파리의 프로테스탄트교도들은 리옹판이나 제네바판을 구하는 수밖에 없었다.

두 사람의 앙투안과, 리옹과 제네바라는 두 도시의 교묘한 위장에 의해 시편가집은 각지로 퍼져나갔다. 클레망 자느캥, 클로드 구디멜 같은 음악사에 남는 작곡가들에 의해 다성 음악으로 작곡되어 불려진 것이다.

하지만 칼뱅은 제창에 의한 단선율 음악밖에 인정하지 않아, 다성의 시편가집은 제네바에서는 공인되지 않았다. 그래서 루이 부르주아, 피에르 다그 등에 의해 단일 멜로디가 붙여졌다고 한다.

결국 종교개혁가 칼뱅은 어떤 의미에서는, 트리엔트 공의회에서 단선율의 그레고리오 성가밖에 인정할 수 없다고 주장한 가톨릭 강경파와 바탕이 통한다고 할 수 있다.

1567년, 가톨릭 측이 보복수단으로서 강제 차관에 의해 앙투안 뱅상에게 최고액 2천 리브르를 부과했다. 그리고 16세기 최대의 출판 기업을 이끈 이 대형 서적상은 이듬해에 세상을 떠났다고 한다.

번역물의 대가 루예

되도록 깨끗이 쓰신 원고와 삽화를 보내주십시오.
그러면 훌륭한 활자와 판화로 만들어서 보내드리겠습니다.
• 루예가 어느 저자에게 보낸 편지

투렌 지방 로슈 근교 출신인 기욤 루예는 젊을 때 베네치아로 가서, 출판에도 손을 댄 대상인 조반니 졸리토의 가게에서 일했다. 조반니는 열 가지 남짓한 책을 출판하고는 세상을 떠났다. 그 뒤를 이어 16세기 중엽의 베네치아를 대표하는 서적상으로서 지위를 구축한 것이 아들 가브리엘이다.

졸리토의 출판물은 세기 전반에 베네치아 출판계를 이끌던, 학자 기질의 알도와는 두드러진 대조를 이룬다. 국어 곧 이탈리아어 책이 태반을 차지하고 있는 것이다(1천 점 남짓한 것 가운데 라틴어 책은 불과 49점이다). 더욱이 다른 서점에서 나온 책의 재판이 반수에 이르는 '수지 맞추기'식 경영이었다.

졸리토 서점의 특징은 뭐니뭐니 해도 문학서였다. 페트라르카, 보카치오는 말할 것도 없고, 동시대의 카스틸리오네, 아레티노(Pietro Aretino, 1492~1556), 타소(Torquato Tasso, 1544~95),

아리오스토(Ludovico Ariosto, 1474~1533) 등의 명작이 수진본 형태로 여러 번 점두를 장식한다.17)

1542년, 졸리토는 아리오스토의 『성난 오를란도』를 삽화를 곁들인 호화판으로 출판했다. 사치스럽기 짝이 없는 이 책을 기증받은 아레티노는 돈을 아끼지 않는 졸리토의 의기를 칭찬했다. 그에 대한 감사장을 "말하자면 귀하는 돈벌이가 되는 장사보다는 오히려 명예가 되는 장사를 하고 계신다고 말씀드릴 수 있겠습니다" 하고 맺고 있다. 그러나 칭찬을 받은 졸리토 쪽에서는 잘 팔리는 상품도 만들어서 빈틈없이 수지를 맞추고 있었던 것이다.

경탄할 만한 다양성

수업을 마치고 베네치아를 떠나 1540년 초 리옹에 들어간 기욤 루예는, 졸리토의 판매전략을 답습하여 리옹 출판계에서 단숨에 떠오른다. 그는 먼저 리옹 서적상 컴퍼니의 중진인 서적상 포르토나리이스 가의 대리 상인으로 출발한다. 실은 포르토나리이스와 졸리토 두 집안은 북이탈리아의 트리노(아스티 북부에 있는 도시 토리노가 아니다) 출신으로, 동향이다. 루예는 곧 도미니크 드 포르토나리이스의 딸 마르그리트를 아내로 맞이한다.

마침 이 시기에 메르시에 가에서 가게를 경영하던 포르토나리이스 상회는 경영 부진에 빠져 있었으며, 루예는 그 틈을 타서, 말하자면 주인의 판매망을 물려받는 형태로 베네치아의 문장(紋章)을 간판으로 내걸고 독립한다. 포르토나리이스는 메디나델캄포, 사라만카 등에 대리점을 가진, 이베리아 반도에서는 유수한 서적상이었던 것이다. 곧 도미니크의 두 아들은 처남인 인쇄업자 가스파르 트렉셀과 함께 사라만카에 진출하여 루예의 지시를 받게 된다.

그런데 그런 졸부에게는 선뜻 간판을 나누어줄 수 없다는 것이었는지, 루예는 리옹 서적상 컴퍼니에 쉬이 받아들여지지 않는다. 그래서 그는 처음에는 위험을 피하기 위해 그때그때 인쇄업자와 컴퍼니를 결성하여 인쇄 및 출판비용을 절반씩 부담했다. 이를테면, 발타자르 아르눌레와 손을 잡고 『신약성서』 불가타판과 프랑스어 번역판을 세상에 내놓다.

또 당시의 베스트셀러였던 클레망 마로의 시집을 출판한 것으로 알려진 앙투안 콩스탕탱과도 몇 해 동안 콤비를 이루었다. 그런 연유도 있고 하여 그는 마로의 작품을 10회 이상 출판한다. 나아가서는 자기의 전 주인 졸리토와도 제휴하여 이탈리아어 책을 내기도 한다.

이리하여 포르토나리이스 집안의 후계자가 되어 사업에 투신한 루예에게 행운이었던 것은, 몇 사람의 유력한 출자자가 있었다는 점이다. 그 한 사람이 에르앵 뒤랑, 알다시피 에티엔 돌레의 후원자이다. 후원자 뒤랑은 그 자신이 전에 '루터파의 패거리'로 수배되었던, 말하자면 전과가 있는 몸이었기 때문에 처음에는 고립무원의 돌레를 적극적으로 도와주었다. 그렇기는 해도 비즈니스는 어디까지나 비즈니스여서, 세 차례의 컴퍼니 계약서에는 그런 말이 일절 씌어지지 않았다.

그러나 돌레의 조심성 없는 태도에 기가 찼던지, 아니면 자기에게 불똥이 튀는 것이 두려웠던지, 뒤랑은 그의 사업에서 손을 떼고 매우 신심이 깊은 기욤 루예로 말을 갈아탄다. 그리하여 놀랍게도 뒤랑은 1만 6천 500리브르나 되는 거금을 그에게 미리 빌려주었다. 유감스럽게도 그 계약서는 남아 있지 않지만, 루예는 뒤에 뒤랑이 남긴 아이의 후견인(양육담당 겸 가정교사인 여성)에게 해마다 1천 리브르씩 갚는다.

그리고 또 한 사람, 고향의 소꿉친구이자 종형뻘인 마튀랑 루예도 후하게 개업자금을 마련해주었다. 루예는 이것이 무척이나 고마웠던 모양으로, 만년에 "이 도시에서 가게를 내고 장사를 시작할 때 마튀랑이 많은 자금을 제공해준 데 감사를 표하여"라고 유언장에 적고, 그에게 고향의 저택과 농원을 유증한다.

루예의 출판물이 아주 다양한 데는 경탄하지 않을 수 없다. 역시 데이비스 여사가 보드리에의 『리옹 서지』에 입각하여 분류해 놓은 자료를 보자(표14).

가령 법률서를 한 번 보자. 컴퍼니에 대한 루예의 대결의식은 상당한 것이었다. 그가 노린 것은 달러박스인 법령집을 16절판이라는 적당한 크기로 인쇄하여 각국에 파는 것이었다.

이른바 『로마법 대전』, 일명 『유스티니아누스 법전』이 그것인데, 리옹 서적상 컴퍼니도 고래의 주석과 볼로냐학파 등 이탈리아인 법학자의 주석을 곁들어서 출판하고 있기는 했으나, 그 주석의 숲은 사람을 미로로 끌어들여 헤매게 하는 바람에 결코 읽기에 쉬운 것이 아니었다. 그래서 루예는 자크 퀴자스(쿠야키우스) 등 당대의 인문주의 법학자가 산뜻하게 교정을 보고 주해를

붙인 판을 세상에 내놓게 된다.[18)]

그러나 이 획기적인 사업의 공과에 대해서 에이젠슈테인 여사는 이렇게 덧붙이는 것을 잊지 않는다.

> 쿠야키우스는 "단순한 원문의 오류 정정"에서 "시대착오적 어구의 교체"에 이르기까지 교정의 붓질을 가했으며, 게다가 "인용 후의 색인까지 작성"하고 있다. 16세기 말에는 전편이 색인이 붙은 교정판으로서 완성되었다. 주석의 때가 완전히 벗

표14

장르	라틴어	국어*	합계	전체에서 차지하는 비율
종교	157	37	194	23.2
(성서 · 그림 성서)	(16)	(29)		
(미사전례서 · 성무일도서)	(9)	(5)		
(신학관계)	(132)	(3)		
고전(철학 · 사학 · 문학)	34	7	41	4.9
문학 · 언어	24	88	112	13.4
철학 · 윤리	18	16	34	4.1
역사 · 여행기 · 시사물	8	50	58	6.9
법률	180	3	183	21.8
의학 · 외과학	161	12	173	20.6
기타	27	16	43	5.1
합계	609(73%)	229(27%)	838	

* 프랑스어 · 이탈리아어 · 에스파냐어
『프랑스 출판 역사』, T. I., 256쪽 참조.

겨진 옛 대작은, 양식과 내용이 모두 이전보다 훨씬 일관된 것이 되었다. 그렇기에 또 언뜻 보아 16세기의 법률학과는 어울리지 않는 것이 되었다. 키케로풍의 장중하고 전아한 라틴어와 마찬가지로, 고대 법전의 한 자, 한 구절을 완전히 복원하고자 한 시도가 성공을 거두자, 거꾸로 그 정신은 영구히 사라져버린 것이다.[19)]

또 의학서가 많은 것도 특기할 만하다. 갈레노스 등 그리스 의학의 텍스트를 새로이 라틴어로 옮긴 것이 태반을 차지하고 있다. 그것들은 소형판으로, 각국 의학생의 공부에 도움을 주었다. 출판 목록의 약 3분의 1이 국어로 된 책이다.

여기서는 『그림 성서』 같은 것보다는 오히려 문학, 희곡, 여행기 같은 장르가 눈길을 끈다. "되도록 깨끗이 쓰신 원고와 삽화를 보내주십시오. 그러면 훌륭한 활자와 판화로 만들어서 보내드리겠습니다." 이것은 루예가 어느 저자에게 보낸 편지의 한 구절이다. 실제로 그러한 작품에는 피에르 바즈(별명 에스크리슈) 등의 삽화가에 의한 그림이 곁들여져 있어서, 오늘날에도 탐이 나는 책이 많다.

일전에도 파리의 어느 고서점 카탈로그에 조르주 르베르디, 코르네유 드 리옹 등이 그린 동시대의 메달형 초상 800점이 수록된 『저명인 초상 메달집』 제2판(1577)이 파격적인 가격으로 나와 있기에 즉각 주문했으나, 누군가가 먼저 사버렸다. 이것은 1553년에 초판이 나왔으며, 저자는 바로 루예 그 사람이다(라틴어, 프랑스어, 이탈리아어, 에스파냐어로 된 판이 나와 있다). 루예는 마르그리트 드 프랑스에게 보낸, 그로테스크한 취미라고도 할 수 있는 헌사로, 사람의 인상에 관한 르네상스인의 호기심에 대해 쓰고 있다.

이 작품은 실은 독은 없더라도, 레르네 늪의 히드라(그리스 신화에 나오는, 레르네 늪에 산다는 여러 개의 머리를 가진 뱀-옮긴이), 곧 일곱 개의 머리를 가졌지만 7, 800가지의 모습으로 변하고 성별까지 바꾸는 괴물입니다. 이 히드라는 그 속에 간직한 뱀의 노회함과 신중함으로, 해마다 또는 세기마다 모습을 바꾸어나갑니다. 그리고 이 히드라에게는 날이 갈수록 새로운 머리가 생기지요(「다니엘서」나 「묵시록」의 환시처럼). 귀하께서도 이들 머리 가운데서 왕관이나 월계관을 쓴 사람들을 발견하게 되실 것이고, 귀하의 부조(父祖)이신 국왕전하들의 모습이 그 고귀함과 덕을 생생하게 전해주며 기념되고 있음을 알게 되실 것입니다.

"사람의 얼굴만큼 존엄에 찬 위대한 모습을 한 것은 달리 없다"고 쓴 이 학식 있는 출판인에게 초상화는 무엇보다도 그 인물의 정신성을 비추어내는 거울이었다.

음독에서 묵독으로

또 당시 유행한 엠블렘북(우의화집)에 관해서는 기욤 루예와 인쇄업자 마세 보놈 없이는 그 역사를 말할 수 없다. 두 사람은 컴퍼니를 차리고 피에르 바즈에게 삽화를 의뢰하여, 1548년 알치아티의 우의화집 『엠블레마타』를 상재한다. 물론 이 저작은 십수년 전부터 출판되어온 것이지만, 루예 · 보놈판이 대성공을 거둔 것이다. 그 지역의 석학 바르텔레미 아노의 손을 빌려 도판의 순서를 정리하여 읽기 쉽게 만든 것이 호평을 얻은 모양이다.

프랑스어 번역판에 실린 아노가 그린 「침묵」이라는 도판을 보자.[20] "어리석은 자도 입을 다물고 있으면 현자나 다름없다"로 시작되는 금언의 삽화에, 서재에서 독서 중인 인물이 있다. 「침묵」을 표현하기 위해 손가락으로 입을 누르고 있는 이 사나이는 독서야말로 가장 정밀한 행위라고 말하고 싶은 태도이다. 확실히 음독에서 묵독으로 독서의 양상은 바뀌고 있었다.

하기야 이에는 단서가 필요한데, 중세 후기에는 필사본 공방의 정밀한 작업과 결부되어 묵독이라는 독서 형태가 확립되어 있었던 것이다. 이를테면, 야시로 사치오(矢代幸雄)의 명저 『수태고지』를 펼치면, 입술을 꼭 다물고 조용히 독서에 잠겨 있는 성모 마리아의 모습이 잇달아 보인다.

루예는 프랑스뿐 아니라 에스파냐, 이탈리아에도 진출하려고 시도했으니, 전체적으로 보면 소수이지만 그들 언어로 된 책도 있다. 먼저 이탈리아어 책인데, 리옹에 이탈리아 취미를 보급하는 데 그가 한 역할은 간과할 수 없다. 그는 단테, 페트라르카, 보카치오를 필두로 카스틸리오네의 『궁정인』(3판), 아리오스토의 『성난 오를란도』(7판) 등 동시대의 걸작도 세상에 내보내고 있다

32 VERTVS. EMBLEMES

Silence.

『엠블레마타』(1550)에 실린 「침묵」

(『신약성서』의 이탈리아어판까지 간행했다).

1533년, 모리스 세브가 아비뇽에서 페트라르카의 정신적인 연인인 라우라의 무덤을 발견하기도 해서(오늘날에는 부정적인 견해가 대부분이지만) 특히 리옹에서는 문학에서 페트라르카 시풍이 유행했다.

『칸초니에레(서정시집)』의 이 시인의 작품을 가장 많이 출판한 것이 바로 기욤 루예 서점이다. "젊은 날 이탈리아에서 오랜 세월을 보냈는데, 그곳 언어는 뛰어난 특질을 가졌고 또 적절한 것이어서, 이대로 인쇄하는 편이 독자도 만족스러워할 것입니다"라고 이탈리아어로 헌사를 붙인 『페트라르카 작품집』을, 루예는 해설과 색인 등을 곁들여서 몇 번이나 출판했다(다만 초판은 1545년의 장 드 투른판).

단골 화가 피에르 바즈(혹은 그 공방)의 작품으로 여겨지는 페트라르카와 라우라의 초상을 보자. 특히 1550년판에 첨가된, 펜던트를 연상시키는 하트형 디자인은 주위의 그로테스크한 문양과 어울려서 상당히 매력적이다. 또 아라베스크 문양으로 가두리 장식을 한 1564년판의 라우라 초상이 과연 오리지널인지 모각품인지는 분명치 않지만, 그 표정은 프란체스코 델 코사(Francesco del Cossa, 1436~78) 등 페라라 화파의 회화를 떠올리지 않을 수 없다.

다음으로 에스파냐를 대상으로 한 책을 살펴보자. 루예는 이베리아 반도에 강력한 판매망을 가진 포르토나리이스 가의 간판을 승계한 셈이므로, 그 출판물의 약 10퍼센트에 해당하는 70점쯤

페트라르카와 라우라
왼쪽은 J. 드 투른판(1550), 오른쪽은 G. 루예판(1564)

이 에스파냐를 대상으로 기획되었다. 당시 리옹에서 인쇄된 에스파냐물의 4분의 1이 루예 서점 간행이라는 계산이다.[21] 루예, 세바스티앙 그리피우스 등 메르시에 가의 서점은 파리나 베네치아에서는 뒤졌지만, 세기 중반부터 자사 출판물을 들고 에스파냐 시장에 진출한다.

여기서는 현지 교회의 주문에 의한 라틴어 종교서 등은 생략하기로 하고, 에스파냐어 서적에 초점을 맞추어보자. 우선 들 수 있는 것은 그 전해에 나온 알치아티의 『엠블레마타』 에스파냐어 번역판으로, 인쇄는 마찬가지로 마세 보놈이 맡았다. 루예는 독자에게 보낸 서문에서, 앞으로는 그리스어, 라틴어뿐 아니라 에스파냐어 책도 제공하여 독자의 호기심에 호응하겠다고 선언하고 있다.

두번째 역시 번역물로 『성난 오를란도』 에스파냐 번역판(1550)인데, 이것은 실은 그 전해에 안트베르펜에서 상재된 것을 보놈이 우연히 손에 넣어 다시 간행한 것이다. 1556년판에는 책 끝에 이탈리아어와 에스파냐어 문법 비교에 관한 길라잡이가 붙어 있어 흥미 있지만, 이것도 베네치아의 졸리토 서점판(1553)을 차용한 것에 지나지 않는다. 번역자의 서문에는, 당시 페라라의 엘콜레 데스테와 에스파냐의 펠리페 2세와의 적대관계를 고려하여 작품의 일부를 자주적으로 삭제했노라고 말하고 있다. 이를 세밀히 조사해보면 재미있는 결과가 나올지도 모른다.

이와 같이 루예 서점의 에스파냐어 서적은 오리지널보다 번역물이 압도적이었다. 루예는 르네상스 본바닥 작품을 번역으로 읽고 싶다거나 인문주의자의 작품을 쉽게 접하고 싶다는 이베리아 반도 독자들의 욕구에 호응하여, 그것을 매개하는 역할을 했다고 할 수 있다.

리옹에서 출판에 손을 댄 지 5년 만에, 루예는 『앙리 2세의 참으로 화려한 개선 입시식』을, 특인을 얻어 간행하는 영예를 차지한다. 이 사실은 루예 공방의 평판과, 총애의 두터움을 여실히 보여주는 것이다. 이것은 모리스 세브가 줄거리를 쓰고, 베르나르 살로몽이 삽화를 그리고, 독립한 지 얼마 안 되는 장 드 투른이 인쇄한 기념할 만한 책이다(제13장 참조). 이와 같이 베네치아의 문장을 달고 경영을 시작한 루예는 순풍에 돛을 단 듯했으며, 착착 그 경영 기반을 굳혀나갔다.

그런데 서적상과 인쇄업자가 직능 대표를 시의회에 내보낼 수 있게 되는 것은 이보다 훨씬 뒤 리옹의 출판업자들이 내리막을 걷게 된 1567년의 일이다. 이때 루예는 피에르 므랑과 함께 서적상조합의 초대 이사가 된다. 다름 아닌 열렬한, 아니 너무나도 열렬한 가톨릭교도였기 때문이다. 이때 인쇄업자조합의 이사 자리에 앉은 이가 예수회 출입업자 미셸 주브였다. 그리고 이듬해에 루예는 순수 출판업자로서는 처음으로 시 참사회에 들어가게 된다.

확실히 기욤 루예는 가톨릭 강경파의 유력자였다. 이 도시의 반종교개혁의 최선봉인 예수회 수사 오제의 저작을 출판한 것도 그였다. 또 트리엔트 공의회의 결정에 따라 개정된 교회 관계 서적을 리옹에서 독차지한 것도 그이다. 루예는 문제의 1572년에 미사전례서, 성무일도서, 성모기도서의 특인까지 획득한다. '문제의'라고 한 것은, 루예야말로 '리옹의 밤의 학살'의 흑막이 아닌가 하는 억측이 나오고 있기도 하기 때문이다.

그러나 한편으로 올리베탕이 번역한 성서를 출판했고(1547년과 1548년, 단 칼뱅의 서문은 삭제), 제네바의 장 크레스팽과 손을 잡고 개혁파 출판물의 수입원이 된 것도 바로 이 기욤 루예라는 인물이었으니 놀라지 않을 수 없다. 자기 자신의 공방은 한 번도 가진 적이 없으면서 다양한 출판물을 생산한 이 만만찮은 교양인은 1589년 70년의 생애를 마감한다. 그 막대한 유산의 태반은 시립자선병원이 관리하게 되었다고 한다.

9 위기의 도래

조감도17. 개혁파의 폭동으로 트리니테 전문학교 학장이 살해된 생피에르 교회 부근

자유도시의 황혼

하녀와 식모까지 조금씩 모은 급료를 쏟아부었다.
부인네들은 반지며 보석을 팔아 투자했다.
• 클로드 드 뤼비, 『진실의 리옹 역사』

큰장이라는 시장의 역할은, 상품 거래보다는 오히려 자금 조달의 자리를 제공하는 것이었다. 리옹의 환어음 시장에서도 이탈리아라든가 플랑드르의 은행가와 자본가들이 이권을 찾아 암약하고 있었다. 은행가들은 보험증서의 배서도 해주었는데, 그 내용은 동방무역에 그치지 않고 신대륙 탐험이라든가 노예무역 등 규모가 컸다.

국왕 역시 자본이 집중되는 도시 리옹에 일찍부터 주목해서 자주 구실을 만들어 세금을 부과해왔다. 이는 이미 설명한 바와 같다. 때로는 포괄적 물품세인 입시세가 부과되어 큰장의 특권이 침해되는 일도 있었다. 그리고 1544년에는 '1리브르에 6드니에'의 입시관세가 부과되었으며, 이렇게 하여 '자유시장도시 리옹'이라는 상표에 조금씩 흠집이 나기 시작한 것이다.

그런데 국왕에 대한 거액의 대부금은, 실제로는 공채 형태로 선대(先貸)해주는 일이 많았다. 이를테면, 1536년에 8만 4천 732 리브르라는 전례 없는 거액의 자금이 조달되었다. 리옹에 있던 투르농 추기경은 국왕 총대행이라는 고위직에 임명되어 남프랑스 및 이탈리아 원정을 위한 군자금을 염출해야 했다.

이 해에 프랑스군은 북이탈리아에서 패배의 쓴잔을 마시고, 이제 프로방스 지방에서 카를 5세의 군대와 한창 일진일퇴를 되풀이하고 있었으니, 무리도 아니었다. 그러나 액수가 그쯤 되니 빌려주고 못 받을 우려가 있었으므로, 시 당국은 끈질기게 버티었다. 그러나 프랑수아 드 투르농은 노회한 인물이었고, 공교롭게도 때마침 독일인 용병들이 싸움터에서 돌아와 급료 지불을 요구한 것도 겹쳐, 연말에는 계약이 체결되었다.

국왕의 금고 리옹

리옹 시에서는 이리저리 변통해서 반액 정도를 지불했으나, 그 후가 큰일이었다. 그렇다면 자금을 어떻게 조달했을까? 실은 이때 처음으로 이른바 '시채'(市債)라는 것이 모집된 것이다. 이자는 연리 10퍼센트였다. 1522년부터 실시되던 '파리 시채'를 흉내 낸 것이다.

모집에 응한 계층은, 위로는 카뮈, 앙리, 르뇨 같은 유력자로부터 아래로는 하찮은 서민에 이르기까지 폭이 넓었다고 한다. 물론 출자액도 각양각색이었던 모양이다. 가다뉴, 뱅상 같은 사람들은 각기 거금 6천 리브르를 내놓았다.

그러나 왕권과 직접 거래하기를 바랐던 대은행가들에게 외면

당한 것은 타격이었다. 반 년 동안에 약 5만 리브르를 모으기는 했으나 그 후는 딱 끊어져버렸으며, 소기의 액수를 다 채우는 데는 5년이나 걸렸다. 기채(起債)에 응모한 사람은 모두 해서 88명, 시는 자선병원에까지 자금의 융통을 부탁한 것 같다.

이와 같이 제1차 리옹 시채는 크게 성공을 거두지는 못했다. 그러나 곧 이런 종류의 공채가 약간의 붐을 일으키게 된다. 장사 도구를 팔아서라도 채권을 사겠다는 사람들까지 나타난다. 시에서도 상환자금을 염출해야 했으므로 빚이 눈덩이처럼 불어났다. 식육세(食肉稅)[1]니 와인세니 하는 간접소비세 법안이 격론 끝에 가결되어 징수된 데는 이런 사정도 있었던 것이다.

이러한 공채의 또다른 형태가 '리옹 금융조합채'라는 것이다. 이것은 유력한 은행가가 주도권을 쥔 대부방법이었다. 그들은 국왕과 교섭하여 청부받은 징세를 미리 지불한다. 그러고는 일반에게 채권을 발매하는 것이다.

클로드 드 뤼비에 의하면, 그것은 1552년에 시작되었다고 한다. 이때는 제롬 팡카티, 레오나르 스피나, 로랑 카포니 등 세 피렌체 은행가가 40만 리브르를 대출했고, 피렌체, 밀라노, 루카, 시에나 등의 많은 동향인들이 채권을 샀다. 연리 15퍼센트로 꽤 이율이 높은 채권이었다. 이 해는 16세기 리옹의 경제에 결정적인 의미를 갖는다. 이전에는 급할 때만 부과되던 입시관세가 당연한 것이 되는 전환점이 되기 때문이다.

그런데 뤼비는 이 금융조합채에 대해 이렇게 한탄하고 있다.

무상(無償)의 시혜라는 이름으로 가려진 엄청난 이자가 몹시 탐이 나서, 너나 할 것 없이 모두 돈을 들고 금융조합으로 달려갔다. 하녀와 식모까지 조금씩 모은 급료를 쏟아부었다. 부인네들은 반지며 보석을 팔아 투자했다. 과부도 과부 자산[2]과 망부(亡夫)의 재산까지 채권으로 바꾸었다. 요컨대 모두가 마치 불난 곳에 몰려들 듯 쇄도한 것이다. '하지만 풀숲에 뱀은 숨어 있었도다'(원문은 라틴어). 왜냐하면 4, 5회나 지불하고 나니 무상의 시혜에 돌릴 예산이 바닥났기 때문이다. ……그리하여 가진 돈을 다 턴 많은 사람이 파산하고 말았다.

• 클로드 드 뤼비, 『진실의 리옹 역사』

뤼비는 이 대목에서 연리 15퍼센트를 '엄청나다'고 표현하고 있는데, 아무리 이자가 공인된 세상이라고는 하나, 그에게는 '매월 1할'이 아니라 매월 1푼이 허용 한도였다.

다시 말하여, 이 법학박사에게 리옹 금융조합은 높은 이자로 손님을 끄는 고얀 놈이었다. 역사가 브로델(Fernand Braudel, 1902~85)도 "자금제공자들 가운데 증가하기 마련인 소액 저축자의 대군을 잊지 말아야 한다. 그것은 죄 없는 사람들의 돈이다"라고 말하고는, 리옹 금융조합의 채권을 산 소액 출자자를 예로 들고 있다.[3]

그러나 공증인의 기록으로는 비교적 부유한 시민이 시채를 샀다는 것을 알 수 있을 뿐이며, 서민들이 일제히 몰려들었다는 증거는 없다. 이 증언은 역시 상당히 할인해서 생각하는 것이 현명

할 것이다. 그런 까닭에 채권자 대표로서 여류시인 루이즈 라베를 등장시켜보자.

1550년대 후반에 리옹 시내에서는 다음과 같은 음란한 노래가 유행했는데, '삭구가게 미녀'이라 불리는, 시집을 낸 지 얼마 되지 않은 루이즈 라베가 주인공이다.

유행한 노래는 8행시로 1절에서 7절까지 있으며, 각 절마다 그녀의 사랑의 상대가 바뀐다. 이런 유행가는 그 통속성으로 해서 지금 보면 암호 비슷하지만, 대략 산문 형식으로 옮겨본다.

리옹의 삭구가게 미녀를 에워싼 새로운 노래

1. 지난번에 나는 다른 데 들르지 않고/곧장 리옹 시에 가서/삭구가게의 억센 마누라 집에/묵게 되었네/그랬더니 요염한 마누라가 하는 말/"어머나, 오빠, 이리 더 가까이 오세요/나는 밤에 잠을 이루지 못하는 걸요."*

2. (강 건너) 푸르비에에서 변호사 한 사람이**/녹초가 되어 찾아왔다네/사나이는 두카트 금화를 듬뿍 내보였지만/그런 돈은 필요없었지/요염한 마누라가 하는 말/"변호사님, 들어오세요/둘이서 즐기기로 해요/침대는 벌써 따뜻하게 해놨으니까."

3. 그녀는 남편에게 말했습니다/"여보, 여보, 당신에겐 볼일 없어요/부탁이니 저리 가서 자요/당신은 작은 침대에서 자기로 해요/우리가 큰 침대에서 잘 테니까"/삭구가게 미녀는 말했

습니다/"자, 여보세요, 옷 벗으세요/둘이서 따분함을 달랩시다요."

4. 거기에 찾아온 것이/제법 의젓한 소송 대리인/연인 기분에 빠져 있는 사이/양복도 두툼한 지갑도 한쪽으로 밀쳐진다/하지만 그까짓 것 아무 상관없지요/"사랑하는 사람아, 더 가까이 오세요/우리 둘밖에 없으니까요."

5. 이번에는 신발장수가 찾아왔어요/그녀에게 반했거든요/최신 유행에 맞추어서 만든/구두를 미녀에게 갖고 온 거죠/구두주걱까지 선사합니다/하지만 구두주걱은 필요없지요/쓸 필요가 없으니까요/굽 낮은 구두랍니다.

6. 어깨에 밀가루를 잔뜩 진/밀가루 장수가 찾아와서/삭구가게 미녀를 어루만집니다/미녀가 흐뭇한 얼굴을 보이므로/사나이는 용감한 삭구가게 마누라를/밀가루로 범벅을 만듭니다/덕분에 미녀는 밤마다 저녁을 먹고 나면/밀가루를 털어야 한답니다.

7. 피렌체 사나이가 찾아와서/엄청나게 많은 돈을 보였습니다/사나이는 공단 옷을 입고 있어서/보기에도 고귀한 느낌입니다/미녀는 돈이 갖고 싶어서/사나이를 상냥하게 맞이합니다/그럴 수밖에요, 그녀의 목적은/결국 돈이니까요.

* 기묘하게도 제1절은 7행밖에 없고 각운도 흐트러져 있다.
** 생장 거리에 '변호사의 집'(Maison des Avocats)이 있었다는 것을 상기하자.

그녀는 무척이나 악의에 찬 욕을 듣고 있는데, 이 농지거리 노래는 1557년 리옹에서 출판된 가요집(장 소그랭 인쇄, 브누아 리고 발매)에 실렸고, 나중에 파리와 리옹에서 다른 선집에도 수록되었다니, 대단하다.

사람들은 이런 노래라면 기꺼이 부르기 마련이다. 셰익스피어의 등장인물들이 나눈 다음과 같은 대화는, 그러한 대중의 기분과 활자의 위력을 표현하고 있다는 점에서 이 유행가와 상통하는 데가 있다.

몹사(양지기 처녀) 저, 어느 거나 사줘요. 난 인쇄된 노래를 무척 좋아하는 걸요. 활자가 될 정도니까, 틀림없이 정말로 있었던 얘기일 거야.

오트리커스(건달 행상인) 이런 건 어때요. 아주 구슬픈 멜로디인데, 고리대금업자의 마누라를 노래한 것이지요…….

몹사 실화예요?

오트리커스 실화고말고요. 그것도 바로 한 달 전의 일인걸요.

도커스(양지기 처녀) 아아, 난 싫어, 고리대금업자의 아내만은 되고 싶지 않아!

• 셰익스피어, 『겨울 이야기』 4막 4장

이 『겨울 이야기』에서는 결국 세 사람이 「남자 한 사람에 처녀 두 사람」이라는 노래를 합창하는데, 사람들이 술집에서 라베를 주인공으로 하는 샹송을 흥얼거리는 모습을 상상하는 것도 그리 어렵지 않다.

루이즈 라베를 "인간이라기보다 오히려 천사의 얼굴을 가진 여자"(기욤 파라댕)라고 표현한 동시대인도 있었다. 그러나 정반대로 "이 음란 루이즈 라베라는 여자는 사람들이 다 알고 있듯이 죽을 때가지 거리의 논다니였다"(클로드 드 뤼비)는 증언도 있다. 이 노래가 나오기 10년 전에 벌써 그녀의 좋지 않은 품행과 수전노 같은 행실은 이미 소문이 나 있었다. 문학사에서도 루이즈 라베가 창부였다는 설은 아직도 뿌리가 깊다.[4] 창부 속에서 천사적인 존재를 본다는 해석도 있을 수 있다. 그러나 그것은 라베의 작품을 진지하게 읽은 일이 있는 사람에게는 단순한 수사에 지나지 않는다.

여기서는 그 같은 논의는 생략하고, 그녀의 연인이 되는 토마 포르티니에 초점을 맞추기로 하자. 모리스 세브, 올리비에 드 마니, 베르티에 뒤 망 등 라베의 숭배자는 얼마든지 있었다. 그러나 그 밖에 위의 유행가나 유언장과 같이 한계적인 자료에만 등장하는 사나이, 그가 바로 피렌체 출신의 은행가 토마 포르티니이다. 음란한 유행가, 그리고 그녀가 죽음의 자리에서 구술한 공문서, 이 두 극단적인 텍스트에 직접 관련되어 있기에 포르티니라는 피렌체 사나이의 존재감은 묘하게 생생하다.

포르티니는 1550년 무렵 리옹에 와서 금융가로 활약한 모양이나 상세한 것은 밝혀지지 않았다. 라베가 시집을 낸 지 얼마 안 되어 남편인 삭구장수 에느몽 페랭은 세상을 떠난다. 노랫말로 미루어 그 무렵부터 두 사람은 이미 친했던 것 같다.

토마는 피렌체 국민단의 부탁을 받았던지, 1천 리브르라는 상당히 고액의 리옹 금융조합채권을 구입했다. 그리고 그것을 루이즈에게 준 것이다.

루이즈는 또 리옹 북쪽 20킬로미터쯤 되는 곳에 목장과 포도밭이 딸린 '분익(分益) 소작농장'(그랑주라고 불린다)을 구입했다. 이것도 '피렌체 사나이'의 도움을 받았던 것으로 여겨진다(유언에서 농원의 사용과 수익의 권리를 포르티니에게 양도하고 있다).

1565년 4월 28일, 루이즈 라베는 연인 포르티니의 집에서 유언장을 작성한다. 일찍이 리옹의 여러 명사들과 염문이 자자했던 그녀였지만, 죽음의 자리는 적막하기만 했다. 7명의 입회인들 가운데도 그들 유명인은 한 사람도 끼어 있지 않았다. 그 자리를 지킨 것은 리옹 역사에도 등장하지 않는 이탈리아인과 장인들이다. 신발가게의 제르망 바크, 재봉소의 피에르 마리케, 두 사람의 모습이 보인다. 아마도 그녀가 단골로 다닌 가게들인 것 같다.

그녀는 "화려하지 않고 미신 같은 관습을 배제한" 장례를 치러 달라고 했다. 이 같은 허식의 부정은 라베가 비판적 가톨릭교도였다는 것일까.[5)]

그런데 그 유언장은 상당히 긴 문장으로 되어 있으며, 흥미있는 내용을 포함하고 있다. 이를테면, 파르시외 농원에 고용하고 있던 하녀 베르네트에게 10리브르의 종신연금을 설정해주었을

루이즈 라베(1555)와 '변호사의 집' 안마당

뿐 아니라 해마다 포도주 3아네, 밀 1아네를 유증하는 식으로, 라베는 자상하게 배려를 하고 있다. 또 입회인 가운데 신발가게와 재봉소 주인들은 "서명을 하지 못했다"고 씌어져 있다. 이런 세부에서 당시 장인들의 교육수준을 짐작할 수 있다.[6)]

이 유언장에서 여류시인은 리옹 금융조합의 채권으로 빈민을 위한 기금을 설정하여 포르티니에게 관리를 위임하고 있다. 그런데 5퍼센트라는 이율은 너무 낮은 듯이 여겨진다.

그녀의 묘석까지 세워준 포르티니였는데, 내연관계에 있는 부부의 증여는 무효라는 것인지, 결국 라베가 좋아한 파르시의 농원은 자선회에 의해 5천 리브르에 매각되고 포르티니의 소식은 끊어지고 만다.

복권으로 결혼을 망친 하녀들의 해명

라베는 리옹 금융조합채권의 이자를 가난한 처녀들의 혼인자금으로 유증했는데, 과연 액면 1천 리브르의 이자는 해마다 잘 지급되었을까?

유감스럽지만, 그렇다고는 할 수가 없다. 리옹의 금융조합은 만성적인 자금 부족에 허덕이다가 1557년에는 한 번 파탄나기까지 했다. 그래서 1558년부터는 이율을 대폭 끌어내려 어떻게든 난파를 피하고자 했다.

그런 때에 마침 앙리 2세가 마상 창시합에서 불운하게도 사고로 죽고 만다. 프랑스에 불행한 시대가 시작된 것이었다. 그리고 리옹은 1562년 개혁파에 점령되어 제2의 제네바가 되고자 했다.

게다가 2년 후 이번에는 페스트라는 눈에 보이지 않는 적이 온 시내를 점거하고 만다. 이리하여 차츰 리옹 시의 운은 기운다.

그래도 이탈리아인 은행가들은 국왕의 요구를 받아들여 잇달아 채무를 설정했으며, 그 대가로 입시세 등을 청부했다. "피렌체인은 국왕에게 줄을 매달아 조종하고 있다"고, 리옹의 지역 호상들은 불만을 토로했다. 이대로 가다가는 이탈리아인에게 완전히 지배되고 만다는 위기감에서, 내셔널리즘과 외국인 배척운동이 나타나기 시작한다.

그래서 1564년에는 시 참사회가 나서서 비단제품에 부과되는 5퍼센트의 물품세 징수를 직접 맡으려고 했다. 그러나 샤를 9세가 이것을 입찰에 붙이는 바람에 이권을 다시 다디아체토가 가로채고 만다. 이 피렌체인 은행가는 60년대에 리옹의 입시관세, 우단과 향신료에 과해지는 특별관세 등의 징세를 독점한다. 또 리옹 개혁파를 이끌던 슈트라스부르크 출신의 게오르크 오브레히트는 염색에 불가결한 백반(白礬)의 수입을 독점한다.

시장의 메커니즘을 속속들이 알고 있는 은행가와 투기꾼들은 알맹이 없는 빈 것 팔기나 되사기와 같은 속임수를 구사하여 톡톡히 재미를 보았다(그런 수법이 동시대 사람들의 눈에는 악마의 짓으로 비쳤던지 카발라적 연금술이라고 불렸다). 그런 인간들에게는 난세야말로 한몫 크게 잡는 절호의 기회인 것이다. 파뉘르주도 이렇게 말하고 있지 않은가.

붉은 흙 거리의 고리대금업자들이 있는데, 놈들은 바로 얼마

전 보리와 포도주의 값이 떨어지자 이제 태평성세가 다시 찾아 온 줄 알고 목매달아 죽었습니다요.

• 파뉘르주, 『제3의 서』 제4장

반대로 묵은 채권의 가격은 심한 하락세를 보였다. 가스콩의 조사에 의하면, 1564년에 벌써 액면의 38퍼센트에 거래된 기록이 있고, 그 후 10년 가까이 액면의 절반에도 미치지 못했다고 한다. 이리하여 리옹 금융조합이라는 악성종양은 17세기에 이르러 추기경 쉴리의 대수술로 병소(病巢)가 적출될 때까지 이 도시를 괴롭힌다.

사람들은 투기열로 들떴다. 그러나 그럴 듯한 말을 듣고 덩달아 출자한 상인과 일반시민은 대개 손해를 보았다. 그 탓인지 시 당국은 1571년에 고리라는 혐오스러운 범죄에 대처하기 위해 '서민 금융'을 설립하게 된다.

하기야 그런 피해자들 가운데에 브로델이 말하는 소액 출자자들이 많이 포함되어 있었는지에 대해서는 앞에서도 강조했지만 상세하지 않다. 그보다 일반대중은 오히려 보다 알기 쉬운 투자를 좋아했다. 그것이 무엇인가 하면, 역시 이탈리아에서 건너온 복권이다. 이거라면 적은 돈으로도 꿈을 살 수 있지 않은가.

프랑스에 복권을 갖고 들어온 것이 카트린 드 메디시스라는 통설이 어느 정도로 신빙성이 있는지는 알 수 없다. 어쨌거나 1539년 프랑수아 1세가 국고 수입의 하나로 복권을 공인하고, 장 로랭이라는 인물에게 연 2천 리브르에 복권 발행권을 부여한 것이 시초로 되어 있다.

나는 어릴 때, 길거리에서 상품으로 걸린 카메라에 이끌려 일수 뺑뺑이 도박을 하곤 했다. 지금도 있는데, 바로 대나무 바늘이 달린 회전판을 돌려서 바늘이 꽂힌 자리에 있는 상품을 타먹는 것이다. 그것은 반드시 빗나갔다. 뺑뺑이 아저씨가 발로 보이지 않게 바늘의 움직임을 조절한다는 말을 나는 나중에야 들었다.

이와 비슷한 게임이 프랑스에도 훨씬 전부터 있었는데, 서민들은 블랑크라는 이름의 이 게임을 즐겼다. 1536년, 장 드 보젤의 형으로 사법계의 거물인 마티외는 "어린애들과 고용살이꾼들한테서까지 돈을 낚아채는" 이 엉터리 도박의 금지를 호소하면서 그 수법을 다음과 같이 말하고 있다.

> 블랑크를 하는 인간들은 교묘한 속임수로 당첨을 마음대로 조작할 수 있습니다. 그리고 흔히 여러 사람들이 건 돈을 받아 챙기고는 야바위꾼이 거는 자리를 당첨시키는 것입니다. 이런 수법으로 그들은 손님의 돈과 은쟁반 같은 블랑크 상품 둘 다 차지해버리는 것입니다.

오늘날 프랑스에서는 로토라는 빙고 같은 복권이 붐을 일으키고 있다. 그 매장에는 사람들이 줄을 서고 신문에서는 날마다 맞을 리 없는 예상을 싣고 있다. 또 일본에서는 대형 복권인가 하는 것을 엽서로 신청하지 않으면 살 수도 없다. 나는 외국여행을 가서 'TACOTAC'(프랑스)라든가 'PRESTO'(벨기에) 같은 즉석복권을 재미로 사곤 하는데, 이런 것들은 그리 큰 건 아닌 것 같다.

르네상스시대의 프랑스에서는 이 즉석복권도 블랑크라고 불렀다. 백지, 즉 빈 제비뽑기라는 뜻이다. 나중에는 '번호'라고도 불린 모양이다. 제비뽑기는 '돈벌이'라고 했다. 리옹의 한 시민은 이렇게 기록하고 있다.

> 수요일. 바르텔레미 몰라의 그랑주 제비뽑기가 중매인 피에르 기용과 필리베르라는 악사에 의해 추첨되어, 손 강 다리 곁 쥐주 댁 아래층에 사는 잡화상이 1등에 당첨되었다. 유쾌하고 술도 좋아하는 놈이라 모두들 기뻐했다.
>
> • 『장 게로의 일기』, 1555년 9월 4일

이윽고 복권은 붐을 일으키게 되는데, 주최자는 거의 이탈리아인이었다. "하층 사람들을 기분좋게 속이기에 안성맞춤인 도박"이라고 파키에는 복권을 정의하고 있는데(『프랑스고』), 이런 종류의 제비뽑기에는 짬짜미가 있기 마련이다. 게다가 자금도 없으면서 허풍만으로 돈을 벌려고 든 인간들도 있었을 것이다.

1572년, 견직물 생산업자인 피렌체 사람 로베르 나르디는 상금 총액이 인기 있는 파리 시채 1만 리브르 상당(복권 72개)인 대형 복권 발매를 신청했다. 그 혐오스러운 리옹의 대학살이 일어난 직후로, 무언가 밝은 화젯거리가 필요했으므로 국왕은 발행을 허가했다.

그러나 시에서는 만일의 경우에 대비하여 원금을 환어음광장 가까이에서 환전상을 하는 클로드 뮈탱에게 예치하라고 요구했다. 이것은 잘한 일이었다. 왜냐하면, 이듬해에 나르디는 자금 마련이 어려워져서 하마터면 차압을 당할 뻔했기 때문이다. 나르디에게는 너무 큰 도박이었던 것이다(1572년, 그의 과세평가액은 20리브르로, 외국인으로서 최고액인 다디아체토의 30분의 1에 지나지 않았으며, 이름이 곰인 여관의 주인인 독일인 폴 에베를랭과 같은 등급이었다).

이윽고 자선회도 재원 마련에 복권을 이용한다. 리옹 시료원(施療院) 박물관에 전시되어 있는 것이 그것이었는지 지금은 잘 생각이 나지 않지만, 1591년에 발매한 '빈민구제원의 시계를 위한 복권'이 제1호라고 한다. 그것은 시계장인 장 드 나즈가 자선회와 자선병원에 유증한 많은 시계를 상품으로 내놓은 한 장에 20수짜리 복권인데, 2년 동안에 6천 575매가 팔렸다고 자선회 사료에 적혀 있다. 현재도 지방자치체가 재원 확보를 위해 복권을 발행하거나 도박을 주최하곤 하는데, '내기'는 동서고금을 막론하고 국가에게는 소중한 수입원인 것이다.

복권은 서민의 도박이다. 따라서 피해자도 서민인데, 그에 대해서는 리옹의 사료에는 남아 있지 않다. 파리에서도 생 제르망 시장의 블랑크는 유명했으며, 직공들과 하녀들이 여기에 열중했던 모양이다. 「복권으로 결혼을 망친 하녀들의 해명」이라는 유행가가 남아 있다. 그녀들은 옷가지를 전당포에 잡히기까지 해서 복권에 빠져들었다. 당시에 설립된 서민 금융으로 빚을 냈다면, 비극이라고밖에 할 말이 없다.

페스트와 매독의 세기

그는 여기가 푸거댁이냐고 물어보고는 긴장된 표정도 보이지 않고 안으로 들어갔다. 여윈 몸집에 키가 크고 눈이 푹 들어간 사나이였으며, 페스트 환자의 치료를 맡은 의사를 표시하는 빨간 망토를 입고 있었다. 그래서 그는 일반 병자의 진찰은 할 수 없게 되어 있었다.

• M. 유르스나르, 『흑(黑)의 과정』

16세기의 프랑스에서 가장 문제가 되는 질병이라면, 역시 페스트와 매독, 이 두 가지 전염병일 것이다. 여기서는 이 두 가지 병과 리옹 시의 인연에 대해서 살펴보자.[7)]

미슐레의 표현을 따올 것도 없이 매독은 이탈리아 원정의 선물이며, 이탈리아로부터 상업 루트를 따라 들어와 리옹에 직격탄을 퍼부었다. 1495년 나폴리로 원정간 샤를 8세의 군대는 멜론, 돼지감자 같은 맛있는 음식물을 처음으로 유럽에 들여오는 동시에 페스트도 함께 갖고 들어왔다.

"며칠 전부터 시내에 드나드는 매독환자와 나병환자, 그 밖에 전염병에 걸린 빈민"을 제거하라는 1496년 3월 27일자 기록은 프랑스에서 나폴리 병에 대해 언급된 것 가운데 최초의 것이다. 이 전염병은 아주 빨리 순식간에 프랑스 전국에 퍼졌으며 '프랑스 병'이라는 이름으로 온 유럽에 번졌다. 그 충격의 정도는 뒤러가 즉각 채색목판 「매독환자」를 제작한 것으로도 엿볼 수 있다. 그 후 이 병은 문학과 회화의 중요한 테마가 된다. "세상에서 이름 높은 취객 여러분, 또 참으로 귀중한 매독환자 분들이여." 이것은 『가르강튀아』의 서두이다.

파리에서는 이 유행병을 봉쇄하기 위해, 나병환자를 수용하던 생제르맹데프레 시료원에 매독병동을 개설한다. 수도원의 공간을 부랴부랴 개조한 것이라고 한다. 문둥병은 "기묘한 소멸"(미셸 푸코)을 맞이하고 있었지만, 아직도 입원하고 있던 소수의 환자들은 이 "새로운 페스트"와 이웃하는 운명을 한탄했을 것이다.[8)]

한편 리옹의 경우, 구체적으로 어떤 대책이 강구되었는지는 분명치 않다. 시립자선병원에 매독환자 전용병실이 확보되는 것은 1542년의 일이다.

은유로서의 질병

확실히 '나폴리 병'의 충격은 컸다. 그리고 이 병에는 신비성이 결여되어 있었다. 그 원인이 너무나 명백했기 때문이다. 사람들은 '걸리는 놈이 잘못이다'라고 생각했는지도 모른다. 짚이는 데가 있는 개인에게는 무서운 병이었겠지만, 그것은 노크도 하지 않고 찾아오는 악령은 아니다. 따라서 매독은 집단적 강박관념으로까지 발전하지는 않았다. "은유로서의 질병"(수전 손택)에 이름이 오르기에는 조건이 결여되어 있다고도 말할 수 있을지 모른다.

이리하여 기적적으로 절멸하고 있던 나병을 대신하여, 소리 없이 스며드는 페스트라는 병이 "은유로서의 질병" 자리에 오르게 된다.

프랑스 르네상스기의 대작가는 거인의 입속이라는 소우주에 다음과 같은 정경을 삽입했다.

> 시문(市門)에서 문지기가 건강증명서를 보여달라고 말하기에 (나는) 소스라치게 놀라며 물었다.
>
> 이 근방에 페스트라도 번져서 위험합니까?
>
> 뭘요, 선생님, (하고 문지기들은 말했다) 이 근처에서 많은 사망자가 나서요, 시체 운반차가 온 시내를 돌아다니고 있는 형편이랍니다.
>
> • 라블레, 『팡타그뤼엘』

르네상스의 도시는 이 악성 돌림병의 습격을 자주 받았으며, 시립자선병원 의사의 붓끝에는 동시대의 현실이 짙게 투영되어 있다.

역사적으로 보더라도 15세기 말쯤에 나병 병동이 페스트 병동으로 용도가 바뀌는 예가 눈에 띈다. 파리의 생토노레 문을 나간 곳에 있는 룰르 병원이 그 전형이다. 그런데 여기도 그렇고 생제르맹데프레 시료원도 그렇고, 곁에 풍차가 그려져 있는 것은 우연일까? 격리병원은 우선적으로 통풍이 잘 되는 곳이 선택되었던 것이다.

또 'lazaret'라는 말의 의미의 변화는, 나병 병동이 이른바 검

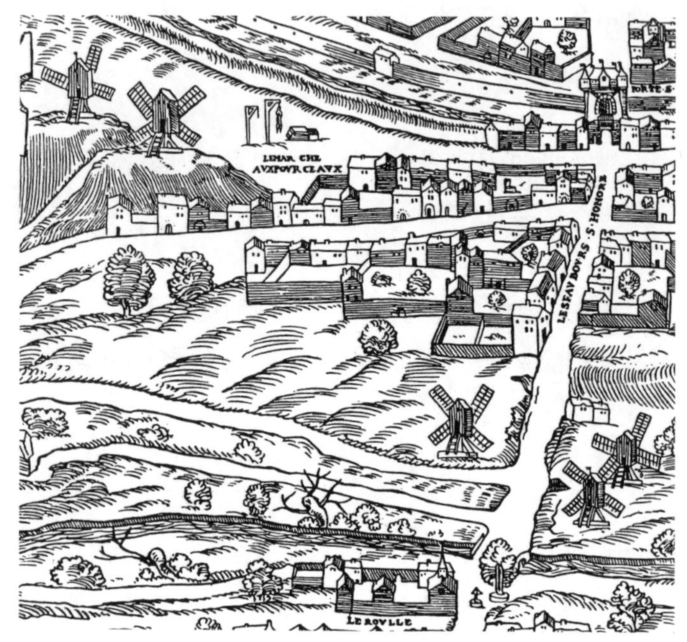

파리의 룰르 병원(제일 아래 부분)

역소로 바뀌는 경위를 그대로 말해준다.[9] 1526년 마르세유 앞바다의 포메그 섬 검역소는 이렇게 해서 탄생한 것이다. 무역으로 유지되는 항구로서는 당연한 조치였다.

말의 의미에 관한 것이라면, 또 있다. 건강증명서라는 용어(이탈리아어에서 차용한 것)는, 앞에서 인용한 것이 프랑스어로서는 처음이라고 한다.

하기야 몽테뉴의 여행기를 펼치면 알 수 있듯이, 건강증명서가 페스트 대책으로서 일반화되는 것은 세기 후반의 이야기인 것 같은데, 『수상록』의 저자 역시 이런 종류의 서류의 실체를 간파하고 있다.

> 베로나에 도착했다. ……트렌토에서 취득하여 로베레토에서 인증을 받은 건강증명서가 없었더라면 우리는 시내에 들어갈 수 없었을 것이다. 그러나 페스트의 위험이 있다는 소문은 전혀 없었다. 단지 습관상 그러거나, 아니면 얼마간의 수수료를 벌기 위한 것인 듯싶었다.
>
> • 『몽테뉴의 여행일기』, 1580년 11월 1일

리옹에서 페스트 환자를 수용한 것은 생로랑데비뉴 병원. 15세기 후반에 설립된 시설이다.

『리옹 자선회 규약』의 후반부에 보면 이 병원에 대한 대목이 있다. 그 표현을 빌리면, 병원은 "손과 론의 두 흐름이 합류하고 통풍도 좋은 근사한 교외"에 위치해 있었다(조감도6). 리옹 조감도에도 예배당, 샘, 세 채의 병동이 그려져 있고, 강가에는 두 척의 배도 매여 있다.

여기서는 외과의사 또는 이발사 외과의가 치료를 맡았다. 그들의 까마귀 괴물 같은 모습은 이미 눈에 익었을 것이다. 두 사람 내지 네 사람의 사나이들이 운반꾼으로 고용되어 라블레의 표현처럼, 짐수레나 배로 병자를 운반해 들어오기도 하고 죽은 자를 묻으러 나가기도 했다.

이 일에 종사하는 사람들은 환자와 똑같이 격리되었으며, 그 중간에는 6명의 연락원이 배치되어 있어서, 외과의는 그들 작업 인부들과 직접 말을 주고받는 일은 없었다고 한다. 환자, 연락원, 운반꾼, 외과의, 병원과 사회 사이에는 이중 삼중으로 격리벽이 설치되어 있었던 것이다.

환자를 운반하고 무덤을 파서 시체를 묻고 하는 사람들을 '검정까마귀'라고 불렀다. 그들의 작업이 시체를 쪼아먹는 검정까마귀에 비유된 것이다. 그렇다고 그들이 온통 검은 옷만 입고 있었던 것은 아니다. 리옹의 시체처리반은 차별과 배제의 상징색인 황색 옷을 입었다. 중세에는 황색 염료를, 오늘날 파엘라(쌀에 고기와 생선을 넣어 올리브유와 사프란을 섞어서 지진 스페인 요리—옮긴이)에 사용하는 사프란에서 추출했으며, 이 식물은 웃음과 광기를 유발하는 것이라 하여 어리석은 자의 색깔이 된 것이다. 고흐의 황색이 그의 광기와 결부되어 논해지는 것은 다들 잘 알 것이다. 또 이 색은 독일 나치시대에 이르기까지 유대인을 표시하는 색으로 사용되었다. 그리고 사회 변두리에 사는 사람들에

대한 차별의 색이기도 했다.[10)]

생로랑데비뉴 병원에서는 환자를 40일 동안 병동에 격리한 뒤, 회복을 확인하고 소독한 옷을 입혀 퇴원시켰다. '검역 · 격리'를 의미하는 'quarantaine'(영어에서는 'quarantine')이라는 말이 이 '40일간'에서 유래하는 것은 두말할 것도 없다.

격리환자를 간호하는 것은 자선병원에서 파견된 몇 명의 헌신적인 수녀들이었다. 빈민이 페스트에 걸리면 자선회의 원조를 받게 되는데, 감염 방지를 위해 시 참사회가 임명한 몇 사람(『규약』에는 4~6명으로 되어 있다)이 대신 희사를 받았다고 한다.

예배당 바로 앞에 보이는 훌륭한 건물은 귀화한 대상인 토마 가다뉴(토마조 과다니)가 자선회 발족을 축하하여 기증한 것이다. 이탈리아인 건축가 살바토리는 강에 면한 부분을 바람이 빠져나가는 회랑으로 설계하여, 울적해지기 마련인 환자들의 기분을 풀어줄 수 있게 했다. 일찍이 메디치 가에 의해 조국 피렌체에서 추방된 과다니 집안도 이제 리옹 유수의 부호로서 세상에 이름을 떨치고 있었다. 은행가로서 국왕 등의 채권자가 되어 있는 것이다.

토마는 작위적이고 기교적인 화가 살비아티(Francesco Salviati, 1510~63)에게 「의심하는 성 토마」를 그리게 했다(루브르 박물관 소장). 검소와 절약을 주의로 삼았음인지 르네상스기의 리옹은 예술의 도시는 되지 못했으나, 과다니가 주문한 유화는 귀중한 예외이다.

바사리(Giorgio Vasari, 1511~74)는 "이 액자 그림은 토마조

과다니에 의해 프랑스로 운반되어 리옹의 피렌체인 예배당에 장식되었다"고 쓰고 있으니, 화가가 리옹에 가서 그린 것은 아닌 것 같다.[11)]

이렇게 가다뉴는 뉘른베르크에서 홀연히 나타나 거간꾼으로서 일약 거만(巨萬)의 부를 축적한 귀화인으로 '좋은 독일인'이라는 별명을 듣던 요한 클레베르거와 앞을 다투듯이 후한 기질을 발휘한다. 내세에서 수지를 맞추기 위해서였던지, 두 사람 다 자선회에 엄청난 원조를 제공했다. 지금은 역사 · 마리오네트박물관이 되어 있는 그의 저택은 당시의 부귀영화를 전해준다.[12)]

그렇다면, 페스트 같은 것에 걸리면 어떻게 하면 되는 것일까. 리옹에서도 활약한 명의 기 드 숄리아크는 "여자와 소견머리 없는 사람들은, 병자가 어떤 병에 걸리거나 아주 간단히 성인에게 맡겨버린다. 병자는 병자대로 그저 아멘 하고 빌 뿐이다"라고 사람들의 무지를 책망했다. 그러나 실제로 유효한 치료법이 없었으니, 신에게 매달리는 것도 어쩔 도리가 없었다.

사람들은 성 크리스토포루스(3세기에 활동한 여행자들의 수호성인으로 오늘날에는 트럭 운전사의 수호성인으로 유명하다)라든가, 특히 성 로쿠스의 기적적인 치유력에 매달린 것이다. 후자는 14세기에 페스트가 크게 유행할 때 사람들이 가장 의지했다고 한다. 르네상스시대에 들어와서도 페스트와 인연이 깊은 물의 도시 베네치아의 스쿠올라디산로코(여기에 그려진 틴토레토의 천장화는 너무나 많아서 목이 아플 지경이다)가 그 이름 그대로 성 로쿠스에게 봉헌되고 있다. 이 성인은 모자, 외투, 지팡이, 두타

(출가한 수행자가 세속의 욕망을 떨쳐버리기 위해 고행을 하는 수행방법의 하나—옮긴이) 주머니, 그리고 발의 상처가 특징이다. 사람들은 그런 성지를 찾아가 액땜하고자 했다. 또 그런 성인의 그림을 부적으로 붙여놓곤 했다.

『가르강튀아』 제45장은 순례를 비판한 것으로 알려져 있다. 거기서 비판하고 있는 것도 이런 치유 성인에 대한 지나친 기원(祈願)이다. 그랑구제(가르강튀아의 아버지)는 순례자들을 다음과 같이 타이른다.

그 그대들은 무엇을 하러 생세바스티앙 같은 곳에 갔는가?

순례자 페스트에 걸리지 않도록 빌기 위해서죠.

그 가엾은 인간들이로군. 페스트에 걸리는 것이 성자 세바스티아누스 때문이라고 생각하는가?

순례자 예, 그렇습니다. 우리 설교사는 분명히 그렇게 말하고 있는걸요.

그 그게 사실인가? 엉터리 예언자들이 너희들에게 그런 허망한 것을 가르치고 있단 말이지? ……그 인간들이 왕국 안에서, 사람이 걸려 넘어지게 하는 그런 것을 설교하고 있는데도 국왕이 방치하고 있으니, 벌어진 입이 다물어지지 않는구나. 마술이나 그 밖의 방책을 써서 페스트를 온 나라 안에 퍼뜨리려는 놈들보다, 오히려 그런 인간들이야말로 처벌해 마땅하다. 왜냐하면, 페스트는 육신을 죽일 뿐이지만 그런 사기꾼들은 영혼에 독을 타기 때문이지.

이 대목에서는 치유 성인에 대한 신심을 구하도록 프랑수아 1세에게 작용했다는 소르본의 신학자들에 대한 풍자가 담겨 있다. 작자는 복음주의자로서 그랑구제의 입을 빌어 “앞으로는 경솔하게 시간낭비하는 그런 헛된 여행은 하지 말아야 한다. ……좋은 사도인 성 바울로의 가르침대로 살아라”라고 타이르고 있다.

페스트 하면 제일 먼저 떠오르는 그림이 있다. 바젤 출신의 죽음과 광기의 화가 아르놀트 뵈클린(Arnold Böcklin, 1827~1901)의 「페스트」(1898)이다. 악성 전염병이 휩쓰는 모습을 종말론적 분위기로 그린 이 미완의 그림을 바젤 미술관에서 처음 본 날 밤, 나는 악몽에 시달렸다. 바젤이라는 도시는 브란트, 홀바인, 에라스무스, 뵈클린이 보여주는 것처럼, 죽음과 광기의 테마를 내포하고 있는 모양이다.

15세기 중반에 이 도시에서는 페스트가 크게 유행하여 「죽음의 춤」이라는 대벽화가 그려졌다(실존하지 않는다). 이 도상이 홀바인에게 큰 감화를 주어 목판화 「죽음의 춤」이 탄생한다. 이윽고 이 목판이 리옹으로 옮겨져서, 자선회 설립의 주역인 장 드 보젤의 복음주의적 언설인 「헌사」 「죽음의 형상」 등을 곁들여 『죽음의 춤』이 출판된 경위는 이미 설명한 바와 같다. 과연 바젤은 『죽음의 춤』과 함께 페스트라는 강박관념까지 운반한 것일까?[13)]

페스트를 거느린 국왕의 순방

자선회 발족 이래 대기근은 찾아오지 않았고 흉년의 해에도 구빈제도는 잘 가동되었다. 덕분에 페스트가 크게 유행하지는 않았

아르놀트 뵈클린, 「페스트」, 바젤 미술관

다. 사람들은 저항력을 갖고 있었고 무엇보다도 외지 빈민을 막은 것이 주효했다.

돌림병의 유행은 큰장의 존재를 위태롭게 하므로, 시 당국도 방역 대책에 힘을 기울였다. 1543년부터 제네바에서 페스트가 유행했다. 사람들이 공황에 빠져서 근교의 마을 사람들을 고문하고 마녀라며 처형한 것은 이때의 일이다. 물론 리옹 시 참사회는 제네바 상인의 출입을 금지했다. 혹 인근 마을에서 페스트가 발생했다는 소식이 전해지면 시내에서 헌옷의 판매를 금지하는 등, 조치가 세밀했다.

그러던 1551년 여름, 장 드 투른이 공방을 차리고 있는 포도 거리에서 페스트 환자가 발생했다. 환자는 즉각 강 건너에 있는 생로랑데비뉴 병원으로 실려갔다. 환자가 발생한 건물의 주민도 격리되었다. 반도 끝에 세워진 가설 주택으로 옮겨진 것 같다(자선회 설립 때 외지 빈민을 잠시 수용한 건물이다). 그리고 아주 가난한 사람들에게는 임시로 식량을 배급하여 감염을 저지한 것 같다.

그러나 1562년 칼뱅파에 의한 쿠데타, 이듬해의 국왕군 도착과 가톨릭의 복귀 등이 방아쇠가 되어, 마침내 페스트가 리옹 시내를 점거하고 말았다. 아니, 오히려 종교전쟁의 개시와 때를 같이 하여 각지에서 페스트가 유행하기 시작했다고 하는 편이 나을 것이다.

리옹에서 페스트가 크게 유행하고 있을 때, 샤를 9세는 한창 순방 중이었다. 그는 1564년 1월 24일 파리를 출발하여 2년 후인 3월 1일까지, 829일에 걸쳐 국내 순방을 계속한다.

오늘날의 '투르 드 프랑스'는 한여름 3주 동안 내리 계속되는 가혹한 자전거 경주인데, 르네상스시대의 그것은 참으로 엄청나게 규모가 크다. 국왕과 카트린 드 메디시스는 만 명은 좋이 넘을 수행원을 거느리고 다녔으며, 그동안 201회 이동했다. 말하자면, 나흘에 한 번은 천막을 걷어 다음 도시로 향했다는 계산이다. 때로는 한 주간 내내 이동한 적도 있으며, 그동안은 야영을 했다고 한다. 실로 수고스러운 일이라 하지 않을 수 없는데, 최근 매우 상세한 연구서가 나와서 읽어보니, 이 여행은 무엇보다도 남프랑스 평정을 노린 것이었다.[14)]

그리고 샤를 9세의 순방은 초장부터 페스트를 그림자처럼 거느리고 있었다. 퐁텐블로를 떠난 일행은 그 다음 상스에 체류하는 일정을 취소하고 곧장 트루아로 걸음을 재촉했다. 여정 경로가 이를 말해주는데, 실은 상스에서 페스트가 발생했다는 소식이 전해졌기 때문이다.

그 무렵 칼뱅파를 희생양으로 하는 다음과 같은 풍문이 마치 사실인 양 펠리페 2세에게까지 전해졌다.

> 위그노(칼뱅파 프로테스탄트)는 국왕의 리옹 입시를 저지하기 위해 일당을 잠입시키고 있습니다. 여관의 수프에 독을 타서 페스트가 발생했다는 소문이 나면, 국왕도 굳이 찾아오지 않을 것이라는 속셈입니다.
>
> • 에스파냐 대사 비서관의 편지, 5월 10일, 바르르뒤크에서

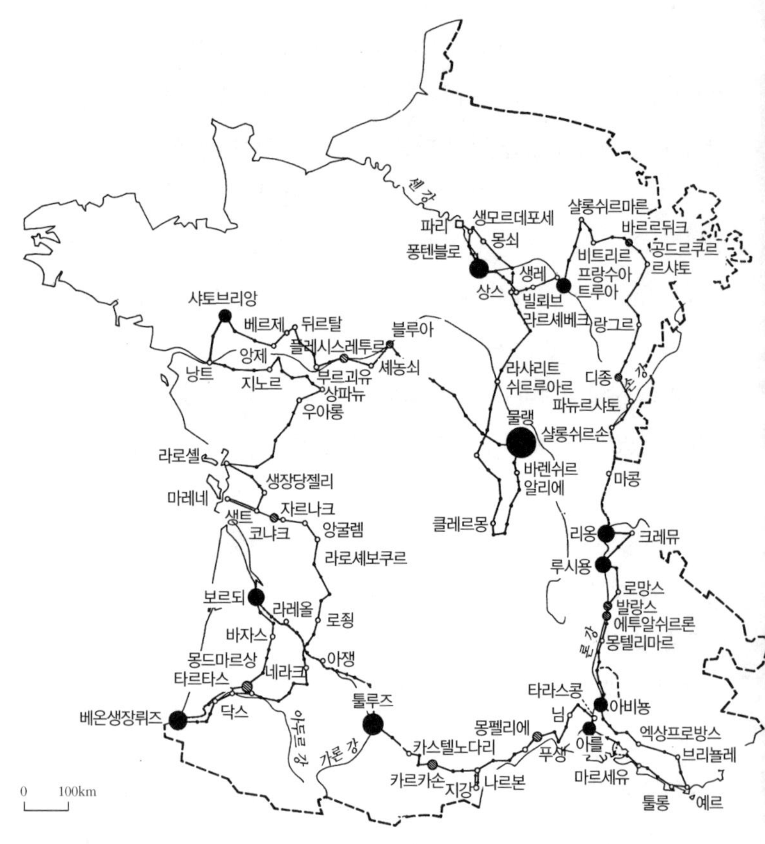

샤를 9세와 카트린 드 메디시스의 국내 순방(1564~1566)
검은 점의 크기는 체재일수와 비례(1일 이내에서 90일까지)
(J. 부티에/A. 드베르프/D. 노르드만, 『프랑스 왕실의 국내 순방』)

이어 국왕 일행이 디종 시에 들어갔을 때 샬롱쉬르손 방면에서 오는 사람들을 규제하고 있었다고 하니, 이 무렵에는 부르고뉴, 리오네 지방에도 이미 페스트가 번졌던 모양이다. 그래서 궁정은 모처럼의 본 방문을 중지하고 남하하여 샬롱에서 배로 손 강을 내려갔다.

6월 11일 국왕 일행은 리옹에 도착한다. 그러나 동행한 여왕 폐하(카트린 드 메디시스) 나라의 대사에 의하면, 이 도시는 다음과 같은 비참한 상황에 있었다.

> 리옹은 제가 본 것 가운데서 가장 비참하고 무상(無常)한 상태의 도시입니다. ……제 부하들이 매일 식량을 조달하러 갈 때마다 거리에는 페스트에 희생된 시체 열 구나 열두 구가, 때로는 발가벗은 채 뒹굴고 있습니다. 온통 황색 복장을 한 담당자들이 찾아오는 밤까지 그대로 방치되어 있는 것입니다. 매장할 곳은 거의 없습니다. 게다가 무덤을 살 돈도 없어서 시체를 마구 강에 던져넣는 형편입니다. 가옥은 세 채 중 한 채는 페스트 때문에 폐쇄되어 있습니다. 오늘도 일몰에서 아침 10시까지, 거리에서는 내내 한 사나이가 나체로 신음하며 괴로워하고 있었습니다. 그는 아직 죽지 않았던 것입니다. 자기 집에 격리되어 있는 사람들 이외에, 시 주변에는 페스트 환자용 천막이 세워져 있습니다. 사흘째나 나흘째쯤이 죽음에 이를 것인지 회복의 희망이 생길 것인지 갈림길입니다. 페스트를 피하더라도 사람들은 공포심 때문에 인간으로서의 동정심 따위는 상실하고

없으므로, 이번에는 아사할 위험이 기다리고 있습니다. 짐작컨대 페스트로 죽은 사람과 같은 수가 굶어죽거나 치료를 받지 못해서 죽어가는 것 같습니다. 이것이 리옹의 현황입니다.

(1564년 7월 12일)

그리고 이 순방에는 앙브루아즈 파레(Ambroise Paré, 1510~90)가 어전 외과의로서 수행했는데, 『페스트 · 매독 · 마진(痲疹)에 대하여–나병에 관한 소론과 함께』(1568, 파리, 앙드레 베셀)에 이때의 견문이 실려 있다. 파레에 의하면, 메르시에 가에서는 아미 바스통이 페스트로 죽고 그 아내는 미쳐서 아이를 창밖으로 내던지고는 자기도 몸을 던졌다고 한다. 또 도둑들은 이때가 한몫 챙길 때랍시고, 집집마다 문간에 균이 묻은 숯을 처바르거나 노폐물을 문질러서 감염시켜놓고는 나중에 침입해서 약탈을 자행했다고 한다.[15)]

클로드 드 뤼비는 『페스트 유행에 대하여』(1577, 장 도주롤)라는 계몽적인 소책자에서 "시골에 들어박힐 장소가 있는 사람은 행복한 사람"이라고 말했는데, 농원을 가진 시민은 그곳으로 피했다.[16)] 루이즈 라베도 아마 파르시외의 농원으로 피난했을 것으로 여겨진다.

이것은 1579년의 이야기인데, 인쇄공 프랑수아 다리아는 농사를 짓는 형제에게 고향의 농원을 빌려주었다. 그때도 "리옹에서 페스트 같은 전염병이 발생할 때는 그 집에 옮겨와서 사는 권리를 갖는다"는 단서를 다는 것을 잊지 않았다. 그런 까닭으로 당장 희생된 것은 "매우 가난한 사람들"(에스파냐 대사의 증언)이었던 것이다.

그렇기는 하나 국왕의 이번 리옹 순방에는 칼뱅파가 물러간 후의 혼란을 수습한다는 고도의 정치적인 목표가 있었고 유언비어도 난무했다. 궁정으로서는 호락호락 물러설 수 없는 일이었다. 6월 13일 화요일, 샤를 9세와 카트린 드 메디시스는 마침내 입시식을 강행한다.

파리와 리옹은 입시식이라는 "탕진으로서의 정치"를 연출하기 위해 일세를 풍미한 시인 및 예술가들을 동원했다. 이전에 앙리 2세와 왕비 카트린의 입시식이 거행되었을 때도, 리옹에서는 모리스 세브가 연출자, 화가 베르나르 살로몽이 예술감독이 아니었던가. 그런데 이번에는 그렇게 되지 않았다.

파라댕은 『리옹 역사 메모』(1573)에서 이때의 입시식도 화려했다고 적고 있지만, 오히려 다음 증언의 손을 들어주고 싶다. "그때의 입시식은 당시의 빈곤과 비참이 꼬리를 끌고 있었다. 의상도 호화찬란했다고는 할 수 없고 연극이나 투시도법의 준비도 사치스럽지 못했다. '도련님들'이 두 사람씩, 가톨릭과 프로테스탄트가 짝을 지어 행진했다"고 뤼비는 쓰고 있다.

그러나 어쨌든 신구 양파의 대립은 적어도 의식(儀式)에서는 해소되었다. 하지만 생장 교회 정면의 장식에는 "유일한 신, 유일한 왕, 유일한 신앙"이라는 문구가 적혀 있었다.

국왕의 행렬은 손 강 우안의 베즈 문으로 들어와서 강변의 변두리 거리를 남하하여 환어음광장을 거쳐 생장 대성당에 이르는,

항례의 공식 루트를 따랐다. 길에는 새하얀 천이 깔렸는데, 이를 제공한 것은 바로 행상에서 몸을 일으킨 직물업자 · 유통업자인 다뤼 형제였다. 이 형제는 맹우인 오브레히트와 손을 잡고 개혁파를 후원했으며, 앙부아즈 음모(1560, 젊은 위그노 귀족들이 가톨릭 가문인 기즈 가를 상대로 꾸민 음모–옮긴이)에도 한몫 끼었다. 따라서 이번에 천을 대량으로 공출한 것도 반강제, 말하자면 하나의 제재조치였던 것이다.

그러나 잔 달브레의 시중을 드는 여자가 즉사했다는 소식은 국왕 일행을 시외로 피난시키기에 족했다.

7월 9일, 궁정은 리옹 동쪽으로 6리 떨어져 있는 크레뮤로 이동했다. 그곳은 리옹의 문벌 앙리 집안이 광대한 영지를 소유하고 있는 지역이었다. 이윽고 궁정은 투르농 추기경이 세운 루숑의 성관으로 옮겨 기회를 엿본다. 어쩌면 이때, 에드거 앨런 포가 쓴 프로스펠 공의 궁정을 방불케 하는 이상한 분위기 속에서 가장무도회라도 개최되지 않았을까.

그러나 결국 8월 중순에 궁정은 로망으로 향한다. 르 루아 라뒤리는 『로망의 사육제』에서 페스트로 인한 사망자가 4천 명이라고 하고 있으니, 이 도시에서도 악성 돌림병의 창궐은 극도에 달했던 것이다. "궁정 덕에 혼란이 일어나고 페스트는 나날이 기세를 더해갔다"고 뤼비가 기록하고 있듯이, 궁정은 페스트균의 매개자로서 이 병을 이끌고 다닌 것이다.

이리하여 리옹에서는 페스트가 연말까지 맹위를 떨쳤다. 이를테면, 손 강 좌안의 대정육시장(조감도13)을 이 해 세모에 방문했다고 하자. 원래 같으면 모두 51개소의 정육점이 문을 열어놓고 있었을 터이나, 21개소가 텅 비어 있다. 모두 페스트의 공격을 받은 것이다.

당시의 기록에는 시 인구의 3분의 2가 죽었다, 4만 명 혹은 6만 명이 희생되었다, 또 견직물 노동자 네 명 중 세 명이 죽었다고 적혀 있다. 실제로는 3분의 1 정도로 추정되는데, 그래도 2만 명은 좋이 넘는다. 빈사해가는 이들은 '천국에 들어가는 여권'을 필사적으로 받아쓰게 했다. 이를테면 8월 27일, 우안의 생조르주 교회 근처에서 빈사하는 상인이 창가에서 공증인 마르가 씨에게 유언을 구술하고 있는데, 이런 광경은 여기저기서 볼 수 있었다. 출판업계에서는 장 드 투른이 희생자의 한 사람이었다.

경제적인 손실은 인구의 격감 못지않게 컸다. 국왕의 순방 때는 방대한 양의 식량을 조달해야 했기 때문에 해당 도시의 물가를 상승시켰는데, 페스트는 이를 추격했다. 다만 마침 농작물이 수확되던 시기여서 불행 중 다행이었다고 할 것이다.

그러나 여름과 가을의 큰장은 사실상 없는 거나 마찬가지였다. 향신료의 과세기록을 보면, 11월의 큰장이 전년의 5분의 1에 미치지 못했다는 것을 말해준다. 이듬해 정월에도 상품은 거의 반입되지 않았으며, 상인들은 집정관에게 자유시장의 기간연장을 요구하기도 했다.

일반 민중이 페스트의 대유행을 신의 노여움으로 생각한 것도 무리는 아니었다. 사실 신구 양파가 다 그런 취지의 선전소책자를 만들어서 서로 응수해댄다.

그런 상황 속에서 예수회 수사 에드몽 오제는, 날마다 생트크루아 교회(생장 성당의 북쪽 옆에 있었으나 지금은 유적만 남아 있다)의 강론에서 열변을 토하고 전염병이 물러가기를 기도했다.

> 에드몽 신부는 매일 같이 병원과 오두막에 있는 병자들을 찾아가 그들을 위로하고 격려하고는, 선의의 사람들에게서 모은 시혜 물품을 나누어주었다. 신부는 시 전체를 위해서도 르 퓌의 노트르담 교회에 지향을 올렸으며, 페스트가 물러간 뒤 아미요(생트크루아 교회의 제구를 담당하는 이)와 함께 그곳을 참배했다.
>
> • 클로드 드 뤼비, 『진실의 리옹 역사』

병자와 직접 접하여 헌신하는 그의 모습에(이 같은 선교전략이 그 후 예수회의 특징이 되는 것은 다 아는 일이지만) 민중은 틀림없이 감격했을 것이다. 개혁파로서는 이 같은 목사가 없었던 것이 불행이었다. 페스트가 물러간 뒤 신구 양파의 승패는 이미 분명했던 것이다.

말하자면, 이 전염병을 계기로 어머니인 가톨릭 교회로 복귀하는 사람들이 많아진 것이다. 그 후에도 사람들은 페스트와 죽음이라는 강박관념에 시달렸고, 근거도 없는 소문에 과민하게 반응하곤 했다. 과잉방어의 기미가 짙은 것이다. 그리하여 그 뒤에 유언비어가 떠돌았을 때, 그것이 온 프랑스에서 대학살의 비극을 낳게 된다.

10 망명과 회심

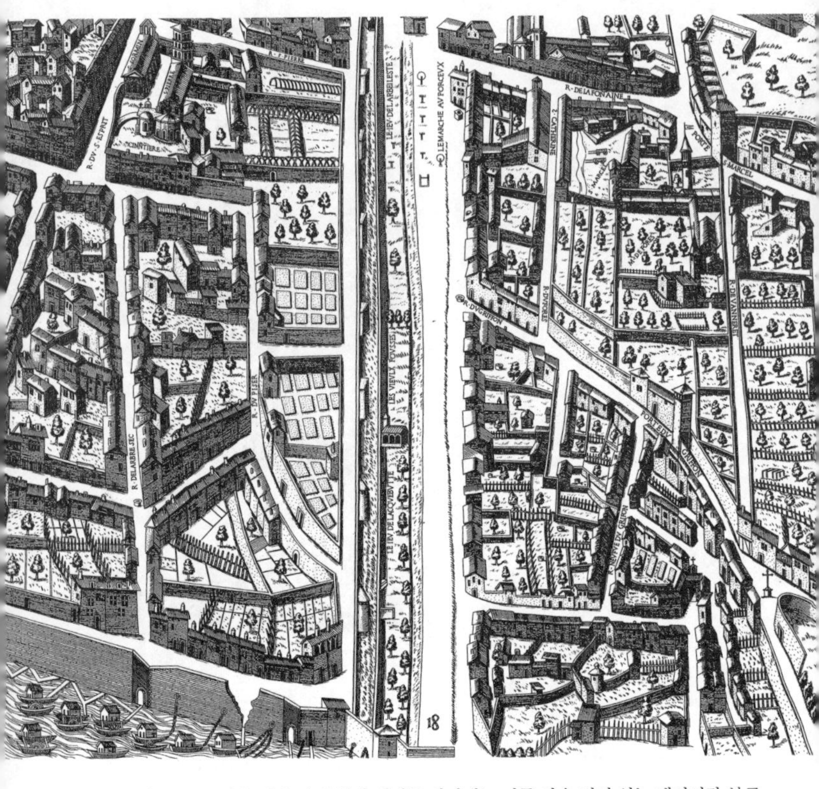

조감도18. 오른쪽 아래 길 중앙에 돼지를 달아매는 기둥 같은 것이 있는 돼지시장 부근

개혁파가 리옹을 점령하다

이놈은 이마와 두 어깨에 회초리와 백합꽃을 단 몰골로
자기 아버지는 가짜 돈을 만든 죄로 화형을 당했느니
우리는 사도들이라느니 하고 미친 소리로 설교를 했다.
• 『장 게로의 일기』

1560년 3월 하순, 앙부아즈 음모의 주모자 라 르노디 등은 잇달아 체포되어 처형당했다. 기즈 가의 손에서 프랑수아 2세를 탈환하려고 한 신교도 측의 계획이 속절없이 허물어지고 만 것이었다. 역모를 꾸민 이들의 처형 광경을 루아르 강에서 바라본 구도로 그린 판화(톨트렐과 페리생 작)가 역사책 같은 데 흔히 실려 있다.

처형을 지켜보는 군중 속에는 아그리파 도비네도 섞여 있었다. 음모에 가담하고도 간신히 체포를 면한 아버지에게서 "아들아, 영광에 넘치는 저 목의 원수를 갚기 위해서 나는 내 목을 바치겠다만, 장차 너도 네 그것을 아껴서는 안 된다. 만일 아낄 때는 내가 너를 저주할 것이다"라는 말을 들은 소년 아그리파는 이 순교의 장면을 뇌리에 단단히 새겨둔 것이 틀림없다.[1)]

그런데 이 음모를 위해서 남프랑스로부터도 상당한 인원이 파견되었다. 그해 1월, 발도파 학살이 있었던 메랭돌에서 개혁파 교회의 비밀회의가 열려, 각 도시에 실행 부대의 수가 할당된 것이다.

리옹에서도 25명을 현지에 보내기로 했다. 프랑슈콩테 지방 출신의 호상 장 다뤼의 집에서 은밀히 계책이 짜여졌다. 데 페리에는 『소화집』(笑話集) 제53화에서 "끈, 허리띠, 핀 같은 소품을 등에 지고 팔러 다니는 행상에서 출세하여 재산을 쌓고 주위의 땅을 깡그리 사들인 사나이"에 관한 단편을 쓰고 있는데, 장과 클로드 다뤼 형제가 바로 그랬다.

슈트라스부르크 출신의 자본가 게오르크 오브레히트, 이즈라엘 민켈 등과 사귀게 된 이 형제는 이제 섬유와 향신료 등의 유통을 지배하고 있었다. 그리고 신앙 때문에 바젤 시민이 된 형제는 개혁파의 대의를 위해 희생을 아끼지 않았다.

그런데 열렬한 가톨릭 옹호파로 교회 참사회 의원인 사코네에 의하면, 이때 리옹 개혁파는 "신앙을 엄격히 심사하고 아울러 미혼의 병사라야 한다는 제약으로 인해, 결국은 12명밖에 파견하지 못했다"(『리옹 소동기』)고 한다. 그 대신 상품 꾸러미로 가장하여 "권총 25정, 장막 25장, 동의 18벌"이 오를레앙으로 발송되었다.

악마적인 미사를 올리는 사람들

앙부아즈 음모는 주모자의 처형으로 막이 내려졌고, 그 후 콩데 공은 체포되었다. 그러나 이것을 계기로 개혁파는 전투적인 위그노로 변신하여 리옹은 중요한 전략적 표적이 된다. 그리고 약 2년 후에 이 도시는 위그노의 지배 아래 놓이게 되는데, 그 과정을 『장 게로의 일기』를 읽으면서 더듬어보기로 하자.

1560년 9월 4일 수요일, 아직도 여름 큰장으로 한창 복작거리고 있는데, 500명이 넘는 사나이들이 여행자를 가장하여 리옹에 들어왔다. 그리고 여관과 선술집에서 지휘관 베이로의 신호를 초조하게 기다리고 있었다.

불온한 움직임을 눈치챈 당국은 프랑수아 사라 대장(문인으로 알려진 피에르 사라의 조카로, 장서가이기도 했다. 나중에 가톨릭 대표로서 참사회에 들어간다)과 조르주 르누아르 부대장이 지휘하는 화승총부대를 파견했다. 롱 가(조감도13의 남단)의 생마르탱이라는 간판이 붙은 집에 무장집단이 있다는 정보가 들어왔다고, 일기를 쓴 이는 전하고 있다. 이 부근은 그 후에도 계속 리옹 개혁파의 거점이 된다.

양자는 전투를 벌이게 되었고, 위그노는 근처의 나사상인 장 바디외의 원군을 얻어 방위대를 격퇴하여 시의 실권을 잡는다. “이 일이 우리들이 받드는 프랑스의 가장 위대한 왕족의 한 분이신 나바르 왕(앙투안 드 부르봉으로 앙리 4세의 아버지)의 칙서에 따른 것”이라는 소문을 접하고, 일기의 작자는 충격을 받는다.

그런데 기묘하게도 점령부대는 그 다음날부터 조금도 움직이지 않고 있다가 결국 무너진다. 게로에 의하면, “일요일을 기다리고 있었다”는데 좀 이해가 가지 않는 이야기이다. 바디외, 다뤼 그리고 샹피에의 저택(여기에는 주모자 가운데 한 사람인 보석상 피에르 부송이 살고 있었다)이 가택수색을 당했다. 무기와 식량이 압수되고 체포자가 나왔다. 모반자의 대부분은 영세민이었다.

9월 6일, 손 강 다리, 프란체스코 수도회 앞, 도미니쿠스 수도회 앞, 이 세 곳에 교수대가 세워졌다. 다음날부터 처형이 시작되었다. 부송의 아들을 가르친 가정교사는 목사가 되어 비밀 설교를 하고 있었다. 그래서 목이 잘린 뒤 사지가 절단되어 효시되었다. 부송 본인도 후일 교수형을 당한다.

이리하여 일단 사건은 매듭지어졌으나 위그노에 대한 두려움을 쉬이 씻을 수 없어, 이런 제안이 나왔다. 지구 단위의 시민군이 아니라 앞으로는 주둔부대를 상비하자, 그리고 손 강 다리에 튼튼한 문을 만들어 소란한 좌안과 분리시키자는 것이었다.

그러나 참사회는 동의하지 않았다. 당시 가톨릭 측을 이끌던 기즈 공에 충성을 맹서한 도피네 지방 총민정관 라 모트 공드랭의 부하들이 그리퐁 문 가까이에 주둔해 있으면서 못된 짓을 많이 했다. 그래서 거꾸로 그들을 시벽 밖으로 퇴거시켜버린 것이다. 또 "푸르비에 쪽과 론 강 쪽을 막기 위해 손 강 다리 위에 시문을 세우자는 안"에 대해서도, 시 참사회와 명사회가 모두 반대했다. 우안으로 일하러 나가는 노동자가 많다는 것이 이유였다.

손 강 우안은 질서를 중시하는 가톨릭, 좌안은 반란의 프로테스탄트, 이렇게 그 대조는 점점 더 명확해지고 있었다. 그래도 그들은 종파의 차이를 초월하여, 열린 도시로서의 성격을 우선시했던 것이다.

1560년 말 프랑수아 2세는 즉위한 지 1년 남짓해서 요절한다. 섭정 카트린 드 메디시스의 시대가 도래한 것이다.

그녀는 오를레앙에 전국 삼부회를 소집하고 이듬해 1월 오를레앙의 관용 칙령을 발포하여, 이단을 향한 창끝을 거두게 했다. 동시에 축제일의 야단법석이 악화되지 않도록 손을 썼다. 이를테면, 미사 시간에 거리의 예능인들이 성직자의 모습으로 코미디를 연출하지 못하게 했으며, 술집이나 폼장 같은 곳은 그 시간에 영업을 못하도록 금했다.

또 칙령의 제26조에서는 "분명하게 십계명에 어긋나는 듯한 점성술 용어를 받아들이는 예언자가 있음을 감안해서" 달력과 역술에 관한 책의 출판과 판매를 금지한다고 했다.

그러나 이런 점성술이라면, 노스트라다무스의 『대예언』(초판 1555, 리옹, 마세 보놈)이 이미 판을 거듭하고 있지 않았던가. 그리고 『대예언』은 카트린 드 메디시스 본인에게도 증정되어, 프랑수아 2세의 죽음에 대한 노스트라다무스의 예언이 적중했다는 평판이 자자했다. 그렇다면, 궁정에서 인기 있는 노스트라다무스만은 특별 취급이란 말인가?

아무려나 그녀의 현실인식이 대법관 미셸 드 로피탈의 관용사상과 결부되어 나온 유화책에, 개혁파는 희망의 빛을 발견하고 기세가 되살아나고 있었다.

6월의 성체축일에는 행렬이 거리를 누비고 다닌다. 그 루트를 재현해보자. 십자가와 깃발을 든 행렬이 생장 대성당을 출발한다. 환어음광장을 지나 생폴 교회까지 가서, 이번에는 손 강 다리를 건넌다. 그리고 생니지에 교회 일대를 누비고, 론 강변의 프란체스코 수도회까지 나아간다. 이어 수도원 곁의 표백소 거리(가

죽을 다루는 공장이 있었다)로 들어간 행렬은 자선병원에서 되돌아나와 메르시에 가를 지나 손 강 우안으로 돌아간다.

자선회가 주최하는 빈민 행진 이상으로, 이 종교행렬은 도시의 동맥을 구석구석 돌아다녔다. 게다가 이에 맞추어 시내의 9개 소교구는 교구 내의 정맥을 누비고 다니는 의식도 거행한 모양이다. 이리하여 가톨릭 신앙은 리옹의 모세혈관 구석구석까지 스며들어간다. 왕권의 침투를 노리는 행렬이 손 강 다리를 건너는 지점에서 돌아서버리는 것과는 우선 그 뜻이 다른 것이다.

이날은 원래 사육제의 분위기가 넘쳐흐르고 거룩한 말과 외설스러운 말이 난무하는 축제의 하루였다. 그러나 이 같은 가톨릭 권력의 압력에 개혁파는 당연히 반발한다. 그들은 문 앞에 깔개를 까는 것을 거부하기도 하고, 혹은 자기들끼리 시편가를 부르면서 행진을 하기도 했다.

성체축일이란 성찬 전례의 빵과 포도주가 그 형태는 변하지 않지만 그 실체는 그리스도의 몸과 피로 변한다는 가톨릭 교리를 표상하는 특별한 하루였다. 따라서 프로테스탄트 측의 공격도 더욱 심했던 것이다. 데이비스 여사는 "성상(聖像)를 파괴하는 폭동은 사실인즉 시편가를 합창하며 시가를 행진하는 것과 마찬가지로, 식량폭동이라는 집단적 정치행동을 종교의 영역에 옮겨놓은 것이었다"(『어리석은 자의 왕국 · 이단의 도시』)고 말하고 있는데, 옳은 말이다. 종교전쟁시대에는 각지에서 우상파괴가 빈발했다.

우상파괴란 단순히 성상이나 성유물을 부수는 것이 아니다. 성체축일 당일의 행렬로 상징되는, 정신의 바람직한 모습이라 할 만한 도시의 몸을 파괴하는 일, 혹은 재구성하는 일, 바로 그것이었던 것이다.

1561년 6월 4일에 있었던 일이다. 성체 행렬이 손 강 좌안의 생니지에 교회 앞을 막 지나가려 했을 때, 브리 지방 출신의 루이 드 발루아라는 유리 화공(畵工)이 "밀떡의 하느님을 소멸시키려고" 거룩한 빵에 덤벼들어 땅바닥에 내동댕이치려고 했다. 이를 장 게로는 "하찮은 위그노놈의 하느님도 두려워하지 않는 악마와 같은 대담한 패덕"이라고 표현하고 있다.

범인은 붙잡히고 나서도 계속 모독적인 언사를 토해냈다고 한다. 그는 영성체의 성사를 부정하고 "나는 여기에 밀가루 빵밖에 인정하지 않는다"고 한 메노키오(긴즈버그, 『치즈와 구더기』)와 같은 말을 뇌까렸을 것이다. 그리하여 이 유리 화공 루이는 해거름에 그 자리에서 교수되고 능지처참을 당한다.

그러나 주변의 하층민들은 이것으로 가라앉지 않고 무기를 들고 나와 소동을 벌였으며, 축제는 대혼란에 빠졌다. 그리고 생피에르 교회에서는 더 큰일이 일어났다. 장식 수레를 끄는 행렬이 트리니테 전문학교(조감도17, 론 강에서 한 줄 들어간 골목) 앞을 지날 때 학장인 인문주의자 바르텔레미 아노가 군중의 습격을 받아 살해된 것이다.

일기의 작자에 의하면, 아노는 "리옹에서도 이름난 불신자"로 "영성체 성사의 신비를 모독했기 때문에" 살해되었다고 한다. 아노는 이른바 종교상의 자유사상가로, 신구 양파로부터 미움을 사고 있었던 것이다. 범인의 한 사람은 곤포업자였는데, 죄를 부인하다가 이듬해 6월 대학 앞 네거리에서 교수형에 처해진다. "플라토르(조감도18, 생테스프리 거리 주변)에 사는 상인 르 투프의 인형도 함께 목매달렸다"고 한 것으로 보아 아마도 이 사나이는 도망친 모양이다.

이렇게 소란한 상태는 몇 주간 계속된다. 좋게 말하면 관용적이고, 솔직히 말하면 기회주의적인 시 참사회와 가톨릭 교회의 관계는 험악해진다. 그리고 이 무렵에는 개혁파도 시내에서 드러내놓고 설교를 하기에 이르렀다.

> 9월 14일, 일요일. 기요 앙리가 왕실 전속 감사관 앙투안 드 피에르 비브에게서 구입한 크레뫼 님(앙리 일족의 한 사람)의 저택에서, 위그노가 공공연히 설교를 하기 시작했다. 저택 구내에 있는 자크 알리에의 집에서이다. 이 자크는 일찍이 게오르크 오브레히트 밑에서 일했으며, 클로드 다뤼의 미망인과 결혼한 사나이이다. 이상의 인간들은 모두 위그노 패거리들이다…….
>
> 10월 4일, 그들은 놀랍게도 생피에르 묘지(조감도18)에서 설교를 하여 사람들의 빈축을 샀다. ……마르탱 퐁퀴스(나사상인)는 롱 가의 집을 개혁파의 교회로 쓰라면서 그들에게 내주었으며, 10월 11일인가 12일부터 예배가 시작되었다. 몽블리에 출신의 뤼피라는 자(1565년에 시외로 추방된 목사)가 설교를 했는데, 이놈은 이마와 두 어깨에 회초리와 백합꽃을 단 몰

골로 자기 아버지는 가짜 돈을 만든 죄로 화형을 당했느니, 우리는 사도들이라느니 하고 미친 소리로 설교를 했다. 18일 토요일, 성루가축일에는 400명이 넘는 사람들이 나왔다. 하느님, 불쌍히 여기소서.

이 무렵 파리 교외 푸아시에서는 신구 양파의 회담이 이루어져 개혁파가 인정을 받는다. 개혁파에서는 테오도르 드 베즈가 참석하고 있다. 이를 이어 리옹에서는 소 백작 프랑수아 다그가 총민정관에 임명되어 유화책을 추진한다. 게로는 그가 "훌륭한 인물이며 현명하고 선한 가톨릭교도로 평판"이 났다고 표현하고 있으나, 가톨릭 강경파에서는 위장한 칼뱅파가 아닌가 하고 의심했다(사실 그는 곧 신교로 개종한다).

리옹 개혁파의 집회는 프란체스코 수도회 수도원 서쪽의 라제네랄 저택에서 열렸다. 앞서 말한 뤼피 등 목사 두 사람이 열변을 토했다. 뤼피도 그렇지만, 리옹에서 설교와 성서 강독을 한 목사(1560~72년까지 32명)는 모두 외지인들이다.[2)]

출판계에서도 앙투안 뱅상, 가비아노 형제, 장 드 투른, 발타자르 아르눌레 등 다양한 인물들이 얼굴을 내밀었을 것이다. 이 책에 자주 등장하는 거물들과는 별도로 직공들도 참가했을 것이 분명한데,[3)] 앞장선 것은 어디까지나 거물들이었다. 그런데 리옹의 엘리트 상인들은(일기의 작자 게로도 그 가운데 한 사람이다) 위그노를 기술자나 직공과 동일시하여, 집회에서 명사의 모습을 발견하면 아연해했다.

푸아시 회담(1561)

법률상으로는 개혁파의 예배가 아직도 도시의 성 밖에서만 허용되었다. 그래서 소 백작은 뱅상, 가비아노, 다뤼 형제, 프랑수아 데구트(나사상인) 같은 명사들을 불러 설교의 중지를 명령했으나 헛일이었다.

그래도 몇 가지 위그노에 대한 대책이 실행에 옮겨졌다. 여관은 숙박객 명단을 제출하도록 정해졌다.[4] 또 손 강 다리의 문과 생세바스티앙 문에는 화승총부대가 배치되었다. 그러나 가장 중요하다고 여겨지는 무기의 관리와 검사는 충분히 이루어지지 않았다. 자유시장을 표방하는 도시에서 그런 일이 실행될 턱이 없었다. 개혁파의 배후인 게오르크 오브레히트는 오히려 자기 집에 무기를 두는 허가를 국왕으로부터 얻고 있는 실정이었다.

가톨릭 측이 이러한 상황에 점점 더 위기감을 부추긴다. 그리하여 12월의 시 참사회 개선(반수인 6명을 개선했다)에서는 소수파로 전락할까 두려워 신임 참사회 의원의 신앙고백까지 요구하여 집정관의 체면이 손상된다.

그러나 가톨릭 측에게는 다행스럽게도, 새 멤버 가운데 위그노는 불과 2명에 지나지 않았다. 그 가운데 한 사람은 기욤 앙리로, 리옹 제일가는 명문의 당주가 형제 장과 함께 개혁파로 간 것이었다.

나머지 한 사람은 앙리 드 가비아노. 그와 발타자르 2세는 형제가 함께 서적상을 승계했다. 앙리는 마찬가지로 유력한 서적상인인 위그 드 라 포르트의 딸 안과 1555년에 결혼하여, 리옹 서적상 컴퍼니 내에서 결속을 굳히고 있었다.

장 게로는 생니지에 교회에서 거행된 이 결혼식에 "지난 10년, 아니 20년 동안 일찍이 보지 못한 많은 사람이 모였다"고 써서 그 성대함을 강조하고 있다. 실은 드 라 포르트의 처 잔은 이 일기 필자의 사촌누이였던 것이다.

그런데 이 가비아노 집안에서는 앙리와 발타자르, 두 사람이 후년 제네바로 달아나는 데 비해, 배다른 동생인 위그는 가톨릭 강경파로 남는다. 1569년 다시 입시세 징세가 필요했을 때, 위그는 그 대책으로 위그노의 재산을 몰수하자고 제안하기까지 한다.

한편, 문제의 신앙고백에 관한 것인데, 한 사람을 제외하고 전원이 이를 거부했다. 가톨릭 보수파인 자크 르뇨만이 신앙고백을 한 것이다(이듬해에 칼뱅파가 리옹을 점령한 날, 궁정에 파발꾼을 급파한 인물이다. 르뇨 집안은 서적상 컴퍼니의 일원인 기욤을 포함하여 전원이 가톨릭측에 남는다).[5)]

성탄절 전날에 왕명이 도달했다. 개혁파는 시외로 물러가게 되었다. 26일, 위그노가 라제네랄 저택에서 여느 때처럼 예배를 보고 있을 때, 어린애들이 돌을 던지는 바람에 큰 소동이 벌어졌다. 권총과 칼이 뒤섞여서 난무한 끝에 사상자가 생겨난 것이다.

그런데 체포된 것은 "소 님의 편파적인 조치로 나쁜 놈들 쪽이 아니라 충실한 가톨릭교도" 쪽이었다고 한다. "숨기고 있었으나 총민정관은 완전히 놈들의 일당이었던 것이다"라고, 이번에는 게로도 분개하고 있다. 28일에야 개혁파는 시외에 집결하는데, 그 사건을 전하는 이 나사상인의 필치는 불안과 초조에 차 있다.

28일 일요일, 죄없는 영아 순교의 날. 위그노는 전원 (시외의) 라교티에르에 집합하라는 지령이 내려졌다. 설교는 세 번 행해졌으며, 감시를 위해 내보낸 자의 보고에 의하면, 약 3천 500에서 4천 명이 모였다고 한다. 그 가운데 300명쯤은 말을 타고 있었으며, 눈에 크게 띄어 가톨릭교도들의 조롱을 받았다. 아침부터 쉴새없이 비가 내려, 그들은 마치 돼지처럼 추하고 보기 흉한 몰골을 하고 있었기 때문이다. 신앙이 두터운 사람들은 그들이 많은 사람들을 매수했다고 말한다. 위그노들이 시내로 돌아온 것은 11시쯤이었다.

다음주, 위그노는 '붉은 집'이라고 부르는 저택에서 '악마적인' 미사를 올렸다고 한다. 가톨릭측은 그들 속에 밀정을 들여보내기도 했다.

그런데 전에 라블레가 근무한 시립자선병원의 기록에 의하면, 입원환자의 6할이 외지인, 말하자면 리옹 출신자가 아니었다. 리옹 개혁파의 내역도 이 숫자와 기묘하게 부합한다.

데이비스 여사에 의하면, 1550~75년에 걸쳐 출신지가 판명된 프로테스탄트(단, 남성만) 가운데 리옹 출신자는 32퍼센트, 리오네 출신은 7퍼센트에 지나지 않는다.[6)] 다시 말해서 위그노의 8할은 타지방 사람인 것이다.

이 도시는 16세기에 들어와서 급속한 발달을 이루어 사람들을 끌어모았으니, 유입 인구의 비율이 높은 것은 당연하다. 그러나 특히 빈민과 병자와 개혁파는 외지인인 경우가 많다.

극단적으로 말하면, 리옹 르네상스는 개혁파 운동 또한 내부로부터 일으키지 못하고 단지 매개자로서 무대를 제공했을 뿐이다. 그러기에 '축제와 반란'의 르네상스가 끝난 뒤의 리옹은 더욱 쓸쓸하다.

폭력과 약탈의 60일

1562년 1월 17일, 샤를 9세가 파리 교외의 생제르맹앙레에서 서명한 칙령은 관용 칙령의 전형으로 알려져 있다. 그 주된 내용은 다음과 같다.

- 도시 성 밖에서의 낮 예배를 허용한다.
- 귀족 이외는 무기 소지를 금한다.
- 개혁파 교회의 건립을 금한다.
- 십자가, 성상 등을 파괴하는 자는 용서 없이 극형에 처한다.
- 인원 등의 동원과 모금을 금한다. 자발적인 기부는 허용한다.
- 축제, 혼례 등에서는 종래의 관습을 따라야 한다.
- 미사성찬에 대한 부정적인 언사를 엄금한다.
- 중상적인 격문이나 소책자를 인쇄, 판매, 유포시킨 자는, 초범은 태형, 재범은 사형에 처한다.

『종교전쟁 칙령집』[7)]이라는 편리한 책에 이 칙령의 조문이 실려 있다. 그것을 보면 "예배, 설교를 하기 위해 도시 안에 모이는 것은 공사(公私)와 주야를 불문하고 금지한다"라고 하고 있어서 한순간 얼떨떨해진다. 왜냐하면, 상당히 상세하고 신뢰할 수 있는 역사서에는 이 '정월 칙령'으로 "성벽 안이라도 개인 저택 내에 한하여 집회를 허가했다"고 씌어 있기 때문이다. 사실 이것은 그 다음달 이 칙령이 자문을 거쳐 포고용으로 14개조로 정리될 때 부가된 조항이라고 한다. 법적 절차의 번잡함을 엿보게 하는 좋은 예이다.

어쨌거나 시내에서 예배와 설교가 처음으로 공인되었으니, 개혁파가 그 실시를 요구한 것은 당연한 이치일 것이다. 즉각, 『리옹의 정의에 걸맞는 거룩한 방위에 대하여』[8]라는 무기명의 소책자가 저술되어 '신의 아이들'에 대한 박해를 그만두고 개혁파 신앙의 실천을 허가하라는 호소가 나왔다.

한편 이탈리아 상인들에게는 무엇보다도 장사가 제일이었다. 그들은 질서와 안정을 바라면서, 가톨릭 시민군 편성에 즈음해서는 참사회에 많은 헌금을 자청하는 등 필사적이었다.

이렇게 보니, 가톨릭 대 프로테스탄트의 패권 다툼 뒤에는 독일 상인과 이탈리아 상인의 이해가 대립하는 구도가 숨겨져 있었던 것이다.

그래서 피렌체 국민단은 포사노(피에몬테 지방)에서 급히 생앙투안 수도회의 포세비노 수사를 불러왔다. 그는 콩포르 교회에서 이탈리아어로 열렬한 강론을 했다. 그리고 이윽고 예수회의 에드몽 오제를 도와 가톨릭의 대의를 위해 활약한다.

"그는 이단자와 위그노를 반박하는 소책자를 만들기 위해서 왔다"며, 일기의 작자도 포세비노의 도착을 환영하고 있다. 수사는 아이들을 모아 가톨릭의 가르침을 알기 쉽게 일러주었으며, 이를 "소책자로 만들어 생앙투안 교회 근처의 미셸 주브 공방"에서 인쇄한다.

미셸 주브는 관제 인쇄물, 주교좌 · 예수회 관계의 책을 도맡아서 만든 업자이다. 이 소책자는 아이들과 희망자들에게 무료로 나누어주었다고 한다.

그런데 4월이 되자 왕권은 전날의 말을 뒤집는다. 이 관용 칙령 고지서를 반송하게 하는 한편, 시내에서 예배를 인정한 조항이 기재된 시 기록보의 해당 페이지를 폐기하라고 명령한 것이다. 유화책을 취한다면서 이처럼 우유부단하고 의심이 심해서야 개혁파도 잠자코 있을 턱이 없었다.

부활절은 피에 젖은 축일이 되었다. 게로에 따르면, 위그노가 떠들기 시작하고 사망자가 한 사람 생겼다고 한다. 우안의 생테루아 교회 앞에서도 양쪽이 대치하여 일촉즉발이었으나, 가톨릭 측의 자중으로 무사했다고 한다. 또 그 다음 4월 1일에는 근처의 생폴 정육시장에서 위그노의 피혁공이 가톨릭의 새고기 장수의 팔을 자르면서 큰 소동이 일어난다. 하루하루 시내가 소연해지고 있었던 것이다.

아니, 리옹뿐 아니라 온 왕국 안이 무언가 불온한 공기에 싸여 있었다. 장 게로는 한 마디도 언급하지 않았지만, 샹파뉴 지방의 바시에서는 신교도 학살사건이 일어났다. 3월 1일 일요일, 시내 곡물창고에서 설교하던 개혁파가 기즈 공 일당의 습격을 받아 50명 이상이 살해된 것이다. 이것이 이른바 제1차 종교전쟁의 발단이다.

"왕국 안에서 거대한 도화선이 점화된 거나 같다"고 역사가 미

바시의 학살 (1562)

슐레는 멋지게 표현하고 있는데, 그는 이 사건을 그린 민중 판화야말로 이 장르 삽화의 원조라는 흥미로운 지적을 하고 있다.

> 도처에서 이 사건을 그린 판화가 인쇄되었는데, 그 작품들은 매우 통속적이고 강렬하여 소름이 끼치는 것이었다. 이 판화는 독일인에 의해 즉각 복사되고 모방되었다. 그리하여 역사적 사건을 전하는 일러스트레이션이라는 새로운 장르가 시작된 것이다. 이것은 문자로 씌어진 그 어떤 비방문서보다도 강력한, 그림에 의한 비방문서인 것이다.
>
> • 미슐레, 『프랑스 역사』

이리하여 먼저 루아르 강변의 투르, 블루아, 앙제에서 불이 붙었다. 이어 종교전쟁이라는 이 맹렬한 불길은 노르망디 혹은 랑도크 등으로 번져나갔다.

개혁파가 리옹을 점령하는 날도 다가오고 있었다. 4월, 화승총부대 이외에 300명의 방위대를 조직하는 결정이 내려진다. 그러나 게로는 "우리 시 당국의 동의 없이 그 혐오스러운 총독이 허가를 해주어 매월 3수의 이 일이 위그노에게 할당되어버렸다. …… 공금으로 그리스도교를 바탕으로 하는 공화국에 적대하는 반란군을 고용하다니, 가톨릭 신앙의 불구대천의 적을 고용하다니"라고 적어, 시 참사회의 책임을 엄하게 문책하고 있다. 내가 가진 다른 사료(국왕에게 보낸 서간)에서는 양쪽 세력의 균형을 고려한 대책을 이야기하고 있다. 시민군 500명을 배속시키는데, 가톨릭측은 300명을 내어 시문을 경계하고 개혁파는 200명으로 예배 때에 대비한다는 것이었다.

4월 22일 수요일. 밤 10시, 시청사에 배치된 위병대의 한 사람으로 보초를 서고 있던 인쇄공이, 생니지에 교회 광장의 소나무골목 앞에서 화승총 사격을 받아 살해되었다. 머리에 명중했는데, 소문으로는 그 소나무숙사에서 총탄이 발사되었다고 한다.

•『장 게로의 일기』

위그노의 리옹 점령은 인쇄공이 살해된 지 1주일 후의 일이었다.

그르노블 교외의 데자드레 영주로 프랑수아 드 보몽이라는 귀족이 있었는데, 개혁파의 명목상 영수인 콩데 공(왕위계승권을 가진 친왕의 한 사람)과 손을 잡고 있었다. 리옹의 개혁파는 이 두 사람과 그 맥이 통해 있었다. 데자드레는 4월 27일 발랑스 시를 탈취하고 자고 있던 도피네 지방 총독대리 라 모트 공드랑의 목을 베어 저승으로 보냈다. 그리고 다음다음날, 그의 뜻을 따르는 자들에 의해 리옹은 점령된다.

일찍부터 공모를 거듭해왔고 이제 리옹 시장관(소 백작 프랑수아 다그)의 배신까지 더해져, 다음날을 예정하고 있던 위그노들은 1562년 4월 29일 수요일 심야 1시, 마침내 봉기하여 손강 양안의 각처를 점거했다. 이어 생니지에 교회 앞 시청사내의 위병초소를 습격했다. 위병은 모두 4, 50명에 지나지 않았으나, 2,300명을 헤아리는 위그노 군 앞에서 용케 버티었다. 하지만 위그노가 생니지에 교회에 들어가 종루의 지붕 위에서 (화승총으로) 시청사를 향해 맹사격을 가하자, 전의를 잃은 병사들은 부득이 퇴각하지 않을 수 없었다.

이것을 본 위그노는 롱 가 쪽의 문 정면에 있는 바르텔레미 보네르(전투적인 위그노로서 암약했다)의 집 안마당에서 대포한 문을 꺼내어 생니지에 교회의 정문에 집중포격을 가하여, 마침내 시청사를 수중에 넣었다. 그들은 화승총을 3,400발 이상 쏘아댔으나 사망자는 3, 4명에 지나지 않았다.

시청사를 제압한 뒤, 다릿목과 환어음광장을 지키고 있던 자들이 생테루아 교회(조감도13, 손 강 우안의 세관 앞)의 위병을 습격했다. 수가 너무 많아 세부족이라, 원통하게도 우리 위병대는 무기를 버리고 항복하는 수밖에 없었다.

대장의 한 사람인 프뇌유 님(클로드 프뇌유, 시의 명문 일족)은 통분을 못 이겨 자기 창을 꺾어버렸다. 또 시청사 위병대장장 뒤 페이라 님(이 또한 명문 출신의 경기병 대장으로 루이즈 라베가 작품집을 증정한 친구 클레망 부르주의 약혼자였는데, 결국 전사한다)도 포로가 되어, 앞서 말한 바르텔레미 보네르의 저택에 감금된다.

• 『장 게로의 일기』

다시 점령군은 론 강 다리의 문과 그 개폐교, 랑테른 시문 등을 제압했다. 그리고 프란체스코 수도회, 도미니쿠스 수도회 같은 수도원, 생니지에 교회, 생피에르 교회 등으로 몰려가 수사와 성직자를 쫓아내고는 성상을 부수고 십자가를 불태웠다고 한다. 또 피에르 시즈의 성관을 여느 때처럼 감옥으로 사용했다(조감도 5 · 10).[9)]

그리하여 리옹은 제2의 제네바가 되었다. 다음날 30일, 생장 대성당 참사회는 소 백작의 도움을 얻어 저항을 계속하려고 했으나, 오히려 위그노에게 대포를 빼앗겨 그것으로 공격을 받아 결국 성유물을 들고 후퇴한다. "갑옷을 입고 권총을 손에 쥔 목사 뤼피가 생장 교회에 들어서자 승리의 기쁨을 노래하는 대합창이 시작되었다"고 한다.

5월에 들어서자 데자드레가 도착하여 전제(專制)를 자행한다. 그는 약탈을 못하게 하기는커녕 장려하기까지 했다고 한다. 파라댕이 성 이레네의 머리를 자기 집 마루 밑에 숨겨 끝까지 지켜낸 경건한 가톨릭교도인 이발사 외과의의 미담을 소개하고 있으니, 무사한 보물도 많았던 것이 틀림없다(다른 역사책은 해부를 구실로 들고 나왔다고 설명하고 있다). 데자드레가 리옹을 떠난 7월까지, 시내의 주요 교회와 수도원은 심하게 파괴되고 약탈당했다. 나중에 앙투안 카롱(Antoine Caron, 1515년경~93, 샤를 9세와 앙리 3세 재위기간 동안 활동한 화가-옮긴이)파의 화가가 이 약탈 광경을 그림으로 그렸다.[10)]

특히 생장 대성당의 피해는 아주 심했으며, 오늘날에도 성당 앞 광장에 서서 정면을 올려다보면 그것을 알 수 있다. 원형 부조

카롱파 화가, 「프로테스탄트의 리옹 점거」, 역사 · 마리오네트박물관

같은 정면 장식은 거의 다 벗겨지고 없다. 그들에게 장식은 아마도 금욕의 반대개념이었던 모양이다. 위에 올라가본 적은 없지만 종루도 어딘지 이상하다. 도판을 보니, 한 위그노가 박공지붕 꼭대기의 성자상을 부수고 있다. 그런데 이 교회는 세례자 성 요한의 손가락을 보물로 자랑하고 있었는데, 이 성유물은 무사했을까?

그들은 또 손 강 상류에 조용히 자리한 바르부 섬에도 들이닥쳤다. 거기에는 예수가 사도들에게 피의 성사를 준 잔, 성 안나의 유해 등 많은 (개혁파에 의하면 의심스러운) 성유물이 있었으며, 칼뱅도 이에 대해 다음과 같이 비난했다. 하지만 사제들이 성상과 성유물을 재빨리 옮겨놓았기 때문에 이들 보물은 난을 면했다고 한다.

> 그러나 가장 어처구니없는 보물은 리옹 부근의 노트르담드릴 교회에 있는 사도들의 손가락 열두 개이다…….
>
> 그들은 또 십자가에 달린 우리 주의 옆구리를 찌른 병졸을 성인의 반열에 올려 성 롱기누스라고 불렀다. 그들은 그에게 세례를 베푼 뒤 두 구의 유해를 만들었는데, 하나는 만토바에 있고 하나는 리옹에서 가까운 노트르담드릴 교구에 있다.[11)]

시내의 교회를 다 파괴한 그들은 이웃 마을을 돌아다니며 "소교구 교회와 수많은 성상, 게다가 길가의 십자가까지 모조리 부셔버렸다"고, 게로는 비분강개하고 있다. 이 같은 파괴와 약탈에 대해 데자드레는 무신경이라고 할까, 아니, 오히려 장려한 기미마저 보인다.

제네바의 종교개혁자의 명예를 위해서 한 마디 덧붙여둔다면, 이 같은 약탈의 소식을 들은 칼뱅은 즉각 다음과 같이 편지를 써 보낸다.

> 그러한 흥분상태에서 지나친 행동으로 나아가지 않도록 자제하기란 곤란한 일이므로, 원래는 그것이 바람직스러운 일입니다만, 여러분이 단단히 고삐를 잡지 못한 것을 우리는 너그럽게 보겠습니다. 그러나 도저히 참을 수 없는 일도 상당히 있었으니, 이에 대해서는 본의가 아니나 엄하게 적지 않으면 안 되겠지요.
>
> ……목사라는 자가 병사나 대장이 된다는 것은 적절한 행위가 아닙니다. 설교단을 떠나 무기를 잡는다는 것은 언어도단입니다. ……생장 교회에서 약탈한 물품이 경매에 붙여져서 112 에퀴에 낙찰되었다는 말을 듣고, 지난날의 상처가 다시 입을 벌려버렸습니다. 병사들에게는 한몫 나누어주겠다는 약속까지 했다고 하지 않습니까.[12)]
>
> (1562년 5월 13일)

개혁파를 받든 리옹의 명사들 역시 결코 폭력을 긍정한 것은 아니며, 신중했다. 그들은 제네바의 칼뱅뿐 아니라 개혁파가 옹립한 콩데 공의 지지도 얻을 필요가 있었다. 그래서 국왕이 보낸

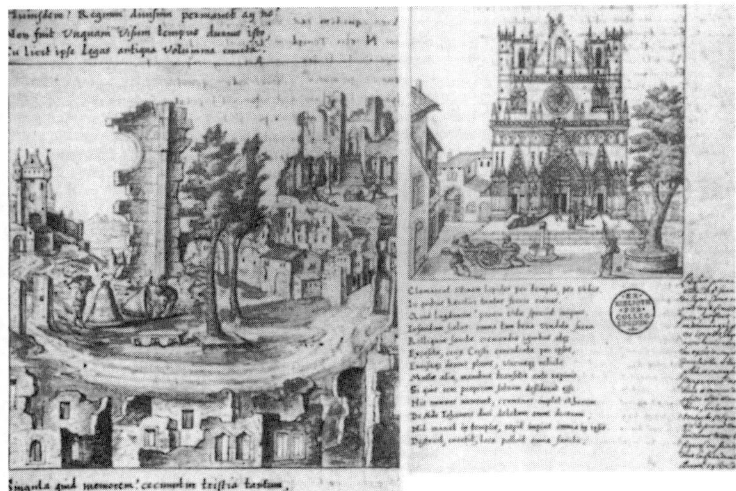

리옹의 성상파괴
생티레네 교회 등(왼쪽)과 생장 교회(오른쪽)

짐을 마음대로 끌러서 편지를 찢어 손 강에 던진다든가, 몽브리종에서 병사들이 세운 창의 숲 위로 포로들을 잇달아 집어던져 찔려 죽게 한 지휘관을 그냥 둘 수 없었다.

7월, 두 달간에 걸친 폭력과 약탈에 종지부가 찍혔다. 콩데 공이 데자드레를 추방하고 수비즈 공(장 드 파르트네)으로 바뀌친 것이다.

정화된 도시

신의 말씀 한 마디로 시내는 깨끗이 정화되고
모습이 바뀐 그 순간에, 독사 같은 인간들은 나는 싫다며 물러났네.
• 당시 불리던 노래

프로테스탄트는 즉각 개혁파 교회위원회를 조직했다. 위원장은 전 느베르 주교로 개혁파에 가담하여 제네바에 망명해 있던 자크 스피팡이다. 서적상 가비아노, 향신료상인 피에르 나다르, 그리고 물론 오브레히트, 다뤼 형제 등 외국인의 면면도 보인다.

종래의 재판소 대신 "정의 실천을 위한 재판의 자리"라는 자못 엄격 그 자체 같은 명칭의 사법기관이 설치되었다. 피에르 글로리에가 초대 장관에 취임하여 시민대표를 시청사에 소집했다.[13] 세속의 조직으로서 가장 중요한 것은 역시 시 참사회였으므로, 그 직위를 둘러싸고 신구 양파가 대립하여 의견이 분열되었다. 글로리에는 새로이 다음에 열거하는 개혁파 12명을 시 참사회에 추가하자고 제의했다. 괄호 안에 그들의 그 후를 적어두지만 제네바로 망명하거나 회심하거나 살해되는 등 다양하다.

손 강 우안-클로드 로랑생(호상, 견직물업자, 유수한 명문 출신, 문인이기도 하다, 1568년 가톨릭 복귀), 레오나르 푸르나스(나사상인, 그 후는 알 수 없음), 장 콩브(금속 등을 취급하는 상인, 호상 장 카뮈의 사위), 브누아 세브(상인, 1568년 제네바로 망명), 레오나르 메로(상인, 리옹의 학살 때 희생됨), 장 드 로브(?).

손 강 좌안–클로드 센통(호상으로 서적상 컴퍼니의 멤버였으며 그 뒤에는 제네바로 망명), 장 드 라 포르트(서적상 컴퍼니 중심인물 위그의 동생으로 형을 도와 서적상을 경영했으며, 생쥐스트 수도원 약탈의 선두에 섰다고 하며 그 후는 알 수 없음), 클로드 가파용(호상, 견직물업자로 제네바에 망명했다가 귀국), 피에르 세브(환전상으로 제네바에 망명 후 아마도 귀국한 듯), 장 베진(상인, 그 후는 알 수 없음), 앙투안 패랭(나사상인으로 1568년 제네바에 망명).

이 제안은 채택되어 참사회 의원수는 단번에 배가 된다. 그러나 실제로는 가톨릭 측 멤버가 곧 도시를 떠나기 때문에, 연말에는 12명의 개혁파가 정식으로 참사회 의원에 선출된다.

마지막으로, 파문권을 쥔 개혁파의 사법기관인 장로회의에 대한 것이다. 피에르 비레 등 5명의 목사 이외에 50명 이상의 속인이 장로회의의 멤버였던 것으로 밝혀져 있다. 다만 제네바와는 달리 이 도시에서는 장로를 감독이라고 불렀다. 앞서 언급한 참사회 의원들은 대개 이 자리도 겸했는데, 뭐니뭐니 해도 눈에 띄는 것은 출판계 사람들일 것이다. 앙투안 뱅상, 장 드 투른, 바르텔레미 드 가비아노, 장 프렐롱, 세바스티앙 오노라, 파리에서 박해를 피하여 도망쳐와 비레의 저작 같은 것을 내게 되는 클로드 라보 같은 이들이 바로 그들이다.

독사 같은 인간들은 물러났다네

본바닥 제네바에서는 방에 성상을 장식해놓았거나, 결혼식에서 춤을 추었거나, 나이 70에 25세의 청년과 결혼했거나 하는 등의 사소한 일로 사람들은 장로회의에 불려가 견책을 받았다. 창부라고 귀를 잘린 여자도 있었다. 리옹의 감독도 틀림없이 이러한 방침을 가지고 임했으나, 엄격주의가 침투하기에는 점령기간이 너무나 짧았던 것 같다.

그런데 인쇄장인들은 시의회에조차 자기들의 대표를 들여보내지 못했다. 부루퉁해진 그들이 개혁운동에서 떨어져 나왔다고 해도 이상할 것은 없다(인쇄업이라는 직종이 대표를 보낼 수 있게 되는 것은, 개혁파의 망명 러시가 계속되는 1568년의 일이다).

사회계층의 테두리를 재구성하는 데서는, 개혁파는 그 이름과는 반대로 보수적이었다고 할 수 있을 것 같다.

이리하여 새로운 지배체제가 일단 갖추어졌다. 총명하고 설교를 잘하는 비레가 칼뱅의 동의를 얻어 리옹에 나타났다. 그런데 참사회 의원은 고사하고 학교교사에게까지 신앙고백을 요구하는 등, 그는 신권정치 성향이 너무 강했던 것 같다.

이윽고 가톨릭의 미사가 금지된다. 시내 교회는 개혁파의 예배용으로 바뀌고, 라샤나 양육원의 고아들은 수요일과 일요일, 한 주에 두 번씩 설교에 동원되었다. 또 생트카트린 여자고아원에는 개혁파의 여교사가 파견되었다. 가톨릭 측 고아는 한때 라데제르트의 수녀원으로 옮겼다(조감도13).

6월의 성체축일에는 이제 행렬이라고는 보이지 않았다. 그러기는커녕 생쥐스트 수도원이 파괴되기까지 했다(조감도1). 또 그 금욕적인 윤리에 따라 "견사나 우단을 사용한 바지는 만들지 말라"는 사치금지령까지 내려졌다. 이것은 자선회에도 영향을 미쳤다. 견직물 공장의 고용살이로 가던 고아들이 이른바 파면을 당하여 자선회로 되돌아온 것이다. 그래서 그들 고아들도 시벽 보강 공사장 같은 일에 동원되었다고 한다.

일요일에는 모든 노동이 엄격히 금지되었다. 각 배급소에 자선빵을 배달하는 일까지 토요일로 앞당겨졌다니, 매우 극단적이었다. 리옹 자선회는 확실히 내부 빈민/외지 빈민, 건강한 빈민/병든 빈민이라는 잣대로 빈민을 구별하여, 차별 없는 자선이라는 중세의 제도에 제동을 걸었다. 그러나 개혁파의 자선에서는 빈민이 신앙이라는 체로 걸러졌다.

"대식가, 주정뱅이, 게름뱅이, 교황 숭배자, 폭도"는 배제되었다. 그리고 "품행, 신앙, 설교 참가"와 같은, 좁은 문을 들어간 빈민에게만 증명서가 주어졌다. 게다가 개혁파에는 이탈리아인 상인에 필적할 만한 자금적 배경이 없었다. 개혁파 자선회가 단명한 것도 무리가 아니었다. 그들은 말하자면 초당적으로 만들어진 자선 시스템을 인정하는 수밖에 없었던 것이다.

신교도들의 점령 종결 후인 1564년, 법령과 토판 전문서점인 브누아 리고 서점에서 자선회 운영에 관한 국왕의 지시가 출판된다. 종교를 불문하고 시혜와 고아 양육을 할 것, 고아원의 교사는 가톨릭교도에 한할 것, 자선회의 이사 12명 중 개혁파의 한도를 4명까지로 할 것 등이 규정되어, 빈민구제제도는 다시 원래 궤도를 계속 달리게 된다.

앞에서 언급한 바와 같이, 1562년 7월에 이르러 콩데 공은 무력투쟁파인 데자드레를 경질하고, 외교적 수완이 확실한 수비즈를 내세운다. 그는 먼저 도시의 방위를 공고히 했다.

원래 시의 높은 사람들도 리옹의 좁고 꼬불꼬불한 골목은 큰장이 서는 상업도시로서는 어울리지 않는다고 생각하고 있었다. 그러한 생각이 포용력과 모순을 내포한 가톨릭적 공간을 부정하려는 개혁파의 의지와 결부된다. 그리하여 9개의 소교구로 짜여진 도시의 '거룩한 신체'에 메스가 가해졌다.

먼저 손 강 우안이 방위상 약점이었으므로 그 요새를 보강하고, 방위상 장해물이 되는 가옥들을 철거해 새로 길을 냈다. 생쥐스트 교회는 완전히 파괴되고, 트리옹 시문(조감도2)에서 파르주 시문까지는 흙으로 대로가 만들어져서 급할 때 대포를 운반할 수 있게 했다.

생장 대성당 앞은 조감도에서도 알 수 있듯이 안마당처럼 되어 있었는데, 이것이 헐려 광장답게 되었다. 생바르텔레미 거리, 가리앙 거리(조감도8)와 같은 가파른 비탈길도 확장되어 편리해졌다. 그러나 그렇기는 해도 이 근처 골목은 여전히 복잡하며, 오늘날에도 리옹의 명물인 터널 모양의 샛길인 '트라불'이 의외로 남아 있다.[14] 뭐니뭐니 해도 이 언저리는 가톨릭의 성역이었으니 "도시의 꼬불꼬불하게 굽은 주름"(보들레르)이 보존된 것이다.

또 생폴광장 주변(조감도13)도 묘지 같은 것이 철거되어, 현재의 생폴광장의 전신 같은 것이 만들어진다. 생테루아 교회와 자선원도 해체되고 입시관세사무소 앞에는 공간이 만들어졌다. 그리고 부르뇌프, 셀레스탱 강변이 정비되었다고 한다.

다음은 손 강 좌안 반도인데, 특히 생니지에 교회 주변에서 손 강 다리 앞에 이르는 곳이 복잡해서 큰장이 설 때면 혼잡이 심하여 구획정비가 필요했다. 개신교가 '교회의 시간'보다 '상인의 시간'을 중시했다고 해도 어긋나는 말은 아닐 것이다. 여기서도 묘지를 개장하고 교회 앞 방해되는 가옥을 철거하여 광장을 만든 것이다.

또 벨쿠르(조감도6)의 둘러쳐진 땅이 정지되어 콩포르 교회까지 똑바로 길이 나서 군대가 대오를 짜고 지나갈 수 있도록, 또 왕래하는 짐마차가 동시에 지나갈 수 있도록 했다. 이 도미니쿠스 수도회의 회랑이 철거된 자리는 한때 병사들의 마구간으로 사용되었으나, 곧 목사들과 그 아내들이 살게 되었다.

막다른 골목이었던 삭구가게 미녀 거리(조감도11)도 이를 계기로 벨쿠르 방면으로 빠져나갈 수 있게 된 모양이다.[15)] 이런 공사를 위해서 시내의 석공과 목수가 강제로 동원되었다.

그런데 장 게로의 일기는 이 도로확장에 관한 내용(1562년 6월 5일)을 끝으로 갑자기 끝난다(제3장 참조). 어째서일까? 그 얼마 전부터 수출세 감독관의 요직에 있던 그는 그 자리마저 버리고 다급히 망명한 것이다. 이듬해에 그는 부르강브레스(리옹 북동쪽 60킬로미터)에 흔적을 남기고 있으나, 그 후는 행방이 묘연하다. 무사했다면 가톨릭 복권 후의 리옹에 기꺼이 돌아왔을 것으로 여겨진다.

이리하여 개혁파의 점령이라는 비상사태 덕분에 도시 리옹은 그 용모를 새로이 할 수 있었다. 프로테스탄트는 교회의 장식을 뜯어 없앤 것과 같은 논리로, 도시 공간에서 불필요한 것을 제거함으로써 신비가 지배하는 꼬불꼬불한 골목을 소멸시키려 했다. 그렇게 정화된 거리에서 이런 노래가 만들어졌다.

> 경조 부박한 이 도시, 옛날에는 어딜 가나
> 우상숭배에 고리대금업, 창녀와 노는 일 세 박자뿐,
> 신부와 장사치가 무수했으나,
> 신의 말씀 한 마디로 시내는 깨끗이 정화되고
> 모습이 바뀐 그 순간에,
> 독사 같은 인간들은
> 나는 싫다며 물러났네.

그러나 아무튼 배꼽이 되는 셈인 광장이 없었던 이 도시에도 그럭저럭 모양을 갖춘 공간이 탄생했다. 따라서 가톨릭 세력 복귀 후에도 도시 경관의 미화라는 외과수술이 세속 권력의 지탄을 받지 않고 계속된 것이다.

개혁파 점령의 끝

위그노가 점령한 리옹은 가톨릭 세력이라는 대해(大海)에 뜬 고도와 같은 것이었다. 국왕 총민정관 타반(생바르텔레미 학살

주모자의 한 사람), 이어 느무르 공에 의한 포위망이 계속 리옹을 위협했다. 9월이 되자 군대가 리옹 북부 빌프랑슈쉬르손 근처까지 접근하여 포도의 수확을 방해했다.

외교 수완에 능한 수비즈는 사부아 공과 교섭하여 중립을 의뢰했으며, 소금과 교환으로 밀을 사들여 기근을 면했다. 사부아 공이 종을 6천 리브르에 샀다는 기록도 남아 있으니, 시내 교회의 종을 팔아버린 모양이다.

그리고 무엇보다도 타격을 입은 것이 리옹의 트레이드 마크인 큰장이다. 1년에 네 번 신나게 시각을 새기던 이 커다란 시계는 완전히 리듬이 틀어지고 만 것이다.

그래서 국왕은 큰장을 샬롱쉬르손으로 옮기라고 명령한다. 그러나 실제로 이탈리아 상인들은 리옹에 더 가깝고 사부아 공의 비호 아래 안전한 몽뤼엘에서 어음결제를 했다. 장 게로 같은 경건한 가톨릭 상인들은 대거 이런 도시로 도주해버린 것이다.

리옹 경제가 얼마나 심각한 타격을 받았는지는 별표의 조세수입 수치가 웅변적으로 말해준다(표15).

단적으로 말하여 시의 수입은 단숨에 4분의 1 정도로 격감한 것이다. 리옹 시의 예년 예산은 9만 리브르 정도였으나, 이 이상 사태를 맞이하여 지출이 35만 리브르로 뛰어올랐다고 한다. 프랑스인, 스위스인으로 구성된 군대의 유지비 26만 리브르, 요새 보강비 · 도로 확장비 6만 리브르가 그 대부분을 차지했다.

그 밖에 자질구레한 것으로는 손으로 젓는 전함 2척에 1천 리브르가 들었고, 분대장 50리브르, 기수 20리브르, 고적수 9리브르, 일반 병사 7리브르 10수의 월급도 지불해야 했다.

그런데 장 드 투른에 관해서는 다음과 같은 재미있는 사료가 남아 있다. 개혁파인 그는 개혁파 점령 당시 동료 서적상이자 시 참사회 의원인 앙리 드 가비아노의 부탁으로, 포티에 분대장과 그 부하 열 명쯤을 자기 집에 유숙시키는 궁지에 빠지게 된다. 그러나 그도 그만 비명을 지르게 되어 "저희 집도 대가족이고 하여 양식이 떨어지고 맙니다. ……저는 프로테스탄트로서 온갖 책임을 다 완수해왔으니, 앞으로는 아무도 기식시키지 않아도 되도록 조처해주시기 바랍니다" 하고 수비즈에게 청원했다고 한다.

이 청원이 받아들여진 것은 물론이지만, 이 사료로도 가비아노가 점령군 진영의 책임자였음을 알 수 있다. 아마도 그 밖의 인쇄 공방에도 병사들이 신세를 지고 있었을 것이다.

그렇다면, 그들은 그 방대한 자금을 어떻게 염출했을까? 회의에서는 외국인과 교회 재산에도 과세하라는 강경한 의견이 나와

표15

	1560~61년	1562~63년
입시세*	55,612	11,312
와인세**	8,810	2,700
향신료세	650	46
캠레트세(비단, 양모, 산양모의 교직물)	670	48
론 교 통행세	2,200	942

* 1리브르 당 6데니에.

** 리옹에서 6뤼 이내에서 수확된 포도로 만든 포도주에 대해서는 1통에 30수, 이보다 먼 곳의 것에는 40수가 부과되었다. 가스콩, 앞의 책, 486쪽 참조.

서 여러 가지로 토론이 벌어졌다. 그 결과 이른바 부유세라는 것을 징수하여 급한 불을 끈다는 것과, 도망치고 없는 자의 자산을 몰수한다는 결정이 내려져서 즉각 실행에 옮겨졌다.

그리하여 앙리 형제(1천 250리브르), 장 다뤼(600리브르) 등이 고액의 부유세를 부담하게 되었다. 징세관구(徵稅管區) 장관 모르뉴, 수석검사 뷔리오가 다 같이 500리브르, 이런 식으로 국왕 직속 관리에게도 과세되었다.

출판계에서는 가비아노 형제 400리브르, 가톨릭에 남아 있던 기욤 루예 200리브르(그는 100리브르씩 나누어서 지불했다) 등의 사료가 남아 있는데, 그 외는 분명치 않다. 마지막으로 루이즈 라베(그녀의 일족 가운데는 개혁파로 돌아선 자가 많으나, 그녀는 시종일관 가톨릭이었다)가 50리브르를 지불하고 있는 것도 흥미롭다.

하기야 부유세는 이름뿐으로 실제는 기술자(5~20리브르 부담)까지 포함하는 포괄적인 것이었으므로, 이 또한 개혁파에게는 마이너스 요인으로 작용했을 것이 틀림없다.

"보이지 않는 자가 언제나 나쁘다"는 프랑스 속담이 있는데, 시는 부재자의 자산을 차압하는 데 착수했다. 직물, 피혁제품, 향신료 등 차압한 상품은 생니지에 교회 대안의 켈레스티누스 수도회 수도원(조감도7)에 있는 시의 창고로 운반되었다. 그리고 제네바와 브레스 지방의 상인들에게 팔아서 5만 리브르를 마련했다고 한다.

그래도 모자라는 돈은, 이를테면 게오르크 오브레히트와 같은 거물 위그노가 빌려주었다. 뉘른베르크의 은행가 퇴펠의 대리인에서 입신했다니, 그는 요하네스 클레베르거의 후계자인 셈이다. 자선회에 많은 돈을 기부한 클레베르거가 죽음의 자리에서 가톨릭교도로서 병자성사를 받은 데 비해, 오브레히트는 개혁파 신앙을 다하여 제네바 땅에서 쓰러진다(1569년). 민켈 오브레히트 금융 그룹의 붕괴는 리옹의 독일인 상인들에게 결정적인 타격을 주었을 것이다. 이런 한편에서 리옹 개혁파 교회는 제네바 시 당국 또는 망명 리옹인들에게 자금원조를 의뢰하고 있는데, 제네바는 표면상 중립을 유지하고 있었기 때문에 생각대로 되지 않았던 모양이다. 1563년 2월, 서류상으로는 바젤이 리옹에 대부하는 형태로 300에퀴가 대출되었다. 그러나 제네바는 바젤에 이자밖에 지불하지 않았다고 한다.

제1차 종교전쟁은 기즈 공과 가톨릭의 거점인 수도 파리와, 콩데 공과 콜리니 제독이 있는 개혁파의 도시 오를레앙의 결전이었다.

두 진영이 다 에스파냐, 독일 등에서 온 원군과 많은 혼성 용병을 거느리고 있었다. 미슐레는 기즈 공 측은 1만 7천, 콩데 공 측은 1만 2천으로 그 병력을 추산하고 있다. 개혁파는 기병수에서는 앞섰으나 보병이 압도적으로 적었다. 그리고 이 해 말, 콩데 공은 샤르트르 북방의 드루 전투에서 패배하여 그 자신도 사로잡히는 몸이 되었다(12월 19일). 카트린 드 메디시스는 리옹이 "완전한 파멸과 황폐"를 피하기 위해서라도 가톨릭측에 붙으라고 편지를 보낸다. 그러나 저항은 길었다.

1563년 3월 19일, 앙부아즈의 관용 칙령이 발포되어 제1차 종교전쟁은 끝난다.

확실히 만인에게 신앙의 자유가 인정되었다. 그러나 신앙의 표현인 예배의 자유는 귀족에게밖에 허용되지 않았다. 서민은 집 안에서 기도하는 것은 문제가 없었으나, 그렇지 않으면 도시의 교회당을 찾아가는 수밖에 없었다. "영주들은 자기 저택에서 마음대로 기도하면 된다. 그러나 민중은 어떡하란 말인가? (예배할 수 있는 도시가) 지방 재판관구에 한 군데밖에 없다니. 뒤숭숭하고 불안하여 아무도 여행 같은 것을 하고 싶어하지 않는 이런 시대에, 50리나 60리를 여행해야 예배를 볼 수 있다니, 말이나 되는가." 위대한 미슐레는 개혁파 민중의 기분을 이렇게 표현하고 있다.

이것을 계기로 프랑스의 개신교는 선택된 자들의 신앙이 되어가고, 데이비스가 그 감성을 세밀히 분석한 인쇄장인들을 필두로 민중이 조금씩 개신교에서 떨어져나간다.

수비즈가 파견한 사자가, 리옹은 "복음의 개혁이라는 순수함"에 수호되고 있으므로 "로마의 종교는 금지해주기 바란다"고 호소했으나 그것이 받아들여질 리가 없었다. 그러나 사부아 공의 혈연인 느무르 공을 지배자로 모실 수는 없다는 주장은 받아들여져서, 결국 비에유빌 원수가 지배자에 임명되었다.

이리하여 6월 9일, 시 총회에서 가톨릭 성직자들의 귀환이 결정되었다. 그리고 24일, 앙부아즈의 칙령이 시내 네거리 곳곳에서 발표되었다. 몽뤼엘에 모여 있던 가톨릭교도들도 시내로 돌아왔다. 이윽고 7월 19일, 생장 교회에서 예수회 수사 에드몽 오제 신부의 집전으로 성대한 미사가 봉헌되었다. 개신교 점령시대는 종말을 고한 것이다.

가톨릭의 봄과 프로테스탄트의 가을

아름다운 가락의 혼성합창을 음악적 하모니에 맞추어서 부르는 것,
이것은 여자나 무지한 자를 신앙으로 끌어들이기 위해,
악마가 늘 사용하는 달콤한 미끼인 것이다.
• 클로드 드 뤼비, 『진실의 리옹 역사』

가톨릭은 리옹으로 돌아왔다. 그러나 앙부아즈의 관용 칙령에 의해 개혁파는 신앙의 자유가 보장되었고 시내 교회당에서 예배도 할 수 있도록 허용되었으므로, 이 상업도시는 일단 진정되는 것처럼 보였다. 제2차 종교전쟁이 시작되는 것은 5년 뒤의 일이니, 64년의 페스트 대유행을 제외하면 꽤 오랫동안 '전사(戰士)들의 휴가'가 계속된 것이다.

비에유빌 원수는 손 강 우안에서는 고아원이기도 한 라샤나, 좌안에서는 도미니쿠스 수도회와 프란체스코 수도회 등 시내 세 곳을 개혁파의 예배장소로 제공했다. 그러나 머지않아 당연한 일이기기는 하지만, 이들은 본래의 모습으로 되돌려지고 개혁파는 자체의 교회당을 가질 필요가 생기게 된다.

그래서 변두리 동네인 부르뇌프, 처형장에 가까운 테로, 그리고 천국 교회당 등 세 곳에 예배용 건물이 세워진다. 관용 칙령은 시내 교회당을 "한 군데 또는 두 군데"로 규정하고 있었으니 이례적인 일이다. 또 연말에는 신구 양파에서 6명씩 시 참사회 의원이 선출되어 균형이 도모되었다.

그런데 이 천국 교회당이 완성된 것은 1564년으로 되어 있다. 장 페리생이 그린 것으로 추정되는(1565년 무렵) 유화를 잠시 들여다보기로 하자. 내부 장식이 간소한 교회에서는 목사가 한창 성서 강의 중이다. 루터파 교회와도 다르게 이곳에는 제단조차 없다. 설교단에 모래시계가 매달려 있는 것도 자못 칼뱅파답다는 생각을 갖게 한다. 그 양쪽 옆에 커버를 씌운 자리에 앉아 있는 것은 장로들이 분명하다.

그 뒤에서 약간 조잡한 차림의 사나이가 모자를 내밀고 있다. 왼쪽 문에서 들어오는 참례자에게 적선을 청하고 있는 것처럼 보이지 않는 것도 아니나, 교회 안에서 구걸이 허용되고 있었다고 생각하기도 어렵다. 어쨌거나 목사도 신자도 당시의 습관대로 모자를 쓴 채로다.

여성은 거의가 중앙에 몰려 있다. 개혁파 남녀의 제창은 때로 에로틱한 것으로 오해를 받았으나, 실제로 그들은 자리도 서로 나뉘어졌던 모양이다.

그러나 참례자들의 복장이 훌륭한 것과 아이들이 참으로 말쑥한 것, 그리고 제일 앞줄에 정장한 남녀가 앉아 있는 것 등으로 미루어 결혼식이 거행되고 있는지도 모른다. 역시 프랑스의 개혁파는 선택된 사람들이 중심이었던 듯하다.

장 페리생, 「천국 교회당」, 1565년 무렵, 제네바대학 도서관

전사들의 휴식

이 시기, 프랑스 전국에는 700개에 가까운 개혁파 교회가 있었다고 한다. 개혁파는 확실히 성서 보급에 노력하기는 했으나 그것 역시 한계가 있었으며, 자기 집에서 성서를 펼치는 습관은 아직도 매우 한정된 계층만의 것이었던 것으로 생각된다.

또 칼뱅 자신이 예술성 넘치는 다성음곡을 좋아하지 않았고 교회의 오르간도 싫어했으므로, 원래 같으면 개혁파는 음악사와 무관했을 것이었다. 그런데 프랑스에서는 앞에서도 말했듯이 『시편』에 다성음악의 곡이 붙여져서 크게 유행했다. 클로드 드 뤼비의 증언은 그러한 음악의 마력을 여실히 말해준다.

> 프로테스탄트는 무식하고 새로운 것을 좋아하는 서민을, 그들이 다윗의 『시편』이라고 사칭한 마로와 베즈 등의 노래의 멜로디로 열심히 끌어당긴 것이다. 아름다운 가락의 혼성합창을 음악적 하모니에 맞추어서 부르는 것, 이것은 여자나 무지한 자를 신앙으로 끌어들이기 위해, 악마가 늘 사용하는 달콤한 미끼인 것이다.
>
> • 클로드 드 뤼비, 『진실의 리옹 역사』

뤼비(이른바 구교동맹의 논객)는 개혁파의 시편가 제창을, 이교도 호메로스의 세이렌이 남자를 속이기 위해 부른 노래(잘 알려져 있듯이 이 마성의 인어는 그 아름다운 목소리로 선원들을 사로잡았다)에 비유한다. 그리고 "그들은 제네바에서 유들유들하게 살이 찐 목사를 불러다가 설교에 열을 올리고, 그 양성구유의 노래[16] 화성으로 가톨릭교도들을 개종시켜버렸다"고 분석하고 있다. "사람들은 귀의 즐거움을 찾아, 마치 극장에라도 가는 기분으로 교회에 나간다"는 에라스무스의 말이 생각난다.

그런데 이 무렵, 프랑스 개혁파는 콜리니 제독의 제안으로 신대륙 식민지 개척을 시도했는데, 결국은 비극으로 끝나지만 거기서도 그들 식민단의 신앙의 증거는 바로 시편가였다. 플로리다 반도 식민지에 대한 기록에 의하면, 현지의 미개인들까지 시편가를 청했다고 한다. 그것이 인디언이 들은 최초의 서양음악이었을 것이 틀림없다.

이 "꽃피는 대지"에서 장 리보(Jean Ribaut, 1520년경~65)가 인솔한 개혁파 식민단은 에스파냐군에게 학살당하는 운명에 처하게 되는데, 그때도 그들은 모두 시편가를 부르면서 죽어갔다.[17]

'프랑스의 피렌체'가 위그노의 지배 아래 있던 시기에, 큰장은 난을 피하여 샬롱쉬르손으로 소개되어 있었다. 평화가 찾아왔으니 이제 그런 도시에서 상인들이 돌아와주어야 했다. 이 같은 청원이 이루어져서 "여름 큰장부터 어음 결제와 지불, 그리고 입시세 징수 등의 기능"을 리옹으로 옮긴다는 칙령이 내려졌다. 칙령은 즉각 인쇄되어서 여느 때처럼 브누아 리고 서점에서 발매되었다.

이리하여 리옹 상인도 돌아오고 이탈리아 상인도 돌아와서, 이 상업도시의 큰 시계는 본래대로 리듬을 새기게 된다. 시 참사회는 개혁파 점령 기간 중의 차관에 대해서 반환을 거부했다. 다만 가톨릭의 채권와, 개혁파 중에는 큰 거물 게오르크 오브레히트만이 자금을 회수하는 데 성공했다고 한다. 그러나 슈트라스부르크 출신의 이 금융가에게도 이윽고 강제 차관이 부과되어, 이탈리아인 은행가와의 승패가 판가름나게 된다.

페스트가 이 도시를 덮치고, 또 카트린 드 메디시스가 아들 샤를 9세의 '선보이기 흥행'으로서 국내 순방을 실행한 것은 이런 시기였다. 이 섭정은 "이 도시의 장래의 안전보장을 위해"(뤼비), 생세바스티앙 시벽에 요새를 구축하라고 명령한다. 요새 공사는 강행되었으며, 400명의 수비대가 배치되었다. 조감도19와 뮌스터의 『세계 지지(地誌)』 도판을 비교해보면, 얼마나 보강되었는지 짐작이 갈 것이다.

그렇기는 해도 이 시기에 그녀는 아직도 세력의 균형을 중시하고 있었으므로, 가톨릭 세력의 반대를 묵살하고 목사 피에르 비레와 회견을 하기까지 한다.

그러나 1564년 세모에 시 참사회 의원의 개선을 계기로 저울은 급속히 기울기 시작한다. 국왕의 개입으로 프로테스탄트 4명(피에르 세브 등), 가톨릭 8명(플랑드르와의 무역으로 돈을 번 제라르댕 팡스 등)이 시 참사회 의원으로 정해진 것이다. 그러나 곧 가톨릭 측의 팡스, 보르니카르 등 두 사람이 죽는다. 구교 측에서 2명이 보충된 것은 말할 것도 없다.

그런데 그것을 승인하는 데는 정원의 과반수 이상, 말하자면 7명의 찬성이 필요했다. 가톨릭은 6명이라 과반수에서 한 사람이 모자란다. 이때 돌아선 것이 피에르 세브였다. 전향의 시대가 임박했음을 예감케 하는 일이다.

그 후 한참동안 8대 4라는 세력분포가 계속되었으며, 개혁파는 오브레히트라는 강력하기 이를 데 없는 말을 들여보낸다. 한편 가톨릭 측에서도 기욤 르뇨, 클로드 플라테(모직물상인)와 같은 강경파를 선출하여, 다시 대립이 격화된다. 아울러 플라테는 개혁파의 거점인 생니지에 교회 근처에 살고 있었는데, 그것이 그를 칼뱅파에 대한 강경노선으로 이끈 모양이다.

이러한 분위기 속에서 분쟁에 싫증이 나서 회의에 나오지 않거나 투표를 기권하는 사람들이 나오기 시작한다. 카뮈 등 본바닥 리옹의 명문에 속하는 호상들이 그랬다. 서적상 컴퍼니의 중심인물인 위그 드 라 포르트 역시 개혁파에 의해 1567년 집정관으로 추천을 받았는데도, 말하자면 개혁파 운동으로부터 이탈을 선언하고 그 후 모습을 보이지 않았다는 말은 앞에서도 했다(제11장 참조).

이 책에서 자주 인용하는 『진실의 리옹 역사』의 저자 클로드 드 뤼비가 피에르 글로리에 대신 수석 검사 자리에 앉은 것도 이 시기이며, 이 법학박사는 세기말 가까이까지 그 직무를 맡는다. 1565년 여름에는 르네 드 비라그가 총민정관으로 부임한다. 그는 개혁파에 대한 압박을 강화하고 그들의 탈출을 부추긴 장본인이다.

이윽고 개혁파 내지 그에 가까운 자들이 차지하고 있던 시의 요직도 가톨릭 강경파의 입김이 닿은 자들로 교체되어간다. 그렇게 되니, 개혁파로서는 시 참사회를 보이콧하는 수밖에 도리가 없었다.

리옹 출판계의 변화

카테키슴(catéchisme)은 그리스도교 신앙에서 주로 구두에 의한 지도를 의미했다. 이윽고 이것은 어린이를 대상으로 하는 교도(教導)라는 뜻으로 한정되어서 사용되기도 한다. 어쨌거나 "교회의 가르침을 질적 양적으로 함께 체현하는 공식적인 교과서"를, 출판 역사에서는 카테키슴의 책(교리문답서)이라고 즐겨 부른다. 그리고 민중과 가장 가까이하면서 이 카테키슴 교육을 맡은 것이 예수회이다.

트루아 근방에서 태어난 에드몽 오제는 예수회에 들어가 위그노를 개종시키는 임무를 띠고 남프랑스로 파견되었다. 그전에는 피레네의 도시 파미에의 수도원 학교에서 교편을 잡았다. 아울러 영화로도 만들어진 내털리 데이비스의 「마르탱 게르의 귀환」의 무대인 아르티가 마을은, 장이 서는 도시 파미에에서는 조그만 위성 마을의 하나였다.[18] 오제 신부가 언제까지 이 도시의 예수회 학교에서 가르쳤는지는 확실치 않지만, 마르탱 게르의 사건을 잘 알고 있었는지도 모른다.

어느 날 파미에의 학교에서 이 예수회 수사는, 한 학생이 갖고 온 카테키슴의 책을 보고 깜짝 놀랐다. 그것은 『제네바의 교리문답서, 어린이들에게 그리스도교 신앙을 가르치기 위한 대화체의 답례집』, 곧 칼뱅의 저작이었던 것이다. 이는 40년대부터 제네바의 장 지라르의 공방 등에서 계속 인쇄되어 배포되어온 책이었다(물론 소르본대학 신학부는 이를 판매 금지시켰다).

암만해도 가톨릭 측은 이 시기까지도 이와 대결할 만한, 프랑스어로 된 카테키슴의 책을 갖고 있지 않았던 것 같다.[19] 오제는 칼뱅의 이 작은 책자를 문자 그대로 반면교사(反面教師)로 삼았다. 이에 대해 조목조목 반박해가면서 어린이들을 위한 교리문답을 엮은 것이다.

개혁파의 점령이 종말을 고한 1563년, 오제는 리옹으로 옮겨왔다. 이미 완성된 원고를 짐보따리 밑에 넣어 왔을 것이다. 『카테키슴 및 그리스도교 요리(要理)』는 이렇게 하여 이 해 가을에 미셸 주브 서점에서 간행되었다. 이 교과서는 곧 파리, 보르도 등에서도 발매되어 호평을 받는다.

"그는 개혁파 교회(의 카테키슴)와 거의 같은 순서를 따라가 거기서 자기에게 편리한 것을 퍼올린 거나 같다"는 목사 비레의 비평은 이 책이 만들어진 내력을 정확히 지적하고 있다. 이 점에서 프로테스탄트 측의 종교개혁은, 종교개혁에 대항하는 측에 강력한 견본을 제공해주게 되어버린 것이다.

이윽고 오제는 이듬해에 이 책을 재판하면서 "젊은이의 교육이야말로 모든 세대의 사람들을 참된 종교 감정으로 채워주는 가장 확실한 길입니다. 왜냐하면, 인간이라는 것은 어릴 때 몸에 밴 버릇이 평생 사라지지 않기 때문입니다"라는, 샤를 9세에게 보내는 헌사를 덧붙인다. 스승 이그나치오 데 로욜라의 가르침을 실천한 반종교개혁의 주역 가운데 한 사람인 그는 나중에 앙리 2세의 청문 고해신부가 된다. 페스트가 유행했을 때도 오제가 매우 정력적으로 일하여 인심을 움직였다는 말은 이미 했다. 그리고 한편에서는 그의 보좌역인 포세비노 신부가 피렌체 국민단과 관계를 돈독히 하고 상인들에게 '비지니스의 모랄'에 대해 설교하곤 했던 것이다.

그런데 리옹에는 대학도 고등법원도 없었다. 제1장에서 그 공과에 대해 상술한 바와 같다. 명사들은 대학 부재의 구멍을 조금이라도 메우기 위해서, 트리니테 전문학교라는 세속적인 교육시설을 만들었다. 1529년의 일이니, 대폭동이 일어난 해인 셈이다(조감도17). 세속의 전문학교라고는 하나, 인사에는 성당 참사회 등도 개입하여 시 당국과의 사이에 말썽이 일어나기도 했다고 한다.

까다로운 성격으로 교사들과도 뜻이 맞지 않고 아내를 학대하여 쫓겨난 자크 뒤퓌이의 뒤를 이어 학장이 된 것이 바르텔레미 아노였다. 그러나 개교 이래 교편을 잡아온 이 인문주의자도 성체축일의 혼란 속에서 살해당하고 만다(1561). 암만해도 전문학교에는 재난이 이어졌던 모양이다.

그리고 친개혁파인 학장이 1565년 페스트로 세상을 떠나자, 시 참사회의 과반수를 차지한 가톨릭 측은 이 전문학교의 관리를 오제 신부에게 맡긴다. 그 까닭은 투르농 추기경이 1536년 고향(투르농은 리옹에서 남쪽으로 80킬로미터 떨어져 있는 론 강변의 도시)에 설립한 전문학교의 관리를 위그노의 가장 강력한 적인 예수회에 위양했더니(1560) 그 평판이 세상에 자자해졌기 때문이다. 2년 후, 시 당국은 예수회와 정식으로 계약을 맺고 연 800리브르에 이 시설을 대여한다. 이리하여 예수회는 전문학교라는 최대의 전략적 거점을 리옹에 확보하게 된 것이다.

1563년 여름, 다시 말하여 개혁파의 점령이 끝나고 얼마 안 되어, 개혁파는 리옹에서 전국 교회회의를 개최했다. 물론 각지에서 많은 신자들이 여기에 참가하기 위해 모여들었다. "이단자의 성찬식 명부에는 2만 5천 명이 서명했다"고, 한 예수회 수사는 쓰고 있다.

그런데 이 신부는 "(그해의) 성탄절 후의 주일에 거행된 성찬식에는 4천 명밖에 참가하지 않았으며, 더욱이 거의가 외국인인 형편"이라고, 적의 기울어져가는 상황을 예수회 총회장에게 보고하고 있다. 이 숫자가 어느 정도 믿을 만한 것인지는 분명치 않으나, 아무튼 한때 상당한 세력을 자랑하던 프로테스탄트도 낙일을 맞이하고 있었던 것만은 확실하다.

이윽고 1567년 가을, 부르고뉴의 도시 마콩에서 개혁파가 봉기했다는 보고를 접한 피라그는 리옹의 가톨릭에게 무기를 들라고 촉구한다.

사실, 9월에 콩데 친왕은 개혁파 회의를 주재하고 그 자리에서 무장투쟁 노선을 결의했다. 제2차 종교전쟁이 일어나게 된 것이다. 콩데 공이 국왕 샤를 9세와 그 어머니를 전복시키려는 대담무쌍한 작전을 실행에 옮긴 것은 9월 26일 전후라고 한다. 격분한 카트린 드 메디시스는 유화정책의 파탄을 깨닫고 화평주의자인 대법관 미셸 드 로피탈을 파면한다.

뤼비에 의하면, 리옹에서 일제히 봉기하기로 한 날은 9월 29일 일요일로 되어 있었던 것 같다. 피라그는 이 움직임을 눈치채고, 그 전전날에 시의 실권을 장악했으며 "1562년에 가톨릭이 기습을 당한 것과 마찬가지로 이번에는 프로테스탄트가 덫에 걸렸다"

고 한다. 천국 교회당도, 백합꽃의 이름을 딴 부르뇌프의 교회당도 이때 파괴되고 만다.

가톨릭에 의한 설욕전이 시작된 것이다. 10월 "신교를 받드는 것으로 여겨지는 리옹 시민 및 상인에 대한 차관"이라는 명목으로 자산 몰수가 단행된다. 동시에 10월 9일, 피라그는 개혁파의 상품을 시의 창고에 갖다넣도록 명령한다.

648개 가족에게 차관을 강요하여, 최고 2천 리브르, 최저도 50리브르나 되는 고액이 부과되었다. 건축기술자의 연봉이 100리브르 안팎이었다고 하니, 이것은 참으로 엄한 제재라고 할 수 있다. 동시에 개혁파가 그만한 재산을 갖고 있었음을 보여주는 대목이기도 하다. 합계 17만 5천 리브르가 징수되었다고 한다. 가족 수로는 손 강 우안이 249개, 좌안이 399개 가족으로, 반도가 과반수를 차지한다. 곡물시장에서 생니지에 교회에 이르는 '위그노의 소굴'에서는 두 집에 한 집 꼴로 그 대상이 된 것으로 전해진다.

가바용, 앙리, 로랑생, 드 라 포르트, 세브, 가비아노, 뱅상과 같은, 시 참사회의 단골 의원이기도 했던 명문의 호상들이 모조리 고액을 징수당한다. 물론 오브레히트, 다뤼 형제, 마티외 스퐁 등 독일인 상인, 안트베르펜 출신의 비농 등 외국인 상인도 예외가 아니었다.

최고액을 징수당한 다뤼 형제는 투옥되는 쓰라림을 겪었으며, 자택도 가톨릭 상인에게 점거되고 만다. 그들은 바젤 시민이었기 때문에 후년 바젤 시 참사회가 이에 항의하는데, 이때 3만 7천 리브르 상당의 상품을 몰수당했다고 한다.

어떤 자는 제네바 등지로 망명하고, 어떤 자는 이 엄한 현실 앞에서 가톨릭에 복귀하게 된다.

덴하그에서 이 도시로 옮겨와 인쇄업자 프랑수아 프라댕의 딸과 결혼하여, 오늘날 루브르 박물관에 소장되어 있는 「클레망 마로의 초상」 「상인 피에르 에멜리크의 초상」 등 잊혀지지 않는 그림을 그린 코르네유 드 라 에(혹은 코르네유 드 리옹), 그리고 「천국 교회당」을 그린 화가 장 페리생도 표적이 되었다.

신발가게(42명), 견직물 기술자(24명), 여관(14명) 등도 강제 차관이 부과된 비율이 높은 직업이지만, 뭐니뭐니 해도 역시 출판계가 두드러진다.

출판계에서 강제 차관이 부과된 것은 28명이었다. 이 책에 등장하는 주역들이 총동원된 느낌이다.

가비아노 삼형제(앙리, 발타자르, 바르텔레미) 2천 리브르

앙투안 뱅상 2천 리브르

드 라 포르트 부자(위그, 앙투안) 1천 리브르

장 드 투른 2세 500리브르

앙투안 그리피우스 500리브르

장 프렐롱 300리브르

세바스티앙 오노라 ?

클로드 센통 ?

클로도 라보[20] ?

"주교는 신학자들에게 서적상, 인쇄업자의 가게와 창고를 수색하게 하여 이단의 책을 선별하게 했다. 그것들은 강변에서 불의

신 불카누스에게 바치는 아름다운 제물이 되었다"(『진실의 리옹 역사』)고 한다. 범서갱유(梵書坑儒)가 행해진 것이다.

그렇다면 장 프렐롱의 경우를 보자. 300리브르나 되는 대금을 지불할 능력이 그에게는 없었다. 그래서 시 참사회는 그가 독일에서 매입한 종교서 70뭉치를 압수했다. 프렐롱의 말로는 4천 리브르에 해당한다고 하지만, 참사회는 다시 150리브르를 더 지불할 것을 요구하고 있다. 프렐롱은 몽류엘 시로 피한다. 그리고 이듬해 초, 지불유예를 청하는 편지를 리옹 시 수입관 앞으로 써서 아내에게 맡겼다. 그 결과가 어떻게 되었는지는 유감스럽게도 밝혀지지 않았다.

위그 드 라 포르트는, 전에는 개혁파의 핵심에 있었다. 그러나 이미 언급했듯이 이 시기에는 운동에서 탈퇴해 있었고 참사회에도 나가지 않았다. 그는 1천 리브르를 마련하여 지불하고 개혁파와는 완전히 손을 끊은 것 같다. 왜냐하면, 서적상 컴퍼니의 멤버로 유일하게 가톨릭 강경파였던 기욤 르뇨와 연명으로 제네바에 망명한 센통, 가비아노 두 사람에게 독촉장을 보낸 것이다. 오로지 컴퍼니가 소유한 서적의 경매를 피할 마음으로 한 일이었으나, 제4차 컴퍼니는 이로써 완전히 붕괴하고 만다.

골수 가톨릭이었던 기욤 루예가 순수 출판업자로서 처음으로 시 참사회에 들어간 것이 이 해이다. 그는 또 피에르 므랑과 함께 서적상조합의 초대 이사에 선출된다. 인쇄업자의 대표가 예수회 단골 인쇄업자인 미셸 주브였다는 것은 지극히 당연한 배려라고 할 수 있을 것이다. 리옹 출판계에도 무언가 변화가 일어나고 있는 것 같다.

리옹 대학살

민중이 시체를 강물에 던져넣기 시작했을 때, 한 약제사가 나타나 "시체에서 기름을 짜면 돈이 됩니다"라고 말했다.

• 리옹 학살 당시 개혁파 측의 기록

1567년 10월 10일, 피라그는 위그노의 추방을 명령했다. 다만 자산이 있는 자는 머물러 있게 하여, 다뤼 형제처럼 투옥과 몰수라는 쓰라린 변을 당하게 된다.

장 드 투른 2세도 예외가 아니었다. 그는 10월 2일에 체포되어 자기 집에서 가까운 케레스티누스 수도원에 감금된다(조감도7). 포도 거리의 공방은 약탈당하고 병사들의 소굴로 변한다. 그는 500리브르의 차관을 갚은 뒤, 총민정관에게 몇 번이나 석방 청원서를 제출했다.

그리고 그는 다급해진 나머지 인쇄 도중에 있던 한 권의 책을 마지막 카드로 사용한다. 그것은 바로 당대의 고명한 법학자 장 파퐁의 『프랑스 최고법원 저명판례집』 제5판이었다.

동시대의 재판에 상당한 영향을 준 것으로 여겨지는 이 판례집은 1557년 초판 이래 왕실 전속 인쇄업자인 장 드 투른 공방의 주력상품이 되어왔다. 이 책은 피라그의 콧김을 살피는 데 안성맞춤이었으며, 이 큰 책을 인쇄한다는 대의명분으로 그는 마침내 자유의 몸이 된다.

이윽고 이 인쇄업자는 12월 중순 동회로부터 퇴거명령을 받는다. 그래서 그는 "저는 그 어떤 대역의 죄에도 물든 적이 없으며 국왕 폐하께 활을 쏘는 일 따위에 가담한 일이 없습니다……"라고 민정관에게 상소한다.

피라그는 그가 "자택에 평화로이 살면서 인쇄 중인 서적을 완성하는 것"을 허가했다. 단, 고용인은 가톨릭에 한한다, 인쇄가 끝나면 도시를 떠난다는 조건이 붙어 있었다. 그러나 그는 전향을 위장하여 계속 리옹에 머물게 된다.

증오의 폭발

이윽고 12월 23일, 가톨릭 교회에 복귀하여 일요일의 미사에서 신앙고백을 할 뜻이 없는 개혁파는 즉각 추방한다는 명령이 내려졌다. 이 세기에서 가장 규모가 큰 망명의 막이 오른 것이다.

가톨릭에 복귀하여 이 도시에 남느냐, 아니면 신앙을 고수하여 도시를 떠나느냐를 택일해야 하는 결단의 때였다. 이를 전후하여 리옹의 각 지구에서는 동회장이 개종자 명부를 작성했다. 민병명부를 들여다보면, 개혁파에는 위그노를 표시하는 'h' 표가 난외에 적혀 있다.

이런 단속 탓으로 장 드 투른, 약제사 브누아 말레스핀 같은 위장 전향자를 포함하여 회심을 한 사람들이 매우 많다.

이를테면, 현재 리옹 구시가(생장 거리 24번지)에 저택이 남아 있는 로랑생 집안의 경우, 당주인 클로드는 죽음의 자리에 누워 개종한다. 그 아들 프랑수아는 생폴 교회 참사회 의원이면서도, 개혁파 점령 시절에 생티레네 교회의 촛대를 녹이고 성유물을 태웠다. 그러나 그러한 그도 그 손해를 배상하는 조건으로 가톨릭에 복귀한다.

화가 장 페리생, 판화가 피에르 에스크리슈 등, 제네바에서 도발적인 삽화류를 제작한 사람들도 결국은 리옹에 돌아와 개혁파 운동에서 이탈한다.

앙리 2세의 치세에 '국왕 전속 화가'라는 칭호를 얻은 초상화의 명수 코르네유 드 리옹도 1569년 "미사에 복귀"라고 민병 명부에 기록된다.[21]

그럼, 인쇄 및 출판계에서는 어떻게 되었던가? 이미 몇 번이나 강조했듯이 여기서는 망명자가 많았다. 파리의 에티엔 집안도 그랬지만, 이들은 자산 몰수를 피하기 위해 가톨릭 친척에게 뒷일을 부탁하고 제네바로 향했다.

물론 일부 자산은 몰수당했을지도 모른다. 그러나 그들이라고 뒷짐 지고 보고만 있었을 턱이 없으며, 자본 혹은 생산거점을 제네바로 옮긴 데 지나지 않는다고 말하지 못할 것도 없다. 같은 이름의 아들을 리옹에 남겨 위장을 하고, 시편가집을 대량으로 마구 찍어낸 앙투안 뱅상이 가장 좋은 예일 것이다.

그리고 그를 따르기라도 하는 듯이 클로드 센통, 앙리 드 가비아노, 세바스티앙 오노라 같은 사람들이 제네바로 향한다. 오노라는 피렌체 출신인데도 제네바로 가고, 토리노의 피네레울, 레조의 파비오 투데스코 등 이탈리아의 개혁파 출판업자들도 앞서거니 뒤서거니 하여 제네바로 간 사실은 거의 알려지지 않았다. 또 개중에는 피에르 오탱 2세처럼 프랑스 개혁파의 요새인 라로셸로 직행한 업자도 있다.

한편, 가톨릭에 의한 반종교개혁을 출판 면에서 지원한 것이 미셸 주브, 기욤 루예였다. 토판으로 낯이 익은 브누아 리고도 전에는 개혁파 인쇄업자인 장 소그랭과 손을 잡고 있었으나 결국 헤어져서 가톨릭 측에 붙은 사람이며, 그 후 칙령집 등 공식문서 발행사로서 활개를 친다.

그럼, 장인들은 어떻게 되었을까? 데이비스 여사가 「리옹의 파업과 구제」(『어리석은 자의 왕국 · 이단의 도시』에 수록)라는 명논문에서 밝히고 있듯이, 이 시기에는 개혁파인 대식단원들도 자기들의 세속적인 정신까지 감싸주는 가톨릭의 유연성에 도박을 거는 수밖에 없었다.

1570년 8월, 생제르맹의 화의가 체결되어 개혁파는 신앙의 자유, 예배의 제한적인 자유를 획득했다. 라로셸, 몽토방, 라샤리테, 코냐크 등은 그들의 안전지대로 지정되었다.

리옹에도 추방되었던 사람들이 돌아왔다. 그들은 몰수된 자산을 되찾으려 하지만, 잘 될 턱이 없다. 다뤼 형제 등은 자기 집에 돌아가지 못하고 호텔 생활을 하지 않을 수 없었다고 한다. 시내의 교회당도 파괴된 채로 있었으니, 개혁파는 교외에서 예배를 보는 수밖에 없었다. 이렇게 하여 생바르텔레미 학살의 해를 맞이하게 된다.

시체에서 기름을 짜면 돈이 됩니다

1572년 8월 24일 미명, 마침내 증오가 폭발하여 멈출 줄 모르고 학살과 약탈이 시작된다. 이것이 이른바 생바르텔레미의 학살이라 부르는 것인데, 파리에서만도 3천 명(드비니에의 증언)에서 4천 명(브랑톰의 증언), 다른 증언으로는 1만 명(크레스팽, 드 투)이 살해되었다고 한다.

이 사건에 관해서는, 이를테면 메리메와 하인리히 만의 소설 등을 통해 읽을 수 있으므로, 그리로 양보한다.[22] 여기서 문제삼고 싶은 것은 어디까지나 리옹의 학살이다. 참고로 각지로 학살이 퍼져나간 경과는 다음과 같다.

8월 24일~28일	파리
8월 24일	라샤리테
25일	오를레앙, 모
26일	모, 부르제
28일~29일	소뮈르, 앙제
31일	리옹
9월 4일	트루아
11일	부르주(두번째)
17일, 20일	루앙
10월 4일	툴루즈

5일	가이아크
30일	보르도

8월 28일, 리옹 총독 프랑수아 드 망들로는 생바르텔레미의 학살에 관한 소식을 듣는다. 그날 밤, 목사 랑글루아가 첫 희생자가 되었다.

다음날, 국왕이 위그노의 처형을 명했다는 소문이 전해지는 한편, 반대로 "화평 칙령은 조금도 변동이 없으니 각자는 무기를 들고 서로 상해하는 일이 없도록 하라"는 공식문서가 파발마로 도착하는 등, 시내는 혼란상태에 빠진다.

30일 "국왕의 의향을 듣기 위해" 나팔소리를 신호로 총독관저에 집결한 개혁파는 로안의 감옥, 주교관, 프란체스코 수도회 수도원 등에 연행된다. 이 사이에도 개혁파에 대한 폭력행위가 산발적으로 발생했으나 이튿날이 되자 긴장은 단숨에 학살로 발전한다. 이 또한 여느 때처럼 축제와 반란의 일요일에 일어난 사건이다.

일요일 아침, 할 일이 없어 따분해진 군중이 프란체스코 수도회 쪽으로 걸어간다. 그들은 수도원 안에서 실컷 살육을 자행하고는(개혁파 집정관이었던 상인 레오나르 메로 등이 희생된다), 이어 주교관으로 향한다.

화승총 부대장 르 크루가 이를 지휘했다. 온 시내가 "마치 지옥의 입이 벌어지고 거기서 악마들이 튀어나온 것 같았다"고 당시 기록은 전한다.

주교관에서는, 말하자면 사적인 재판이 벌어졌다. 저명한 서적상 기욤 루예와 징세관구 장관 앙드레 모르뉴, 두 시 참사회 의원이 이를 지휘했다고도 한다.

350명의 죄수들이 차례로 불려나와 죽음을 택할 것이냐 아니면 배교하겠느냐 하는 택일이 강요되었다. "30명이 복음의 종교를 버렸다"고 한다.

이 학살은 저녁때가 다 되어서 일어났다. 피에 굶주린 폭도들은 켈레스티누스 수도회와 로안의 옥사를 습격하여 이단자를 칼로 찌르고, 불에 태우고, 잇달아 강물에 집어던졌다.

역사가 미슐레는 "이 같은 참혹함이 인간의 본성이라면 절망하는 수밖에 없겠으나"라고 전제하고는 다음과 같이 쓰고 있다.

> 다행히도 가톨릭교도의 대다수는 생바르텔레미의 학살을 혐오할 일로 보았다. 사형 집행 계층은 칭찬할 만했다. 그들은 재판에 따라서 처형할 뿐이라며 학살행위를 거부했다. 또 리옹 같은 데서는 병사들이 자기들은 전투할 때 이외에는 사람을 죽일 수 없다며 발포를 거부한 것이다.

『순교자 열전』에서 크레스팽이 전하는 바로는, 장과 기요 두 다뤼 형제도 이때, 전부터 이들에게 원한을 품고 있던 재판소 서기 크로베 형제에게 살해되어 론 강에 던져졌다. 형제의 직물공장도 리옹 상인과 이탈리아 상인의 손에 들어가고 만다.

스위스 로잔의 미술관에 「생바르텔레미」라는 제목의 그림이 걸려 있다(프랑수아 뒤부아 작). 무대는 파리이며, 좌측 안쪽이 몽마르트르 언덕이고, 앞쪽이 생제르맹로크세루아 교회라고 한다.

그리고 가운데 정면이 루브르 궁, 그 오른쪽이 콜리니 대제독의 선관인데, 이 신교파 우두머리는 지금 막 건물 앞에서 목이 잘리고 있는 중인 것으로 보인다.

이 그림은 학살의 시나리오를 잘 보여준다. 여기저기 위그노의 시체가 나뒹굴고 있으며, 또 강물에 던져지고 있다. 목이나 수족을 자르고 옷을 벗기는 등 시체를 모독하고 있는 자들 옆에는 약탈에 정신이 없는 자도 있다. 가톨릭교도에게는 시체를 토막 내어 모독할 대로 모독을 가하는 것은 악마를 좇는 일과도 같았던 것이다.

몽테뉴는 신대륙 원주민의 식인과 종교전쟁 때의 인체 모독을 비교하고 있는데, 실은 이 살육의 계절에도 인육을 먹은 모양이다. 식인행위는 곧 "액막이인 동시에 치료"(자크 아탈리)[23]였던 것이다.

『수상록』의 저자가 이런 사실을 알았더라면, 「식인종에 대하여」라는 장은 어떻게 씌어졌을까?

그런데 이 피의 일요일에 망들로 총독은 살육의 무대가 된 시내가 아니라 변두리인 라교티에르에 나가서 질서유지를 명령하고 있다.

참으로 기묘한 행동이며, 학살을 보고도 못 본 체했다는 말을 들어도 반박할 수 없을 것이다.

9월 1일, 손 강에 다 들어가지 못한 시체가 평저선에 산더미처럼 실려서 반도 끝의 에네 수도원에 부려졌다. 그러나 수사들은

생바르텔레미의 학살

이렇게 많은 시체를 한꺼번에 묻었다가는 공기가 오염된다며 응하지 않았으며, 위그노의 시체는 역시 강에 던져졌다. 이것을 전하는 개혁파 측의 기록에는, 나치 독일을 연상케 하는 사례까지 적혀 있다.

> 민중이 시체를 강물에 던져넣기 시작했을 때, 한 약제사가 나타나 "시체에서 기름을 짜면 돈이 됩니다"라고 말했다. 이 충고를 받아들여 사람들은, 그 중에서도 특히 기름지고 영양 상태가 좋아 보이는 시체를 골라 해체해서 대량의 기름을 채취했다. 기름은 1리브르에 블랑 은화(5드니에에 상당) 세 닢에 팔렸다.[24]

오염, 이것이야말로 사람들이 특히 싫어하는 일이었던 것이다. 그 후 한참동안 비엔, 발랑스, 투르농 등 하류 도시의 선원들은 병에 감염되는 것이 무서워 론 강의 물을 먹지 않도록 조심했을 것이다.

또 루앙에서는 위그노의 시체에서 벗긴 옷을 깨끗이 빨아 빈민들에게 나누어주었다니, 리옹에서도 같은 광경을 볼 수 있었는지도 모른다.

9월 2일, 시청사 앞과 환어음광장에 개혁파의 행위로 보이는 격문이 나붙어서 시내는 한때 소연해진 모양이다. 그러나 이날에는 총독이 시내를 장악하여 학살이 종결된다.

그런데 이 리옹판 생바르텔레미의 학살을 목격한 이탈리아인 토마소 사세티는 다음과 같은 기묘한 기록을 남기고 있다.

> 리옹에서 자행된 적지 않은 학살은 순전히 인쇄공(인쇄업자로도 번역된다)과 방적공에 의한 것이며, 그들은 많은 희생자의 피로 손을 더럽혔다.[25]

이 짤막한 글 이외에 그들 인쇄공(혹은 인쇄업자)이 적극적으로 학살에 관여했다는 기록은 남아 있지 않다.

이 영국 측 밀정은 서적상 기욤 루예가 이 당시 시의 보좌역으로 있었고 학살에 관여한 데서 이렇게 억지로 발라맞춘 것일까? 아니면, 슬픈 일이지만, 사세티가 말한 대로였을까? 진상은 알 수가 없다.

리옹 학살의 희생자수는 700에서 1천 명 사이로 추정된다. 견직물 상인 장 바뒤, 다뤼 형제, 루카 출신의 중개인 파울리노 미누틸리 등 부자와 외국인이 포함되어 있기는 했으나, 희생자의 상당수가 직공층이었다고 한다.[26]

출판계의 희생자는 서적상 장 오노레, 마티외 프냉, 장 뱅상, 제본업자 마튀랭 르클레르, 교정원 장 드 생 클레망 등 모두 6명으로, 의외로 적다. 더욱이 마로가 번역한 『시편』의 작곡가 구디멜을 제외하면 거물은 한 사람도 들어 있지 않다.

한편 파리에서는 케르베르, 니벨과 같은 서적상, 지물 도매상 카렐 등 유력자가 사건에 가담했고, 선서 서적상의 한 사람인 샤를 페리에가 살해되었으니, 사정이 매우 달랐던 것 같다.

이리하여 살육의 계절은 끝나고 화평의 칙령이 발표된다. 그리고 다시 또 싸움이 시작되었다가 이듬해 봄 화의가 체결된다. 종교전쟁이란 이러한 일의 되풀이였던 것이다.

책의 거리의 낙일

큰 서적상들은 제네바가 임금이 싸니 어쩌니 하며 그쪽에서 인쇄를 시키고도
속표지에는 리옹의 인쇄 마크를 넣어 마구 팔아먹고 있으니
참으로 신통찮은 세상이다.
• 어느 대식단 단원의 말

1539년의 파업 소동이 일단 종결된 뒤에도, 공방주인, 장인, 도제의 이해관계를 둘러싼 대립은 계속되었다. 서서히 출판 통제의 실효를 거두고 있던 왕권은 1571년 5월 인쇄업에 관한 "항구적이고 철회 불가능한" 법률을 반포한다. 이 가용의 칙령 전 24개 조항이 리옹에서 공고된 것은 그해 연말이었다.

먼저 결사 및 집회의 금지, 가톨릭 교회가 정한 것 이외의 축제 금지, 노동시간은 아침 5시부터 밤 8시까지로 한다는 등, 대체로 이전 법령의 내용이 재확인되었다.

게다가 그전부터의 현안에 대해서는 사용자 측의 요구가 거의 수용되었다.

제3조에서는 "도제를 얼마든지 고용해도 좋다"는 조항이 명백하게 인정되었다. 이것은 파업 때부터의 쟁점이었으며, 이 일을 둘러싸고 노사는 소송사태까지 일으켰던 것이다. 인건비 상승으

로 점점 더 비명을 지르는 공방주인들의 얼굴을 상상할 수 있을 것 같다. 하기야 사회복지적인 배려도 있었다. 인쇄기 한 대에 복수의 도제를 사용하는 경우에는 리옹 대자선회(파리에서는 트리니테 시료원)의 고아를 고용하도록 규정하고 있다. 그래도 평균 3년 정도는 식사와 약간의 용돈만으로 부려먹을 수 있었으니 "요구조건이 많은 장인"보다는 훨씬 나았다.

제11조는 급료의 지불방법에 관한 문제, 다시 말해서 종래처럼 주인이 식사를 돌봐주느냐, 아니면 급여의 일부로서 현금을 지급하느냐 하는 큰 문제에 관한 것이었다. 그 명칭에 걸맞게 식사 포함을 고집한 대식단은 전에 투쟁의 칼끝을 거두었을 때도 "적정하고 충분한 식사를 제공할 것"이라는 최후의 보루만은 끝까지 지켜냈다. 그런데 앞으로는 "독일, 플랑드르, 이탈리아 등에서 실시되고 있는 것처럼 장인은 식사를 자기가 마련"하도록 결정되어 버렸다.

물론 그 대신 급여를 인상하는 의무가 지워졌다. 그런데 급여의 결정에 관여하는 것은 루예나 주브 같은 서적상 · 인쇄업자의 대표들이었으며, 장인의 의향이 끼어들 여지가 없었다. 그리고 1572년의 급여는 우선 월 14리브르 남짓으로 정해졌다고 한다.

게다가 어쩐지 경기도 좋지 않다

일찍이 프랑수아 1세 시대에도 물론 검열과 통제는 실시되었다. 그러나 고귀한 기술 · 문화의 담당자로서 출판은 기본적으로 자유로워야 하며, 그래야 발전에 기여한다는 공통적인 인식이 존재했다. 그러나 이제 그런 한가로운 시대가 아니었다.

확실히 제19조에서도 "인쇄업은 자유로운 직종"으로 명시되어 있다. 그러나 인쇄·출판업을 시작하려면 "상당한 도제수업"이 불가결하다고 규정되었다. 더욱이 주인과 "가장인 시민 2명"(파리에서는 선서 서적상 2명, 주인 2명)의 증명서가 없으면 독립할 수 없게 되었다. 이것은 실질적으로 선서 수공업으로 이행함을 보여주는 것이다. 자유도시 리옹은 또 하나의 간판을 내리지 않으면 안 되었다.

이상 극히 일부만 소개했지만, 칙령은 전체적으로 주인 측의 의향을 대폭 받아들이고, 장인 측의 주장을 부정하는 것이었다. 이 법제화에 반대하여 파리와 리옹의 장인들이 손을 잡고 즉각 파리 고등법원에 청원서를 제출한 것은 두말할 것도 없다.

이 청원문은 "고용주와 장인은 부모형제와 같이 하나여야 하는 것"이라고 말하고 있다. 장인들은 "힘드는 인쇄작업의 거의 전부를 다루는 우리들이야말로 참된 인쇄업자인 것입니다"라고 말하면서, 고용주는 "도구나 기계를 제공하는 상인에 지나지 않는 것입니다"라고 깎아내린다. 또 "마음도 몸도 한가하게 처신하는 주제에, 1년만 지나면 자본을 두 배, 때로는 세 배나 불리는" 서적상의 수법을 고발한다. 국외에서도 인쇄를 시켜 프랑스의 빛나는 인쇄문화를 파괴시킨다는 것이다.

"인쇄술과 문예의 위엄을 지키기 위해서"라는 대의명분을 내세운 이 청원은 실로 근대적인 내용과 조사(措辭)를 갖추고 있는데, 여기서 자세히 소개할 여유는 없다. 이 같은 노동조건과 관련된 문제에서, 인쇄공은 여전히 투쟁적이고 아직도 혈기왕성했다. 그러나 그들 역시 이제 리옹 출판계의 황금시대는 종말을 고하고 낙일을 맞이하고 있다는 것쯤은 잘 알고 있었다. 따라서 이번에는 자못 조건 투쟁이라는 느낌을 부인할 수 없었다.

이에 대해 고용주들도 지고 있지는 않았다. 「인쇄업의 개혁을 변호한다」는 문서를 발표하여 대항한다. 30년 전의 투쟁이 되풀이된 것이다.

그 경과는 생략하지만, 이듬해에 수정안이 제출되어 소동은 일단 수습된다. 국외에서의 인쇄 금지, 인쇄 · 출판지의 허위 표시 금지라는 항목이 추가된 것은 이때였다.

또 도제는 인쇄기 한 대에 두 사람(활자 케이스와 인쇄)으로 한정하고 수업연한은 3년으로 하게 되었다. 장인들은 전처럼 도제 지망자가 쇄도하지는 않을 거라고 생각하고 타협을 한 것이다. "식비를 포함한" 월급은, 파리에서는 18리브르로 정해졌다고 하는데, 리옹의 경우는 유감스럽게도 남아 있지 않다. 어쨌거나 이 가용의 칙령으로 대식단이 그 후 그들의 상표인 미식가 태도를 자기 비용으로 발휘하지 않으면 안 되게 된 것만은 확실하다.

"전에는 우리가 인쇄하는 것이 생활의 양식뿐 아니라 긍지와 미래까지 가져다주었다. 그래서 우리는 힘을 믿고 개혁파 운동도 지지했다. 그러나 결국은 가톨릭에 복귀하는 수밖에 없지 않았던가. 게다가 어쩐지 경기도 좋지 않다. 큰 서적상들은 제네바가 임금이 싸니 어쩌니 하며 그쪽에서 인쇄를 시키고도 속표지에는 리옹의 인쇄 마크를 넣어 마구 팔아먹고 있으니, 참으로 신통찮은 세상이다."

이런 생각을 한 인쇄장인들이 얼마나 있었을까. 그토록 단결을 자랑한 인쇄공들도 지난날만큼 원기가 없었다. 망명과 회심(回心)의 계절을 누비고 온 인쇄공들은 어딘지 흥이 깨져 있었다. 환멸을 느끼고 있었던 것이다. 이제는 "거꾸로 된 세계"에서 자기들을 임금님으로 연출하고 그렇게 함으로써 스스로를 위로하는 수밖에 없었다.

앞에서도 언급했듯이, 리옹의 인쇄공들은 '오식의 대감과 가신들'이라는 어릿광대 같은 신심회를 만들어서, 메르시에 가 주변에 '못난 변호인석'이라는 '거꾸로 된 법정'까지 가지고 있었다.

그들은 그 이웃격인 '무궤도의 수도원'이 못난 남편을 끌고 다니는 야단법석을 떨 때라든가, 혹은 사육제 행진이 벌어질 때면 함께 등장했다. 이런 경사스러운 날, '오식의 대감'은 지식과 기술의 여신인 미네르바로 분장하여 노새의 등에 올라탔다. 그 의상은 노랑과 빨강과 초록, 그야말로 어릿광대의 삼원색이었다.

이를테면, 1566년 9월 1일 리옹 총독 부인의 시 입성을 축하하는 '노새 타기'가 벌어졌는데, 클로드 드 뤼비는 나중에 이렇게 기록하고 있다.

> 다음날, 시내에서는 갖가지 축제가 베풀어졌다. 특히 마누라에게 줄곧 맞고만 있는 남편에 대한 '야단법석' 혹은 '노새 타기'는 보고 있으니 참으로 재미있었다. 이것은 인쇄업자이자 장난꾸러기로, 이런 종류의 상상력이 뛰어난 장 페랭의 창의와

LES PLAISANS
DEVIS, RECITEZ
PAR LES SVPPOSTS DV
SEIGNEVR DE LA COQVILLE,
Le Dimanche 6. Mars, 1594.

A Lyon, *Par le Seigneur de la Coquille,*
Auec Permiſſion.

『오식의 대감과 가신들이 주고받는 만담』 1594년판에 실린 미네르바 상연구에 의한 것이었다.

• 클로드 드 뤼비, 『진실의 리옹 역사』

이런 때에는 '가신'도 깃발을 흔들거나 조개껍질('coquille'에는 조개껍질 · 오식이라는 뜻이 있다)을 들고 장식 수레에 올라탔다. 그리고 가신들(보통 세 사람)은 갖가지 화젯거리를 담은 대화만담을 주고받으면서 구경꾼들 앞을 지나갔다.

이날 행진에 즈음하여 '오식의 대감과 가신들'은 가슴에 닻을 매달고 있었다고 한다. 이것은 제네바에 망명 따위를 하지 않고 가톨릭 측에 닻을 내린다는 정치적 메시지의 표명으로 읽을 수도 있을 것 같다.

이 야단법석의 광경은 소책자로 엮어져 기욤 테트포르 서점에서 발매되었는데, 이런 취향을 만들어내거나 대본을 쓴 것은 제법 재능이 있는 인쇄장인들이었다. 루이 가롱이라는 사나이도 16세기 말 이후 『새 익살 이야기』 『기분풀이 말』 같은 콩트며 축제관계 대본을 씀으로써 문학사의 한구석에라도 실릴 수 있을 만한 기세였다.

이렇게 리옹의 인쇄공들은 축제의 시간에서 환멸에 대한 보상을 찾았다. 세 가신들이 주고받는 말은 잇달아 화제가 튀어나오는 스피디한 말재간이어서 도저히 옮길 수도 없다. 그러나 그것을 읽고 있으면, 반대로 그 익살스럽게 주고받는 대화 때문인지, 그들의 공허한 가슴과 시대를 우려하는 심정이 절절히 가슴에 와 닿는다.

재미있고 진지한 그들 인쇄공들이 종교전쟁이라는 현실에 직접 관여하는 일은 이제 없다. 그들은 말하자면 정략파의 깬 눈으로 시대를 응시한다. 그들 인쇄장인들은 어리석은 자에서 현명한 어릿광대로 변신한 것이다.

전에는 인쇄장인이라고 하면 축제를 좋아하고 싸움을 잘하기로 이름이 나 있었으며, 그 축제단체는 우단 기술자들의 단체와 화려한 대결을 벌여 사망자까지 낼 정도였다. 또 귀인이 시에 들어오기라도 할라치면 "오늘은 기쁜 날이니까 특별식단으로 차려주지 않으면 일을 안 하겠다"고 큰소리를 치며 미식 취향을 발휘하곤 했다. 그러나 세기말에는 이제 지난날의 그런 면모는 남아 있지 않다. "상업이 버림을 받는 동시에 약화되고 서서히 소멸하여 이제 행진을 준비하려고 해도 돈이 없는"(『진실의 리옹 역사』) 형편이었으니 말이다.

리옹을 떠나 제네바로

생바르텔레미의 학살 직후인 1572년 9월에만 해도, 프랑스로부터 온 망명자 700명의 이름이 제네바의 주민부에 등록되었다. 리옹에서 1571년에 작성된 과세대장에서 많은 이름이 삭제된 것이 틀림없다.

이렇게 해서 개혁파의 대량 망명의 막이 올랐다.[27] 리옹 인쇄업이라고 예외는 아니었다. 앙리 드 가비아노, 세바스티앙 오노라 같은 거물 서적상은 일찌감치 망명해 있었지만, 80년이 되자 장 위그탕 2세가 제네바로 향했다. 또 피에르 오탱이 위그노 안

전지대인 라로셸에 정착했다는 것은 이미 말한 대로이다.

물론 다시 리옹에 돌아오는 사람도 많지만, 그 땅에 정주하여 자손이 활약하는 일족도 있다.

이를테면, 숨은 위그노로서 처신을 잘한 듯한 장 드 투른 2세가 그 좋은 예라고 할 것이다. 1585년은 대량 망명이라는 장기에 걸친 파동의 두번째 정점에 해당한다. 7월 칙령에 의해, 6개월 이내에 개종하지 않는 자는 추방한다는 결정이 내려졌다(이 유예기간은 최종적으로는 2주간까지 단축되었다고 한다). 프로테스탄트는 망명과 회심 가운데 양자택일이라는 운명의 기로에 서게 된 것이다. 장 드 투른 2세는 신앙을 택하여 마침내 제네바로 망명한다.

11월 8일, 카유 목사를 보증인으로 세워 장 드 투른과 조카 위그 가조는 주민부에 등록을 마쳤다. 시민권을 산 그는 달력의 독점 출판권을 획득하는 등 서서히 지반을 굳혀나갔다. 이윽고 18세기에 이르자 드 투른 서점은, 말하자면 노포(老鋪)로서 출판계에 군림한다. 팡쿠크의 『백과전서』을 보충해서 출판하기 위해 제네바에서 클라메르와 손을 잡은 사뮈엘 드 트룬은 바로 그 자손이다.

이렇게 마치 론 강의 물결이 역류라도 하듯이 자본도 노동력도 리옹에서 제네바로 옮겨간다. 이 칼뱅파의 수도는 리옹으로부터 출판과 견직물이라는 기간산업을 인재와 함께 받아들여, 이윽고 본집을 능가하는 기세를 떨치게 된다.

1588년 여름, 참다못한 리옹의 공방주인들은 대형 서적상들의 수법에 항의한다. 루예, 르뇨, 가비아노, 드 알시 등 유력 서적상들이 즉각 시 참사회에 소환되었다. 공방주인들의 호소를 들어보자.

> 서적상들은 리옹의 인쇄업을 붕괴시켜 그것을 제네바로 갖고 가버렸습니다. 더욱이 고약하게도 그들은 그렇게 제네바에서 인쇄한 책의 첫 페이지에 리옹에서 인쇄된 것이라고 적어 이탈리아, 에스파냐 등에서도 발매하고 있습니다. 이것은 이름을 속이는 엉터리가 아닙니까. 이러다가는 리옹의 명성을 높여온 인쇄술도 완전히 망하고 맙니다. 게다가 이런 사태가 계속된다면, 인쇄공들도 먹고살 양식을 얻기 위해 리옹을 떠나 제네바로 가는 수밖에 없지 않겠습니까. 그리고 그곳에서 결국은 이단의 패거리가 될 것은 뻔한 일입니다.

이에 대해 서적상들은 "인쇄공들은 공모하여 노임을 끌어올려, 전에는 1연(500매)에 25수였던 인쇄비가, 작금에는 33~34수까지 올라버렸다"며 인건비가 오른 것을 구실로 대항했다.

사실 제네바에서는 인쇄공들이 떠들 우려도 없었고 임금도 3분의 1 정도면 되었다. 게다가 실무에 능한 상인들의 도시국가 제네바였으니, 채산 맞추기에서는 리옹에 뒤지지 않는다. 신앙이라는 장벽도 비즈니스 앞에서는 사라져 없어지는 것일까? 1573년 이후 제네바 시 당국은 순수 가톨릭 서적의 인쇄까지 허가하고 있다. 이자를 처음으로 공인한 것이 칼뱅이라는 지적을, 여기

서 상기해야 할까.[28]

이와 같이 하여 상업에서 호적수인 제네바에 의해 리옹의 출판은 실질적으로 점령당하고 만다. 아니, 오늘날 시각에서 냉정히 관찰한다면, 비용이 낮은 제네바로 서적의 생산지가 옮겨졌을 뿐이라고 말하는 것도 가능하다. 어쨌거나 리옹이 기울어지는 경향은 출판물수로도 분명히 드러난다(표7 참조). 그 속에는 제네바에서 만든 가짜판도 포함되어 있을 것이다.

그리고 시간이 흐를수록 점점 더 출판의 중앙집권화가 진행된다.[29] 이를테면, 훨씬 뒤의 이야기지만 1794년에 리옹의 어느 서점이 팔고 있던 책의 6할이 파리의 출판물이었으며, 지역의 출판물은 불과 1할 5푼에 지나지 않았다고 한다. 그러나 이는 수치상의 문제가 아니다. 작가, 저술가가 리옹에서 데뷔하기를 바라느냐 않느냐 하는 이야기이다. 야심만만한 인간이라면 '너와 한 판 승부를 겨루겠다'며, 수도 파리의 출판계나 저널리즘에 뛰어들었을 것이 틀림없다. 요컨대 리옹은 이제 출판문화의 발진지라고 할 수가 없게 되었다는 것이다. 따라서 그 후 이 도시는 오로지 책의 매매에 전력을 기울이는 수밖에 없었다.

리옹과 제네바의 관계 또한 완전히 역전되어버린다. 제네바는 서적의 국제시장에 진출하게 되고, '계몽의 세기'는 이 도시의 출판을 빼놓고는 이야기할 수 없게 된다. 한편 리옹의 공방은 이제 제네바의 주문을 받아 인쇄해야 할 만큼 퇴락했다고도 한다. 출판에서 자발성이나 창조성 같은 것은 거의 고갈되어버린 것이다.

지중해 세계를 중심으로 한 유럽 문화가 다른 대륙의 문화와 접촉하여 그것을 정복해나가는 시대가 시작되고 있었다. 서구의 경제 중심은 지중해의 이탈리아에서 멀리 북으로, 다시 말하여 플랑드르와 영국으로 이동했다. 유럽 경제 공간의 표준시간을 안트베르펜이, 그리고 이윽고 암스테르담이 독점하는 시대가 다가오고 있었다.

프랑스의 피렌체라 표현된 것처럼, 리옹은 경제면에서나 문화면에서나 이탈리아와 관계가 깊었다. 이탈리아에 대한 의존성이 높았던 이 도시는 본집인 이탈리아가 조락하면 그 여파를 받지 않을 수 없다. 이 국경도시는 이탈리아에서 떨어져 나온 섬 같은 것이었는지도 모른다. 리옹의 큰장은 이제 전성기의 영향력을 되찾을 도리가 없었던 것이다. 이 책에 등장한 금융가나 호상들도 궁지에 빠져 파산하거나 화의(和議)를 신청하게 된다.[30)]

이를테면 1566년, 바르텔레미 체나미 등 루카의 은행가 그룹이 파산하여 채권자 회의가 열렸다. 1574년에는 같은 루카의 뱅상 아르놀피니가 파산하여 투옥된다. 오브레히트 · 민켈 그룹(슈트라스부르크)은 오브레히트가 망명지 제네바에서 사망했을 때 파산 직전이었다. 피렌체인 은행가 마르텔리도 차압을 당한다. 리옹의 상인들 중에도 장 알베르 카뮈, 자크 가바용, 반즈 같은 거물이 잇달아 화의를 신청하는 형편이었다.

번영에 그늘이 보이기 시작하자, 리옹을 무대로 실컷 돈을 벌어온 외국 자본에 대해 찬바람이 심해진다. 경제적 국가주의며 보호무역주의가 대두한 것이 이 시기다.[31)] 큰장에 출입하는 외국 상인의 특권은 경시되기 시작하고, 리옹에 거주하는 외국인은 세금이 부과되자 항의한다. 말하자면 리옹은 자유무역의 매개자라는 역할을 스스로 포기한 것이다.

이렇게 되자 싫증이 나서 물러가버린 이탈리아의 유력한 은행 자본도 많았을 것이다. 지난날의 기세는 어디로 갔는지, 세기말의 리옹은 고성낙일(孤城落日) 같은 느낌이다. 번영을 가져다준 '요정들'이 어디론가 날아가버린 것이다.

1577년 한 상인은 "일찍이 그렇게도 이름을 떨친 이 도시의 큰장도 지금은 왕국의 큰장이라기보다 오히려 시골장 같은 것이 되었습니다"며 한탄하고 있다. 이것은 아무리 그렇더라도 좀 과장된 이야기지만, 리옹은 그전처럼 전 유럽 규모의 공간을 정복하지 못하고, 결제의 시계는 지방의 시간을 새기는 수밖에 없었다. 위계적으로는 같아도 '프랑스 제2의 눈'과 '가장 큰 지방도시'의 차이는 크다. 프랑스 르네상스라는 두 개의 초점을 가진 '타원형의 초상화'는 사라지고, 파리라는 강한 구심력을 가진 중앙집권 국가가 탄생하려 하고 있었다.

1594년 샤르트르에서 축성식을 치르고 가톨릭 교회로 복귀한 앙리 4세는 이듬해에 리옹에서 입시식을 거행한다. 참으로 화려한 것이었다고 한다. 왕권은 이를 계기로 시 참사회의 권한을 축소시켰다. 나아가서는 파리를 본받아 시장직을 신설했다. 이렇게 해서 리옹은 국왕 권력의 직접적인 지배 아래 들어갔다.[32] 자유도시 리옹은 이제 과거의 것이 된 것이다.

프랑스에서 활자본이 탄생한 지는 한 세기 남짓 경과해 있었다. 책의 거리 메르시에 가는 큰장의 도시 리옹의 몰락과 운명을 같이했다. 불과 백 년쯤 지나 그 역사적 사명을 마친 것이다. 그 후 1700년의 조사에 의하면 29개 공방에서 88대의 인쇄기가 가동되고 있고 혁명 직전에도 두 자리수의 공방이 활동하고 있다. 그러나 영광의 16세기에 비하면, 그것은 타성으로 움직이고 있는 거나 같은 것, 역사의 앞 무대와는 관련이 없는 덜 중요한 존재에 지나지 않는다.

돌이켜보면, 인문주의나 인쇄업이나, 사람과 정보와 여러 가치가 교류하는 자유로운 큰장의 도시라는 존재와 밀접하게 결부되어 있었다. 리옹에서는 피렌체 같은 시민적 인문주의라고 할 만한 것이 유감스럽게도 탄생하지 않았다.

그러나 라블레의 『가르강튀아』와 『팡타그뤼엘』 같은 '광장의 언어'에 찬 작품을 낳았다. 거기서는 학문적인 것과 민중적인 것이 '이성/현자'와 '광기/어리석은 자'가 뒤섞여서 행복한 합금을 만들어내고 있었다.

또 리옹의 풍토(A. 뒤 물랭, 『페르네트 뒤 기예 부인 시집』의 서문, 1545)는 루이즈 라베와 같은 열린 의식을 갖춘 여성 작가까지 낳았다. 그러한 리옹 르네상스의 자랑할 만한 유산은 메르시에 가에서 송출된 것이었다.

1837년, 이 땅을 찾은 스탕달은 이렇게 적고 있다.

> 리옹에서 지긋지긋해지는 것은 거리와 거리를 잇는 어둡고 축축한 골목이다. 게다가 한길도 그게 무슨 길인가! 7층 건물이 즐비하게 늘어서서 햇빛이 보도까지는 비치지도 않는다. 메르

앙리 4세의 입시식(1595)

시에 가를 끝에서 끝까지 걸어보면 잘 알 수 있다.

• 스탕달, 『어느 여행자의 수기 1』

이 『적과 흑』의 작자는 좁고 옹색한 도시의 미로가 마음에 안 들었던 모양인데, 그가 좋아하는 르네상스시대에는 이 일대가 책의 거리였다는 말을 들으면, 기분이 좀 바뀌었을지도 모른다. 그러나 스탕달의 시대에는 리옹의 출판활동이 신문, 잡지를 제외하면 매우 침체해 있었으니, 그를 책망하는 것은 그만두기로 하자.[33)]

그런 상황은 현재까지 계속되고 있다. 거시적으로 본다면, 프랑스의 출판문화는 절대왕정을 거쳐 완전히 파리에 집중되어버린 것이다. 르네상스의 본가인 이탈리아가 그 문화적 '향토애'를 출판 분야에서도 발휘하고 있는 것과는 사뭇 다르다.[34)]

그렇기는 하나, 남프랑스에는 개성적인 풍모를 자랑하는 지방 출판사가 몇 개는 존재한다. 툴루즈에는 역사관계의 프리바 서점이 건재하여, 카타르파(알비주아파)로 상징되는 압살된 이단 문화의 수호신 같은 느낌을 준다. 또 아비뇽에는 프로방스어 및 문학을 보존하는 데 정열을 불태우는 오바넬 서점이 있지 않은가. 그런데 리옹의 경우는 유감스럽게도 전국적으로 이름이 알려진 출판사가 없다. 참으로 씁쓸한 이야기이다.

오늘날 리옹의 메르시에 가에 발을 들여놓아보면, 확실히 무척 길들이 좁다. 르네상스의 번화가라는 것이 이런 형편이었던 것이다. 손 강 다리와 론 강 다리를 연결하는 기능도 상실하여 메르시에 가는 현재 그저 흔히 보는 뒷골목에 지나지 않는다.

르네상스기의 건물이 남아 있는 것도 아니고 행인도 많지 않다. 이 일대가 일찍이 유럽에서도 유수한 출판 센터였다는 사실을, 어쩌면 리옹 사람들도 모르고 있는 것이 아닐까.

근처에는 인쇄 · 은행박물관이 있다. 또 장 드 투른 거리라는 명칭도 남아 있기는 하다. 그러나 라블레와 라베와 모리스 세브의 작품을 세상에 내보내고, 돌레를 화형대에 세운 그 책의 거리의 면모는 영원히 사라져버렸다.

정통이 있으면 이단이 있다. 공식 문화가 있으면 비공식 문화가 있다. 파리가 정통이고 리옹이 이단이라든가, 파리가 현자고 리옹이 우자라는 수사를 농할 생각은 없다. 다만 말할 수 있는 것은, 시대를 불문하고 카르티에 라탱(대학가)의 책의 세계 곁에는 반드시 메르시에 가의 책의 세계가 존재한다는 것이다. 출판이라는 매스미디어는 때로 저울이 기울더라도 그 양자가 전체로서 균형을 유지하며 진전해가는 것임이 틀림없다.

처음에 타원이라는 비유를 사용했는데, 저울이라고 했어야 옳았는지도 모른다. 저울의 한쪽에 올라 있던 메르시에 가의 책의 세계는 사라져 없어졌다. 그러나 출판문화의 상태를 생각할 때 메르시에 가는 결코 없어진 것이 아니다.

상인의 거리 한가운데서 태어난 책의 세계

• 마치는 글

이 도시의 출판업은 말하자면
리옹 르네상스와 운명을 같이한 것이다.

활자본이 출현한 지 500년 이상 되었다. 그리고 지금 활자니 철판(凸版)이니 하는 것이 사라지려 하고 있다. 홈이 파인 레코드판도 광학식 CD에 그 자리를 물려주는 중이다. 뭐라 이름지어야 할지 모르지만, 인쇄술로 대표되는 하나의 문화가 확실히 커다란 전환기를 맞이하고 있는 것이다. 사실, 탄생한 지 얼마 안 되는 활자본을 다룬 이 책만 하더라도 전산 사식에 의한 옵셋 인쇄로 만들어졌다.

그런데 이 500년 남짓한 사이에 파리, 프랑크푸르트, 도쿄, 뉴욕 등을 비롯하여 각국에 갖가지 출판도시가 생겨, 지(知)와 정보의 중심지로서 역할해왔다. 리옹 또한 지난날에는 이 같은 지와 정보를 발신하는 중심지 가운데 하나였다. 그러나 그 전성기는 책이 출현한 시기로부터 백 년 남짓으로 결코 오래 계속되지는 않았다. 이 도시의 출판업은, 말하자면 리옹 르네상스와 운명을 같이한 것이다. 출판과 견직물이라는 리옹 르네상스의 두 아들 가운데 형은 요절한 셈이다.

그렇다면 큰장의 도시 리옹의 메르시에 가(상인의 거리)의 한 가운데서 태어난 책의 세계란 어떤 세계였을까. 거기서는 어떤 출판문화가 구축되었다가 사라져갔을까.

멀리 파리의 카르티에 라탱과 대치하는 이 도시의 책의 역사는, 어쩌면 오늘날의 출판문화의 본질과 미디어의 역할을 고찰하는 데 더 바랄 수 없는 모델을 제시해줄 수 있지 않을까. 현대의 상황과 일맥상통하는 부분이 있는지도 모른다.

그렇다면 단명으로 끝난 '형'의 생애, 다시 말해서 메르시에 가의 '책의 세계'의 영광과 쇠망을, 당시의 사회적 경제적 배경과 더불어 이야기하는 것도 의의 있는 일이 아니겠는가. 이것이 나의 의도였다.

따라서 이 책 속에는 라블레 같은 작가가 등장해도, 그 텍스트에 대한 문학적 접근을 시도하지는 않았다. 오히려 사회 · 경제라는 스펙트럼을 통한 텍스트 독해의 싹을 볼 수 있을 것이다. 원래 16세기 프랑스 연구에서 역사와 문학 사이의 경계선은 있어도 없는 거나 마찬가지이다. 16세기 프랑스 연구라는 비교적 새로운 말이 존재한다. 그 본가 내지는 원조와 같은 존재로, 아날학파 역사학의 창시자인 뤼시앵 페브르가 라블레와 이야기작가로서의 마르그리트 드 나바르에 관한 저서를 남겨놓았음을 상기해주기 바란다.

이 책은 1982년 한여름에 쓴 100매 남짓한 「리옹 르네상스에 관한 잡고(雜考)-16세기 리옹의 책과 사회」를 출발점으로 하고 있다. 거기에다 그 후에 발표한 몇 편의 논고를 추가하여, 대폭 가필하고 재구성해서 새로 쓴 것이다.

소설가라면, 주역이라도 좋고 내레이터라도 좋고 가공의 인물을 만들어 그의 시점에서 이야기할 수도 있었을 것이다. 이를테면, 유르스나르가 파르케르수스를 모델로 하여 제농이라는 주인공을 탄생시킨 것처럼 말이다. 그는 그것을 에티엔 돌레에게서 처음 출판했다. 역사적인 진실을 보다 더 생생하게 환기하기 위해서는 그런 허구도 확실히 유효한 장치인지 모른다. 하지만 이 책은 어디까지나 사실이라는 테두리 안에서 리옹 르네상스의 사회를 그린 것이다.

나는 오에 겐자부로(大江健三郎) 씨의 논문을 통하여 고 와타나베 가즈오(渡辺一夫)의 저작과 만났으며, 대학에서 니노미야 게이(二宮敬) 선생님에게 프랑스 르네상스학을 배웠다. 그러나 오히려 교실을 경원해온 학생이었다.

지금, 이렇게 서툴지만 프랑스 르네상스에 관한 한 권의 책을 어쨌거나 완성시킬 수 있어서 감개가 무량하다.

돌이켜 생각하면, 페브르 마르탱의 『책의 출현』이라는 명저를 안 것은 니노미야 선생님의 강의에서였다. 또 데이비스의 『어리석은 자의 왕국 · 이단의 도시』도, 선생님 댁에서 '이런 것이 나왔네' 하고 선생님이 영어판 하드커버를 보여주셔서 즉각 주문한 것이었다. 내가 메르시에 가라는 "흥미진진한 골수"(라블레)를 만난 것도 이러한 선생님의 독서 지도 덕분이다.

이와 같이 하여 내게 직접 16세기 프랑스 연구의 무한한 매력을 불어넣어주신 니노미야 게이 선생님께 이 책을 감사의 마음과 더불어 바친다.

또 이 책에서는 와타나베 번역의 라블레를 비롯하여 여러 일본어판을 사용했다. 역자 여러분께 감사드린다. 사용하면서 전후 관계 등으로 인해 번역문을 일부 변경한 대목도 있음을 밝혀둔다.

그리고 나의 리옹 르네상스에 관한 연구를 몇 번이나 연구조성의 대상으로 삼아 준 데 대해서, 추오대학에 깊이 감사를 드린다. 이 책의 기초가 된 몇 편의 논문은 그 일환으로서 씌어졌기 때문이다.

마지막으로 쇼분샤(晶文社)의 무라카미 교코(村上鏡子) 씨에게도 감사 말씀을 드린다. 대학의 기요(紀要)와 『프랑스 수첩』에 실린 저자의 졸론을 읽은 그녀가 리옹 르네상스의 것을 종합해보라고 권해준 것은 벌써 5년 이상이나 전의 이야기이다.

그런데 이 책의 내용과 밀접한 관련이 있는 위 두 권의 책의 번역, 또 자료 수집을 위한 리옹 여행 등 집필에 전념하기까지 많은 시간을 잡아먹었다. 그녀의 장기간에 걸친 격려의 말이 없었더라면, 이 책은 햇빛을 보지 못했을지도 모른다.

본격적으로 집필을 시작한 것은 1987년 세모이다. 그러고부터는 여가만 있으면 르네상스시대의 리옹을 상상하고, 또 부슬비 내리는 옛 시가를 떠올리면서 원고를 써 모으는 나날이 이어졌다. 그리하여 간신히 완성한 것이 이와 같은 긴 이야기이다. 이만한 지면을 소비하여, 과연 메르시에 가의 잃어버린 시간을 제대로 소생시킬 수 있었을까. 이제는 독자 여러분의 비판을 기다리는 수밖에 없다.

1989년 11월

미야시타 시로

주(註)

1. 상인의 시간이 지배하는 공간

1) ジャック ル ゴフ, 자크 르 고프, 「敎會の 時間と 商人の 時間」, 新倉俊一 譯, 『思想』 663, 岩波書店, 1975.

2) 백년전쟁, 잔 다르크, 자크 쾨르에 대해서는 山瀨善一, 『百年戰爭』, 教育社, 1981을 참조. 아울러 최근에 석학 M. 몰라가 두툼한 자크 쾨르론을 상재했다. Michel Mollat, *Jacques Cœur ou l'Esprit d'entreprise*, Paris, Aubier-Montaigne, 1988.

3) 약제사가 선서 직종으로 추가된 것은 1584년.

4) 다만 실제로는 그리스도교도로서 세례를 받고 눌러앉은 자도 많다.

5) 장의 구경거리는 이윽고 축제날 연극(théatre de la foire)으로서 하나의 장르를 이루게 된다. 또 '마치 큰장 같다'(Cést la foire)라는 표현은 대소동 · 대혼란을 의미한다.

6) 「ソロチンツイの 定期市」, 『でィカーニカ近鄕夜話』, 平井肇 譯, 岩波文庫.

7) 조감도3 · 10 · 22 참조. 갖가지 패턴이 그려져 있다. 그리고 루아르 강 북쪽은 짐수레에 의한 수송이 주를 이루었고, 론 강 서부에서 에스파냐에 걸쳐서는 노새/짐수레가 함께 이용되었다. 또 '마시프 상트랄'이라고 부르는 프랑스 중앙부에서는 소가 사륜 짐수레를 끄는 예가 많았다.

8) 조감도9 · 10 · 24 참조. 아울러 田中憲一, 『ヨーロッパ運河ヨシトの 旅』(新潮社, 1988)은 북해에서 지중해까지 운하를 따라 요트로 종단한다는, 참으로 부러운 다큐멘터리인데, 현재 프랑스의 운하 · 하천수송에 대해서도 여러 가지를 가르쳐준다.

9) 최초의 것은 1523년 바젤의 프로뱅 서점에서 출판한 『대화집』이다. 1506년 이탈리아로 가는 도중 리옹에 묵었을 때의 경험을 토대로 쓴 것이라고 한다. 이 대목 뒤에 독일 여관의 불결함과 거친 손님 접대에 관한 이야기가 나온다. 암스테르담

판 전집에 의하면, 이것은 1518년 9월 슈트라스부르크의 여관에서 호된 경험을 하고 쓴 것이라고 한다. 그리고 이 대화의 주인공 가운데, 베르튈퓌스는 에라스무스의 서생 Hilaire Bertulph가 모델인 듯하다.

10) Jacques Rossiaud, *La Prostitution médievale*, préface de Georges Duby, Paris, Flammarion, 1988, pp. 206~211.

11) 또 상세한 것은 분명치 않으나 도박장도 많았을 것이다. 이를테면 1547년 생조르주 문 부근의 주민들은 사형집행관이 경영하는 도박과 'quille'(볼링의 원조)장을 없애달라고 나라에 호소하고 있다.

12) 샤를 5세(1364~80) 시대에는 화폐를 재주조하는 일이 잘 안 되어 '악화는 양화를 구축한다'는 그레샴의 법칙이 작용하여, 양질의 금은이 국외로 유출되는 결과를 초래했다. 이 쓰라린 경험이 영향을 미친 것이다.

13) 현재는 어떤 이유에서인지 개혁파 교회가 되어 있다.

14) 1547년 4월 누군가가 야음을 타고 울짱을 파괴했다. 생장 교회 참사회원이 주도했다는 소문이 나돌았다.

15) E. C. U(프랑스어에서는 écu라고 쓴다)는 European Currency Unit의 약자.

16) 이런 시장도시에서는 자본과 상품을 매개하는 브로커 · 중개인(courtier)이 왕성하게 암약하는 것이 특징적이다. 더욱이 이 장사 또한 외국인의 손에 쥐어져 있었다. 이를테면, 1481년의 인원수를 출신별로 들어보자. 제노바 9명, 밀라노 6명(이 가운데 리옹 시민이 된 자 4명), 독일 5명, 리옹 3명, 피에몬테 2명, 피렌체 · 루카 · 사부아 각 1명, 프랑스 4명, 불명 2명으로, 이방인의 비율이 압도적이다. 16세기에 들어서자 피렌체인 브로커가 9명이나 리옹에서 중개인 노릇을 한다. 『리옹 전지』(1573)의 저자 니콜라 드 니콜라이는 "고리대금업이라는 악마의 발명 · 카발라의 앞잡이"인 그들의 사기나 다름없는 수법을 "혐오할 농간과 수법"이라고 표현하면서, 브로커 · 중개인이야말로 진짜 흑사병이라고 규탄했다. 물론 '큰장 감시관'(conservateurs des foires)도 이런 종류의 부정에 대해서 팔짱만 끼고 있었던 것은 아니다. 특히 '환전 · 환어음 중개인'(courtier de change)은 리옹의 호상 내지 각 국민단의 추천을 거쳐, 시 참사회가 임명하는 관례였으므로 지도도 가능했다. 그렇기는 하나 허가증의 전매도 드물지 않았고 무엇보다도 무허가 업자가 상당수 횡행했다. 1545년의 과세대장으로 포착된 중개인은 34명, 그 대다수가 오로지 상품의 중개를 하는 영세업자이다. 중개인은 파는 사람과 사는 사람 양쪽에서 1퍼센트 정도의 수수료를 받았다고 한다. 부업으로서도 돈이 된다고 생각했던지, 16세기 후반에는 하숙집 · 포장업자는 물론 항만의 하역인부, 일용 노동자까지 이 장사에 손을 대게 되어, 중개인들은 자진하여 규제를 요구하기에 이른다.

17) 星名定雄, 『郵便の 文化史ーイギリスを 中心として』, みすず書房, 1982. 그리고 16세기 전반의 프랑스에서는 중세 이래 존재해왔던 대학우편(messagers des Universites)가 기능을 다했으며, 일반인도 이용하고 있었다. 도시에서 일반인 상대의 우편제도를 개설한 것은 툴루즈가 시초로 되어 있다(1550년 무렵). 파리, 리옹, 보르도 세 도시 사이에 주 1편씩 왕복했다고 한다. 아울러 전국 규모의 관영우편제도인 왕립우편(Messagers royaux)이 발족한 것은 1576년이다.

18) 20년대에 북미대륙을 탐험한 리옹 거주 피렌체인 조반니 다 베라차노(그의 항해기는 귀중한 자료가 되고 있다)와 같은 일족이다.

19) *Correspondance du cardinal François de Tournon*(1521~1562), recueillie, publiée et annotée par Michel François, Paris, Champion, 1946, n. 301.

20) 메디나 델 캄포 2회, 메디나 데 리오세코, 빌랄롱 각 1회.

21) 제노바인의 큰장은 시대에 따라 브장송, 몽뤼엘, 샹베리에서 열리게 된다.

22) F. Braudel, *L'identité de la France. Espace et Histoire*, Paris, Arthaud-Flammarion, 1986, p. 262.

23) 다만 서적에 대한 과세에 관해서는 잘 알려져 있지 않은 사정도 있고 하여, 이 순위는 대략적인 것에 지나지 않는다. 독일에서 수입한 책, 외국에 수출하는 서적은 비과세였던 것 같다. 어쨌거나 기욤 루예 같은 거물 서적상이 순위에 오르지 않았다.

24) 센 강변의 부키니스트에서도 흔히 복제본을 팔고 있는데, 이 도시 그림은 1874년 바젤대학 도서관에서 발견되었다. 원본은 손으로 채색한 것이다.

25) 전쟁비용 조달 명목으로 1522~23년, 임시 입시세가 징수되었는데, 그 숫자에 의한다. 론 강 다리 (평가액의) 34.3, 손 강 항구 19.6, 파르주 문 17.4, 피에르시즈 문 11.7, 생마르셀 문 8.4, 론 강 항구 7.6, 생조르주 문 0.6퍼센트(Gascon, 앞의 책, p. 143).

26) Giorgio Vasari, *Le Vite*, ed. G. Milanesi, T. VII, p. 28.

27) 16세기의 발도파 이단에 관해서는 다음 문헌을 반드시 보아야 한다. 杉富士雄, 「メランドールの 悲劇 I · II」, 『流域』 3 · 4, 青山社, 1981(ミストラル, 『青春の思い出』, 福武書店/富岳書房에 수록).

28) Claude Bellievre, *Souvenirs de voyages…… Notes Historiques*, Publiés par Charles Perrat, Société des Bibliophiles Lyonnais, 1956, p. 74.

29) 조감도에는 'rue de l'Asurie'로 되어 있는데, '노새 거리'(rue de l'Asnerie)에서 유래한다는 설도 있다.

30) 브뤼셀에서 제작되었다는 이 다색무늬 직물이 생장 거리의 저택에 장식되어 있었다는 가능성은 거의 없고, 아르시(로안의 북방 약 30킬로미터)의 르 비스트 가의 성관 벽에 걸려 있었던 것으로 추정된다. 아울러 릴케와 클뤼니 미술관의 태피스트리에 대해서는 다음 것을 일독해주기 바란다.

杉橋陽一, 『一角獣の 變容』, 朝日出版社, 1980.

荒木茂子, 「ザ クロイスタの 『一角獸 사냥』- 中世の 秋の 殘照を 求あて」, 『ふらんす 手帖』 8号, 1979.

2. 활자본의 탄생

1) 'aabb'와 같이 두 줄씩 각운으로 이어져 나간다.
2) Christian Bec, *Les marchands écrivains à Florence(1375~1434)*, Paris/La Haye, Mouton, 1967. '글 쓰는 장사꾼'이라는 표현은 이 획기적인 연구서에 의해 널리 퍼졌다.
3) *Mercanti scrittori, ricordio nella Firenze tra Medioevo e Rinascimento*, a cura di Vittore Branca, Milano, Rusconi, 1986.
4) 회계 역사상 3대 발명이라 일컬어지는 복식 부기에 가까운 것을 말하는 것 여겨진다.
5) M. Reulos, Les Droits savants dans l'édition française du XVIe siécle, in *Le Livre dans l'Europe de la Renaissance*, pp. 323~331.
6) Ferdinando Brunot, *Histoire de la langue française des origines à nos jours*, T. II, Paris, A. Colin, 1967, pp. 36~55.
7) 1천 점 이상이라는 추계도 있다.
8) Ph. Renouad, *L'édition française en 1530*, Paris, Cercle de la Librairie, 1931. 아울러 450점 남짓 가운데 라틴어 서적이 286점, 프랑스어 서적이 121점이다.
9) 도미니쿠스 수도회 수사 프라이부르크의 요한 설교집(Summa Confe-ssorum)의 부분 번역.
10) 『形象と 文明』, 白水社, 제1장. 아울러 몽테뉴는 자기의 기억력이 나쁜 것과 무지를 고백한 대목에서 "나는 셈딱지로 하는 계산도 필산도 하지 못한다. 내 나라 화폐도 거의 분간을 못한다"고 쓰고 있다 (『수상록』 제2권 17장).
11) Fratres Vitae Communis. 이른바 '새로운 신앙'(Devotio Moderna)의 이념을 내걸고 성직자와 일반 신도들이 생활을 같이했다. 일찍이 필사본, 미니어처 제작으로 이름이 높았으나, 인쇄술로 그 길이 끊겨 회원들은 교사가 되어 각지로

흩어졌다.

12) *Breviarium parisiense*(Pasquier Bonhomme, 1480)이 그 효시이다.

13) 이 주제는 二宮敬, 「フランス ルネサンス 雜話」(8)~(11)에서 여러 가지로 논해지고 있다.

14) 중세의 파리대학이 텍스트를 판매하는 서적상(대학 교과서로 쓰인 필사본은 주인이 잇달아 바뀌기 때문에 실은 고서점에 가깝다)과, (대학 측이 개정한) 복사용 '원본'(exemplaria)을 '분책'(pecia)으로 빌려주는 '원본 대출상'(stationarius)에게 보증금을 지불케 하고 선서를 시킨 뒤 업무를 허가한 데서 유래한다. 선서업자 이외는 점포를 차릴 수 없었으며, 필사본으로 생계를 잇고 있던 많은 기술자들은 고객에 대한 직접 판매가 금지되고 완성된 필사본은 선서업자에게 납품하지 않으면 안 되었다. 그 후 그들은 대학의 교수 및 학생들과 같은 자격으로, 대학 구성원으로서 신분 보장, 조세 및 야경 의무의 면제 등 여러 특권을 부여받게 된다.
아울러 양피지 업자와 더불어 지업자에게도 간신히 선서를 허가한 샤를 8의 특허장(1489)을 보면, 서적상 24명, 양피지업자 4명, 파리의 종이 도매상, 트루아 등 지방의 제지업자 7명, 채색업자 · 사본업자 · 제본업자 각 2명 등 모두 45명이 이 칭호를 획득하고 있다. 그리고 서적상 가운데 4명은 대표 격으로서 특별히 중용되었는데, 전술한 파키에 보놈은 이 요직에 있었다.

15) 木間瀨精三, 『死の 舞蹈−西洋にける 死の 表現』, 中央新書와 フィリップ アリエス, 『死と歷史−西歐中世から現代へ』, 伊藤 · 成瀨 譯, みすず書房 참조.

16) Michel Vovelle, *La mort et l'Occident de 1300 à nos jours*, Paris, Gallimard, 1983, p. 143.

17) 海津忠雄의 여러 저서, 특히 『中世人の 知慧−ベーゼルの 美術から』, 新敎出版社를 참조.

18) 바닥에 떨어진 활자를 회수하는 '또 하나의 활자 줍기'가 도제들의 일과였다. "그 일이라는 것은 쓰레기 뒤지기, 다시 말하여 쓸어모은 쓰레기 속에서 식자공의 발밑에 떨어진 채 청소부(그 후는 이것도 어차피 내가 할 일이었다)의 눈에 띄지 않은 활자를 주워 모아 글자로 쓰지 않고, 즉각 재조판용으로 혹은 재주조용으로 돌리는 작업이었다. 이렇게 해서 나는 파리 시내의 재(灰)를 긁어모아 잿물을 만들어 파는 장사치처럼 먼지 속에 머리를 쑤셔박는 일로 첫걸음을 내디딘 것이었다."(レチフ ラ ブルトンヌ, 『ムッシューニコラ』, 生田耕作 · 片山正樹 譯, 『筑摩世界文學大系 23』, p. 309

3. 배제와 감금의 시대

1) 토머스 모어, 『유토피아』
2) 이 대목의 라틴어 원문은 'ex vestro ordine'인데, 탁발수도회에 대한 야유이기도 하다.
3) 상세한 것은 졸고「リヨソ ルネサソヌ 散策–パンについて」참조. 파리에서는 15세기 중엽부터 빵의 무게가 아니라 가격을 바꾸는 시스템을 채용하고 있는데, 리옹에서는 아직도 (이를테면 1드니에의 흰빵) 가격의 변동은 없고 소맥의 가격에 따라 그 중량을 조정하는 시스템이 사용되고 있었다.
4) 역사가 앙리 오제르는 이 격문이 인쇄물이었다고 추측하고, 인쇄를 한 자가 자기의 인쇄 마크를 사용한 것이라고 생각하고 있다. 단 격문사건(1534)과는 달리 이 전단의 현물은 남아 있지 않으며, 아무런 증거도 없다. 그리고 일반적으로 '구체 위의 십자가'는 왕권과 물질계를 초월하는 정신, 전도 등을 상징한다.
5) Nicole Conthier, *Lyon et ses pauvres au moyen âge*, Lyon, L'Hermès, 1978, p. 200.
6) 오제르도 개혁파의 의지가 운동에 작용했을 가능성을 시사하고 있다. 그러나 데이비스 여사의 상세한 조사에서는 개혁파 동조자는 폭도 속에 있지 않고, 오히려 질서회복을 위해 소맥의 공출을 제안한 집단 속에 있었다고 말한다.
7) 그리고 일기의 나는 "약 20명이 교수형에 처해졌다"고 적고 있다. 또 폭도가 내민 포도주를 마신 학자 신부가 불운하게도 손 강 다리에서 목이 매달리고도 목숨을 건졌다는 '크나큰 기적'도 소개하고 있다.
8) 이를테면 前川誠郎, 『世界美術全集 9–デューラ』, 集英社 1979, p. 120을 참조. 그리고 田中英道는 담즙, 점액, 다혈, 우울의 네 가지 기질 표현을 뒤러의 초상화 해독의 코드로 보는 관점에서 주목할 만한 의론을 전개하고 있다. 그것에 의하면, 눈을 크게 뜬 이 인물은 배경의 황색과 아울러 생각해도 담즙질을 표현한 것이라고 한다. 클레베르거의 생애를 떠올려볼 때, 흥미있는 해석이다. 田中英道, 『フォルモロジ 研究–ミケランジェロとデューラー』(美術出版社, 1984, pp. 180, 199~203. 나는 이 논문을 접할 때까지 『オズワルド クレルの 像』(뮌헨, 알테 피나코테크)과 클레베르거의 초상을 그 눈초리가 사나운 것을 가지고 같은 범주에 넣고 있었다.
9) アーウィン パノフスキ, 『アルブレヒト デューラー生涯と 藝術』, 中森・清水 譯, 日貿出版社, 1984, p. 247.
10) 고본 쪽이 한스 클레베르크(Hans Cleberg)와 같이 이름이 좀더 정확하게 적혀 있는 데 주목할 것. 다른 여러 판에는 이 자리에 "리옹의 부호 요한 클레베르거

를 말함"이라는 주를 달아놓기는 했으나, 그와 코뿔소의 관계에 대해서는 아무 말이 없다. 과연 클레베르거가 정말로 코뿔소를 리옹에 끌고 왔을까. 그렇지는 않은 것 같다. 뒤러와의 관계가 깊은 클레베르거가 그의 목판화 『코뿔소』(1515)를 가지고 있었고, 리옹에서 "내"게 보여주었다는 것이 나의 가설이다.

11) oisif(라틴어에서는 otiosus)

12) Lucien Febvre, *Le problème de l'incroyance au XVIe siècle*, aris, Albin Michel, 1968, pp. 258~261.

13) ナタリ デーヴィス, 「愚者の 王國 異端の 都市」, 제2장 「빈민구제, 인문주의, 이단」을 참조.

14) 미켈란젤로의 「레다와 백조」(현존하지 않는다)는 1531년 세모에 제자 미니가 프랑스에 갖고 들어갔다. 미니는 궁정에 가는 도중 리옹에 들렀던 것이다. 그 충격적인 포즈는 화제가 되어, 미니는 곧 모사해달라는 부탁을 받는다. 라블레가 리옹에 오기 조금전의 이야기이다.

프랑수아 리골로(프린스턴대학)에 의하면, "그 목을 사타구니에 끼워준다면, 솜털이 터부룩한 거위새끼보다 더 좋은 밑씻개는 없다"(『가르강튀아』 제13장)는 대목은 「레다와 백조」와 '플라토니즘과 복음주의적인 것의 중간 텍스트성'을 갖는다고 한다. 미켈란젤로, 『가르강튀아』, 리옹 대자선회, 이 세 가지를 도상 표현을 매개로 관련지은 그의 발표(라블레 학회, 1984, 투르)에 나는 참으로 큰 자극을 받았는데, 최근 활자화되었다. Francois Rigolot, L'affaire du(torche-cul): Michel-Ange et l'emblème de la charité, in *Ravelais en son demi-millénaire. Actes du colloque international de Tours, Études Ravelaisiennes*, XXI, Genève, 1988, pp. 213~224.

15) michelots/michelets. 그리고 산티아고 데 콤포스테라에 대한 순례는 'jacquets'라고 했다.

16) ジャク アタリ, 『カニバリスムの 秩序』, 金塚貞文 譯, みすず書房, 1984.

17) 졸고 「リヨン ルネサンス 研究余滴－罪としての 疾病」

18) *Il libro dei vagabondi*, a cura di Piero Camporesi, Torino, Einaudi, 1973. 최근 독일어에서 번역한 것이 나왔다. ハイナ ベンケ/ロルフ ヨハンスマイア 編, 『放浪者の 書』, 永野藤夫 譯, 平凡社, 1989.

19) 이 대목의 원본은 "aultres bonnes choses necessaires à femmes de mesnage"로 되어 있는데, "femme de ménage"(오늘날에는 가정부, 청소부의 뜻)의 뜻은 분명치 않다. 설령 속셈으로는 소녀들을 예비 하녀로 생각하고 있었더라도, 그것을 규약으로 명문화하는 것은 심상치 않다.

20) 파라댕의 이 역사서(앙투안 그리파우스 서점 출간, 1573)는 여러 가지 사료를

긁어모은 느낌이 강하다. 여기서도 앙투안의 아버지가 출판한 『리옹 자선회 규약』(1539)을 고스란히 수록하고 있다(다만 세부에서는 이 예에서 보듯 부가 · 정정하고 있다).

21) M. A. 몰다프스카야, 「1539~40년 리옹과 파리의 인쇄공 파업 운동」, pp. 39~40.

22) 藤田尚男, 『人體解剖の ルネサンス』, 平凡社, 1989.

23) R. Gascon, immigration et croissance au XVIe siècle: L'exemple de Lyon(1529~1563), *Annales E. S. C*, 25/3/4, 1970, pp. 988~1001에 의한다. 그리고 데이비스는 리옹 르네상스시대의 인구 동태에 관해서, 혼인기록 사료를 이용하여, 가스콩과는 약간 다른 해석을 내놓고 있다. N. Z. Davis, *The Sacred and the Body Social in Sixteenth-Century*, p. 43.

24) 데이비스에 의하면 사제는 두 사람 있었다고 한다.

25) N. Z. Davis, Scandale à Hôtel-Dieu de Lyon(1537~1543).

4. 거룩한 기술에 종사하는 긍지 높은 사나이들

1) 인쇄기 1대와 활자 폰트 5벌에 60리브르였다고 하기도 한다.

2) 인문주의자이자 출판업자인 앙리 에티엔은 『이탈리아 어법을 채택한 새로운 프랑스어에 관한 대화』(1578)에서, 'forfant'은 이탈리아어 'forfante'를 차용한 것이라고 말하고 있다(forfare는 '위반하다, 부정을 행하다'는 뜻). 데이비스의 『어리석은 자의 왕국 · 이단의 도시』에서는 '깡패단'이라고 번역해버렸는데, '배신자 패거리, 비열한 패거리' 등으로 옮기는 것이 뉘앙스가 잘 전달될 것 같으므로, 이 자리를 빌려 정정해둔다. 아울러 이 말은 파리의 사료에도 나온다.

3) 『순교자 열전』(1554 초판)의 저자로 인쇄업자인 장 크레스팽과는 동명이인이다.

4) 비교를 위해 몇 가지 수치를 들어둔다. 자선회에서는 이가 빠져 빵을 씹지 못하는 노인에게는 현금을 지급했으며, 한 주일치 지급액은 '4, 5 내지 6수'였다. 또 1548년의 입시식 준비를 위해 동원된 '일용 노동자'의 일당은 불과 1드니에였다(1수는 12드니에). 그리고 『팡타그뤼엘』(제32장)에 나오는 잠자는 사나이는 하루에 5, 6수를 벌었다 (코를 굉장히 요란스레 골면 7.5수를 벌 수도 있었다). 그리고 일급 6수 6드니에는 연간 200일을 일하면 65리브르가 된다. 그렇다면, 시립병원 의사 라블레의 연봉 40리브르는 너무 적어 보인다. 그러니까 라블레는 이것 이외에도 급여를 받지 않았을까?

5) 칙령 중에서도 왕국 전체에 걸친 일반적인 문제 및 갖가지 사항에 관해 규정한

것은 'ordonnance', 그리고 개별적인 문제(여기서는 인쇄업)를 규정한 것은 'edit' 라고 한다. 이를테면 앙부아즈의 칙령(1563)이나 낭트의 칙령(1598)은 모두 신앙 문제를 다룬 'edit' 이다.

6) 이 취업 규정에도 불구하고, 리옹의 인쇄공은 17세기가 되어서도 '아침 5시부터 밤 8시까지' 15시간 노동이 요구되었다. 실제는 더 고된 근무였을 것이다.

7) 돌레에 관해서는 渡辺一夫, 「ある出版屋の話」(『フランス ルネサンスの人々』, 白水社)라는 글이 있고, 『책의 출현』(상, pp. 309~312) 에도 상세히 논해지고 있으니, 아울러 꼭 읽어주기 바란다.

8) Lucien Febvre, Un cas désespéré: Dolet propagateur de l'Evangile in *Au cœur religieux du XVIe siècle*, pp. 208~211.

9) 이 소품도 이윽고 금서 목록에 오르게 된다.

10) 유르스나르는 『흑(黑)의 과정』(1968)에서 "몽플리에대학에서 학위를 취득했다는 소문이 난" 의사이자 연급술사인 주인공 제농의 책을 처음 출판한 사람으로서 에티엔 돌레의 이름을 들고 있다. "1539년경, 사람들은 브뤼주에서 프랑스어로 씌어진 논문을 받아 들었는데, 저자로 그(제농)의 이름이 인쇄되어 있었고, 리옹의 에티엔 돌레가 인쇄한 것이었다. 그것은 심장의 건성 섬유와 변막환에 대한 상세한 묘사였으며, 좌심실의 미주신경이 이 기관의 움직임 속에서 맡은 역할에 대한 연구가 첨부되어 있있다."(『黑の 科程』, 岩崎力 譯, 白水社, p. 68.)

11) 이것은 인문주의자 조프루아 토리의 것을 표절한 것이라는 말도 있다.

12) 스크리치 롤즈에 의한 획기적인 『신 라블레 서지(書誌)』(1987)[NRB라고 부른다]의 23번.

13) NRB의 12번. 권말에 『팡타그뤼엘의 점서(占筮)』를 수록.

14) NRB의 24번.

15) NRB의 13번. 제목은 위의 쥐스트판(NRB 13번)과 완전히 동일하지만, 실제로는 『팡타그뤼엘』·『팡타그뤼엘 점서』·『파뉘르주 항해기』 등 세 작품이 수록되어 있다.

16) 마지막 부분은 돌레판 『팡타그뤼엘+파뉘르주 항해기』의 마지막에 붙은 작품, 곧 『파뉘르주 항해기』를 가리킨다. 다시 말하여 그 작자가 라블레가 아니라는 것을 명시하고 있는 셈이다. 『파뉘르주 항해기』의 초판은 1538년 파리(장 봉퐁 서점)와 리옹(드니 드 아르시 서점)에서 거의 동시에 나온 것으로 추정되고 있다. 돌레는 이 아르시판을 교열하여 자기 판에 수록했다. 그리고 라블레(의 출판자)의 항의문은 프랑수아 쥐스트의 사위 피에르 드 투르판(『가르강튀아』와 『팡타그뤼엘』의 합본)에 처음 실린 것으로 생각되어왔다. 그런데 프랑수아 쥐스트판과 함께 제본된 것이 2점 발견되고 있다(코펜하겐, 옥스퍼드).

17) 『キリスト教 綱要』, 『宗教改革 著作集 9-クルヴァンとその周邊 I』, 久米あつみ 譯, 教文館, 1986.

18) 1543년 6월의 은사장, 비렐 코트레에서. 그리고 은사(탄원)장에는 탄원인의 주장이 3인칭으로 씌어 있다.

19) 『어리석은 자의 왕국 · 이단의 도시』, p. 35.

20) 『팡타그뤼엘』제22장에 '나의 오리부스 선생'(nostre maistre d'Oribus)로 등장한다. 이 이본문(異本文)은 1537년판 (파리, 드니 자노 서점)으로부터 부가된 것이다.

5. 출판의 황금시대

1) 파리 출판계의 규모는 밝혀지지 않았으나, 그 출판점수로 미루어 리옹의 배쯤 되지 않았을까? 아울러 수도의 인구는 20만, 교사는 2만 명 가까이 있었다고 한다. 그리고 현재 프랑스에서는 17만 명이 인쇄 · 출판계에서 일하고 있다고 한다(*Quid*, 1988, p. 1464에서).

2) 법조계의 거물로 견직물업의 도입에 힘을 기울인 마티외 드 보젤의 말. 실제로는 5천 명 정도로 생각되고 있는데, 그래도 엄청난 숫자이다.

3) 『리옹 서지』에 수록된 사료에 적혀 있는 지명을 센 것.

4) 참고로 16세기 중엽의 산정 항목과 세율을 조목별로 적어둔다(Gascon, op. cit., pp. 887~899에 의한다).

① 동산과 상업(meubles et industries): 점포 · 공방 등의 자산 및 거기서 얻어지는 이익을 기초로 산출되었으며, 설비 · 재고 · 고용인수 · 고객수도 포인트화되어 있다. 또 부양가족이 많으면 불리한 조건을 경감해주는 등 참으로 복잡하다. 이 직접세가 시 세수의 중심을 이루었다. 그리고 산정 기초는 수십 단계로 등위가 매겨져 있었다. 1545년에 보면, 최고가 1천 500리브르(4명), 다음이 1천 200리브르(2명), 그리고 최저인 12리브르까지 27단계로 되어 있다. 산정 기초는 당연한 일이지만, 정기적으로 수정되었다. 또 아이가 많거나 질병 · 노쇠 · 경영부진 · 도난 등의 이유로 평가액 경감을 신청할 수 있었다. 독일인 용병을 많이 유숙시켰다며, 면세를 요구한 예도 보인다. 이 같은 사례가 모두 언제 빈민층으로 떨어질지 모르는 사람들에 관한 것임은 주목할 만하다. 더욱이 그러한 숫자는 대장에서 그전 것은 지우고 가필한 것이라, 이 '팔림프세스트'(원래 자구를 지우고 그 위에 다른 자구를 새로 쓴 것-옮긴이)를 데이터화한다는 것은 지극히 힘드는 일이었다.

② 도시 내의 가옥: 시내에 많은 가옥을 소유하여 임대하는 부자가 대상이다. 1515년을 예로 들면, 임대 수입 200리브르의 경우 '그 4배의 드니에'(800드니에, 곧

3.33리브르)가 과세되었다니, 세율은 1.66퍼센트가 된다. 좀 너무 싸다는 느낌이 들지 않는 것도 아니다.

③ 하숙: '5배의 드니에' 곧 약 2퍼센트의 세율이다.

④ 농지 등: 교외에 농원을 소유하는 것이 제일 득인 것 같다. 이를테면, 1비슈레에 8리브르 하는 밀이 생산되는 농지라면, 평가가 '4분의 1드니에'에 지나지 않았다. 이윽고 부르주아지들이 '그랑주'라고 부르는 농원을 앞다투어 사들이게 되는 것도 여기에 원인이 있는 것 같다.

5) 외국인: 원칙적으로 조세가 면제되었는데, 큰장의 발전에 따라 리옹에 정주하는 외국인이 증가하여 방침도 조금씩 바뀌었다. 다만 큰장에 출입하는 상인들에게는 여러 특권이 주어졌으므로, 미묘한 문제가 내포되어 있는 때도 있었다. 어쨌거나 1545년이 되자 위 ①의 면제가 첫 1년간으로만 제한된다. 소유 가옥에도 과세가 된다. 부동산을 가진 리옹 여성과 결혼해도 과세대상이 된다. 이를테면, 1515년 부자의 대명사인 피렌체 상인 토마 가다뉴의 아내의 자산에도 과세가 되었다(그가 귀화한 것은 그 10년 후이다).

영세민: 직공 · 일용 노동자 등 피고용인은 세금이 면제되었다.

성직자: 세습의 부동산 이외는 비과세였다고 한다.

관공리: 위의 ①, 곧 '소득세'만 과세된 것 같다.

6) '2 deniers par Livre'라고 부른다.

7) 졸고『リヨン ルネサンス 散策―パンについて』, pp. 108~109 참조.
Les institutions de la France au XVIe siècle(프랑스 16세기 제도사의 명저)의 저자 젤레르가 쓴 다음과 같은 논문이 있다. Gasoton Zeller, Aux origines de notre système douanier; Les premieres taxes à l'importation, in *Aspects de la politique française soux l'Ancien Régime*, Paris P. U. F., 1964.

8) 이탈리아어에서는 'dogana'(옛날에는 doana)이다. 이 말은『데카메론』에 이미 나온다(8일째, 제10화). 작자 보카치오는 이 대목에서 세관의 기능을 상세히 설명하고 있다.

9) 피렌체의 세제에 관해서는 무엇보다도 高階秀爾, 「メディチ家の 金脈と 人脈」,『ルネサンス 夜話』, 平凡社를 참조.

10) 일반적으로는 'colporteur' 'contreporteur' 'porteur de livres'(d'almanachs) 등으로 불렀다.

11) '바다가 거칠다'(trepelu)는 '별로 읽히지 않는다'(très peu lu)의 결말이다.

12) 그리고 길드제의 전통이 강한 파리 같은 데서는 서적행상을 겸한 잡화상에 대해, 서적상이 자주 소송을 제기했다. 그래서 개혁파의 소책자와 비방 문서의 범람으로 골치를 앓은 왕권은 서적행상인이라는 직종을 공인하여 통제 아래 두기

로 결단을 내린다. 1579년과 1594년, 달력 · 칙령 그 밖의 소책자를 시테 섬의 '재판소'(Le Palais) 안마당에서 팔아도 좋다는 인가가 내려진다. 그 후에도 파리에서는 온갖 규제가 가해진다. 1616년에는 서적행상인의 총수가 12명으로 제한되고, 이윽고 50명으로 증가된다(1634년). 그러나 여기서 염두에 두고 있는 것은, 현재도 센 강변의 풍물로 눈에 익은 부키니스트와 같은 노천 서적상이다. 그들은 영업 감찰을 받아 책장 5, 6매 이하의 소책자를 팔았다고 한다.

13) 당시의 사료에 'maison haute, moyenne et basse'라고 있는 것이 이에 해당한다.

14) hommee, une portion de terre mesurée par le travail que peut faire un vigneron en cultivant le vignes.(Dict. Furetière) 1오메는 포도나무 1천 그루 등이라고도 하며, 450~750평방미터.

15) 이 번호가 사이즈 및 질과 관계가 있는지는 명백치 않다.

16) 가리앙은 종이 · 잉크 · '독일제 셈 딱지' · 장부뿐 아니라, 때로는 장작과 초까지 시에 납품하고 있다.

17) Jeanne Veyrin-Forrer, Fabriquer un livre au XVIe siècle, in *Histoire de l'edition française*, T. I. pp. 278~301.

18) 渡辺一夫, 「Mと Nと 」, 『渡辺一夫 著作集 1』.

19) 파리, 루앙, 툴루즈, 리옹, 티에르, 리모주, 트루아, 오를레앙, 앙제, 로망, 마르세유. 몽테뉴는 여행일기에서 티에르에 대해 "상업이 성하고 건물도 훌륭하며 인구도 많다. 주로 종이 거래가 활발하며, 책칼과 트럼프의 제조로 유명하다"고 적고 있다.

20) graveur(d'histoires)/imagier/tailleur de livres/tailleur d'histoires/faiseur d'eau-forte 등. 'faiseur d'eau-forte'는 1545년의 과세대장에 한 사람이 올라 있는데, 이것도 에칭 화가면 좋겠으나 초산제조인이 아니라는 보장이 없다. 다만 가스콩이 출판업의 한 직종에 넣고 있으니 동판화가인 듯싶다.

21) 『ティル オイレンシュピーゲルの 愉快ないたずら』, 藤代幸一 譯, 法政大學出版局, 1979년, p. 57을 참조. 그런데 당시 세상에 나온 두 가지 프랑스어 번역판에도 이 삽화가 수록되어 있다. '플라망어에서 번역한' 프랑스어판(합계 46화)에서, 없어졌다는 원본 저지독일어판의 존재를 엿볼 수 있을지도 모른다. 프랑스어판으로부터 『틸 오일렌슈피겔』에 접근할 경우 예상치 않은 결론을 도출할 가능성도 있다. 이 프랑스어판에 관해서는, 최근에 다음과 같은 원전 비평판이 나왔다. Jelle Koopmans & Paul Verhuyck, *Ulenspiegel de sa vie de ses œuvres*, Édition critique du plus ancien Ulenspiegel française du XVIe siècle, Antwerpen/Rotterdam, C. de Vries-Brouwers, 1988. 또 마이클 스크

리치 교수도 이 방면의 연구를 진행하고 있으며, 머지않아 1532판의 모사판을 출판한다고 한다.

22) 『ティル オイレンシュピーゲルー文獻學から 社會史へ』, 『사상』 663, 岩波書店, 1975.

23) 아울러 저지독일어에서는 이 공식이 '내 밑을 닦아라'(Ul en Spiegel)라는 뜻도 되어, 『가르강튀아』 제8장의 밑씻개 이야기와 통하기도 한다.

24) 제본하여 발송하는 경우도 많다. 이를테면 1561년 제본업자이자 서적상인 샤를 라로슈는 사라만카 서적상의 주문을 받아 사전 144권을 제본하여 판매하고 있다.

25) 그 밖의 직종에 관해서 리옹의 사료는 거의 아무것도 이야기해주지 않는다. 아래에 몇 가지 판명된 것을 열거해둔다.

잉크제조업: 1545년의 과세대장에 기재되어 있는 잉크 제조업자는 드니 지라르, 장 오데 두 사람인데, 자세한 것은 분명치 않다. 앙투안 뱅상이라는 거물 서적상을 배출한 뱅상 집안도 원래는 하찮은 잡화상이었으며, 15세기 말 잉크를 제조하기 시작한 것이 그 계기가 된다.

식자공: 그 재능을 살려 프리랜서 식자공으로 일하는 자도 있었던 모양이다. 이를테면 세바스티앵 모로는 1567년 리옹의 큰장에 온 바로셀로나의 서적상에 고용되어 출장을 하게 되었다. 왕복 여비와 의식주가 보장되고 월급은 "프랑스 화폐로 2 1/3에퀴"였다. 모로는 에스파냐에 머무는 동안은 다른 공방에서는 결코 일하지 않겠다는 선서를 했다.

26) 9명 가운데는 프랑스인도 3명이 있는데, 출자액은 극히 적다. 실질적으로는 나머지 피렌체인이 자본을 댄 것이다. 토마 가다뉴도 구성 멤버이다. 프랑스 측의 뷔아티에 형제는 가다뉴의 먼 친척인 모양인데, 그 이름이 보여주듯 리옹 최초의 출판업자 뷔에의 외척이다. 그런데 베라차노 집안은 원래 피렌체 교외의 그레베 출신이라고 하며, 그 지방에는 이 항해자의 동상이 서 있고, 조반니 베라차노 광장에는 동명의 호텔이 있다. 작가 시오노 나나미 씨도 그에 관해 "이 산간의 조그만 동네를 떠나가는 한 사나이…… 두번째 항해로 브라질에 갔을 때, 원주민에게 살해되어 그레베에는 돌아오지 않았다는 사나이"라고 표현하고 있다. 게다가 그의 이름을 단 포도주 캰티 크라시코까지 나와서 팔리고 있다고 들었는데, 조반니가 이 동네 출신이라는 증거는 없다. 피렌체 시도 항해자가 탄생한 땅으로 이름을 내세우고 있으며 산타크로체 교회 근처의 포르냐 거리(via della Forgna) 20번지에는 현판이 걸려 있다고는 하나, 교구명부에서 그의 이름이 발견된 것은 아니다. 리옹에 남아 있는 여러 기록으로 미루어, 15세기 중반을 지나서 그의 조상이 토스카나에서 달아나 이 '프랑스의 피렌체'에 정착한 것 같

다. Michel Mollat/Jacques Habert, *Giovanni et Girolamo Verrazano, navigateurs de François Ier*, Paris, Imprimerie Nationale, 1982.

27) 「아르놀피니 부부의 초상」(1434, 런던, 내셔널 갤러리). 그리고 이 그림에 그려져 있는 아내 조반나도 루카의 호상 체나미 집안의 딸이며, 이 일족은 16세기 리옹에서도 크게 활약하고 있다. 체나미 집안은 리옹 동쪽 50킬로미터쯤 떨어진 위치에 있는 생랑베르 촌에 별장을 소유하고 있었으며, 몽테뉴도 『여행일기』에서 언급하고 있다(제9장, 주16 참조).

28) 세번째 계약서에는 돌레가 그때까지 인쇄한 책, 그리고 앞으로 인쇄할 책을 한 부씩 뒤랑에게 증정한다는, 극히 당연하다고 여겨지는 조항이 설정되어 있다.

29) 수도원은 론 강 다리와 손 강 다리를 연결하는 중심가에 위치하고 있으며, 수도원 앞 거리에서는 흔히 이단자, 범죄인이 공개 처형되곤 했다.

30) 이를테면 필리프 탕기는 1577년에 그렇게 하고 있다. BAUDRIER, VI, p. 471.

6. 리옹 르네상스의 축제

1) 山口昌男, 『道化の 民俗學』, 筑摩叢書, pp. 55~57.

2) Pour le May Planté par les Imprimeurs de Lyon devant le Logis du Seigneur Trivulse, in Clément Marot, *Œuvres diverses*, éd. par C. A. Mayer, The Athlone Press, London, 1966, CLXXIX. 1538년 리옹에 들렀을 때 지은 것으로 추정되고 있다.

3) 소년 가르강튀아도 이 경기의 훈련을 받는다.

4) N. Z. デーヴィス, 「無軌道の存在理由」, 『愚者の王國』.

5) 그리고 인쇄장인들은 '나귀 거꾸로 타기' 등으로 불리던 '샤리바리'(뤼비는 'Charavary'로 쓰고 있다)에서도 중심적인 역할을 맡고 있었다. 이 샤리바리라는 퍼포먼스는 그 정의와 기능이 반드시 명확하지는 않지만, 여기서는 뤼비의 설명을 듣기로 하자. 좁은 의미의 샤리바리이다. "마누라한테 얻어맞은 칠칠치 못한 남편을 수레 같은 데 태우고, 보기만 해도 즐거운 익살맞은 퍼포먼스를 하면서 누비고 나아간다. 또 아내나 남편을 여읜 사람이 재혼을 했을 때, 남자가 그 지역 밖의 여성과 결혼하여 데리고 왔을 때, 이웃 주민들은 쟁반, 프라이팬, 냄비 같은 것을 요란스레 두들겨대며, 굵은 통나무 같은 것을 얹은 포차(砲車) 같은 것을 끌고 신혼집을 습격하는 관습도 있다. 그리고 정표로 돈이라도 조금 받는 날이면 용서를 해주는데, 그 돈은 물론 비싼 이자로 돈놀이를 하는 것이 아니라 한 잔 들이키러 우르르 술집으로 몰려간다."(*Histoire veritable de la ville de Lyon*, p. 501). 아울러 샤리바리에 관한 일본어 문헌으로는 다음과 같은 것

이 있다. 「歷史における 文化-シャリヴァリ・象徵・儀禮」, 『思想』 740, 1980년 2月号), 『アナール 論文選 1-魔女とシャリヴァリ』, 신평론, 1982.

6) ヴァクタ W. ターナー, 『象徵과 社會』, 梶原景昭 譯, 紀伊國屋書店, 1981/『儀禮の過程』, 富倉光雄 譯, 思索社, 1976. 그리고 개인 범인의 범죄에 있어서의 축제적 틀에 관해서는 데이비스의 *Fiction in the Archives*, 1987에서 논의되고 있다.

7) Claude de Rubys, *Histoire véritable de la ville de Lyon*, pp. 499~501. 데이비스도 「무궤도의 존재 이유」의 처음 부분에서 이 대목을 인용하고 있다. 자신이 시정(市政)에 몸담은 경험에서였는지, 축제 소동을 일종의 사회적 안전판으로 평가하는 것은, 말하자면 뤼비의 고정관념이었으며, 다른 곳에서도 이러한 생각을 표명하고 있다. "(성사극 등의) 오락을 빼앗긴 사람들은 축제일을 도박이나 선술집에서 보내고……"(Rubys, 앞의 책, pp. 370~371).

8) シーザー L. バーバー, 『シェイクスピアの 祝祭 喜劇』, 玉泉・野崎 譯, 白水社, 1979, p. 67.

9) Henri Rey-Flaud, *Le Cercle magique, essai sur le théâtre en rond à la fin du Moyen Age*, Paris, Gallimard, 1973.

10) "극의 줄거리 진행에 필요한 모든 자리가, 저마다 디자인에 머리를 짜서, 어깨를 나란히 하듯 무대 위에 미리 장치되었으며(이를 지붕[mansion] 또는 장[場, lieu]이라고 부른다), 그 수는 대규모 성사극의 경우 70여 개에 달했는데, 개중에는 2층에서 3층 구조를 가진 지붕도 있었다. 왼쪽 끝에는 꽃이 피어 향기가 그윽한 천사의 노래 소리 넘치는 천국이 있고, 오른쪽 끝에는 괴이한 모습의 악마들이 드나들 때마다 열리고 닫히는 괴물의 입 모양의 지옥이 있고, 그 중간에는 연옥과 도시의 문 · 신전 · 궁전 · 감옥, 그리고 로마 · 예루살렘 · 나자렛 · 바빌론 등 도시가 놓여진다. 그리하여 무대의 폭이 때로는 60미터에 이를 정도였고, 바다에 배를 띄우는 장면을 위해서 물을 채운 풀이 마련되기까지 했다."(長谷川太郎, 「中世 演劇-その 發生と 展開」, 『フランス 文學 講座 4 演劇』, 大修館書店, 1977, p. 24)

11) 같은 책, p. 23

12) 海野弘, 『都市とスペクタクル』, 中央公論社, 1982/フランシス A. イエイツ, 『星の 處女神 エリザベス女王』『星の 處女神과 ガリアのヘラクレス 』, 西澤・正木 共譯, 東海大學出版會, 1983/ロイ ストロング, 『ルネサンスの 祝祭』, 星和彦 譯, 平凡社, 1987 등이 입시식을 논하고 있다.

13) リュック ブノワ, 『フランス 巡歷の 匠人たち-同職組合の 歷史』, 加藤節子 譯, 白水社, 文庫クセジュ, 1979. 북프랑스에는 역참이 존재하지 않았기 때문에, 이 역참은 오크어(語) 문화권 특유의 것으로 여겨진다. '엄마'(Mère)라는 말은

1540년 디종의 재판기록에 보이는 것이 최초인 것 같다. Jean-Pierre Bayard, *Le Compagnonnage en France*, Paris, Payot, 1977, p. 194.

그리고 이 같은 프랑스 순력에 대해서는, 장인 아그리콜 페르디기에의 *Le Livre du Compagnon*(1839)과 *Memoires d'un compagnon*에 의해 밝혀졌다. 조르주 상드의 소설 *Compagnon du tour de France*(1946)는 아그리콜의 저서에 영향받아 씌어진 것이다.

14) 17, 18세기의 인쇄공들의 프랑스 순력에 대해서는 다음 대목을 참조. *Histoire de l'edition française*, T. II, Le livre triomphant(1660~1830), Promodis, 1984, pp. 56~58. 여기에는 벨기에, 스위스의 도시도 루트에 들어 있다.

15) 이를테면, 海野弘, 『都市とスペクタクル』, 「ページェントの幻想」 참조.

16) 파치의 음모 때 살해된 줄리아노 데 메디치(호화왕 로렌초의 아우)의 서자이다.

17) 졸고 「リヨン ルネサンス 散策-パンについて」, pp. 108~109 참조.

18) *Le Magnificence de la superbe et triomphante entrée*……, relations et documents contemporains publiés par Georges Guigue, Lyon, 1927.

19) "앙리 4세는 스페르의 코트에서 종일 쥐드폼을 치셨다, 등이 터진 셔츠 차림으로"(피에르 드 레투아르의 『일기』, 1594년 9월 24일).

20) 이를테면 다음과 같은 장면에서. 클레브의 마님은 자기가 연모하는 느무르 공이 쥐드폼 장에서 떨어뜨린 편지를 읽고 충격을 받는다, 바람둥이 느무르 공에게는 달리 좋아하는 여성이 있구나 하고. 그러나 이 연서는 실은 샤르트르 공이 떨어뜨린 것이었다.(『クレーヴの 奧方』, 二宮フサ 譯, 中央公論社, pp. 67~74.)

21) Pierre Charly, dit Labé는 이때 83세였으며, 입시식에서, 말하자면 마지막 역할을 다한 다음 곧 세상을 떠난다.

22) *La vida de Lazarillo de Tormes/La vie de Lazarillo de Tormès*, trad. de A. Morel-Fatio, introduction de Marcel Bataillon, Paris, Aubier-Flammarion, 1968.

23) 파리의 Arnoul l'Angelier 서점판 등 몇 점이 1548년 중에 상재되었다. 아울러 Guillaume Paradin, *Memoires de l'histoire de Lyon*, 1573/Livre Troisième, chapitre XXVII는 세브의 기록을 거의 고스란히 수록한 것이다.

24) W. McAllister Johnson, Essai de critique interne des livres d'entrees francais au XVIe siècle, in *Les fêtes de la Renaissance III*, Paris, C. N. R. S., 1975, pp. 187~200.

25) "프랑스의 젊은 무사들이 페르피냔(1542년에 일어난 프랑스 · 에스파냐 간의 전투—옮긴이)을 포위했을 때" 루이즈 라베가 미친 듯이 날뛰면서 "여자가 걸치는 부드러운 옷까지 벗어던지고" 전투에 참가했다는 찬사가 그녀에게 바쳐지고 있다. 그래서 한때는 루이즈 라베의 에스파냐 원정설이 주장되기도 했다. 실은, 그

녀는 축제 때의 승마 경기에 참가하여 여검사의 면모를 발휘했던 모양이다. 어쨌거나 오빠 프랑수아는 검술과 승마의 명수로 전해지고 있으니, 누이 루이즈에게 그것을 가르쳐준 것으로 여겨진다. 畜掛良彦, 『焰の女−ルイズ ラベの 時と生涯』, pp. 119~122 참조.

26) Brantôme, *Dames galantes*, Classiques Garnier, 1960, pp. 198~200. 브랑톰은 세브가 집필한 기록을 자료로 사용한데다가 가필까지 하고 있다. 또 라파예트 부인은 브랑톰의 저작을 『클레브의 마님』에서 이용하고 있다.

27) Françoise Bardon, *Diane de Poitiers et le mythe de Diane*, Paris, P. U. F., 1963. pp. 44~45.

28) André Chastel, *La crise de la Renaissance* (1520~1600), Genève, Skira, 1968, pp. 156~157.

29) 기욤 루예가 동시에 출판한 이탈리아어판에서는 '아테네'로 되어 있다.

30) 부활절의 큰장 사이에 낀 일요일에 행해졌다. 선두에는 나무 십자가를 든 고아 대표가 서고, 이어 고아들이 노래를 부르며 행진했다. 그 뒤에 빈민들이 따랐다. 그리고 4대 탁발수도회가 "종래에 정해진 순서에 따라" 행진하고, 자선회 이사들과 시 참사회 의원들이 후미를 맡았다고 한다. 그 코스는 프란체스코 수도회 수도원–곡물광장 거리–손 강 다리–생 폴 교회 · 생롤랑 교회 주변–환어음광장–생장 대성당의 안마당이었다. *La police de l'Aumône de Lyon*, pp. 42~45. 참조.

31) 이탈리아어판에는 '라력의 환자'라고 뚜렷이 적혀 있다.

7. 위험한 책

1) 渡辺一夫, 『フランス ユマニスムの成立』, 岩波全書, pp. 182~188.
二宮敬, 「フランス ルネサンスの 寛容論と その 背景」, pp. 21~23/久米あつみ, 『カルヴァン』, pp. 97~104.

2) transsubstantiation(라틴어에서는 trannssubstantiatio).

3) 뤼시앵 페브르, 『프랑스 르네상스의 문명』, pp. 122~125.

4) 『책의 출현』(하), p. 225.

5) 안트베르펜의 '황금의 세기'에 관해서는 デーヴィッド フリードバーグ, 「ブリューゲルの生きたアンワープ−經濟的 歷史的 背景」, 小林賴子 譯/『ピーテル ブリューゲル 全版畵展 カタログ』, ブリジストン 美術館 まか, 1989, pp. 33~42/香內三郎, 「クリストフ プランタン−人文的印刷者」, 『活字文化の 誕生』, pp. 58~93 참조.

6) 르페브르 등 모의 사람들의 저작을 잇달아 간행한 파리의 시몽 드 콜린도 에크의 이 저작을 두 번 간행하고 있는데(1526년과 1527년), 그는 매우 현명한 출판인으로서 극단으로 나아가지 않고 계속 온건파에 머문다.

7) 그 흥미진진한 심문 기록이 남아 있어 읽어볼 수 있다. Gabriel Audisio, *Le barbe et l'inquisiteur. Procès du barbe vaudois Pierre Griot par l'inquisiteur Jean de Roma (Apt, 1532)*, La Calade Edisud, 1979.

8) E. W. 몬터, 『칼뱅 시대의 제네바』 p. 88.

9) Gabrielle Berthoud, *Antoine Marcourt, réformateur et pamphlétaire du 《Livre des Marchands》 aux Placards de 1534*, p. 6.

10) Michael A. Screech, The first edition of Pantagruel, in *Études Rabelaisiennes*, XV, 1980, pp. 31~42.//Stephen Rawless & M. A. Screech, *A New Rabelais Bibliography* [=NRB], pp. 65~70.

11) 앞에 든 二宮 논문.

12) Jean Crespin, *Histoire des martyres persecutez et mis à mort pour la vérité de l'Évangile*, Toulouse, Société des Livres Religieux, 3 vol, 1885~1889, T. I. p. 298.

13) 이 격문은, 역시 마르쿠르가 기초한 다음 2점의 소책자와 내용이 거의 겹친다는 것이 밝혀졌다. 「우리 주 예수 그리스도의 성체의 기적에 관한 참으로 유익하고 영험한 소론」(1534년 11월 16일 인쇄 완료, 피에르 드 뱅글)과 『미사의 해명에 대하여. 그 이익, 그것을 유지해야 하는 이유 및 그 방책에 대하여』(1534년 11월~12월, 피에르 드 뱅글). 종래는 마르쿠르와 동지 피에르 비레의 공동 집필로 간주되어왔으나, 베르투의 논문으로 마르쿠르 단독설이 유력해졌다. G. Berthoud, 앞의 책, pp. 157~166.

14) Licien Febvre, Un cas désespéré: Dolet propagateur de l'Évangile, in *Au cœur religieux du XVIe siècle*, pp. 191~192.

15) 1535년 1월 25일, 도망친 이단 용의자 70여명에게 출두명령이 내려졌다. 클레망 마로, 시몽 뒤 부아, 돌레의 출자자가 되는 엘르앵 뒤랭 등이 포함되어 있었다.

16) *Histoire de l'édition française*, T. I, p. 314.

17) 앙시앵레짐기의 납본제도에 관해서는 정확한 연구서가 나와 있으며, 법령을 발췌해 수록하고 있다. Robert Estivals, *Le dépôt légal sous l'Ancien Régime de 1537 à 1791*, Paris, M. Rivière, 1961. 그리고 책의 속표지에 저자 · 출판인 · 출판지를 반드시 명기해야 한다고 정해진 것은 1547년이다.

18) Francis M. Higman, *Censorship and Sorbonne*, Genève, 1579.

19) 히그먼, 앞에 든 책의 리스트A.

20) 그 밖에 리옹이 7점(이 가운데 돌레의 간행물이 5점), 파리 3점, 슈트라스부르크 1점, 불명 3점이다.

21) 二宮素子, 『フランス 絕對王制下の 書物と 檢閱』, 이는 출판 통제의 역사에 관하여 명쾌한 전망을 제공해주는 소책자이다.

22) 제네바의 서적 생산점수는, 1533~40년이 42점, 41~50년이 193점.

23) J. Crespin, 앞의 책, T. I, p. 553.

24) 久米あつみ, 『カルヴァン』, pp. 359~368.

25) 『原典宗教改革史』, p. 369.

26) 같은 책, p. 397.

27) 久米あつみ, 「カルヴァンと 慣用(III)」, 『フランス 手帖』 4号, 1975, p. 95. 그리고 같은 저자의 『カルヴァン』, pp. 168~183도 참조. 또 渡辺一夫, 「ある神學者の話(a)-ミシェル セルヴェの 場合」, 『フランス ルネサンスの人々』

28) 부분적으로 번역된 것이 있다. 西本晃一, 「セバスチャン カステリオン 『異端者について』 覺書」, 『フランス ルネサンス 文學 1』, 1963, pp. 70~100. 西本晃一, 「セバスチャン カステリオン 異端者について 覺書2」, 『フランス ルネサンス 文學 3』, 1967, pp. 63~80.

29) 슈테판 츠바이크의 『권력과 싸우는 양심』으로 이는 칼뱅=악인, 세르베와 카스텔리옹=선인이라는 도식의 소설이다.

30) 카스텔리옹은 1562년 르네상스 관용론의 금자탑 『고뇌하는 프랑스에 권하는 일』을 출판했는데, 출판지도 적혀 있지 않고, 그저 AV라고만 있을 뿐이다. 이것을 앙투안 뱅상으로 해석하는 설이 유력하지만, 앙투안 볼랑일 가능성은 없을까? 『惱あるフランスに勸あること』, 二宮敬 譯 · 解說, 筑摩書房, p. 310.

8. 출판 역사를 만든 사람들

1) 모리엘의 『시적 의사로 만들어져서』(1666)는 이 같은 의사를 실컷 비웃어준 걸작 연극이다.

2) 다음 책에 라블레의 서명이 들어 있다. Galeni *opera omnia graece*, Venezia, Aldo, 1525//*Omnia opera Hippocratis graece*, Venezia, Aldo, 1526//*Hippocratis Coi*…… *graece et latine*, Basel, Froben, 1529//*Hippocratis Epidemiorum liber sextus jam recens latinitate donatus Leonardo Fuchsio interprete*, Hagenau, J. Secer, 1532. 라블레가가 갖고 있던 그리스어의 사본은 남아 있지 않은 것 같다.

3) 그리고 장 플라타르에 의하면, 라블레의 '읽기'가 반드시 정확한 것은 아니고, 개악도 눈에 띈다고 한다. J. Plattard, Les publications savantes de Rabelais, *Revue des Études Rabelaisiennes*, T. II, 1904, pp. 77.

4) 이를테면, 자크 쥠타는 "깨끗하고 가난한 소녀 30명"에게 10에퀴씩의 결혼 자금을 베풀어주고, 또 검은 상복차림의 빈민 12명에게는 횃불을 들고 노트르담 드콩포르 교회의 장례식에 참석시켜야 한다고 요구하고 있다. 또 여류시인 루이즈 라베는 장례가 "화려한 것이 되지 않도록 해달라"는 유언을 남겼으며, 관을 메는 사람 이외에 사제 네 사람의 참석을 요청하고, 도합 200리브르를 노트르담 드콩포르 교회에 봉헌했다.

5) Anthony Blunt, *Art and architecture in France* 1500~1700, pp. 122~123. 그리고 자화상의 날짜는 1555년이라고 한다.

6) 『世界の 版畵 5-カロとマニエリスムの 時代』, 筑摩書房, 1978에서 석학 장 아데마르는 묵시록이 제네바에서 출판되었다고 말하고 있으나, 이것은 착각일 것이다.

7) 피치노가 번역한 플라톤 저작집을 프랑스에서 처음으로 출판한 것은 조스 바드(1518)다. 리옹에서는 1546년에 앙투안 뱅상이 냈고, 투른은 두번째가 된다. 아울러 스테파누스(앙리 에티엔)판의 그리스어 원전이 출판된 것은 1578년이다.

8) 르네상스 플라토니슴의 성전이라고도 할 수 있는 이 저작은 근년에 겨우 일본어 번역판이 나왔다. 『사랑의 形而上學』, 佐近司祥子 譯, 國文社, 1985.

9) 조감도24의 오른쪽 끝에서 여성이 어미돼지와 새끼에게 먹이를 주면서, 실을 말고 있던 모습을 상기해보자.

10) Nina Catach, *L'Orthographe française a l'époque de la Renaissance*, p. 222.

11) 원제는 *Les sumulachres & Historiées faces de la Mort*. 인쇄는 트렉셀 형제. 모사판이 나와 있다. *The Dance of Death: A Complete Facsimil of the Original 1538 Edition*……, Dover, 1971. 또 다음 책에는 전 도판과 목판에 관한 상세한 해설이 들어 있다, 海津忠雄, 『ホルバイン 死の 舞蹈』, 岩崎美術社, 1972.

12) 히그먼, 앞에 든 책, B-144의 목록.

13) 졸고 「リヨン ルネサンス 研究余滴-罪としての 疾病」, p. 14. 장 프렐롱은 50년대에는 이사, 나아가서는 회계담당 이사로서 리옹 대자선회의 활동에 공헌하고 있다.

14) 미셸 파르망티에, 폴토나리이스, 기욤 루예 등에서 전문서적을 출판하고 있다.

15) 『수상록』 제3권, 11장. 일반적으로 단순한 곁들이기 에피소드로서 무시되는 경우가 많은 이 구절이 실은 온갖 수준의 뜻을 포함한 것임을, 데이비스 여사는 산

뜻하게 분석하고 있다. 『マルタン ゲールの 歸還』, 成瀨駒男 譯, 平凡社.

16) 미셸 블랑시에판의 모사판을 입수할 수 있다. *Les Psaumes en vers français*, Genève, Droz, TLF 338, 1986. 그리고 다음 논고도 매우 참고가 된다. 有馬式夫, 「ユグノの 詩篇歌」, 『フランス 手帖 10』, pp. 77~83.

17) Amedeo Quondam, 《Mercanzia d'onore》/《Mercanzia d'utile》. Produzione libraria e lavoro intellettuale a Venezia nel Cinquecento, in A. Petrucci (a cura di) *Libri, editori e pubblico nell'Europa moderna*, Bari, Laterza, 1977, pp. 51~104//Id., La litteratura in tipografia, in *Letteratura italiana*, II, Produzione econsumo, Torino, Einaudi, 1983, pp. 555~686.

18) 파리의 소르본대학 옆에는, 연중 「이지 라이더」와 같은 영화만 상영하는 미니 극장이 있었다. 팡테온으로 통하는 그 좁은 길이 퀴자스 가인데, 르네상스기의 위대한 법학자의 이름을 딴 것이다. 현재, 법률서 전문의 달로스 서점도 이 바로 가까이에 점포를 차려놓고 있다.

	점수	%	신간	중판
문학	398	39	187	211
종교	256	25.2	108	148
철학 · 사상*	208	20.5	113	95
역사	120	11.7	85	35
지리	8	0.8	6	2
자연과학	8	0.8	7	1
법률	7	0.7	7	0

* 원어는 'trattatistica'. 이를테면 카스틸리오네의 『궁정인』, 벰보의 『아졸라니』, 게다가 당시 유행의 풍속론, 수사학서 등이 포함된다.

19) E. L. アイゼンステイン 『印刷 革命』, 別宮貞德 監譯, みすず書房, p. 78.

20) 루예가 낸 프랑스어판과 이탈리아어판의 모사판이 최근에 출판되었다. *Les recueils d'emblèmes et les traites de physiognomonie de la Bibliotheque Interuniversitaire de Lille*, T. I. Andre Alciat, *Toutes les emblèmes*, Paris, Aux Amateurs de Livres, 1989.

21) 16세기에 베네치아, 로마, 파리, 리옹, 안트베르펜 등 이베리아 반도 이 외의 도시에서 에스파냐를 대상으로 출판한 책은 약 800점이라고 한다. 그 가운데 300점 남짓이 리옹에서 인쇄된 것이다.

9. 위기의 도래

1) pied fourché. 졸고「リヨン ルネサンス 散策」, p. 109 참조.

2) douaires. "남편은 혼인날에 자기 아내의 과부 몫을 설정한다. ……아내는 남편보다 오래 살았을 경우에만 과부 몫을 차지할 수 있다. ……계약이 맺어져 있지 않을 때는, 아내는 관습에 따라 남편 소유 부동산의 절반 또는 3분의 1에 해당하는 관례의 과부 몫을 취득하는 권리를 갖는다."(F. 올리비에 마르탱, 『프랑스 법제사 개설』)

3) 브로델, 『물질문명 · 경제 · 자본주의』 II · 2, pp. 117~119.

4) 상세한 것은 沓掛良彦, 『焰の女−ルイズ ラベの 詩と 生涯』 pp. 157~171 참조.

5) Karine Berriot, *Louise Labe, la Belle rebelle et le françois nouveau*, Paris, Seuil, 1985, p. 297. 데이비스에게 바쳐진 프랑수아 리골로(François Rigolot)의 교정본(GF, Flammarion)과 더불어 루이즈 라베에 관한 최근의 출판물로는 가장 주목할 만한 책이다. 저자 카린 베리오는 포르티니를 라베의 연인으로 보는 것을 '음란한 몽상'이라며 물리치고 있다(앞의 책, pp. 205~206).

6) "서명을 할 수 있었던" 5명의 입회인은 다음과 같다. 베르나르도 라포티, 피렌체인 앙투안 판시, 약종상 마르탱 프레보, 학사 클로드 알라마니, 피에몬테 인 클로드 파니슬라.

7) 그리고 리옹에서는 1510년과 1557년에 백일해(coqueluche)도 크게 유행했다. 『리옹 연대기』의 나 장 게로는 "나 자신도 두통과 가슴의 통증, 식욕부진으로 15일간 병상에 누워 있었으나, 1510년 때와는 달리 사망자는 적었다"고 적고 있다.

8) 문둥병에 관해서는 졸고「リヨン ルネサンス 研究余滴−罪としての 疾病」 참조.

9) ヨハン ベックマン,「檢疫」, 『西洋書籍の 起源 II』, 特許廳內 技術史 硏究會 譯, 1981, pp. 507~513. '격리병원'(il lazaretto)이라는 용어의 기원은 베네치아에 있다. 또 이 책에 의하면, 건강증명서는 1527년부터 나왔다고 한다.

10) 차별과 배제의 상징인 황색에 대해서는 다음을 참조. 阿部謹也,「黃色ハ マーク」, 『中世の 星の下で』, 影書房/筑摩文庫/藏持不三也, 『異貌の 中世−ヨーロッパの 聖と 俗』, 弘文堂, 1987/졸고「リヨン ルネサンス 研究余滴−罪としての 疾病」, pp. 31~33.

11) Vassari, *Le Vite*, ed. Gaetano Milanesi, T. 7, p. 28. 살비아티는 50년대에 프랑스로 불려간다.

12) 그리고 토마의 사후 10년쯤 해서 가다뉴 상회는 카포니 은행에 합병 흡수된다. 가다뉴 가의 후계자들이 광대한 토지를 소유하는 귀족이 되는 길을 택하고 은행

경영을 동향인 로레초 카포니에게 맡긴 것이다. 카포니는 토마의 누이를 아내로 맞았으며, 카포니 은행은 세기 후반에 화려하게 활동한다.

13) 바젤의 『죽음의 춤』과 홀바인에 관해서는 海津忠雄, 『ホルバイン 死の 舞踏』, 岩崎美術社, 1972/『中世人の 知慧-バーゼルの 美術から』, 新教出版社, 1984.

14) Jean Boutier/Alain Dewerpe/Daniel Nordman, Un tour de France royal-Le voyage de Charles IX(1564~1566). 그리고 이 연구에서는 일행의 총규모가 말 1만 5천 필, 사람은 이보다 많았다고 추정하고 있다. 그야말로 떠도는 도시이다.

15) Ambroise Paré, *Œuvres complètes*, *éd*, Malgaigne, T. III, pp. 459 sq.

16) 몽테뉴도 1581년 이탈리아에서 돌아오는 길에 다음과 같은 증언을 남기고 있다. "11월 6일, 월요일 아침 우리는 생랑베르를 출발했는데, 이곳에는 리옹의 은행가 프란체스코 체나미라는 분이 흑사병을 피하여 은거하고 있었으며, 조카를 시켜 수고스럽게도 내게 포도주를 전하게 하고, 여러 가지로 정중한 인사 말씀을 보내주셨다."(몽테뉴,『여행일기』)

10. 망명과 회심

1) アグリッパレドービニェ, 『童らに語る 自伝』, 成瀬駒男 譯, 平凡社, p. 20.

2) 노르망디 5명, 프로방스 4명, 랑도크(뤄피 포함), 스위스 3명(피에르 빌레 등), 부르고뉴, 드피네, 일드프랑스 각 2명, 오베르뉴, 베리, 피에몬테, 이탈리아 각 1명, 불명 6명. 그리고 리옹은 불과 2명뿐이다(60년대 중반에 단기간 활동한 전 외과의사 앙투안 르와이에, 전 인쇄공 프랑수아 가야르).

3) 데이비스는 다음과 같은 중요한 지적을 하고 있다. "이 시기에 사회적 경제적 신분과 종교와의 사이에 명확한 상관관계는 보이지 않으나, 한편에서는 직업과 종교가 관련되어 어떤 종류의 직업은 그 인구 비율을 대폭 웃도는 사람들을 개혁파 운동에 내보내고 있다. 그것은 전문기술을 필요로 하는, 인쇄업이라는 신기술의 예에서 볼 수 있듯이 대개는 무언가 혁신을 담당한 이들로, 회화, 보석세공, 금은세공과 같은 새로운 명성을 얻고 있는 직종이었으며, 때로는 견직물업과 같이 리옹의 신흥세력인 경우마저 있었다. 또 이것과는 대조적으로 소맥상, 포도주상, 푸주, 빵가게, 삭구상 등은 사회적 신분 여하를 막론하고 개혁파로 뛰어든 자가 극히 소수에 지나지 않았다."(『어리석은 자의 왕국 · 이단의 도시』) 인쇄업자 · 견직물업자는 이 책에 등장하므로 그 외의 인물을 몇 사람 들면, 플랑드르 출신의 무기상인 자크 뷔엘스트라트, 브르타뉴 출신의 대포(大砲)업자 로베르 드 시농 등이 있었다.

4) 아울러 16세기 말이 되자, 시문에서 외부인에게 '빌레트'(bulette)라는 표를 주면, 여관 주인이 이것을 손님으로부터 받아 시당국에 반환하는 성가신 제도도 한때 시행되었다.

5) 1567년 강제 채무가 과해진 앙투안 르뇨도 일족이겠는데, 이윽고 가톨릭에 복귀한다.

6) 이름과 출신지가 밝혀진 프로테스탄트 남자의 총수는 1천 84명. 그 출신지 내역을 보면, 리옹 345명(32퍼센트) 리오네 지방 71명(7퍼센트), 기타 프랑스 국내 318명(29퍼센트), 외국 350명(32퍼센트). 이 밖에 출신지 불명의 개혁파가 리옹에 1천 232명 존재한다. Natalie Z. Davis, The Sacred and the Body Social in Sixteen-Century Lyon, pp. 48~50.

7) *Édits des Guerres de Religion*, textes présentés et commentés par André Stegmann.

8) *La juste et saincte défense de la ville de Lyon*.

9) 중세에서 프랑스 개혁에 이르기까지, 이곳은 자주 감옥으로 사용되었다. 밀라노 공 루드비코 일 모로도 그 한 사람.

10) 「프로테스탄트에 의한 1562년의 리옹 약탈」(앙투안 카론파의 화가가 제작한 그림, 16세기 말, 리옹 역사 · 마리오네트박물관). 물론 상상화이며, 몇 가지 장면이 동시에 그려져 있다. 앞쪽에서는 성유물이 소달구지에 실려 나가고 있다. 병사들은 대포의 대에 걸터앉아 성서를 펼치고 있는 걸까. 여기저기 약탈품을 어깨에 멘 자들이 보인다. 뒷배경에 있는 가공의 교회당 앞에서는 성유물이 불태워지고 있다. 오른쪽 건물의 창문에서는, 시민이 불안한 눈초리로 이 광경을 바라보고 있다. 뒤쪽 언덕에 서 있는 것이 푸르비에 교회라는 말인가보다.

11) 波木居齊二 編譯, 『カルヴァン 小論集』, 岩波文庫, pp. 114, 116. 아울러 성 요한의 손가락에 관해서는, pp. 106~107 참조.

12) *Le Rhône et Lyon de la Préhistoire à nos jours*, p. 191.

13) 종래의 참사회원은 다음 12명이다. 우안은 글로리에, 기요 앙리(개혁파), 자크 르뇨(가톨릭 강경파), 자크 보르니칼, 프랑수아 게랑, 장 말레주이며, 좌안은 윙베르트 포르, 클로드 플라테르, 앙리 드 가비아노(개혁파), 프랑수아 뤼지냥, 에드와르 다벨.

14) 미슐랭의 가이드북에는 크루아 루스의 '트라불'이 다루어지고 있으나, 이것은 훨씬 시대가 새롭다.

15) '리옹의 사포'가 살던 집은, 몇 세기였는지는 분명치 않으나 도시계획으로 철거된다. 그래서 이웃인 부르샤낭 거리를 '삭구가게 미녀의 거리'로 개칭하여 그녀의 이름을 남겼던 것이다. 루이즈 라베의 생가는 '마른 나무의 거리'(rue de

l'Arbre sec, 조감도18)에 있었다.

16) 내가 가지고 있는 이 초판본(1604, 전 소장자는 리옹의 생티레네 신학교 등)에는 이 대목이 사선으로 지워져 있다.

17) 『大航海時代 總書 II · 20-フランスとアメリカ大陸(20)』, 岩波書店, 1987, pp. 589~601.

18) 나는 1984년 카르티에 라탱 모퉁이의 조그만 영화관에서 이 작품을 접하고 매우 마음이 끌렸다. 제라르 드발뒤가 진짜와 가짜의 두 역할을 맡고, 그 아내 역은 나탈리 바이, 툴루즈 고등법원 판사 장 드 코라는 로제 프랑숑이 맡는 등 호화배역이었다.

19) 그리고 독일어권에서도 교육학 개설의 단골인 카니시우스의 『교리 문답서』가 이 무렵에 출판되어 베스트셀러가 되는데, 아이들이 대상이라고는 할 수 없다. J. 필하우스, 『카니시우스와 교리 문답서』.

20) 그는 점령 전후에 걸쳐 홍보 역할을 맡고 있었다.

21) 그들 화공들의 심성에 관해서 데이비스는 흥미있는 논고를 발표했다. N. Z. Davis, Le milieu social de Corneille de La Haye (Lyon, 1533~1575), *Revue de l'Art*, n. 47, 1980, pp. 21~28.

22) メリメ, 『シャルル 年代記』, 二宮敬 譯, 『新集 · 世界の 文學』 13, 中央公論社, 1971/マン, 『アンリ 四世の 青春』, 小栗浩 譯, 晶文社, 1973/フィリップ エルランジェ, 『聖バルテホミーの 虐殺』, 磯貝辰典 譯, 白水社, 1985.

23) ジャク アタリ, 『カニバリスムの 秩序』, 金塚貞文 譯, みすず書房, 1984.

24) *Massacres de ceux de la religion à Lyon*, p. 337.

25) Tomasso Sassetti, Brieve raccontamento del gran macello, in *The Massacre of St. Bartholomew*, p. 113.

26) 데이비스에 의하면, 직업이 판명된 희생자(남성) 136명의 내역은 다음과 같다. 귀족(0), 변호사 · 공무원(6), 상인(34), 교사 · 목사(3), 직공(88), 미숙련공 · 고용인(5)

27) 참고로 1651년에 조사된 숫자를 들면, 개혁파는 160가족, 불과 870명으로 줄어들었다.

28) Henri Hauser, *Les débuts du capitalisme*, Paris, Alcan, 1927, ch. 2, Les idées économiques de Calvin.

브로델, 『물질문명 · 경제 · 자본주의』, II · 2 「교환의 작용 2」, p. 360. "칼뱅은 어떤 문도 힘으로 열어제치지는 않았다. 문은 이미 오래전에 열려 있었던 것이다."

29) 이른바 앙시앵레짐기의 출판에 관해서는 책의 사회사 연구의 제1인자인 長谷川

輝夫의 여러 논고를 참조할 것. 『書物の 社會史-18世紀 フランスを 中心に』, 志垣嘉夫 編, 『近世ヨーロッパ』, 有斐閣新書/「讀書と 社會」, 木村 · 志垣 編, 『概說フランス史』, 有斐閣選書 등도 참조.

30) Richard Gascon, *op. cit* pp. 884~887.

31) 앞의 책, pp. 698~731, 《La montée du nationalisme économique devant les dificultes économiques et financières(1564~1580)》

32) 리옹에 가면 만화로 리옹의 역사를 말해주는 책을 팔고 있다. 그것을 읽으면, 이 사건의 대목에 "우리들의 자유여, 안녕" "리옹은 이제 다른 도시와 하등 다르지 않는다"는 등의 풍선 대사가 붙어 있다.

33) 19세기 리옹 출판계의 간단한 겨냥도는 *Histoire de l'edition française*, T. III, Le temps des éditeurs. Du Romantisme a la Belle Époque, Paris, Promodis, 1985, pp. 160~161. 참조. 리옹은 신문 인쇄의 분야에서는 파리 다음 가는 지위에 있었으나, 책의 인쇄에서는 이제 제8위에 지나지 않는다. 또 문학작품을 리옹에서 상재한 것은 여류시인 M. 데보르드 발모르 정도인 것 같다.

34) 이탈리아에서는 유력 출판사가 로마에 집중해 있다고 생각한다면 큰 잘못이다. 밀라노, 피렌체는 물론 베네치아, 볼로냐 등에도 오래된 출판사가 점포를 차려 놓고 있다. 인문계 연구자가 가장 주목하고 있는 에이나우디 사는 토리노에 있으며, 긴즈부르그의 책이라든가 데이비스의 『어리석은 자의 왕국 · 이단의 도시』 번역본 같은 것을 내고 있다. 움베르토 에코는 『장미의 이름』 등의 소설을 밀라노의 본피아니 사에서 내기로 되어 있을 것이다. 모라비아라고 하면, 자못 로마의 이미지가 떠오르지만, 그의 『로마 이야기』 같은 것도 본피아니 사에서 간행된 것으로 생각된다. 그런가 하면, 남이탈리아의 바리에 있는 라텔차 사도 훌륭한 책을 잇달아 내놓고 있다. UL총서 같은 것이 그것인데, 『책의 출현』의 이탈리아어역은 이 시리즈에 들어 있다.

연표

연도	리옹	프랑스	기타
1411		잔 다르크의 화형	
1444	리옹 큰장 연3회 열림 자크 쾨르 리오네 지방에 투자		
1451		자크 쾨르의 체포, 실각	
1453		백년전쟁 종결	동로마제국 멸망
1455			『구텐베르크 성서』(마인츠)
1460	프랑수아 가랭이 『애가』를 쓰다		
1461		루이 11세 즉위 (1483년까지)	
1463	리옹 큰장 연4회 열리게 됨		
1466	메디치 은행 리옹 지점 설립		
1470		프랑스 최초의 인쇄공방이 소르본 대학에서 문을 엶	
1473	리옹 최초의 인쇄공방이 자본가 뷔에의 출자로 문을 엶. 로타리우스 추기경의 『교리의 지름길』 (리옹 최초의 활자본)		

연도	리옹	프랑스	기타
1475	『세계의 경이로운 이야기』 (최초의 프랑스어 판본)		
1478	『인류 속죄의 거울』 (프랑스 최초로 그림이 들어간 책), 숄리아크의 『외과치료안내』 (리옹 의학서의 시작)		
1483		샤를 8세 즉위 (1498년까지)	
1484	삼부회에서 리옹 큰장 폐지를 결의함		
1485경	『소극 피에르 바트랑 선생』		
1489		비용의 『유언 시집』 (파리) 샤를 8세의 특허장 (대학 선서 업자의 특권을 확인함)	브란트 『바보배』 (바젤)
1494	리옹 연4회의 큰장, 국왕 재정을 받음	이탈리아 전쟁 시작 (1559년까지)	메디치 가 피렌체에서 추방됨
1496		매독이 프랑스에 들어옴	
1498		루이 12세 즉위 (1515년까지)	사보나롤라 처형
1500	리옹판 『죽음의 춤』 (인쇄공방의 모습을 담은 삽화가 실린 유일한 초기 활자본)		
1501			아르드 마누치오, 이탤릭체 채용

연도	리옹	프랑스	기타
1509	제1차 리옹 서적상 컴퍼니(1519년까지) 『로마법대전』		
1510	『교회법대전』		
1511		에라스무스의 『우신예찬』(파리)	
1515		프랑수아 1세 즉위 (1547년까지)	보테, 『틸 오일렌슈피겔』 (슈트라스부르크)
1516			토머스 모어, 『유토피아』(르방) 카를로스 1세 즉위(1556년까지)
1517			루터, 「95개조 반박문」(종교개혁의 서곡)
1520	제2차 리옹 서적상 컴퍼니(1542년까지)		
1521		프랑수아 1세, 최초의 출판통제령 내림	
1522			루터 번역의 『신약성서』 (비텐베르크)
1523		르페브르 번역의 『신약성서』	에라스무스 『대화집』 증보판(바젤, 「여인숙에 관하여」 수록)
1524			에라스무스 『대화집』 증보판(바젤,

연도	리옹	프랑스	기타
			「거지들의 대화」 수록)
1525		파비아 전투에서 국왕이 포로가 됨 파리대학교 신학부 에라스무스의 『결혼예찬』 프랑스어 번역판 등을 금서로 지정 프랑스어 번역판 성서의 출판과 판매를 금지함	
1526			뒤러, 「요한 클레베르 거의 초상」 그림 비베스, 『빈민구제론』 (브뤼헤)
1529	대폭동(4월 25일) 트리니테 학원 설립	토리, 『만화원』(파리)	
1530	이 무렵 매년 기근이 발생 '착한 독일인' 클레베르거가 리옹에 옴 소년 프랭탕 일시적으로 리옹에 정착?		르페브르 번역의 『구약 · 신약성서』 (안트베르펜)
1531	자선회가 일시적으로 활동 장 드 보젤, 『빈민부조론』		
1532	라블레, 리옹 시립병원에 근무(1535년까지) 피에르 드 뱅글, 이 무렵 리옹을 떠나서 제네바로 감.	남프랑스의 발도파, 개혁파와 합류 로마, 『클레망의 청춘 시집』(파리)	

연도	리옹	프랑스	기타
	라블레, 『팡타그뤼엘』 (1531년으로 보기도 함)		
1533	뱅글, 뇌샤텔로 옮김 토마 가다뉴, 페스트 병동을 기증		마르크르, 『상인의 서(書)』 (뇌샤텔)
1534	리옹 대자선회 정식 발족 세르베가 리옹에 체재 (이후 수년간 머묾) 라블레, 『가르강튀아』	로욜라, 예수회 설립(파리) 격문사건 이후 탄압이 격화됨	마르크르가 격문을 기초해서 뱅글이 인쇄함 영국 국교회 성립
1535	라블레, 리옹에서 도망	마로, 칼뱅 등 도망	올리베탕, 『프랑스어 번역 성서』(뇌샤텔)
1536	견직물업이 들어옴 상인 장 게로, 일기를 쓰기 시작함(1562년까지) 국왕의 자금 조달을 위해 시채 모집		칼뱅, 『그리스도교 강요』 라틴어판 (바젤)
1537		프랑수아 1세 납본제도 만듦	
1538	홀바인/보젤, 『죽음의 춤』 로마, 『클레망의 청춘 시집』 결정판 돌레, 리옹에서 출판 활동 (1544년까지)	데 페리에, 『큄발름 문디』(파리)	
1539	인쇄공의 파업(파리에서도) 『리옹 자선회 규약』 장 네롱, 극장을 세워서 성사극 공연	빌레르코트레의 칙령을 확인함	
1540			예수회 공인
1541	보놈과 트렉셀,		칼뱅, 제네바에서

연도	리옹	프랑스	기타
	일시적으로 공방을 비엔으로 옮김(1542년까지)		종교개혁 착수 『그리스도교 강요』 프랑스어판(제네바)
1542	돌레판 『가르강튀아와 팡타그뤼엘』(라블레를 화나게 만듦) 제3차 리옹 서적상 컴퍼니 (1569년까지)		
1543	시립자선병원의 스캔들	프랑스 최초의 금서 목록 (미간행)	칼뱅, 『성유물에 관하여』 (제네바)
1544	모리스 세브, 『델리』 『고(故) 데 페리에 작품집』		
1545	『페르네트 뒤 기예 부인 시집』 『페트라르카 작품집』 (이후에도 여러 차례 원전 상재)	메랭돌 등에서 발도파 학살 『금서 목록』 출간 (파리)	트리엔트공의회 (1563년까지)
1546	리옹에도 개혁파 교회가 세워짐	라블레, 『제3의 서』 (파리) 에티엔 돌레 처형됨 (파리)	루터 사망
1547	노엘 뒤 파유, 『시골 이야기』 M. 드 나바르, 『마르그리트 주옥집』	앙리 2세 즉위 (1559년까지) 화형재판소 설치	
1548	앙리 2세와 카트린 드 메디시스의 리옹 입시식		
1549	『앙리 2세의 참으로 화려한 개선 입시식』	뒤 벨레, 『프랑스어의 옹호와 현양』(파리)	
1550	『성난 오를란도』 (에스파냐어로 번역됨)	메그레, 『프랑스어 문법론』(파리) 페르티에 뒤 망,	

연도	리옹	프랑스	기타
		『프랑스어의 철자와 음에 관하여』(푸아티에) 로베르 에티엔, 파리를 떠나서 제네바로 망명	
1551	리옹 조감도, 이 무렵 제작 시작	샤토브리앙의 칙령 제네바로 망명 시작됨	
1552	인쇄장인과 우단직물공의 충돌	샤를 에티엔, 『프랑스 가도 안내』(파리) 세르베, 아르눌레 공방을 비엔에 유치	
1553	5명의 개혁파 신학생이 화형에 처해짐 퀴자스 편, 『로마법대전』(루예가 컴퍼니에 대항해서 내놓은 소형판)	세르베, 『그리스도교 복위』(비엔)	
1554		카스텔리옹, 『이단자에 관하여』(루앙)	『라사릴료 데 토르메스의 생애』(아르카라 등, 초판이 현존함) 드 베스, 『세속권력이 이단을 처벌하는 것에 관하여』(제네바)
1555	루이즈 라베, 『작품집』 노스트라다무스, 『대예언』		프랑탱 인쇄소 개설(안트베르펜)
1556	트랑샹, 『산술론과 환 입문』		펠리페 2세 즉위(1598년까지)
1557	퐁텐, 『탁월한 고도 리옹에 부치는 송가』		

연도	리옹	프랑스	기타
	그랑종, 시빌리테체 고안 『가요집』(루이즈 라베에 관한 노래) 리옹 금융조합채 일시적으로 파탄		
1559	게르, 『브뤼스케 님에게 보내는 편지』 뱅상, 본거지를 제네바로 옮김	프랑수아 2세 즉위 (1560년까지) 개혁파 제1회 전국교회회의(파리)	
1560	론 강 다리가 석교(石橋)로 바뀜 제4차 리옹 서적상 컴퍼니 (1568년까지)	앙부아즈의 음모 샤를 9세 즉위 (1574년까지) 카트린 드 메디시스의 섭정 롱사르, 『작품집』(파리)	
1561	장 뒤베, 『그림으로 보는 묵시록』 장 드 코라, 『잊을 수 없는 판결』 (마르탱 게르 사건) 성체행렬의 날에 혼란이 일어남(트리니테 학장 B. 마노가 살해됨)	푸아시의 회담	
1562	개혁파가 리옹 지배 (1563년까지) 일기의 필자 장 게로 리옹에서 빠져나감 세브, 『미크로코슴』	정월의 칙령 종교전쟁 시작 (1598년까지) 각지에서 성상파괴 운동이 일어남	위그노 시편가집을 대량로 인쇄 (제네바, 리옹)
1563	개혁파의 지배가 종결됨 오제, 『카테키슴 및 그리스도교 요리(要理)』	앙부아즈의 관용 칙령	제네바에서 인쇄공방 수 규제

연도	리옹	프랑스	기타
1564	페스트 대유행 (장 드 투른도 희생됨) 국왕 일행의 리옹 입시식 천국교회당 설립	1년의 시작이 1월 1일로 포고됨 국왕과 섭정의 국내 순방(1566년까지)	트리엔트 공의회 결정을 반영한 『금서 목록』(로마) 칼뱅 사망, 베즈가 뒤를 이음
1565	트리니테 학교를 예수회가 관리하게 됨		
1567	위그노의 봉기가 실패로 끝남 강제차관으로 개혁파 648명의 자산 몰수 천국교회당 파괴 G. 루예, 서적상 조합 초대 이사	콩데 공, 무장봉기 대법관 로피탈 사임	
1568	개혁파 다수가 탈출 리옹 서적상 컴퍼니 실질적으로 붕괴 루예는 시 참사회에 들어감		
1569	독일인 은행가 오브레히트, 제네바로 도망가서 사망		『다국어 대조 성서』 (안트베르펜)
1571	서민금융 설립	가용의 칙령	
1572	리옹의 밤의 대학살 (8월 31일)	생바르텔레미의 학살 (8월 23, 24일)	앙리 에티엔, 『그리스어 보전』 (제네바)
1573	파라댕, 『리옹사 각서』 니콜라이, 『리옹사 전지 (全誌)』(미간행)		
1574		앙리 3세 즉위 (1589년까지)	
1575	리옹 경제의 위기 잇따른 은행의 파산		

연도	리옹	프랑스	기타
1576		구교동맹 결성	
1580	『오식의 대감의 가신들이 주고받는 만담』 여러 차례 간행	몽테뉴, 『수상록』 초판(보르도)	
1581			네덜란드 독립 선언
1582		그레고리우스 달력 채용	
1585	장 드 투른 2세, 제네바로 감 『복식부기법』	세 사람의 앙리의 전쟁 (1589년까지)	
1588		몽테뉴, 『수상록』 신판 (파리)	
1589	리옹, 구교동맹에 정식 참가	앙리 4세 즉위 (1610년까지) : 부르봉왕조	
1590			예수회 수사들이 일본에 활자인쇄술 전함
1591	대자선회, 자금을 모으기 위해 복권 발매		
1593		각지에 농민 봉기가 발생 이후 백성들의 반란이 계속됨	
1594	리옹 앙리 4세 지지 국왕 일행의 입시식 시장직이 생기는 등 리옹, 중앙집권체제 안으로 귀속됨	앙리 4세 가톨릭교회로 복귀	
1596	대기근, 리옹 경제의 파탄		
1598		낭트 칙령(4월 13일)으로 종교전쟁 종결	
1604	뤼비, 『진실의 리옹 역사』		

참고문헌

1. 리옹사

Sébastien Charléty, *Bibliographie critique de l'histoire de Lyon*, Lyon/Paris, 1902, [réimpr., Genève, Mégariotis, 1978]

A. Kleinclausz, *Histoire de Lyon*, 3 vols., 1930~52. [réimpr., Marseille, J. Laffitte]

Natalie Zamon Davis, *Society and Culture in Early Modern France*, Stanford U. P., 1975. [ナヌリ・Z・デーゲイス]『愚者の王國 異端の都市』成瀬駒男・官下志朗・高橋由美子譯, 平凡社, 1987]

_____ The Sacred and the Body Social in sixteenth-Century, *Past & Present*, 90, pp.40~70, 1981.

_____ Scandale à l'Hôtel-dieu de Lyon (1537~1543), in *La France d'Ancien Régime. Études Réunies en l'honneur de Pierre Goubert*, Toulouse, Privat, 1984, pp.175~187.

Roger Doucet, *Fiances municipales et crédit public à Lyon au XVIe siécle*, Paris, 1937. [réimpr., Genève, Mégariotis, 1980]

Richard Gascon, *Grand commerce et vie urbaine au XVIe siècle, Lyon et ses marchands*, 2 vols, Paris/La Haye, Mouton, 1971.

Jean-Pierre Gutton, *La société et les pauvres, L'exemple de la généralité de Lyon(1534~1789)*, Paris, Les Belles Lettres, 1971.

Louis Maynard, *Histoires, légendes et anecdotes à propos des Rues de Lyon*, Lyon, J. Desvigine, 1922.

M. A. Nicolas, *Miniguide de Vieux Lyon*, Lyon, Éditions S. M. E., 1982.

Abbé A. Vachet, *À travers les rues de Lyon*, Lyon, 1902. [réimpr., Marseille, laffitte, 1982]

Olivier Zeller, *Les recensements lyonnais de 1597 et 1636*, Lyon, P. U. L., 1983.

Plan scénographique de la ville de Lyon au XVIe siècle, Trévoux, Éditions de Trévoux, 1981.

Histoire de Lyon et du Lyonnais, sous la direction d'André Latreille, Toulouse, Privat, 1975.

Les Lyonnais dans l'histoire, sous la direction de Jean-Pierre Gutton, Toulouse, Privat, 1985.

Lyon et l'Europe—hommes et sociétés. Mélanges d'historire offerts à Richard Gascon, 2 vols, Lyon, P. U. L., 1980. [특히 J. -Fr. Berger/N. Z. Davis/R. Fédou/G. -A. Pérouse의 논문]

Le Rhône et Lyon de la Préhistoire à nos jours, sous la direction de Gilbert Garrier, Saint-Jean-d' Angély, Éditions Bordessoules, 1987.

* 연구지: *Cahiers d'Histoire* (Lyon), *Réforme Humanisme Renaissance* (Saint-Étienne), *Bibliothèque d'Humanisme et Renaissance* (Genève), *Études Rabelaisiennes* (Genève).

2. 출판사

Lucien Febvere/Henri-Jean Martin, L'apparition du livre, Paris, Albin Michel, ≪L'Évolution de l'Humanité≫, 1972[2]. [リュシアソ・フエーゲル/アソリ=ゾヤソ・マハタソ『書物の出現』上・下, 關根素子・長谷川輝夫・官下志朗・月村辰雄 譯, 筑摩書房・1985]

Histoire de l'édition française, sous la direction générale de Henri-Jean martin et Roger Chartier, Tome I, Le livre conquérant-Du Moyen Âge a milieu du XVIIe siècle, Paris, Promodis, 1982.

Actes du cinquième Congrès de la Société française de littérature comparée: Imprimerie, commerce et littérature, Paris, Les Belles Letters, 1965.

Aspects de la propagande religieuse, Genève, Droz, 1957.

Maurice Audin, *Les types lyonnais primitifs conservés au Département des Imprimés*, Paris, Bibliothèque Nationals, 1955.

Président Baudrier/Jean Baudrier, *Bibliographie lyonnaise. Répertoire sur les imprimeurs, libraires, relieurs et fondeurs de lettres de Lyon au XVIe siècle*, 12 vols, 1896~1921, Tables par J. Tricou, 1956. [réimpr., Paris, F. de

Nobele, 1964~65]
Gabrielle Berthoud, *Antoine Marcourt, Réformateur et Pamphlétaire du ≪ Liure des Marchands≫ aux Placards de 1534*, Genève, Droz, 1973.
Robert Brun, *Le livre français illustré de la Renaissance*, Paris, Picard, 1969.
Alfred Cartier, *Bibliographie des éditions des De Tournes, imprimeurs lyonnais*, Paris, 1937. [réimpr., Genève, Slatkine, 1970]
Nina Catach, *L'Orthographe française à l'époque de la Renaissance*, Genève, Droz, 1968.
Paul Chaix, *Recherches sur l'imprimerie à Genève de 1550 à 1564*, Genève, Droz, 1954.
Paul Chauvet, *Les ouvriers du livre en France des origines à la Révolution de 1789*, Paris, P. U. F., 1959.
Cinq Études Lyonnaises, Genève, Droz, 1966.
Cinq siècles d'imprimerie genevoise, 2 vols, Genève, Société d'histoire et archéologie, 1980~81.
Antole Claudin, *Histoire de l'imprimerie en France au XVe et au XVIe siècle*, 4 vols, 1900~1914 [réimpr., Liechtenstein, Kraus-Thomson, 1976] [16世紀に關しては未刊に終わった]
Étienne Dolet (1509~1546), Paris, Cahiers V. L. Saulnier, 3, 1986.
Eugénie Droz, *Chemins de l'hérésie, Textes et documents*, 4 vols, Genève, Slatkine, 1970~1976.
Henri Estienne, Paris, Cahiers V. L. Saulnier, 5, 1988.
Francis M. Higman, *Censorship and the Sorbonne*, Genève, Droz, 1979.
Rudolf Hirsch, *Printing, Selling and Reading 1450~1550*, Wiesbaden, Otto Harrassowitz, 1974.
Albert Labarre, *Le livre dans la vie amiénoise du seizième siècle*, Paris/Louvain, Nauwelaerts, 1971.
Le Livre dans l'Europe de la Renaissance: Actes du XXVIIIe Colloque international d'Étudeshumanistes de Tours, Paris Promodis, 1988.
Claude Longeon, *Bibliographie des œevres d'Étienne Dolet*, Genève, Droz, 1980.
Henri-Jean Martin, *Le Livre français sous l'Ancien Régime*, Paris, Promodis, 1987.
Jean Muller, *Dictionnaire abrégé des imprimeurs/éditeurs français du*

seizième siècle, Banden Baden, Heitz GMBH, 1970.

Nouvelles, Études Lyonnaises, Genève, Droz, 1969.

Annie Parent, *Les métiers du livre à Paris au XVIe siècle* (1535~1560), Genève, Droz, 1987.

Stephen Rawles/Michael A. Screech, *A New Rabelais Bibliography*, Genève, Droz, 1974.

Philippe Renouard, *Documents sur les imprimeurs, libraires, cartiers, graveurs...*, Paris, 1901. [réimpr., Genève, Slatkine, 1969]

_____ *Répertoire des imprimeurs parisiens, libraires, fondeurs de caractères et correcteurs d'imprimerie...*, Paris, Minard, 1965.

Jean-Pierre Seguin, *L'information en France auant le périodique, 517 canards imprimés entre 1529 et 1631*, Paris, Maisonneuve & Larose, 1964.

Jean Tricou, Le testament de Sébastien Gryphius, 1556, in *François Rabelais, quatrème centenaire de sa mort (1553~1953)*, Genève/ Lille, Droz, 1953, pp. 263~270.

Jeanne Veyrin-Forrer, *La lettre et le texte*, Paris, E. N. S. J. F., 1987.

二宮素子「フラソス絕對王政下の書物と檢閱」一橋大學社會科學學古典資料センター, 1982.

M. A. モルダスカ「1539~40年 リヨンとパリの印刷工のストライキ運動」」林基譯,『專修人文論集』16, 1976, pp. 25~68.

ウイリアム アイディンス『ディジュアル・ユミュニケーションの歷史』白石和也譯, 晶文社, 1984.

香內三朗『活字文化の誕生』, 晶文社, 1982.

3. 동시대의 문학작품 · 사료 등

Mémoires de Jean Burel. Journal d'un bourgeois du Puy à l'époque des Guerres de religion, 2 vols, Saint-Vidal, Centre d'Étude de la Vallée de la Borne, 1983.

Jean Calvin, Traité des Reliques, suivi de l'Excuse à Messieurs les Nicodémites, introduction et notes par Albert Autin Paris, Éditions Bossard, 1921. [『カルグァン小論集』波木居齋斎二譯, 岩波文庫]

Symphorien Champier, *De l'antiquité de la Cité de Lyon: ensemble de la rebeine ou rebellion du populaire*, Lyon, [l' Isle galique], 1529 [éd. Lyon,

H. George, 1884]

Bonaventure Des Périers, *Nouvelles Récréations et Joyeux Devis*, édition critique avec introduction et notes par Krystyna Kasprzyk, Paris, Champion, 1980.

Étienne Dolet, *Préfaces françaises*, textes établis, introduits et commentés par Claude Longeon, Genève, Droz, 1979.

_____ *Le Second Enfer*, texte établi, introduit et commenté par Claude Longeon, Genève, Droz, 1978.

_____ *Documents d'archives sur Étienne Dolet*, textes rassemblés et commentés par Claude Longeon, Université de Saint-Etienne, 1977.

Pernette Du Guillet, *Rymes*, édition critique avec une introduction et des notes par Victor E. Graham, Genève, Droz, 1968.

Erasme, *Opera Omnia*, T. 1-3, *Colloquia*, ed., L.-E. Halkin, f. Bierlaire, R. Hoven, Amsterdam, North-Holland Publishing Company, 1972.

_____ *Les colloques*, traduits par Jarl-Priel, 4 vols, Pari, 1934. [réimpr., Plan-De-La-Tour, Éditions d' Aujourd' hui, 1983]

_____ *La Correspondance d'Erasme*, 12 vols, sous la direction d'Aloïs Gerlo, U. P. Bruxelles, 1969~81.

Charles Fontaine, *Ode de l'Antiquité et Excellence de la ville de Lyon*, Lyon, Jan Citoys, 1557. [Édition annotée par W. Poidebard, Lyon, 1889]

La complainte de François Garin, marchand de Lyon (1460), édition critique Lyon, P. U. L., 1978.

Jean Guéraud, *La chronique lyonnaise (1536~1562)*, publiée par Jean Tricou, Lyon, Badiou Amant, 1929.

Louise Labé, *Œuvres complètes*, édition, préface et notes par François Rigolot, Paris, GF Flammarion, 1986. [杏掛良彦『焰の女―ルイーズ・ラベの詩と生涯』白馬書房/風の薔薇, 1989]

Michel de Montaigne, *Journal de voyage*, édition présentée, établie et annotée par Fausta Garavani, Paris, ≪Folio≫, Gallimard, 1983. [『モンテーニュ族日記』關根秀雄・斎藤広信譯, 白水社, モンテーニュ全集8, 1983]

_____ *Les Essais, édition* Villey-Saulnier, Paris, P. U. F., 1965 [『エセー』原二郎譯, 筑摩書房/岩波文庫]

Thomas More, *L'Utopie de Thomas More*, texte original, traduction et notes par André Prévost, Paris, Mame, 1978. [トース・モア『ユートピア』沢田昭夫

譯, 中公文庫]

N. de Nicolay, *Description générale de la ville de Lyon*, Lyon, Mougin-Rusand, 1881.

Guillaume Paradin, *Mémoires de l'histoire de Lyon*, Lyon, A. Gryphius, 1573, [réimpr., Lyon, Dioscor, 1985]

François Rabelais, *Œuvres complètes*, édition établie, annotée et préfacée Guy Demerson, Paris, ≪l'Intégrals≫, Seuil, 1973. [現代フランス語との對譯本] [ラブレー『ガルガンチュクとペンタダリュエル物語』全5券, 渡辺一夫譯, 岩波文庫//『イタリヤだより』渡辺一夫譯, 出光書店, 1948.]

Claude de Rubys, *Histoire véritable de la ville de Lyon*, Lyon, B. Nugo, 1604.

Gabriel de Saconay, *Discours des premiers troubles advenus à Lyon, Lyon*, Michel Jouve, 1569. [in CIMBER/DANJOU, Archives Curieuses I~ IV, pp. 215~342]

Maurice Scève, *Œuvres complètes*, texte établi et annoté par Pascal Quignard, Paris, Mercure de France, 1974.

Jean de Vauzelle, *Police subisidaire à celle quasi infinie multitude des poures survenus à Lyon sur le Rosne, l'an Mil cinq cens xxi,* Lyonn/Toulouse, 1531. [éd. par P. Baudrier, Lyon, Alf. Luois Perrin et Martinet, 1875]

François Villon, *Poésies*, préface de Tristan Tzara, édition établie par Jean Dufournet, Paris, ≪Poésie≫, Gallimard, 1973. [佐藤輝夫譯『フランンア・ブィョン全待詩集』河出書房新社, 1976]

Le journal d'un bourgeois de Paris sous le régne de François Ier(1515~1536), éd. par V. -L. Bourrilly, Paris, Picard, 1910. [部分譯と解說:渡辺一夫『泰平の日記』, ≪著作準 9≫ 所收]

La prinse de Lyon par les fidèles au nom du Roy. [in CIMBER/ DANJOU, I-IV, pp. 177~183]

La juste et saincte défense de la ville de Lyon, Lyon, 1563. [in CIMBER/ DANJOU, I~IV, PP.194~214]

La Police de l'Aumosne de Lyon, Lyon, S. Gryphius, 1539.

La Magnificence de la superbe et truumphante entrée de la noble & antique Cité de Lyon faicte au Treschrestien Roy de France Henri deuxiesme de ce Nom, Lyon, G. Rouillé, 1549. [réimpr., Lyon, Société des Bibliophiles Lyonnais, 1927]

Édits des guerres de religion, textes présentés et commentés par André

Stegmann, Paris, Vrin, 1979.
Recueil des plaisants devis recités par les supposts du Seigneur de la Coquille, Lyon, Louis Perrin, 1857.
*Relation des entrées solemnelles dans la ville de Lyo*n.... Lyon, 1752. [réimpr., Roanne, Éditions Horvath, 1979]
中村賢二郎ほか編譯『原典宗教改革史』, ヨルダン社, 1976.

4. 그 외

Histoire de la France urbaine, sous la direction de Georges Duby, Tome 2/3, Paris, Seuil, 1980/1981.
Histoire de la vie privée, sous la direction de Philippe Ariès et Georges Duby, Tome 2/3, Paris, Seuil, 1985/1986.
Abthony Blunt, *Art and Archietecture in France 1500~1700*, Penguin Books, 1973.
Jean Boutier/Alain Dewerpe/Daniel Nordman, *Un tour de France royal. Le voyage de Charles IX (1564~1566)*, Paris, Aubier, 1984.
Fernand Braudel, *Civilisation matérielle, économie et capitalisme*, 3 vols, Paris, Armand colin, 1979. [フェルナン・ブローデル『日常性の構造』1・2, 村上光彦譯;『交換のはたらき』1・2, 山本淳一譯, みすず書房]
Pierre Chaunu/Richard Gascon, *Histoire économique et sociale de la France*, I-1, L'État et la Ville, Paris, P. U. f., 1977.
Natalie Zamon Davis, *Fiction in the Archives. Pardon Tales and Their Tellers in Sixteenth Century France*, Stanford U. P., 1987. [『古文書の中のフィクション』成瀬・宮下譯, 平凡社, 1990]
Lucien Febvre, *Au cœur religieux du XVIe siècle*, Parks, S. E. V. P. E. N., 1968².
_____ Les principaux aspects d'une civilisation. La première Renaissance française; quatre prises de vue, in *Pour une Histoire à part entière*, S. E. V. P. E. N, 1962. [L・フェーヴル『フランス・ルネサンスの文明—人間と社會の基本像』二宮敬譯, 創文社, 1981]
Bronislaw Geremek, *Truands et misérables dans l'Europe modern (1350~1600)*, Paris, Gallimard/Julliard, ≪Collection Archives≫, 1980.
Jean-Pierre Gutton, *La société et les pauvres en Europe (XVIe~XVIIe siècle)*,

Paris, P. U. F., 1974.

Henri Hauser, *Ouvriers du temps passé (XVe~XVIe siècles)*, Parks, 1899. [réimpr., Genève, Slatkine, 1982]

_____ *Études sur la Réforme française*, Paris, Picard, 1909.

_____ *Travailleurs et marchands dans l'Ancienne France*, Paris, Félix Alcan, 1929.

Monique Lucenet, *Les grandes pestes en France*, Paris, Aubier, ≪Floréal≫, 1985.

Robert Mandrou, *Introduction à la France moderne (1500~1640)*, Paris, Albin Michel, ≪L'Évolution de l'Humanité≫, 1974².

C. A. Mayer, *Clément Marot*, Paris, Nizet, 1972.

Jules Michelet, R*enaissance et Réforme*, préface de Claude Mettra, Paris, Robert Laffont, ≪Bouquins≫, 1982.

Raymond de Roover, *The Rise and Decline of the Medici Bank (1397~1494)*, New York, The Norton Library, 1966.

V. -L. Saulnier, *Le Prince de la Renaissance lyonnaise, initiateur de la Pléiade, Mourice Scèveitalianisant, humaniste et poète (ca. 1500~1560)*, 2 vols, Paris, Klincksieck, 1948~49.

The Massacre of St. Bartholomeu, reappraisals and documents, edited by Alfred Soman, Den Haag, Martinus Nijhoff, 1974.

Christian BEC: クリスチャン・ベツク『メヅチ家の世紀』西本晃二譯, 白水社, 文庫クセヅュ, 1980.

Walter Benjamin: ヴァルター・ベンヤミン『ボードレール』川村二郎・野村修他譯, ≪ベンヤミン著作集 6≫, 晶文社, 1975.

Georges Livet: ヅョルヅュ・リヴェ『宗教戰争』二宮宏之・關根素子譯, 白水社, 文庫クセヅュ, 1968.

E. W. Monter: E. W. モンター『カルヴァン時代のジュネーヴ—宗教改革と都市國家』中村賢二郎・砂原教男譯, ヨルダン社, 1978.

Jacques Verger: ヅヤック・ヴェルヅェ『中世の大學』大高順雄譯, みすず書房, 1979.

角山 栄・川北稔編『講座 西洋經濟史 I 工業化の胎動』同文館, 1979.

『渡辺一夫著作集』全14卷, 筑摩書房, 1970~77.

高階秀爾『ルネサンス夜話』平凡社, 1979, [筑摩文庫]

二官敬「フランス・ルネサンス寬容論とその背景」,『季刊・社會思想』1~3, 社會思想社, 1971. pp. 19~64.
_____「ルネサンス雑話(1)~(13),『學鐙』(丸善) に連載, 1972~73.
_____「活字文化の成立」,『フランス文學講座5—思想』, 文修館, 1977, pp. 74~115.
_____「エラスムス」, ≪人類の知的遺産23≫, 講談社, 1984.
久米あつみ『カルヴァン』, ≪人類の知的遺産28≫, 講談社, 1980.
宮下志朗「ラブレー—コマニストの寄木細工」, 饗庭孝男・朝比奈誼・加藤民夫編『スランの文學』有斐閣, 1984, pp. 38~48.
_____「『ガルガンチュワ』の時代—年表作成の試み」,『仏語仏文學研究』14, 中央大學, 1982, pp. 1~61.
_____「リヨン・ンネサンス雜考」(1)—16世紀リヨンの書物と社會」同誌15, 1983, pp.91~158.
_____「リヨン・ンネサンス雜考」(2)—搖籃活字本をめぐって」同誌20, 1988, pp.1~15.
_____「リヨン・ンネサンス散策—パンについて」,『ふりんす手帖』12, ふりんす手帖編集部, 1983, pp.106~125.
_____「リヨン・ンネサンス研究余滴—罪としての病い」,『人文研紀要』7, 中央大學, 1988, pp. 17~46.

서양사를 펼쳐 보이는 버라이어티 쇼

• 옮긴이 글

리옹 하면, 관련분야의 전문가는 몰라도, 그저 프랑스 남동부에 있는 파리 다음 또는 그 다음쯤 가는 도시, 견직물로 이름난 도시, 좀더 나아가서는 서유럽의 교통 요충지, 이런 정도로 알고 있는 것이 보통 아닐까?

그런데 그곳이 '책의 도시'였다니, 우선 놀라지 않을 수 없고, 알고 보니 인구가 이제야 겨우 50만이 넘은 이 리옹이, 세계사의 굵직굵직한 발전 과정을 거의 다 경험한, 그야말로 갖은 사변과 사건이 종횡으로 아로새겨진 고도였던 것이다. 로마제국의 지배를 받았고, 가톨릭 추기경의 다스림 아래 13세기에 벌써 공의회가 두 번이나 열렸으며, 르네상스를 거쳐 산업화를 이루는 동안 인쇄술의 도입으로 출판문화가 화려하게 꽃피었으며, 그 결과 금단의 종교서적이 다량으로 찍혀 나오는 등 종교분쟁의 한 불씨를 제공하여 학살과 보복이 되풀이되었던 것이다. 게다가 20세기에 이르러서는 노동쟁의와 계급투쟁의 중심지가 되었다니, 놀랍다는 표현이 아니 나올 수 없다.

이 책의 주무대인 16세기만 봐도, 이러한 사건들이 절묘하게 맞물리거나 꼬리를 물고 있어 여간 흥미롭지 않다. 저자가 출판 역사를 날실로, 경제적 사회적 사건들을 씨실로 하여 한때의 리옹사를 엮어보겠다고 생각한 것은, 그 분야를 연구하는 학자로서 지극히 당연하리라는 생각이 든다.

어느 해 가을, 리옹을 찾은 저자는 인쇄 · 은행박물관을 보고 '인쇄'와 '은행'의 기묘한 결합에 은근히 놀란다.

1463년, 리옹은 제네바로부터 큰장을 빼앗아 1년에 네 차례씩 열게 되고, 이에 이탈리아 금융인들이 따라 들어와서 활약하면서 리옹은 유럽의 주요 금융도시로서 유럽 경제 번영에 동참하게 된다.

이어 약 10년 후에는 인쇄술을 도입, 파리 다음으로 활자본을 내놓아 당시 유럽에서 가장 활발한 인쇄 · 출판문화 센터로 발전하게 되는데, 그 뒷받침을 한 것이 바로 금융인과 상인들이었다. '책의 거리'가 장사꾼들의 구역 한가운데서 탄생하고, 파리의 활자본이 학문의 중심지 소르본대학 구내에서 나온 데 반해 리옹의 그것은 상인의 거리에서 나온 것은 다 그 때문이다. 인쇄 · 은행박물관이 생길 만도 한 것이다.

1년에 네 차례 큰장이 선 리옹은 사시사철 축제 분위기에 싸여 있었던 모양이다. 축제 분위기라는 것은 으레 소란과 종이 한 장의 차이라, 이것이 가난하 자, 억압받는 자들이 울분을 터뜨리는 파업과 대폭동으로 이어져, 16세기 전반에는 지식산업의 주역인 인쇄공들도 파업에 돌입한다.

어느 때 어느 곳에서나 큰 소란과 폭동 뒤에는 대체로 난민이 생기기 마련이어서, 이것이 이번에는 대규모 자선 시스템을 낳게 된다. 민중의 축제와 폭동의 들뜬 분위기에 기름을 부은 것은, 당시 전국을 순행(巡幸)하던 국왕과 왕비의 이른바 입시식(入市式)이었다. 이 화려하기 이를 데 없는 행사에는 온 시민이 총동원되어 행렬을 벌이고, 축하 연극이 상연되고, 육지와 론 강, 손 강의 강상에서는 기념 기마전과 모의전(模擬戰)이 벌어졌다고 한다.

이 야단법석 속에서 이번에는 흑사병이 유행한다. 국왕은 전국을 순행하며 전염병을 몰고 다닌다는 비아냥거림을 받게 되는데, 매독과 흑사병의 창궐로 리옹은 놀랍게도 인구의 3분의 1을 잃는다.

이 전염병의 대유행과 전후하여 발생한 것이, 가톨릭과 프로테스탄트가 충돌한 이른바 프랑스 종교전쟁이다.

리옹은 파리의 왕권에서 멀리 떨어져 있어 보다 자유롭게 출판활동을 전개할 수 있었는데, 이것이 그리스도교 개혁파의 선전문서 제작에 이용되어 결국 이단 서적의 일대 생산기지가 된다.

16세기 중반 제네바에서 종교개혁을 지도한 프랑스의 종교개혁가 장 칼뱅을 추종하는 위그노들은, 2세기에 가톨릭이 들어왔다는 이곳 리옹의 실권을 장악하여 가톨릭교도를 학살하고 성당과 성유물을 파괴한다. 그러다가 수년 후 쫓겨난 가톨릭 세력이 복귀하면서, 저자의 표현을 빌리면 '가톨릭의 봄 · 프로테스탄트의 가을'이 돌아온다. 이때 생바르텔레미에서 수많은 위그노와 그 동조자들이 학살당하는 피의 보복이 벌어진다.

그러는 동안 리옹의 출판업에도 쇠퇴의 그림자가 드리워지기 시작하여, 출판업자와 서적상들이 대거 제네바로 옮겨간다. 아이러니컬하게도 앞서 큰장을 빼앗아왔던 제네바에 출판업을 빼앗기게 된 것이다. 책의 출현에서 불과 백수십 년 만에, 리옹 르네상스의 두 형제, 곧 출판과 견직물 중 형이 먼저 요절한 셈이다. 저자는 그 이유를 한 마디로 말하지는 않는다. 다만 단명으로 끝난 그 형의 생애, 곧 상인의 거리의 '책의 세계'를 사회적 경제적 배경과 더불어 조명해 보일 뿐이다. 16세기 프랑스 연구의 핵심 테마로 리옹 르네상스를 잡은 저자가 의도할 만한 일이라 하겠다.

어쨌거나 저자는 서양사에 점철된 이 같은 굵직굵직한 사건들을, 마치 한 무대에 올린 버라이어티 쇼를 보여주듯 꼼꼼하게 차례로 펼쳐 보인다. 너무나 많은 생소한 인물과 지명의 등장으로 읽기가 좀 번잡하다고 느껴질지 모르지만, 전문서적이 아닌 매우 흥미 있게 읽을 수 있는 내용임에는 틀림없으므로, 책과 관련이 있거나 없거나 많은 분들에게 일독을 권하고 싶다.

저자 미야시타 시로(宮下志朗) 씨는 1947년생이라니까, 요즘 나이로는 아직도 소장학자라 할 수 있다. 위에서도 언급했듯이 이 책에는 엄청나게 많은 인물이 등장하는데, 인명사전 등에서도 확인할 수 없어 철자를 문의했더니, 그 많은 것들을 일일이 바로 바로 회답해주었다. 하도 반응이 빨라 '마치 스프린트 경기의 톱 선수 같다'고 평하면서 '실례했으면 용서하시라'고 했더니, '전혀 실례가 아니라'고 회답해왔다. 만나보지는 못했으나 퍽 온유하고 성실한 학자인 것 같다.

2004년 여름

오정환

찾아보기

ㄷ

ㄹ

ㅂ

ㅇ

ㅎ